W9-AVC-890

2,000+
ESSENTIAL SPANISH VERBS

Learn the Forms, Master the Tenses, and Speak More Fluently!

LIVING LANGUAGE®
A Random House Company

2,000+
ESSENTIAL
SPANISH VERBS

Learn the Forms, Master the Tenses, and Speak More Fluently!

VERB LIST, GLOSSARY, AND APPENDICES BY
Pilar Munday, Ph.D.
Sacred Heart College

VERB CONJUGATION CHARTS BY
Steven McGroarty
and
Pilar Munday, Ph.D.
Sacred Heart College

SPANISH VERBS IN ACTION BY
Marcel Danesi
University of Toronto

LIVING LANGUAGE, A RANDOM HOUSE COMPANY NEW YORK

Copyright © 2003 by Living Language, A Random House Company

Living Language is a member of the Random House Information Group

Living Language and colophon are registered trademarks of Random House, Inc.

All rights reserved under Pan-American Copyright Conventions. No part of this book may be reproduced or transmitted in any form or by any means, electronic or mechanical, including photocopying, recording, or by any information storage and retrieval system, without permission in writing from the publisher.

Published in the United States by Living Language, A Random House Company

www.livinglanguage.com

Editor: Zvjezdana Vrzić, Ph.D.
Production Editor: John Whitman
Production Manager: Pat Ehresmann
Design: Sophie Ye Chin

First Edition

ISBN 1-4000-2054-9

Library of Congress Cataloging-in-Publication Data available upon request.

PRINTED IN THE UNITED STATES OF AMERICA
10 9 8 7 6 5 4 3 2

ACKNOWLEDGMENTS

Thanks to the Living Language team: Tom Russell, Elizabeth Bennett, Christopher Warnasch, Suzanne McQuade, Helen Tang, Denise DeGennaro, Linda K. Schmidt, John Whitman, Helen Kilcullen, and Sophie Ye Chin. Without their dedication and hard work, this book would not have been possible.

CONTENTS

Part I
ALL ABOUT SPANISH VERBS

INTRODUCTION

Welcome to *2,000+ Essential Spanish Verbs: Learn the Forms, Master the Tenses, and Speak Fluently!* Whether you're more or less fluent in Spanish, have already mastered the basics of Spanish grammar and usage, or are just embarking on a Spanish learning adventure, *2,000+ Essential Spanish Verbs* is the right book for you. It is an essential reference manual about Spanish verbs, developed by native speakers and experts in language teaching. Keep this simple and practical guide on your desk, and consult it whenever you're not sure about a form of a Spanish verb or are wondering about when and how to use a Spanish tense. With repeated use, you'll quickly reach full expertise in Spanish verbs—their forms and tenses, and current, everyday usage in conversation.

2,000+ Essential Spanish Verbs consists of a detailed reference section followed by a large practice section. The reference section, All About Spanish Verbs, contains an alphabetical list of more than 2,000 Spanish verbs, with their translations and detailed descriptions; a guide to forming tenses; and alphabetically ordered conjugation charts of 250 Spanish verbs. The practice section, Spanish Verbs in Action, lays out the nitty-gritty details of formation and usage for all major Spanish tenses and more than 75 essential Spanish verbs, using numerous examples and dialogues. And so you can put your knowledge to use (and to test!) right away, we've also included more than 80 exercises.

Appendices offer more useful information on Spanish verbs, a guide to the use of *ser* and *estar*, a list of verbs that acquire different meanings in the reflexive forms, a guide to regional differences in verb usage, a guide to the use of "personal *a*," a list of common idioms using verbs, and a summary of the subjunctive. We also added a glossary of commonly used grammatical terms and a short summary of Spanish grammar. At the end of the book, you'll also find an English-Spanish glossary with Spanish equivalents for more than 2,000 English verbs. As a special bonus, just to get you started, we added flash cards of 40 essential Spanish verbs that you can study anywhere.

This practical book can be used in different ways. For example: Look up a Spanish verb you have a question about in the List of 2,000 Essential Spanish Verbs. Find its meaning, see its different properties, including the prepositions that are used with it, and then go to the verb chart indicated in the Verb List to find the full conjugation of the verb itself (all verbs in the Verb List that are fully conjugated in the Verb Charts are in boldface) or its model. At the bottom of each verb chart, you'll also find examples of usage and common related words. If you're wondering about how the different verb forms and tenses are put together, take a look at the explanations in the Guide to Tense Formation. Or go to a section in the Spanish Verbs in Action part of the book if you'd like to concentrate further on a particular tense and verb, and get more examples of usage, including in everyday dialogues. Then do the exercises that follow the explanations and examples to reinforce what you've learned. And if you're wondering what the Spanish equivalent of an English verb is, find it in the English – Spanish Glossary of 2,000 Verbs, then look up the given Spanish verb in the Verb List, the Verb Charts, or one of the practice sections to get more details on it.

Remember that whichever way you decide to proceed, you're fluency in Spanish will grow with each use! Have fun!

List Of Abbreviations

affirm.	affirmative
e.o.	each other
fml.	formal
inf.	infinitive
infml.	informal
neg.	negative
o.s.	oneself
pl.	plural
sg.	singular
sb	somebody
sth	something

LIST OF 2,000+
ESSENTIAL SPANISH VERBS

Note that some Spanish verbs are restricted in use to particular regions of the Spanish-speaking world. The following labels are used to mark them in the Verb List:

LAm	Used in Latin America
SAm	Used in South America
Andes	Used in the Andean region (Chile, Bolivia, Peru, Ecuador and Colombia)
Chile	Used in Chile
Col	Used in Colombia
SC	Used in the Southern Cone region (Argentina, Chile, Uruguay, Paraguay)
Sp	Used in Spain
Mex	Used in Mexico
Peru	Used in Peru
Ven	Used in Venezuela

For the conjugation of reflexive verbs that can also be used transitively, we give the chart number where a transitive verb is conjugated. If you need to check on how reflexive/reciprocal verbs are conjugated, take a look at the full conjugation of a reflexive verb *lavarse* in verb chart 157.

abalanzarse (to leap on sb/sth), *sobre* 4

abalear (to shoot), Andes 1

abandonar (to leave, to abandon) 1

abanicar (to fan), (to fan o.s.), *~se* 55

abaratar (to cheapen), (to drop), *~se* 1

abarcar (to embrace, to contain) 55

abarquillarse (to warp, to buckle) 1

abarrotar (to overstock) 1

abastecer (to supply), *a ~ de ~*,
(to obtain sth), *~se, de* 3

abatir (to lower, to knock down),
(to get depressed), *~se, sobre* 6

abdicar (to abdicate), *en ~, de ~*,
(to give up) 55

abismar (to amaze), Andes 1

ablandar (to soften, to melt), (to give in),
~se 2

aborrecer (to hate, to detest) 3

abrazar (to hug, to embrace) 4

abrir (to open) 5

absorber (to absorb) 50

aburrir (to bore), (to get bored), *~se* 6

abusar (to abuse, to take advantage of),
de 7

acabar (to finish, to complete), (to put
an end to, to have just (done sth), *con,
de* + inf. 8

acaecer (to happen) 9

acallar (to quiet) .1

acalorarse (to get hot, to get worked
up) 10

acampar (to camp) 1

acariciar (to caress, to stroke) 11

acarrear (to cart, to transport), Chile 1

acatar (to pay attention, to respect) 1

accionar (to activate, to trigger) 12

acechar (to lie in wait for) 1

acelerar (to accelerate, to speed up) 1

acentuar (to accentuate, to emphasize),
(to become accentuated), *~se* 25

acercarse (to approach, to drop by), *a* . . .13

aceptar (to accept) 1

acertar (to get sth right, to be right),
(to be right), *a* + inf. 14

aclamar (to acclaim) 1

aclarar (to lighten, to clear up),
(to clarify) 15

aclimatar (to acclimatize) 1

acoger (to take in, to receive) 16

acometer (to seize, to undertake) 17

acompañar (to go with, to enclose),
(to accompany o.s.), *~se* 18

aconsejar (to advise) 19

acordarse (to remember), *de* 20

acorralar (to corner, to surround) 1

acostarse (to go to bed, to lie down),
con ~ 21

acostumbrarse (to get used to sth),
a + inf. 22

acreditar (to authorize, to prove,
to credit) 23

activar (to stimulate, to activate,
to trigger) 24

actuar (to act, to perform) 25

acumular (to accumulate, to gain),
(to pile up), *~se* 26

acurrucarse (to cuddle) 55

acusar (to accuse, to show signs of),
a ~ de ~ 27

adaptarse (to adapt), *a* 28

adelgazar (to lose weight) 29

aderezar (to fix up, to dress) 4

adivinar (to guess, to predict) 30

adjuntar (to enclose, to attach) 1

admitir (to admit, to accept, to hold) . . .31

adoctrinar (to indoctrinate) 1

adoptar (to adopt, to accept) 1

adornar (to adorn, to decorate) 1

advertir (to warn, to notice) 32

afectar (to affect) 1

afeitarse (to shave o.s.) 33

aficionarse (to become interested
in sth), *a* 34

afinar (to refine) .1

afligir (to afflict, to upset) 35

agradecer (to be grateful, to thank) 36

agregar (to add), (to join), *~se, a* 64

alcanzar (to reach, to hit), *a* + inf. 37

KEY: **abandonar** = verb in boldface is fully conjugated in a verb chart; 24 = number after the verb indicates the chart number in which the verb itself or a model verb is fully conjugated; *a, de*, etc. = proposition/s used with the verb; + inf. = the preposition used with verb is followed by an infinitive; *se* = indicates a pronominal verb. The prepositions and the reflexive pronoun noted in the index always follow the verb meaning they are used with. For the key to regional labels see p. 6.

KEY: **abandonar** = verb in boldface is fully conjugated in a verb chart; 24 = number after the verb indicates the chart number in which the verb itself or a model verb is fully conjugated; a, de, etc. = proposition/s used with the verb; + inf. = the preposition used with verb is followed by an infinitive; se = indicates a pronominal verb. The prepositions and the reflexive pronoun noted in the index always follow the verb meaning they are used with. For the key to regional labels see p. 6.

biografiar (to write a biography) 135

birlar (to swipe, to steal) 1

bisar (to repeat, to encore) 1

bisbisear (to mumble) 1

biselar (to bevel) 1

bizquear (to be cross-eyed, to squint) 1

blandir (to brandish) 44

blanquear (to bleach) 1

blasfemar (to blaspheme, to curse) 1

blindar (to plate, to armor-plate) 1

bloquear (to block), (to jam), ~se 1

bobear (to be silly) 1

bogar (to row) 64

bolear (to polish), Mex 1

bolsear (to pickpocket), Mex 1

bombardear (to bomb) 1

bombear (to pump) 1

bonificar (to subsidize) 55

boquear (to open one's mouth),
(to utter) 1

bordar (to embroider) 1

bordear (to skirt, to go around) 1

borrajear (to scribble) 1

borrar (to delete, to erase),
(to fade), ~se 53

borronear (to smudge), (to get
smudged), ~se 1

bosquejar (to sketch) 1

bostezar (to yawn) 4

botanear (to snack), Mex 1

botar (to bounce) 1

boxear (to box) 1

boyar (to float) 1

bracear (to swing one's arms about) 1

bramar (to bellow) 1

brear (to thrash), Sp 1

bregar (to struggle, to slave away) 64

brillar (to shine, to sparkle) 54

brincar (to bounce, to jump, to skip) 55

brindar (to drink a toast), *por,* (to offer,
to invite), + inf. 1

bromear (to joke) 1

broncear (to tan), (to get a tan), ~se 1

brotar (to sprout) 1

brujulear (to wander), Sp 1

bruñir (to polish) 140

bucear (to dive) 1

bufar (to snort) 1

bufonear (to joke) 1

buitrear (to throw up), Chile, Peru 1

bullir (to be boiling, to swarm) 140

burbujear (to bubble) 1

burilar (to engrave) 1

burlarse (to make fun of sth), *de* 1

buscar (to look for, to search) 55

C

cabalgar (to ride a horse) 64

cabecear (to nod one's head when
sleepy), (to head a ball) 1

caber (to fit) 56

cablear (to wire up) 1

cabulear (to conn), Mex 1

cachar (to catch), LAm 1

cachetear (to slap), LAm 1

cachondearse (to make fun of),
de, Sp* 1

caer (to fall), *en, sobre* 57

caerse (to fall, to fall down) 58

calar (to drench, to soak), (to catch on) ...1

calcar (to trace, to copy) 55

calcular (to calculate) 1

calentar (to heat, to warm up), (to get
warm), ~se 59

calificar (to assess, to rate, to classify),
a~ de~ 55

callarse (to be quiet) 60

callejear (to hang out on the streets) 1

calmar (to calm), (to calm down), ~se 1

calzarse (to put on shoes) 4

cambiar (to change), (to get
changed), ~se 61

camelar (to sweet-talk), Sp 1

caminar (to walk) 1

* Use this verb with caution in Latin America where it also has a meaning of "being sexually attracted to somebody."

KEY: **abandonar** = verb in boldface is fully conjugated in a verb chart; 24 = number after the verb indicates the chart number in which the verb itself or a model verb is fully conjugated; *a, de,* etc. = proposition/s used with the verb; + inf. = the preposition used with verb is followed by an infinitive; *se* = indicates a pronominal verb. The prepositions and the reflexive pronoun noted in the index always follow the verb meaning they are used with. For the key to regional labels see p. 6.

KEY: **abandonar** = verb in boldface is fully conjugated in a verb chart; 24 = number after the verb indicates the chart number in which the verb itself or a model verb is fully conjugated; a, de, etc. = preposition/s used with the verb; + inf. = the preposition used with verb is followed by an infinitive; se = indicates a pronominal verb. The prepositions and the reflexive pronoun noted in the index always follow the verb meaning they are used with. For the key to regional labels see p. 6.

comentar (to comment) 1

comenzar (to start, to begin), *a* + inf. . . .74

comer (to eat) 75

cometer (to commit, to entrust) 42

comparar (to compare) 1

compartir (to share) 76

competir (to compete, to contest), *con, con/contra ~ por ~* 189

compilar (to compile) 1

complacer (to please), (to take pleasure in), *~se, en* 3

completar (to complete) 1

complicar (to complicate), (to get complicated), *~se* 55

componer (to compose) 197

comprar (to buy, to shop) 77

comprender (to understand) 78

comprimir (to compress) 31

comprobar (to check, to verify, to confirm) 85

comunicar (to communicate), (to get in touch with), *con* 55

concebir (to conceive, to imagine) 189

conceder (to concede) 42

concentrar (to concentrate) 1

concertar (to arrange, to agree) 14

concluir (to conclude) 83

condenar (to condemn), *a* + inf., (to be damned), *~se* 1

conducir (to drive), Sp 79

conectar (to connect), (to link up), *con* . . .1

confesar (to confess), (to make confession), *~se, de* 80

confiar (to trust, to entrust), *en* 135

confirmar (to confirm) 1

confiscar (to confiscate) 55

conformar (to conform), (to be satisfied with), *~se, con* .1

confrontar (to confront, to face), (to face up to), *~se, con* 1

confundir (to confuse, to mix up), (to get sth wrong), *~se, de* 6

congelar (to congeal, to freeze), (to become frozen), *~se* 1

conocer (to know, to be acquainted with, to meet for the first time), (to know each other), *~se* 81

conseguir (to get, to obtain) 82

consentir (to consent, to allow), *en* 32

considerar (to consider) 1

consolar (to console) 85

conspirar (to conspire, to plot) 1

constar (to be clear, to consist of), *de* 1

constatar (to prove, to verify) 1

constituir (to constitute, to make up), (to become sth), *~se, en* 83

construir (to build) 84

consultar (to consult), (to consult sb), *con* 1

contar (to count, to tell), *con* 85

contemplar (to contemplate, to meditate) 1

contener (to contain) 237

contentar (to gratify, to please), (to be satisfied with), *~se, con* 1

contestar (to answer, to reply) 86

contradecir (to contradict), (to contradict onself), *~se* 95

contraponer (to compare, to contrast) . .197

contratar (to contract, to engage, to hire) 1

contribuir (to contribute), *con, a* 87

controlar (to control) 1

convalecer (to convalesce) 3

conversar (to converse), *sobre* 1

convidar (to invite to), *a* + inf. 1

copiar (to copy) 1

corresponder (to correspond) 42

correr (to run) 42

corromper (to corrupt) 42

cortar (to cut) 1

costar (to cost, to be difficult to someone) 88

crear (to create) .1

crecer (to grow up) 89

creer (to believe, to think) 90

criticar (to criticize) 55

cruzar (to cross) 91

KEY: **abandonar** = verb in boldface is fully conjugated in a verb chart; 24 = number after the verb indicates the chart number in which the verb itself or a model verb is fully conjugated; *a, de,* etc. = proposition/s used with the verb; + inf. = the preposition used with verb is followed by an infinitive; *se* = indicates a pronominal verb. The prepositions and the reflexive pronoun noted in the index always follow the verb meaning they are used with. For the key to regional labels see p. 6.

cubrir, (to cover), *con, de* 5

cuchichear (to whisper) 1

cuestionar (to question),
(to ask o.s.), *~se* 1

culpar (to blame, to accuse), *de,* (to
blame o.s.), *~se* 1

cultivar (to cultivate, to grow) 1

cumplir (to carry out),
(to come true), *~se* 6

curar (to cure), (to recover), *~se* 1

D

dañar (to harm, to damage),
(to get damaged), *~se* 1

danzar (to dance) .4

dar (to give) 92

dar vergüenza (to embarrass) 92

datar (to date) 1

deambular (to stroll) 1

debatir (to debate), (to struggle), *~se* 44

deber (to owe), *a,* (to have to, must,
should), + inf., (to be due to), *~se* 93

debilitar (to debilitate), (to become
weak), *~se* 1

debutar (to debut) 1

decaer (to decline) 57

decantar (to decant), (to choose sth),
~se, por 1

decapitar (to decapitate) 1

decepcionar (to disappoint) 1

decidir (to decide), (to reach a decision),
~se, a + inf., *por* 94

decir (to say, to tell) 95

declamar (to declaim), (to recite) 1

declarar (to declare) 1

declinar (to decline) 1

decolorar (to discolor) 1

decomisar (to confiscate) 1

decorar (to decorate) 1

decrecer (to decrease) 3

decretar (to decree) 1

dedicarse (to devote o.s., to dedicate
o.s.), *a* 96

deducir (to deduce, to assume) 97

defender (to defend, to protect),
a ~ de ~ 98

defenestrar (to dismiss, to remove) 1

definir (to define) 44

deforestar (to deforest) 1

deformar (to deform), (to become
distorted), *~se* .1

defraudar (to defraud) 1

degenerar (to degenerate) 1

deglutir (to swallow) 44

degollar (to slit a throat) 99

degradar (to degrade) 1

degustar (to taste) 1

deificar (to deify) 55

dejar (to let, to allow, to leave,
to drop off), (to stop), *de* + inf.,
(to let onself go), *~se* 1

delatar (to denounce), (to give o.s.
away), *~se* 1

delegar (to delegate) 64

deleitar (to delight), (to delight in doing),
~se, en + inf. 1

deletrear (to spell) 1

deliberar (to deliberate), *sobre* 1

delimitar (to delimit) 1

delinear (to delineate) 1

delirar (to be delirious) 1

demacrarse (to waste away) 1

demandar (to sue) 1

demarcar (to demarcate) 55

democratizar (to democratize) 4

demoler (to demolish) 112

demorar (to delay), (to take too long),
~se, en + inf. 1

demostrar (to prove, to demonstrate,
to show) 100

demudarse (to change) 1

denegar (to refuse) 66

denigrar (to denigrate) 1

denominar (to designate),
(to be called), *~se* 1

denostar (to insult) 85

denotar (to denote) 1

denunciar (to denounce) 1

KEY: **abandonar** = verb in boldface is fully conjugated in a verb chart; 24 = number after the verb indicates the chart number in which the verb itself or a model verb is fully conjugated; *a, de,* etc. = proposition/s used with the verb; + inf. = the preposition used with verb is followed by an infinitive; *se* = indicates a pronominal verb. The prepositions and the reflexive pronoun noted in the index always follow the verb meaning they are used with. For the key to regional labels see p. 6.

Verb List

KEY: **abandonar** = verb in boldface is fully conjugated in a verb chart; 24 = number after the verb indicates the chart number in which the verb itself or a model verb is fully conjugated; *a, de*, etc. = proposition/s used with the verb; + inf. = the preposition used with verb is followed by an infinitive; *se* = indicates a pronominal verb. The prepositions and the reflexive pronoun noted in the index always follow the verb meaning they are used with. For the key to regional labels see p. 6.

KEY: **abandonar** = verb in boldface is fully conjugated in a verb chart; 24 = number after the verb indicates the chart number in which the verb itself or a model verb is fully conjugated; *a, de,* etc. = proposition/s used with the verb; + inf. = the preposition used with verb is followed by an infinitive; *se* = indicates a pronominal verb. The prepositions and the reflexive pronoun noted in the index always follow the verb meaning they are used with. For the key to regional labels see p. 6.

deshidratar (to dehydrate), (to become
  dehydrated), ~se 1

deshonrar (to dishonor) 1

designar (to designate) 1

desilusionar (to disappoint), (to be
  disappointed), ~se 1

desinfectar (to disinfect) 1

desinflar (to deflate) 1

desinstalar (to unistall) 1

desinteresarse (to lose interest) 1

desistir (to give up), de 6

deslizar (to slide) 4

desmentir (to deny) 6

desmontar (to dismount, to take apart) . . .1

desmoralizar (to demoralize) 4

desmovilizar (to demobilize) 4

desnatar (to skim) 1

desnivelar (to make uneaven) 1

desnudar (to undress) 1

desobedecer (to disobey) 3

desordenar (to make untidy) 1

desorientar (to confuse), (to become
  disoriented), ~se 1

despedir (to dismiss, to fire), (to say
  goodbye), ~se, de 189

despegar (to separate), (to take off) 64

despejar (to clear) 1

despertar (to wake up) 14

despistar (to mislead), (to get
  confused), ~se 1

desplazar (to displace) 4

despreciar (to despise) 1

desprender (to remove), (to come
  off), ~se 42

desquiciar (to drive crazy), (to lose one's
  mind), ~se 1

destacar (to emphasize), (to stand out) . .55

destapar (to uncork, to open a lid),
  (to throw the covers off), ~se 1

destilar (to distill) 1

destinar (to send, to assign) 1

destituir (to deprive, to dismiss,
  to discharge), a ~ de ~ 107

destornillar (to unscrew),
  (to come loose), ~se 1

destrozar (to ruin, to wreck),
  (to get smashed), ~se 4, 38

destruir (to destroy) 83

dictar (to dictate) 1

dibujar (to draw) 1

diferir (to postpone), (to differ), de 32

dificultar (to make difficult) 1

dirigir (to manage, to run, to direct),
  (to go to, to go toward), ~se, a + inf. . . .35

disculpar (to excuse),
  (to apologize), ~se 1

discutir (to discuss), (to argue) 108

disecar (to dissect) 55

diseminar (to disseminate) 1

diseñar (to design) 1

disfrazarse (to disguise or dress up
  oneself), de .38

disfrutar (to enjoy) 1

disgregar (to disintegrate) 64

disgustar (to displease) 1

disimular (to conceal) 1

disipar (to dispel), (to clear), ~se 1

dislocar (to dislocate) 55

disminuir (to decrease), (to diminish,
  to lessen) 83

disparar (to fire), (to go off), ~se 1

dispensar (to bestow) 1

dispersar (to disperse) 1

disponer (to arrange), (to be ready to),
  ~se, a + inf. 197

disputar (to dispute), (to fight for), ~se . . .1

distanciarse (to drift away), de 1

distender (to distend) 98

distinguir (to distinguish, to make out),
  (to be famous for), ~se, por 109

distorsionar (to distort) 1

distraer (to distract), (to get
  distracted), ~se 239

distribuir (to distribute),
  (to divide up), ~se 110

divertirse (to have fun, to have a
  good time) 111

dividir (to divide) 44

divorciarse (to divorce), de 1

KEY: **abandonar** = verb in boldface is fully conjugated in a verb chart; 24 = number after the verb indicates the chart number in which the verb itself or a model verb is fully conjugated; a, de, etc. = proposition/s used with the verb; + inf. = the preposition used with verb is followed by an infinitive; se = indicates a pronominal verb. The prepositions and the reflexive pronoun noted in the index always follow the verb meaning they are used with. For the key to regional labels see p. 6.

Verb List

doblar (to fold, to bend) 1

doler (to hurt, to feel pain) 112

domar (to tame) 1

domiciliar (to pay by direct billing), Sp . . .1

donar (to donate) .1

dormir (to sleep) .113

dormirse (to go to sleep, to fall
    asleep) 114

drogar (to drug) 64

duchar (to shower), (to take
    a shower), ~se 1

dudar (to doubt, to hesitate) 1

dulcificar (to sweeten) 55

duplicar (to duplicate) 55

durar (to last) 1

E

echar (to throw), (to start to), a + inf. 1

eclipsar (to eclipse) 1

economizar (to save, to economize) 4

edificar (to build) .55

editar (to edit) 1

educar (to educate),
    (to be educated), ~se 55

edulcorar (to sweeten) 1

efectuar (to carry out) 25

egresar (to graduate), LAm 1

ejecutar (to execute) 1

ejemplificar (to illustrate) 55

elaborar (to elaborate, to produce) 1

electrificar (to electrify) 55

electrocutar (to electrocute) 1

elegir (to choose, to elect) 115

elevar (to raise), (to reach), ~se, a 1

elidir (to eliminate, to nullify,
    to weaken) 44

eliminar (to eliminate) 1

elogiar (to praise) .1

elucidar (to elucidate) 1

eludir (to avoid) 44

emanar (to emanate), de, (to exude) 1

emancipar (to emancipate), (to become
    emancipated), ~se 1

embadurnar (to smear), de, (to plaster
    oneself), ~se, de 1

embalar (to pack), (to race off), ~se 1

embarcar (to embark), en 55

embargar (to seize) 64

embarrancar (to run aground) 55

embarrar (to sling mud) 1

embarullar (to muddle) 1

embaucar (to deceive, to swindle) 55

embeber (to absorb), (to shrink) 42

embelesar (to delight, to enthrall) 1

embellecer (to beautify, to embellish) 3

embestir (to attack), contra 189

embetunar (to polish) 1

embobar (to astound), (to be captivated),
    ~se 1

embolsarse (to pocket) 1

emborrachar (to get sb drunk),
    (to get drunk), ~se 1

emborrascarse (to become stormy) 55

emborronar (to scribble) 1

emboscar (to ambush) 55

embotar (to blunt) 1

embotellar (to bottle) 1

embragar (to engage the clutch) 64

embravecerse (to become enraged) 3

embrear (to tar) 1

embriagar (to intoxicate), (to become
    intoxicated), ~se 64

embridar (to bridle) 1

embrollar (to muddle, to tangle up) 1

embromar (to tease), SAm 1

embrujar (to bewitch) 1

embrutecer (to stultify) 3

embutir (to stuff), ~ de ~ 44

emerger (to emerge) 16

emigrar (to emigrate) 1

emitir (to emit) 44

emocionar (to excite), (to get
    excited), ~se 1

empacar (to pack), (to refuse
    to budge), ~se .55

empachar (to satiate) 1

empadronar (to take a census) 1

KEY: **abandonar** = verb in boldface is fully conjugated in a verb chart; 24 = number after the verb indicates the chart number in which the verb itself or a model verb is fully conjugated; a, de, etc. = proposition/s used with the verb; + inf. = the preposition used with verb is followed by an infinitive; se = indicates a pronominal verb. The prepositions and the reflexive pronoun noted in the index always follow the verb meaning they are used with. For the key to regional labels see p. 6.

empalar (to impale) 1

empalmar (to join) 1

empanar (to bread) 1

empantanar (to swamp) 1

empapar (to soak), (to get soaking
wet), ~se 1

empañar (to mist up) 1

empapelar (to wallpaper) 1

empaquetar (to package) 1

emparedar (to imprison) 1

emparejar (to pair, to match),
(to pair off), ~se 1

emparentarse (to become related), con . . .1

empastar (to fill a tooth) 1

empatar (to tie) .1

empecinarse (to be stubborn), en 1

empedrar (to pave) 14

empeñar (to pawn), (to make an
effort to), ~se, en + inf. 1

empeorar (to worsen) 1

empequeñecer (to reduce) 3

emperrarse (to be dead set on), con 1

empezar (to begin), a + inf. 74

empinar (to stand up), (to stand on
tip toe), ~se 1

emplazar (to summon), a 4

emplear (to employ) 1

empobrecer (to impoverish), (to become
poor), ~se 3

empotrar (to embed), en, (to crash
into), ~se 1

emprender (to undertake) 42

empujar (to push, to shove) 1

emular (to emulate) 1

emulsionar (to emulsify) 1

enajenar (to dispose of), (to go out of
one's mind), ~se 1

enaltecer (to ennoble) 3

enamorar (to win the heart), (to fall
in love), ~se, de 1

enarbolar (to hoist, to raise a flag) 1

enardecer (to raise to frenzy), (to become
inflamed), ~se .3

encabezar (to head) 4

encadenar (to chain) 1

encajar (to fit) 1

encaminar (to direct, to channel),
(to head towards), ~se, hacia 1

encantar (to delight) 1

encaramarse (to climb), a, en 1

encarar (to approach), (to face up to),
~se, con 1

encarcelar (to imprison) 1

encarecer (to make more expensive) 3

encargar (to put in charge of),
(to take care of), ~se, de 64

encartar (to implicate) 1

encasillar (to categorize) 1

encender (to light) 98

encerrar (to enclose, to lock up),
(to shut o.s. in), ~se 14

encestar (to score a basquet) 1

encharcar (to waterlog) 55

enchufar (to plug in) 1

encoger (to shrink) 16

encomendar (to entrust) 14

encontrar (to meet, to find),
(to run into), ~se, con 116

encuadernar (to bind) 1

encubrir (to hide) 5

enderezar (to straighten) 4

endurecer (to harden) 3

enfadar (to annoy), (to get
annoyed), ~se .1

enfatizar (emphasize) 4

enfermar (to fall ill, to sicken),
(to get sick), ~se 1

enfocar (to focus) 55

enfrentar (to confront) 1

enfriar (to cool), (to get cold), ~se 135

enfurecer (to infuriate), (to get
furious), ~se 3

enganchar (to hook, to attach), (to get
caught), ~se 1

engañar (to fool, to mislead, to trick),
(to deceive o.s.), ~se 1

engordar (to put on weight) 1

enlazar (to link) .4

enloquecer (to drive crazy) 3

enojar (to anger), (to get angry), ~se 1

KEY: **abandonar** = verb in boldface is fully conjugated in a verb chart; 24 = number after the verb indicates the chart
number in which the verb itself or a model verb is fully conjugated; *a, de,* etc. = preposition/s used with the verb;
+ inf. = the preposition used with verb is followed by an infinitive; *se* = indicates a pronominal verb. The prepositions and the reflexive pronoun noted in the index always follow the verb meaning they are used with. For the key to
regional labels see p. 6.

Verb List

F

KEY: **abandonar** = verb in boldface is fully conjugated in a verb chart; 24 = number after the verb indicates the chart number in which the verb itself or a model verb is fully conjugated; a, de, etc. = proposition/s used with the verb; + inf. = the preposition used with verb is followed by an infinitive; se = indicates a pronominal verb. The prepositions and the reflexive pronoun noted in the index always follow the verb meaning they are used with. For the key to regional labels see p. 6.

fallar (to fail, to miss), (to pronounce
judgement on) .1

fallecer (to die) 3

falsear (to falsify, to misrepresent) 1

falsificar (to make false, to forge) 55

faltar (to lack, to miss) 132

familiarizarse (to become familiar
with), *con* 4

fanfarronear (to bluff, to brag) 1

fantasear (to fantasize) 1

fardar (to boast, to brag), Sp 1

fascinar (to fascinate, to charm) 1

fastidiar (to annoy, to bother), (to get
annoyed), *~se* .1

fatigar (to fatigue), (to wear
o.s. out), *~se* 64

favorecer (to favor, to suit sth or sb) . . .133

fechar (to date) 1

fecundar (to fertilize) 1

felicitar (to congratulate), (to be
very glad about sth), *~se, de* 134

fenecer (to die, to finish) 3

feriar (to trade), Andes 1

fermentar (to ferment) 1

fertilizar (to fertilize) 4

festejar (to feast, to celebrate) 1

fiarse (to trust), *de* 135

figurar (to appear), (to imagine), *~se* 1

fijar (to fix, to notice), (to pay
attention), *~se* 1

filmar (to film) .1

filtrar (to filter, to leak through) 1

finalizar (to finish), (to end) 136

firmar (to sign) .1

flojear (to slacken, to weaken) 1

florecer (to flower, to bloom) 3

flotar (to float) .1

fluctuar (to fluctuate, to waver) 25

fluir (to flow) 83

fomentar (to foment, to encourage) 1

fondear (to cast anchor) 1

forjar (to forge, to shape),
(to build up), *~se* 1

formalizar (to give proper form to,
to make official), (to settle down), *~se* . .4

formar (to form, to mold, to shape),
(to develop), *~se* 1

formatear (to format) 1

formular (to formulate, to word) 1

forrar (to line, to cover), (to become
rich), *~se* 1

fortalecer (to fortify, to strengthen),
(to get stronger), *~se* 3

fortificar (to fortify) 55

forzar (to force, to strain),
(to force o.s.), *~se* 137

fotocopiar (to photocopy) 1

fotografiar (to photograph) 135

fracasar (to fail, to come to ruin), *en* 1

fracturar (to fracture, to break) 1

frecuentar (to frequent) 1

fregar (to wash, to rub), (to wash
the dishes) 66

freír (to fry) .138

frenar (to apply the breaks),
(to restrain o.s.), *~se* 1

friccionar (to rub, to massage) 1

frotar (to rub) 1

fructificar (to bear fruit) 55

frustrar (to frustrate, to frighten), (to be
dashed), *~se* .1

fugarse (to escape), *de, con* 64

fulgurar (to gleam, to flash) 1

fumar (to smoke) 1

fumigar (to fumigate) 64

funcionar (to function, to work) 1

fundar (to found, to establish) 1

fundir (to melt), (to merge), *~se* 44

fusilar (to shoot, to execute) 1

fustigar (to lash) 64

G

gafar (to jinx, to put a jinx on) 1

galardonar (to award a prize) 1

galopar (to gallop) 1

ganar (to win, to earn, to gain) 1

KEY: **abandonar** = verb in boldface is fully conjugated in a verb chart; 24 = number after the verb indicates the chart
number in which the verb itself or a model verb is fully conjugated; *a, de,* etc. = proposition/s used with the verb;
+ inf. = the preposition used with verb is followed by an infinitive; *se* = indicates a pronominal verb. The prepositions and the reflexive pronoun noted in the index always follow the verb meaning they are used with. For the key to
regional labels see p. 6.

Verb List

H

gansear (to talk nonsense, to clown around) 1

garabatear (to scribble, to scrawl) 1

garantizar (to guarantee) 139

garrotear (to rip off), Chile 1

gastar (to spend, to use), en (to be used up, to wear out), ~se 1

gatear (to creep, to crawl) 1

gemir (to moan, to wail) 189

generalizar (to generalize, to spread) 4

germinar (to germinate) 1

gesticular (to gesticulate) 1

gestionar (to manage) 1

gimotear (to whimper, to shine) 1

girar (to revolve, to rotate) 1

gloriarse (to glory, to delight), de 135

glorificar (to glorify) 55

glosar (to gloss, to comment upon) 1

gobernar (to govern, to direct) 14

golpear (to strike, to hit, to beat against), contra, (to knock) 1

gotear (to drip, to dribble) 1

gozar (to enjoy), (to be happy about), con, de 4

grabar (to engrave, to record on tape, to save on disc) 1

graduar (to adjust), (to graduate), ~se ...25

granizar (to hail) 4

granjear (to earn, to gain) 1

granular (to granulate) 1

gratificar (to gratify) 55

gritar (to shout, to cry, to bawl) 1

gruñir (to grunt, to growl, to grumble) 140

guardar (to guard, to watch over, to save a document), (to keep), ~se 1

guarecer (to protect, to shelter) 3

guarnecer (to garnish, to decorate), de 3

guiar (to guide, to drive), (to orient o.s.), ~se, por 135

guiñar (to wink) 1

guisar (to cook), Sp 1

gustar (to like, to be pleasing to) 141

haber (to have), (there is/are, to exist) ..142

habilitar (to enable, to equip, to qualify) ..1

habitar (to inhabit) 1

habituar (to accustom), (to get used to sth), ~se, a 25

hablar (to speak, to talk), de, (to speak to each other), ~se 143

hacer (to do, to make), (to pretend to be), ~se 144

hacinar (to stack up), (to crowd together), ~se 1

halagar (to flatter) 64

hallar (to find, to discover), (to be located or feeling), ~se 1

hambrear (to starve, to be hungry), SC ...1

haraganear (to lounge, to loaf, to be lazy) .1

hartar (to fill up, to gorge), (to get fed up), ~se 1

hastiar (to surfeit), (to grow tired of), ~se, de 135

hechizar (to bewitch, to charm) 4

heder (to stink, to reek) 98

helar (to freeze) 14

henchir (to swell, to stuff) 224

hender (to split, to cleave) 98

heredar (to inherit) 1

herir (to wound) 32

hermanar (to unite) 1

hermosear (to beautify) 1

herrar (to shoe a horse) 14

hervir (to boil) 32

hilar (to spin) 1

hilvanar (to baste) 1

hincar (to thrust), en 55

hinchar (to inflate), (to swell up), ~se 1

hipnotizar (to hypnotize) 4

hipotecar (to mortgage) 55

hojear (to leaf, to turn the pages of) 1

homenajear (to honor, to pay tribute to) ..1

homologar (to approve, to endorse) 64

honrar (to honor) 1

hornear (to bake) 1

horrorizar (to horrify, to appall), (to be horrified), ~se 1

KEY: **abandonar** = verb in boldface is fully conjugated in a verb chart; 24 = number after the verb indicates the chart number in which the verb itself or a model verb is fully conjugated; *a, de*, etc. = proposition/s used with the verb; + inf. = the preposition used with verb is followed by an infinitive; *se* = indicates a pronominal verb. The prepositions and the reflexive pronoun noted in the index always follow the verb meaning they are used with. For the key to regional labels see p. 6.

hospedar (to give lodging), (to stay,
to put up), ~*se* 1

hospitalizar (to hospitalize) 1

hostigar (to harass, to vex) 64

huir (to flee, to escape) 145

humanizar (to make human),
(to become more human), ~*se* 4

humear (to smoke, to give off smoke) 1

humedecer (to moisten, to wet,
to dampen), (to get damp), ~*se* 3

humillar (to humiliate, to humble),
(to demean oneself), ~*se, a* 1

hundir (to sink, to submerge) 44

hurtar (to steal, to rob) 1

husmear (to scent, to smell), (to sniff
around) 1

I

idear (to devise, to form an idea of) 1

identificar (to identify), (to identify
oneself with), ~*se, con* 55

idolatrar (to idolize, to worship) 1

ignorar (to be ignorant of, to not know) . .1

igualar (to equal, to equalize) 1

iluminar (to illuminate, to enlighten),
(to light up), ~*se* 1

ilustrar (to illustrate), (to learn sth), ~*se* . .1

imaginar (to imagine) 1

imantar (to magnetize) 1

imbuir (to imbue, to instill, to infuse,
to inspire), *de* .83

imitar (to imitate) 1

impacientar (to make impatient),
(to get impatient), ~*se* 1

impactar (to have an impact on) 1

impedir (to impede, to prevent,
to hinder) 189

impeler (to impel, to push, to incite,
to spur) 42

imperar (to prevail) 1

implantar (to implant, to establish,
to introduce) 1

implementar (to implement) 1

implicar (to imply, to implicate, to involve),
(to get involved), ~*se* 55

implorar (to implore, to entreat, to beg) . .1

imponer (to impose), (to become
established), ~*se* 197

importar (to matter, to be important) 1

importunar (to importunate, to nag,
to tease) 1

imposibilitar (to make impossible,
to disable) 1

impregnar (to impregnate, to saturate) . . .1

impresionar (to impress, to move,
to affect), (to be moved), ~*se* 1

imprimir (to print, to impart) 146

improvisar (to improvise) 1

impulsar (to impel, to push, to move) 1

impugnar (to contest, to challenge) 1

imputar (to impute, to attribute) 1

inaugurar (to inaugurate, to begin,
to open) 1

incapacitar (to cripple, to disable) 1

incendiar (to set fire to), (to catch
fire), ~*se* 1

incidir (to have a bearing on sth), *en* 6

incitar (to incite, to rouse, to stir up) 1

inclinar (to tilt), (to be inclined to),
~*se, a + inf., por* 1

incluir (to include, to enclose) 83

incomodar (to inconvenience, to disturb, to
trouble), (to feel uncomfortable), ~*se* . . .1

incomunicar (to cut off) 1

incordiar (to annoy), Sp 1

incorporar (to incorporate, to unite),
(to join sth), ~*se, a* 1

incrementar (to increase, to increment) . .1

incrustar (to inlay, to encrust), (to bury
itself), ~*se* 1

incubar (to incubate), (to brew, to be
incubated, to be hatched), ~*se* 1

inculcar (to inculcate, to instill) 55

incurrir (to incur), *en* 44

indagar (to find out, to investigate,
to inquire) 64

indemnizar (to indemnify,
to compensate) .4

independizar (to make independent),
(to become independent), ~*se* 4

Verb List

KEY: **abandonar** = verb in boldface is fully conjugated in a verb chart; 24 = number after the verb indicates the chart
number in which the verb itself or a model verb is fully conjugated; *a, de,* etc. = preposition/s used with the verb;
+ inf. = the preposition used with verb is followed by an infinitive; *se* = indicates a pronominal verb. The prepositions and the reflexive pronoun noted in the index always follow the verb meaning they are used with. For the key to
regional labels see p. 6.

KEY: **abandonar** = verb in boldface is fully conjugated in a verb chart; 24 = number after the verb indicates the chart number in which the verb itself or a model verb is fully conjugated; *a, de*, etc. = proposition/s used with the verb; + inf. = the preposition used with verb is followed by an infinitive; *se* = indicates a pronominal verb. The prepositions and the reflexive pronoun noted in the index always follow the verb meaning they are used with. For the key to regional labels see p. 6.

Verb List

KEY: **abandonar** = verb in boldface is fully conjugated in a verb chart; 24 = number after the verb indicates the chart number in which the verb itself or a model verb is fully conjugated; *a, de*, etc. = proposition/s used with the verb; + inf. = the preposition used with verb is followed by an infinitive; *se* = indicates a pronominal verb. The prepositions and the reflexive pronoun noted in the index always follow the verb meaning they are used with. For the key to regional labels see p. 6.

ligar (to bind, to tie, to unite), (to make
   out with), ~se, Sp 64

lijar (to sandpaper) 1

limar (to file) 1

limitar (to limit), (to confine
   onself to), ~se, a + inf. 1

limpiar (to clean), (to clean o.s.), ~se . . .160

linchar (to lynch) .1

lindar (to border, to adjoin) 1

liquidar (to liquidate), (to finish
   with), ~se 1

lisonjear (to flatter) 1

listar (to register, to enter in a list) 1

llamar (to call), (to be called), ~se 161

llegar (to arrive) 162

llenar (to fill, to stuff) 1

llevar (to carry, to take, to wear) 163

llorar (to cry, to weep) 164

lloriquear (to whimper, to whine,
   to weep) 1

llover (to rain) .165

lloviznar (to drizzle, to sprinkle) 1

loar (to praise) 1

localizar (to localize) 4

lograr (to gain, to obtain) 1

lubricar (to lubricate, to grease) 55

luchar (to fight, to wrestle) 1

M

machacar (to pound, to crush) 55

madrugar (to rise early, to be ahead
   of others, to get up early) 64

madurar (to mature, to ripen) 1

magullar (to bruise, to maul) 1

majar (to pound, to crush) 1

malacostumbrar (to spoil), (to become
   spoiled), ~se 1

malgastar (to squander, to waste) 1

malherir (to wound badly) 32

maliciar (to suspect) 1

malinterpretar (to misinterpret) 1

malograr (to waste, to lose),
   (to fail), ~se 1

maltratar (to treat badly, to misuse) 1

malversar (to misuse) 1

mamar (to suckle, to nurse) 1

manar (to spring, to flow) 1

manchar (to stain, to soil, to spot),
   (to get dirty), ~se 1

mandar (to command, to order) 1

manejar (to manage, to handle),
   (to drive), LAm 1

maniatar (to tie the hands) 1

manicurar (to manicure) 1

manifestar (to manifest, to show),
   (to become apparent), ~se 14

maniobrar (to maneuver) 1

manipular (to manipulate, to handle) 1

manosear (to handle, to touch, to feel
   with the hand) .1

mantener (to maintain, to support),
   (to support oneself), ~se 232

maquinar (to plot, to scheme) 1

maravillar (to astonish, to dazzle),
   (to become dazzled), ~se 1

marcar (to mark, to stamp, to brand,
   to note, to observe), (to score) 55

marcharse (to go away, to leave) 166

marchitar (to wither) 1

marearse (to get dizzy) 1

marginar (to ostracize) 1

marinar (to marinate) 1

martillear (to hammer, to pound) 1

mascar (to chew) 55

mascullar (to mumble, to munch) 1

matar (to kill), (to get killed), ~se 167

matizar (to qualify, to explain) 4

matricular (to matriculate, to enroll,
   to register) 1

mediar (to mediate, to intervene), en 1

medir (to measure, to scan),
   (to measure o.s.), ~se 189

meditar (to meditate, to muse) 1

medrar (to flourish, to thrive,
   to prosper) 1

mejorar (to improve), (to get
   better), ~se 168

mellar (to notch, to nick) 1

KEY: **abandonar** = verb in boldface is fully conjugated in a verb chart; 24 = number after the verb indicates the chart
number in which the verb itself or a model verb is fully conjugated; a, de, etc. = preposition/s used with the verb;
+ inf. = the preposition used with verb is followed by an infinitive; se = indicates a pronominal verb. The prepositions and the reflexive pronoun noted in the index always follow the verb meaning they are used with. For the key to
regional labels see p. 6.

mencionar (to mention) 1

mendigar (to beg, to ask alms) 64

menear (to move, to shake, to stir),
(to fidget), ~se 1

menoscabar (to diminish, to lessen) 1

menospreciar (to despise, to scorn) 1

mentalizarse (to prepare oneself
mentally) 4

mentar (to mention, to call, to name) . . .14

mentir (to lie, to tell lies) 169

merecer (to deserve) 170

merendar (to have an afternoon
snack or refreshment) 14

mermar (to dwindle, to decrease,
to reduce) 1

merodear (to rove in search of plunder) . .1

meter (to put in) 171

meterse (to meddle, to get into) 172

mezclar (to mix, to blend), (to get
involved in), ~se, en 1

mimar (to pamper, to spoil, to humor) . . .1

minar (to mine) .1

mirar (to look, to watch) 173

mirar fijamente (to stare) 173

mitigar (to mitigate, to soften,
to soothe) 64

mochar (to cut off, to chop off) 1

modelar (to model) 1

moderar (to moderate, to temper,
to regulate), (to restrain o.s.), ~se 1

modernizar (to modernize), (to keep
up with the times), ~se 4

modificar (to modify) 55

modular (to modulate, to tone down) 1

mofarse (to mock, to scoff, to jeer), ...1

mojar (to dampen, to wet, to moisten),
(to get wet), ~se 1

moldear (to mold) 1

moler (to mill, to grind, to tire,
to tire out) 112

molestar (to bother, to disturb),
(to get upset), ~se, por 1

mondar (to pare, to peel) 1

monitorear (to monitor) 1

monopolizar (to monopolize, to corner) . .4

montar (to mount, to ride, to ride horse-
back), (to get in a vehicle), ~se 1

morder (to bite) 112

mordisquear (to nibble) 1

morir (to die), (to die, to expire), ~se,
(to be crazy about), ~se, por + inf. 174

mortificar (to mortify, to torment),
(to distress o.s.), ~se 55

mosquear (to annoy), (to get
annoyed), ~se .1

mostrar (to show, to demonstrate) 85

motivar (to cause, to give a cause for) 1

mover (to move) 112

movilizar (to mobilize) 4

mudar (to change, to remove, to molt,
to move), (to move from a house), ~se . .1

mugir (to moo, to low) 35

multiplicar (to multiply) 55

mutilar (to mutilate, to butcher) 1

N

nacer (to be born) 175

nadar (to swim) 176

narcotizar (to dope, to drug with
narcotics) 4

narrar (to narrate, to tell, to relate) 1

naturalizar (to naturalize, to acclimatize,
to accustom to a new climate),
(to become naturalized), ~se 4

naufragar (to be shipwrecked, to fail) . . .64

navegar (to navigate, to sail, to surf
the Web) 64

necesitar (to need), (to be in need
of sth), de 177

negar (to deny, to refuse), (to refuse to),
~se, a + inf. 66

negociar (to negotiate, to trade) 1

negrear (to become black) 1

neutralizar (to neutralize,
to counteract) .4

nevar (to snow) 178

nivelar (to level, to grade) 1

nombrar (to nominate, to name) 1

nominar (to nominate) 1

notar (to note, to observe, to mark,
to notice), (to feel), ~se 1

KEY: **abandonar** = verb in boldface is fully conjugated in a verb chart; 24 = number after the verb indicates the chart number in which the verb itself or a model verb is fully conjugated; *a*, *de*, etc. = proposition/s used with the verb; + inf. = the preposition used with verb is followed by an infinitive; *se* = indicates a pronominal verb. The prepositions and the reflexive pronoun noted in the index always follow the verb meaning they are used with. For the key to regional labels see p. 6.

Verb List

KEY: **abandonar** = verb in boldface is fully conjugated in a verb chart; 24 = number after the verb indicates the chart number in which the verb itself or a model verb is fully conjugated; *a, de,* etc. = proposition/s used with the verb; + inf. = the preposition used with verb is followed by an infinitive; *se* = indicates a pronominal verb. The prepositions and the reflexive pronoun noted in the index always follow the verb meaning they are used with. For the key to regional labels see p. 6.

palidecer (to turn pale) 3

palmotear (to clap, to applaud) 1

palpar (to touch, to grope) 1

palpitar (to palpitate, to throb, to beat) . . .1

paralizar (to paralyze, to stop) 4

parangonar (to compare), con 1

parar (to stop) 1

parecer (to seem, to appear), (to look
like sb), ~se, a 186

parir (to give birth, to bear) 44

parlamentar (to converse, to parley,
to discuss terms with an enemy) 1

parlotear (to prate, to prattle, to chatter,
to chat) 1

parodiar (to parody, to take off,
to imitate) 1

parpadear (to wink, to blink) 1

parrandear (to revel, to make merry,
to go on a spree) 1

participar (to participate, to share),
(to inform, to notify) 1

particularizar (to distinguish), (to be
characterized), ~se, por 4

partir (to divide), (to leave) 187

pasar (to happen, to spend time, to pass),
(to go over, to pass by), ~se 188

pasar hambre (to starve) 1

pasear (to walk, to take a walk) 1

pasmar (to astound, to stun), (to be
stunned), ~se 1

pastar (to pasture, to graze) 1

pastear (to spy), Peru 1

pasteurizar (to pasteurize) 4

patalear (to kick around) 1

patear (to kick, to stamp the foot),
(to walk a great distance), ~se 1

patentar (to patent) 1

patentizar (to evidence, to reveal,
to show) 4

patinar (to skate, to skid) 1

patrocinar (to patronize, to favor,
to sponsor) 1

patrullar (to patrol) 1

pavimentar (to pave) 1

pavonearse (to strut, to swagger) 1

payasear (to clown, to play the fool),
LAm, Sp 1

pecar (to sin) 55

pechar (to bump, to push, to shove
with the chest), LAm 1

pedalear (to pedal) 1

pedir (to ask for, to order), (to beg) 189

pegar (to hit, to stick, to glue, to paste
a document) 190

peinar (to comb), (to comb one's
hair), ~se 1

pelar (to cut the hair of, to peel), (to get
a haircut, to peel [of skin]), ~se 1

pelear (to fight, to quarrel), (to fight with
each other, to break up), ~se 1

peligrar (to be in danger) 1

pellizcar (to pinch, to nibble) 55

penar (to punish), (to suffer, to worry,
to fret), Andes .1

penetrar (to penetrate, to pierce),
(to penetrate, to go into), en 1

pensar (to think, to intend), en (to think
over), ~se 191

pensionar (to grant a pension, to upset),
Peru 1

pepenar (to pick up), Mex 1

percatarse (to notice), P, de 1

percibir (to perceive, to collect) 44

pervertir (to pervert), (to become
perverted), ~se 32

perder (to lose), (to miss, to get
lost), ~se 192

perdonar (to pardon, to forgive,
to excuse) 1

perdurar (to last, to endure) 1

perecer (to perish, to die) 3

peregrinar (to journey, to go through
life) 1

perfeccionar (to perfect, to finish,
to complete) 1

perfilar (to silhouette, to outline), (to be
outlined), ~se 1

perforar (to perforate, to pierce),
(to become perforated), ~se 1

perfumar (to perfume, to scent), (to put
perfume on), ~se 1

Verb List

KEY: **abandonar** = verb in boldface is fully conjugated in a verb chart; 24 = number after the verb indicates the chart number in which the verb itself or a model verb is fully conjugated; a, de, etc. = proposition/s used with the verb; + inf. = the preposition used with verb is followed by an infinitive; se = indicates a pronominal verb. The prepositions and the reflexive pronoun noted in the index always follow the verb meaning they are used with. For the key to regional labels see p. 6.

KEY: **abandonar** = verb in boldface is fully conjugated in a verb chart; 24 = number after the verb indicates the chart number in which the verb itself or a model verb is fully conjugated; a, de, etc. = preposition/s used with the verb; + inf. = the preposition used with verb is followed by an infinitive; se = indicates a pronominal verb. The prepositions and the reflexive pronoun noted in the index always follow the verb meaning they are used with. For the key to regional labels see p. 6.

Verb List

prevenir (to prevent) 243

probar (to test, to try, to prove),
(to try on clothes), ~se 203

proceder (to proceed, to originate) 42

procurar (to try, to endeavor) 1

producir (to produce, to yield), (to take
place), ~se 97

programar (to program) 1

progresar (to progress) 1

prolongar (to extend), (to go on), ~se 64

prometer (to promise, become engaged),
(to get engaged), ~se 42

pronunciar (to pronounce) 1

proponer (to propose), (to set
out to), ~se 197

prosperar (to prosper, to thrive) 1

proteger (to protect),
(to protect o.s.), ~se 204

provenir (to originate, to arise,
to come) 243

provocar (to cause, to provoke) 55

proyectar (to project, to cast),
(to be cast), ~se 1

puntuar (to punctuate) 25

Q

quebrantar (to break) 1

quebrar (to crush, to break), (to go
bankrupt) 14

quedar (to remain, to be left), (to keep,
to stay), ~se, con 205

quejarse (to complain, to grumble), de . . .1

quemar (to burn, to scald),
(to get burned), ~se 1

querellarse (to bring suit against),
contra 1

querer (to wish, to want, to love),
(to love each other), ~se 206

quitar (to remove, to take away),
(to take off, to come out), ~se 1

R

rabiar (to rage), por 1

racionalizar (to rationalize) 4

racionar (to ration) 1

radiar (to irradiate, to broadcast) 1

radicalizar (to radicalize, to toughen),
(to become more radical,
to intensify), ~se 4

radicar (to take root, to be, to be found),
(to settle), ~se .55

radiografiar (to X-ray) 135

raer (to scrape off, to rub off) 57

rajar (to split, to crack), (to speak
badly of sb), de .1

ralear (to thin out) 1

ralentizar (to slow down) 4

rallar (to grate) 1

ramificarse (to branch, to ramify) 55

rapar (to shave off) 1

raptar (to kidnap, to abduct) 1

rascar (to scratch, to scrape),
(to scratch o.s.), ~se 55

rasgar (to tear, to rip) 64

rasguñar (to scratch, to claw) 1

raspar (to scrape, to scrape off),
(to be rough) 1

rastrear (to tail, to track) 1

rastrillar (to rake, to comb) 1

rasurar (to shave) 1

ratificar (to ratify), (to reaffirm sth),
~se, en 55

rayar (to scratch, to make lines on),
(to get scratched), ~se 1

razonar (to reason) 1

reabrir (to reopen) 5

reaccionar (to react), con, frente a, contra . . .1

reactivar (to reactivate, to revive) 1

readaptar (to retrain), (to readjust), ~se . . .1

readmitir (to readmit, to reemploy) 6

reafirmar (to reaffirm, to reassert) 1

reajustar (to readjust) 1

realizar (to fulfill, to execute), (to come
true), ~se 4

realzar (to highlight) 4

reanimar (to revive, to comfort), (to come
around), ~se 1

reanudar (to resume, to begin again) 1

reaparecer (to reappear) 3

reasumir (to take over again) 44

KEY: **abandonar** = verb in boldface is fully conjugated in a verb chart; 24 = number after the verb indicates the chart
number in which the verb itself or a model verb is fully conjugated; a, de, etc. = proposition/s used with the verb;
+ inf. = the preposition used with verb is followed by an infinitive; se = indicates a pronominal verb. The prepositions and the reflexive pronoun noted in the index always follow the verb meaning they are used with. For the key to
regional labels see p. 6.

KEY: **abandonar** = verb in boldface is fully conjugated in a verb chart; 24 = number after the verb indicates the chart number in which the verb itself or a model verb is fully conjugated; *a, de*, etc. = proposition/s used with the verb; + inf. = the preposition used with verb is followed by an infinitive; *se* = indicates a pronominal verb. The prepositions and the reflexive pronoun noted in the index always follow the verb meaning they are used with. For the key to regional labels see p. 6.

regatear (to haggle) 1

regenerar (to regenerate), (to be
    reformed), *~se* 1

regir (to rule, to govern), (to hold
    sway), *~se* 115

registrar (to examine, to inspect, to scruti-
    nize), (to check in, to register), *~se* 1

regresar (to return), *a* + inf.,
    (to give back), LAm 1

regular (to regulate) 1

regularizar (to normalize) 4

rehabilitar (to rehabilitate) 1

rehacer (to rebuild), (to get over sth),
    ~se, de 144

reinar (to reign, to rule) 1

reincorporar (to reinstate, to restore),
    (to return to sth), *~se, a* 1

reírse (to laugh) .210

reiterar (to reiterate) 1

reivindicar (to demand, to claim) 55

relacionar (to relate, to connect), (to be
    related to sth), *~se, con* 1

relajar (to relax), (to unwind), *~se* 1

relampaguear (to lighten, to flash) 1

relatar (to tell, to recount) 1

relevar (to relieve, to release), (to take
    turns), *~se* 1

rellenar (to refill, to fill up) 1

relumbrar (to shine) 1

remar (to row) 1

remediar (to remedy, to help) 1

rememorar (to recall) 1

remitir (to remit, to send), (to refer
    to sth), *~se, a* 44

remolcar (to tow) 55

remover (to stir, to purge files), (to shift
    around), *~se* 112

renacer (to be reborn) 3

rendir (to produce, to yield),
    (to surrender), *~se* 189

renegar (to deny insistently) 66

renovar (to renovate), (to be
    renewed), *~se* 85

rentar (to rent), Mex 1

renunciar (to give up), *a* 1

reorganizar (to reorganize) 184

reparar (to repair) 1

repartir (to deliver, to divide),
    (to share out), *~se* 187

repasar (to review) 1

repetir (to repeat) 189

replegar (to fold) 66

reportar (to check, to control, to report) . .1

reprender (to reprimand, to scold) 42

representar (to represent, to declare) 1

reprimir (to repress, to check, to curb),
    (to control o.s.), *~se* 44

reprochar (to reproach) 1

resaltar (to stand out) 1

resbalar (to slide, to slip) 1

rescatar (to rescue, to redeem) 1

rescindir (to rescind, to stop) 6

reseñar (to review, to report on,
    to describe) 1

reservar (to reserve, to put aside),
    (to keep for o.s.), *~se* 1

resfriarse (to catch a cold) 135

resguardar (to protect sth/sb from sth,
    to safeguard), *de,* (to protect o.s.,
    to shelter o.s.), ~se 1

residir (to reside, to live, to dwell) 44

resistir (to resist, to tolerate, to bear) 44

resolver (to resolve, to decide) 249

respaldar (to endorse, to guarantee),
    (to lean back), *~se* 1

respetar (to respect) 1

respirar (to breathe) 1

responder (to respond, to answer), *a* 42

restar (to deduct, to subtract) 1

restituir (to restore, to give back) 211

restregar (to rub hard, to scrub),
    (to rub), *~se* 66

resultar (to result, to spring, to arise
    as a consequence), *en* 1

resumir (to summarize, to sum up,
    be reduced or condensed) 44

retener (to retain, to keep),
    (to restrain o.s.), *~se* 232

retocar (to retouch, to touch up) 55

KEY: **abandonar** = verb in boldface is fully conjugated in a verb chart; 24 = number after the verb indicates the chart
number in which the verb itself or a model verb is fully conjugated; *a, de,* etc. = proposition/s used with the verb;
+ inf. = the preposition used with verb is followed by an infinitive; *se* = indicates a pronominal verb. The prepositions and the reflexive pronoun noted in the index always follow the verb meaning they are used with. For the key to
regional labels see p. 6.

Verb List

retornar (to return, to give back),
(to return, to go back) 1

retrasar (to delay), (to be late), ~se 1

revelar (to reveal, to develop),
(to show o.s.), ~se 1

reventar (to burst, to explode) 14

revisar (to revise, to review) 1

revolver (to revolve, to stir), (to toss
around), ~se .249

rezar (to pray) 212

rifar (to raffle) 1

rivalizar (to rival, to compete) 4

robar (to rob, to steal) 1

rociar (to sprinkle) 135

rodear (to go around), (to be
surrounded by), ~se, de 1

romper (to break, to break up) 213

rugir (to roar) 214

rumbear (to go partying), Col 1

S

saber (to know, to find out),
(to taste), a 215

saborear (to savor, to flavor, to season) . . .1

sabotear (to sabotage) 1

sacar (to take out, to get), de 55

saciar (to satiate, to satisfy), (to eat until
one's full), ~se .1

sacrificar (to sacrifice), (to make
sacrifices), ~se .55

sacudir (to shake), (to shrug off), ~se 44

salar (to salt, to cure or preserve
with salt) 1

saldar (to balance, to settle) 1

salir (to go out, to leave, to exit, to appear),
a + inf. (to overflow), ~se 216

salpicar (to sprinkle, to spray,
to spatter) 55

saltar (to jump, to leap), (to skip), ~se . .217

saltear (to assault, to attack) 1

saludar (to greet, to salute), (to greet
each other), ~se 218

salvaguardar (to safeguard, to defend,
to protect) 1

salvar (to save), (to escape alive), ~se 1

sanar (to heal), (to cure) 1

sancionar (to sanction) 1

sanear (to make sanitary, to reorganize) . .1

sangrar (to bleed) 1

santificar (to sanctify) 55

saquear (to sack, to plunder, to pillage) . . .1

satirizar (to satirize) 4

satisfacer (to satisfy, to pay), (to be
satisfied), ~se 144

saturar (to saturate, to satiate) 1

sazonar (to season, to flavor) 1

secarse (to dry o.s.) 219

seccionar (to section) 1

secretar (to secrete) 1

secuestrar (to kidnap) 1

secundar (to second, to support) 1

seducir (to seduce) 97

segar (to mow, to reap) 66

segregar (to segregate) 64

seguir (to follow, to continue) 220

seleccionar (to select, to choose) 1

sellar (to stamp, to seal) 1

sembrar (to sow, to scatter) 14

semejar (to resemble) 1

señalar (to mark, to point out),
(to distinguish o.s.), ~se 1

sentarse (to sit down) 221

sentenciar (to sentence, to pass
judgment on) 1

sentir (to feel) 32

sentirse (to feel well or ill) 222

separar (to separate, to set aside),
(to get separated), ~se 1

sepultar (to bury, to hide) 1

ser (to be) 223

serenar (to pacify), (to calm down), ~se . .1

sermonear (to preach, to admonish) 1

serpentear (to wind, to twist, to turn) 1

servir (to serve, to help), (to be
used for), para 224

sesgar (to slant) .64

significar (to signify, to mean) 55

silbar (to whistle) 1

KEY: **abandonar** = verb in boldface is fully conjugated in a verb chart; 24 = number after the verb indicates the chart
number in which the verb itself or a model verb is fully conjugated; a, de, etc. = proposition/s used with the verb;
+ inf. = the preposition used with verb is followed by an infinitive; se = indicates a pronominal verb. The prepositions and the reflexive pronoun noted in the index always follow the verb meaning they are used with. For the key to
regional labels see p. 6.

silenciar (to silence) 1

simbolizar (to symbolize, to represent) . . .4

simpatizar (to like sth, sb), *con* 4

simplificar (to simplify) 55

simular (to simulate, to feign) 1

sindicalizar (to syndicate) 55

singularizar (to choose, to distinguish),
(to single out) .4

sintetizar (to synthesize) 4

sintonizar (to tune) 4

sisar (to take in, to pilfer), Sp 1

situar (to locate, to place),
(to reach), *~se* .25

sobornar (to bribe) 1

sobrar (to exceed, to remain) 1

sobrecargar (to overload,
to overburden) 64

sobrecoger (to surprise, to catch unaware),
(to be moved), *~se* 16

sobregirar (to overdraw) 1

sobrellevar (to endure) 1

sobrentender (to assume,
to understand) 98

sobrepasar (to exceed, to excel) 1

sobresalir (to excel, to stick out) 216

sobresaltar (to startle, to frighten),
(to be startled), *~se* 1

sobrevenir (to happen, to occur) 243

sobrevivir (to survive) 44

socavar (to dig under, to undermine) 1

socializar (to sociliaze) 4

socorrer (to help, to aid, to assist) 42

sofocar (to suffocate, to choke),
(to get upset), *~se* 55

soldar (to solder, to weld) 85

soler (to be in the habit of,
to be accustomed to) 225

solicitar (to solicit, to apply for) 1

solidarizar (to solidarize), *con*,
(to support sb), *~se, con* 4

solidificarse (to solidify), ...55

sollozar (to sob) .4

soltar (to loosen, to untie, to unfasten),
(to let go), *~se* 85

solucionar (to solve), (to be
resolved), *~se* 1

sombrear (to shade) 1

someter (to submit, to subject),
(to undergo), *~se* 42

sonar (to sound, to ring), (to blow
one's nose), *~se* 226

sondear (to sound, to fathom) 1

sonreír (to smile) 227

sonrojarse (to blush) 1

sonsacar (to lure away, to draw) 55

soñar (to dream), (to dream
about), *con* .228

sopesar (to weigh, to consider) 1

soplar (to blow) .1

soportar (to support, to hold up) 1

sorprender (to surprise, to astonish),
(to be surprised), *~se* 229

sortear (to have a drawing) 1

sosegar (to calm, to quiet, to make
peaceful), (to calm down), *~se* 66

sospechar (to suspect, to mistrust) 1

sostener (to sustain, to hold) 232

soterrar (to bury) 14

suavizar (to smooth, to soften),
(to become softer), *~se* 4

subastar (to auction, to sell at auction) . . .1

subir (to go up, to come up, to climb),
(to climb), *~se* 230

sublevar (to excite to rebellion),
(to revolt), *~se* 1

subordinar (to subordinate) 1

subrayar (to underline, to emphasize) 1

subsistir (to subsist, to exist) 44

subvencionar (to subsidize) 1

suceder (to happen, to occur),
(to follow), *~se* 42

sudar (to sweat, to perspire) 1

sufragar (to defray), (to vote), SAm 64

sufrir (to suffer, to endure, to allow) 44

sugerir (to suggest) 32

suicidarse (to commit suicide) 1

sujetar (to subject, to control, to attach),
(to hold on to), *~se, a* 1

sumar (to add), (to join in), *~se, a* 1

KEY: **abandonar** = verb in boldface is fully conjugated in a verb chart; 24 = number after the verb indicates the chart number in which the verb itself or a model verb is fully conjugated; *a, de*, etc. = preposition/s used with the verb; + inf. = the preposition used with verb is followed by an infinitive; *se* = indicates a pronominal verb. The prepositions and the reflexive pronoun noted in the index always follow the verb meaning they are used with. For the key to regional labels see p. 6.

sumergir (to submerge, to plunge,
to sink) 35

sumir (to sink), (to sink into), ~se, en 44

superar (to surpass), (to better o.s.), ~se . .1

supervisar (to supervise) 1

suplantar (to supplant, to forge) 1

suplementar (to supplement) 1

suplicar (to beg) 55

suponer (to suppose, to mean,
to assume) 197

suprimir (to suppress, to abolish) 44

surgir (to come forth, to appear unexpect-
edly, to rise) .231

suscitar (to arouse, to raise) 1

suscribir (to subscribe) 125

suspender (to suspend, to hang),
(to fail), Sp 42

sustraer (to subtract) 239

T

tachar (to cross out, to scratch out) 1

tajar (to slice, to cut), Col, Peru 1

taladrar (to drill) 1

tallar (to carve, to cut) 1

tambalearse (to totter, to stagger,
to sway, to reel) 1

tamizar (to sift, to blend) 4

tantear (to probe, to test, to sound out) . .1

tapar (to cover, to plug, to stop up),
(to cover o.s.), ~se 1

tapiar (to wall up, to block up) 1

tapizar (to upholster) 4

tararear (to hum) 1

tardar (to delay, to be late) 1

tartamudear (to stutter, to stammer) 1

tatuar (to tattoo) 25

teclear (to finger the keys, to play the
piano) 1

tecnificar (to modernize) 55

tejer (to weave, to interlace, to knit) 42

telefonear (to telephone) 1

telegrafiar (to telegraph) 135

televisar (to televise) 1

temblar (to tremble, to shake) 14

temer (to fear, to dread), (to be afraid) . .42

templar (to temper, to moderate), (to cool
down), ~se 1

tender (to spread out, to hang to dry),
(to lie down), ~se 98

tener (to have) .232

tentar (to tempt) 14

terminar (to finish, to end),
(to run out), ~se 233

testimoniar (to give testimony of) 1

tildar (to brand sb as sth), a ~ de 1

timbrar (to stamp, to mark with a seal) . . .1

timonear (to steer) 1

tintar (to tint, to color) 1

tintinear (to tinkle) 1

tipificar (to categorize, to typify) 55

tirar (to throw, to throw away),
(to spend time), ~se 1

tiritar (to shiver) .1

tironear (to pull, to jerk), LAm 1

tirotear (to shoot around, to shoot
at random) 1

titubear (to hesitate) 1

titular (to entitle), (to be called), ~se 1

tiznar (to blacken, to smudge) 1

tocar (to play music or musical
instrument, to touch) 234

tolerar (to tolerate) 1

tomar (to take, to have sth to eat
or drink) 235

tontear (to mess around, to flirt) 1

topar (to butt), (to bump into sb),
~se, con 1

torcer (to twist, to turn, to warp),
(to sprain), ~se 236

torear (to perform in a bullfight,
to incite, to provoke) 1

tornar (to return), (to become), ~se 1

torpedear (to torpedo) 1

torturar (to torture) 1

toser (to cough) .42

tostar (to toast), (to tan), ~se 85

trabajar (to work) 237

trabar (to jam), (to get jammed), ~se 1

KEY: **abandonar** = verb in boldface is fully conjugated in a verb chart; 24 = number after the verb indicates the chart number in which the verb itself or a model verb is fully conjugated; a, de, etc. = preposition/s used with the verb; + inf. = the preposition used with verb is followed by an infinitive; se = indicates a pronominal verb. The prepositions and the reflexive pronoun noted in the index always follow the verb meaning they are used with. For the key to regional labels see p. 6.

traducir (to translate), (to result in),
~se, en 238

traer (to bring), (to be up to), ~se 239

trafagar (to traffic, to trade, to roam
about, to bustle, to hustle) 64

traficar (to traffic, to trade), en, con 55

tragar (to swallow, to gulp) 64

traicionar (to betray) 1

trajinar (to carry, to cart back and forth,
to go back and forth) 1

tramar (to weave, to plot),
(to scheme), ~se 1

tramitar (to transact, to take legal
steps) 1

trampear (to trick, to cheat) 1

tranquilizar (to quiet, to calm down) 4

transcribir (to transcribe) 125

transcurrir (to pass, to elapse) 44

transferir (to transfer) 32

transformar (to transform), en (to change
completely), ~se 1

transigir (to give in, to give way),
en, con 35

transitar (to pass or move back
and forth) 1

transmitir (to transmit) 44

transparentar (to reveal), (to see
through), ~se .1

transpirar (to transpire, to leak out) 1

transportar (to transport), (to be
transported), ~se 1

trapear (to mop, to beat up), LAm 1

trasegar (to upset, to overturn) 66

trascender (to transcend) 98

trasladar (to move, to remove) 1

trasnochar (to stay awake all night) 1

traspasar (to pierce, to go through) 1

trasplantar (to transplant) 1

trasponer (to surpass) 197

trasquilar (to shear, to clip) 1

trastocar (to invert, to change,
to upset) 55

trastornar (to disturb, to overturn),
(to become disturbed), ~se 1

tratar (to treat, to try), (to have to
do with), ~se, con 240

traumar (to traumatize) 1

trazar (to trace, to sketch) 4

trenzar (to braid) 4

trepar (to climb, to clamber) 1

trepidar (to shape, to vibrate, to tremble,
to jar) 1

tributar (to pay tribute, to pay homage),
(to pay taxes) .1

tricotar (to knit) 1

trillar (to thresh, to beat) 1

trinar (to trill, to warble) 1

trinchar (to carve) 1

triplicar (to triplicate, to triple,
to treble) 55

tripular (to man) 1

triturar (to grind) 1

triunfar (to triumph over), sobre, en 1

trocear (to divide into pieces) 1

tronar (to thunder, to explode) 85

tronchar (to bend or break, to chop off,
to break off) 1

tropezar (to stumble, to blunder),
(to bump into), ~se, con 74

trotar (to trot, to hurry) 1

trozar (to cut off, to break off), LAm 4

trucar (to rig, to fix) 55

truncar (to truncate) 55

tumbar (to knock down), (to lie
down), ~se 1

turbar (to disturb, to make nervous),
(to become worried or nervous), ~se . . .1

turnarse (to alternate, to take turns) 1

tutelar (to coach, to guide, to direct) 1

U

ubicar (to be located) 55

ufanarse (to glory, to be proud), de, con . . .1

ultimar (to complete) 1

ultrajar (to outrage, to insult,
to scorn) 1

ungir (to anoint) 35

unificar (to unify, to unite) 55

KEY: **abandonar** = verb in boldface is fully conjugated in a verb chart; 24 = number after the verb indicates the chart number in which the verb itself or a model verb is fully conjugated; a, de, etc. = preposition/s used with the verb; + inf. = the preposition used with verb is followed by an infinitive; se = indicates a pronominal verb. The prepositions and the reflexive pronoun noted in the index always follow the verb meaning they are used with. For the key to regional labels see p. 6.

uniformar (to standardize, to make
  uniform) 1

unir (to unite, to join),
  (to converge), ~se 44

untar (to spread, to smear), de, con,
  (to get sth all over), ~se, de, con 1

urbanizar (to urbanize) 4

urdir (to cast on, to plot) 6

urgir (to urge, to be urgent) 35

usar (to use, to wear) 1

usurpar (to usurp, to misappropriate) 1

utilizar (to utilize, to use) 241

V

vaciar (to empty) 135

vacilar (to vacillate) 1

vacunar (to vaccinate) 1

vadear (to ford) .1

vagabundear (to wander, to roam) 1

vagar (to roam) .64

vaguear (to loaf) 1

validar (to validate) 1

vallar (to fence) .1

valorar (to value) 1

valorizar (to value), (to appreciate,
  to increase in value), ~se 4

vanagloriarse (to boast), de 1

vaporizar (to vaporize) 4

vapulear (to spank, to whip, to thrash) . . .1

varar (to beach), (to be stranded),
  ~se, LAm 1

variar (to vary) 135

vaticinar (to forecast, to prophesy) 1

vedar (to forbid) 1

vegetar (to vegetate) 1

vejar (to vex) 1

velar (to stay awake), (to watch, to keep
  a vigil over) 1

vendar (to bandage) 1

vender (to sell), (to sell out), ~se 242

vendimiar (to harvest) 1

venerar (to venerate) 1

vengar (to avenge), (to take
  revenge), ~se .64

venir (to come), a + inf. 243

ventear (to air out) 1

ventilar (to ventilate) 1

ventisquear (to blow a blizzard) 1

ver (to see) 244

veranear (to spend summer) 1

verdear (to turn green) 1

verificar (to verify), (to come true), ~se . .55

versar (to be about), sobre 1

versificar (to versify) 55

verter (to pour), (to flow) 98

vestirse (to get dressed) 245

vetar (to veto) 1

vetear (to streak), Mex, 1

viabilizar (to make viable) 4

viajar (to travel) 246

vibrar (to vibrate) 1

viciar (to vitiate), (to get into a bad
  habit), ~se 1

victimizar (to victimize) 4

vigilar (to watch), (to keep watch) 1

vigorizar (to invigorate) 4

vilipendiar (to vilify) 1

vincular (to link) 1

vindicar (to vindicate) 55

violar (to rape, to violate) 1

violentar (to force), (to get
  embarrased), ~se 1

virar (to tack) 1

visar (to visa, to endorse) 1

visionar (to preview) 1

visitar (to visit) 247

vislumbrar (to glimpse) 1

visualizar (to visualize) 4

vitorear (to acclaim) 1

vitrificar (to vitrify) 55

vituperar (to berate) 1

vivificar (to animate) 55

vivir (to live) .248

vocalizar (to vocalize) 4

vocear (to cry out) 1

vociferar (to vociferate) 1

volar (to fly), (to blow up) 85

KEY: **abandonar** = verb in boldface is fully conjugated in a verb chart; 24 = number after the verb indicates the chart
number in which the verb itself or a model verb is fully conjugated; a, de, etc. = proposition/s used with the verb;
+ inf. = the preposition used with verb is followed by an infinitive; se = indicates a pronominal verb. The prepositions and the reflexive pronoun noted in the index always follow the verb meaning they are used with. For the key to
regional labels see p. 6.

volatilizar (to make volatile) 4

volear (to volley) .1

voltear (to turn) .1

volver (to return, to go back), *a* + inf.,
(to turn, to become), ~*se* 249

vomitar (to vomit, to throw up) 1

votar (to vote), *a, por* (to vote for) 1

vulgarizar (to vulgarize) 4

vulnerar (to injure) 1

X

xerocopiar (to photocopy) 1

Y

yuxtaponer (to juxtapose) 197

Z

zafarse (to escape, to get out of), *de* 1

zaherir (to reprimand) 32

zamarrear (to shake, to handle roughly) . .1

zambullirse (to plunge) 140

zampar (to gobble down, to wolf down) . .1

zanganear (to loaf) 1

zanjar (to settle, to dig a ditch) 1

zapar (to excavate) 1

zapatear (to tread on), (to tap with
the feet) 1

zarandear (to sift, to jostle), (to get
shaken), ~*se* 1

zarpar (to weigh anchor) 1

zascandilear (to snoop) 1

zigzaguear (to zigzag) 1

zonificar (to zone) 55

zorrear (to use guile) 1

zozobrar (to capsize) 1

zumbar (to buzz, to hum, to give
a blow), (to give a beating) 250

zurrar (to whip) .1

KEY: abandonar = verb in boldface is fully conjugated in a verb chart; 24 = number after the verb indicates the chart number in which the verb itself or a model verb is fully conjugated; *a, de*, etc. = proposition/s used with the verb; + inf. = the preposition used with verb is followed by an infinitive; *se* = indicates a pronominal verb. The preposi- tions and the reflexive pronoun noted in the index always follow the verb meaning they are used with. For the key to regional labels see p. 6.

GUIDE TO TENSE FORMATION

In this guide to forming Spanish tenses, the endings for each tense will always be presented according to subject person and number, in the following order: *yo, tú, él/ella/usted, nosotros/nosotras, vosotros/vosotras, ellos/ellas/ustedes.*

A. The Simple Verbs Forms

1. To form the **present indicative**—*presente de indicativo* of regular verbs, add the following endings to the stem of the infinitive. This stem is formed by dropping the infinitival endings *-ar, -er,* and *-ir.*:

FOR *-AR* VERBS: *-o, -as, -a, -amos, -áis, -an*
FOR *-ER* VERBS: *-o, -es, -e, -emos, -éis, -en*
FOR *-IR* VERBS: *-o, -es, -e, -imos, -ís, -en*

2. To form the **preterite**—*pretérito* of regular verbs, add the following endings to the stem of the infinitive:

FOR *-AR* VERBS: *-é, -aste, -ó, -amos, -asteis, -aron*
FOR *-ER* AND *-IR* VERBS: *-í, -iste, -ió, -imos, isteis, -ieron*

Several verbs, listed below, that are irregular in the preterite follow the same pattern of irregularity. Conjugate them in the following manner:

> *tener* (to have): *tuve, tuviste, tuvo, tuvimos, tuvisteis, tuvieron*
> *estar* (to be): *estuve . . .*
> *andar* (to walk): *anduve . . .*
> *haber* (to have): *hube . . .*
> *poder* (to be able, can): *pude . . .*
> *poner* (to put): *puse . . .*
> *saber* (to know): *supe . . .*
> *caber* (to fit): *cupe . . .*
> *querer* (to want): *quise . . .*
> *venir* (to come): *vine . . .*
> *hacer* (to do, to make): *hice, hiciste, hizo . . .*
> *decir* (to say, to tell): *dije . . . dijeron*
> *traer* (to bring): *traje . . . trajeron*
> *producir* (to produce): *produje . . . produjeron*

3. To form the **imperfect**—*imperfecto* of regular verbs, add the following endings to the stem of the infinitive:

FOR -*AR* VERBS: *-aba, -abas, -aba, -ábamos, -abais, -aban*
FOR -*ER* AND -*IR* VERBS: *-ía, -ías, -ía, -íamos, -íais, -ían*

There are only three irregular verbs in the imperfect:

> *ser* (to be): *era, eras, era, éramos, erais, eran*
> *ir* (to go): *iba, ibas, iba, íbamos, ibais, iban*
> *ver* (to see): *veía, veías, veía, veíamos, veíais, veían*

4. To form the **future**—*futuro* of regular verbs, add the following endings to the entire infinitive:

FOR -*AR*, -*ER*, AND -*IR* VERBS: *-é, -ás, -á, -emos, -éis, -án*

5. To form the **conditional**—*potencial simple* of regular verbs, add the following endings to the entire infinitive:

FOR -*AR*, -*ER*, AND -*IR* VERBS: *-ía, -ías, -ía, -íamos, -íais, -ían*

The same verbs are irregular in the future and the conditional. Add the regular endings to the following stems:

> *tener* (to have): *tendr-*
> *venir* (to come): *vendr-*
> *poner* (to put, to place): *pondr-*
> *salir* (to leave): *saldr-*
> *valer* (to be worth): *valdr-*
> *poder* (to be able): *podr-*
> *saber* (to know): *sabr-*
> *haber* (to have): *habr-*
> *caber* (to fit): *cabr-*
> *hacer* (to do, to make): *har-*
> *decir* (to say, to tell): *dir-*
> *querer* (to want): *querr-*

6. To form the **present subjunctive**—*presente de subjuntivo* of regular verbs and many irregular ones, add the following endings to the *yo* (first person singular) form of the present indicative after dropping the ending *-o*:

FOR -*AR* VERBS: *-e, -es, -e, -emos, -éis, -en*
FOR -*ER* AND -*IR* VERBS: *-a, -as, -a, -amos, -áis, -an*

7. To form the **past** (imperfect) **subjunctive**—*imperfecto de subjuntivo* of both regular and irregular verbs, add the following endings to the *ellos/ellas/ustedes* (third person plural) form of the preterite after dropping the ending *-ron*:

FOR *-AR, -ER*, AND *-IR* VERBS: *-ra, -ras, -ra, -ramos, -rais, -ran*
OR: *-se, -ses, -se, -semos, -seis, -sen*

The *nosotros/nosotras* (first person plural) form has an accent on the vowel directly before the ending, e.g., *habláramos*.

B. The Compound Verb Forms

1. To form **progressive**—*progresivo* verb forms, conjugate the verb *estar* (to be) in the appropriate tense (either the present or the imperfect; see verb charts) and add the present participle. Form the present participle of most verbs by adding the following endings to the stem of the infinitive:

FOR *-AR* VERBS: *-ando*
FOR *-ER* AND *-IR* VERBS: *-iendo*

2. To form **perfect**—*perfecto* verb forms, conjugate the auxiliary verb *haber* (to have) in the appropriate tense (the present indicative, the imperfect, the preterite, the future, the conditional, the presente subjunctive, and the past subjunctive; see verb charts) and add the past participle. Form the past participle of most verbs by adding the following endings to the stem of the infinitive:

FOR *-AR* VERBS: *-ado*
FOR *-ER* AND *-IR* VERBS: *-ido*

The irregular past participles are:

> *abrir* (to open): *abierto*
> *cubrir* (to cover): *cubierto*
> *morir* (to die): *muerto*
> *volver* (to return): *vuelto*
> *poner* (to put, to place): *puesto*
> *ver* (to see): *visto*
> *escribir* (to write): *escrito*
> *romper* (to break): *roto*
> *decir* (to say, to tell): *dicho*
> *hacer* (to do, to make): *hecho*

C. The Imperative/Commands

Here's a sample imperative conjugation using *hablar* (to speak):

infml. sg. affirm.	*habla*	fml. sg. affirm.	*hable*
infml. pl. affirm.	*hablad*	fml. pl. affirm.	*hablen*
infml. sg. neg.	*no hables*	fml.	sg. neg. *no hable*
infml. pl. neg.	*no habléis*	fml.	pl. neg. *no hablen*

1. To form **informal singular** (*tú*) **affirmative commands** for most verbs, use the *él/ella/usted* (third person singular) form of the present indicative.

2. To form **informal plural** (*vosotros/vosotras*) **affirmative commands** for all verbs, change the *-r* of the infinitive to *-d*.

3. To form **formal singular** (*usted*) and **plural** (*ustedes*) **affirmative commands** and all **negative commands** (singular and plural, informal and formal), use the appropriate form of the present subjunctive. Form the negative in the usual way.

4. To form **first person plural** (*nosotros/nosotras*) **commands** (the equivalent of "let's" commands in English), use the subjunctive in the affirmative and the negative. In the affirmative, another option is to use the construction *vamos + a* + infinitive.

5. Attach reflexive, indirect, and direct object pronouns directly to the affirmative commands. For example: ¡*Háblame*! (Speak to me!). For *nosotros/nosotras* and *vosotros/vosotras* affirmative commands in reflexive verbs, the last letter is dropped when the reflexive pronoun is attached. For example, ¡*Lavémonos*! (Let's wash ourselves!) and ¡*Lavaos*! (Wash yourselves!).

In **negative commands**, place the pronouns before the verb in the usual manner. For example: ¡*No me hables*! (Don't speak to me!).

6. There are several irregular informal singular affirmative commands:

> *tener* (to have): *ten*
> *hacer* (to do, to make): *haz*
> *venir* (to come): *ven*
> *decir* (to say, to tell): *di*
> *poner* (to put, to place): *pon*
> *ser* (to be): *sé*
> *salir* (to leave): *sal*
> *ir* (to go): *ve*

D. Impersonal Verbs

To conjugate **impersonal verbs**, i.e., verbs like *gustar* (to like; literally, to be pleasing to) and *doler* (to hurt), use the verb in the third person form of the appropriate tense or mood, and the indirect object pronoun corresponding to the person, place, or thing being affected by the verb. Whether to use the singular or plural of the given impersonal verb depends on the number of the items doing the affecting. For example: *Me gusta el señor González* (I like Mr. González; literally, Mr. González is pleasing to me) or *Me gustan los González* (I like the Gonzálezes; literally, The Gonzálezes are pleasing to me). In other words, the verb agrees with the noun that follows it, which is its grammatical subject.

E. Reflexive Verbs

For **reflexive verbs**, conjugate the infinitive (without the *-se*) and use the reflexive pronoun that corresponds to the subject. For example: *lavarse* (to wash oneself) becomes

me lavo (I wash myself) in the first person singular present.

F. The Passive Voice

There are four ways to form the **passive voice**—*la voz pasiva* in Spanish.

1. To form the reflexive passive, or passive *se,* use *se* + the third person singular or plural of the verb, depending on the number of the items being discussed. For example, *Se habla español aquí* (Spanish is spoken here), but *Se comieron las naranjas* (The oranges were eaten). The reflexive passive can only be used with transitive verbs.

2. Another construction, impersonal *se,* involves the use of *se* + the third person singular only of the verb. Unlike passive *se,* this construction can be used with both intransitive and transitive verbs, but it used mainly with intransitive ones. Its usage also indicates that people (but not specific individuals) are involved in the action expressed by the verb. For example, *Se duerme muy bien en el campo* (One sleeps very well in the country).

3. When the agent (the actor) is not expressed, another possibility is to use the impersonal *they* construction. To form it, simply use the third person plural of a verb, e.g., *Dicen que es un hombre peligroso* (They say/it is said that he is a dangerous man).

4. The true passive is formed using the appropriate tense of the auxiliary ver *ser* + the past participle (also called the passive participle). It is used when the agent (the actor) is expressed (*por* + noun "by + noun") or strongly implied. The past participle agrees with the grammatical subject. In Spanish only direct objects (not indirect objects) may serve as the grammatical subject in the passive voice. For example: *La cuenta fue pagada por la señora Sánchez* (The bill was paid by Mrs. Sánchez).

G. Stem-Changing Verbs

There are three kinds of stem-changing verbs.

1. For verbs such as *querer* (to want) and *encontrar* (to find), change *e* to *ie* and *o* to *ue* in the stems of all forms except *nosotros/nosotras* and *vosotros/vosotras* in the present indicative and present subjunctive. There are no -*ir* verbs in this category.

2. For verbs such as *sentir(se)* (to feel) and *dormir* (to sleep), change *e* to *ie* and *o* to *ue* in the exact same places as in the first kind. Change *e* to *i* and *o* to *u* in the *nosotros/nosotras* and *vosotros/vosotras* forms of the present subjunctive, in the *él/ella/usted* and *ellos/ellas/ustedes* forms of the preterite, in all forms of the past subjunctive, and in the present participle. Only -*ir* verbs are in this category.

3. For verbs such as *pedir* (to request), change *e* to *i* in all places where any change occurs in the second kind. Only -*ir* verbs are in this category.

H. Spelling Changes

To keep pronunciation consistent and to preserve customary spelling in Spanish, some verbs in certain tenses change their spelling. The rules are:

1. In verbs ending in -*car*, *c* changes to *qu* before *e* to keep the sound hard; e.g., *busqué* (I looked (from *buscar*).

2. In verbs ending in -*quir*, *qu* changes to *c* before *o* and a; e.g., *delinco* (I commit a transgression (from *delinquir*).

3. In verbs ending in -*zar*, *z* changes to *c* before *e*; *comencé* (I began (from *comenzar*).

4. In verbs ending in -*gar*, *g* changes to *gu* before *e* to keep the *g* hard; e.g., *pagué* (I paid (from *pagar*).

5. In verbs ending in a consonant + -er/-cir, c changes to z before o and a to keep the sound soft; e.g., venzo (I conquer (from vencer).

6. In verbs ending in -ger/-gir, g changes to j before o and a to keep the sound soft; e.g., cojo (I catch (from coger).

7. In verbs ending in -guir, gu changes to g before o and a to preserve the sound; e.g., distingo (I distinguish (from distinguir).

8. In verbs ending in -guar, gu changes to gü before e to keep the "gw" sound; e.g., averigüé (I ascertained (from averiguar).

9. In verbs ending in -eer, the unstressed i between vowels becomes a y; e.g., leyó (he read (from leer).

10. In stem-changing verbs ending in -eir, two consecutive i's become one; e.g., rio (he laughed (from reír).

11. In stem-changing verbs beginning with a vowel, an h must precede the word-initial diphthong or the initial i of the diphthong becomes a y; e.g., huelo (I smell (sense) (from oler); yerro (I err (from errar).

12. In verbs with stems ending in ll or ñ, the i of the diphthongs ie and ió disappears; e.g., bulló (it boiled (from bullir).

English Equivalents of Spanish Tenses and Moods

In the following chart, organized like the Spanish verb charts that start on page 47, you will find the English equivalents of Spanish tenses and moods, as exemplified by the verb "to buy." (Compare this chart to Spanish comprar in verb chart 77.)

To buy

PRESENT TENSE*

I buy	we buy
you buy	you (plural) buy
he buys	they buy

PRESENT PERFECT

I have bought	we have bought
you have bought	you (plural) have bought
he has bought	they have bought

IMPERFECT**

I used to buy	we used to buy
you used to buy	you (plural) used to buy
he used to buy	they used to buy

PLUPERFECT

I had bought	we had bought
you had bought	you (plural) had bought
he had bought	they had bought

PRETERITE***

I bought	we bought
you bought	you (plural) bought
he bought	they bought

PRETERITE PERFECT

I had bought	we had bought
you had bought	you (plural) had bought
he had bought	they had bought

FUTURE

I will buy	we will buy
you will buy	you (plural) will buy
he will buy	they will buy

FUTURE PERFECT

I will have bought	we will have bought
you will have bought	you (plural) will have bought
he will have bought	they will have bought

CONDITIONAL

PRESENT

I would buy	we would buy
you would buy	you (plural) would buy
he would buy	they would buy

PRESENT PERFECT

I would have bought	we would have bought
you would have bought	you (plural) would have bought
he would have bought	they would have bought

SUBJUNCTIVE

PRESENT***

that I may buy	that we may buy
that you may buy	that you (plural) may buy
that he may buy	that they may buy

PRESENT PERFECT

that I may have bought	that we may have bought
that you may have bought	that you (plural) may have bought
that he may have bought	that they may have bought

IMPERFECT

that I might buy	that we might buy
that you might buy	that you (plural) might buy
that he might buy	that they might buy

PLUPERFECT

that I might have bought	that we might have bought
that you might have bought	that you (plural) might have bought
that he might have bought	that they might have bought

IMPERATIVE

—	let us buy
buy!	buy! (Plural)
let him/her buy	let them buy

PARTICIPLES

PRESENT	**PAST**
buying	bought

* Other possible translations: I do buy, you do buy, etc. or I am buying, you are buying, etc.
** Other possible translations: I bought, you bought, etc. or I was buying, you were buying, etc.
*** Other possible translations: I did buy, you did buy, etc.
**** Other possible translations: that I buy, that you buy, that he/she buy, etc.

250 VERB CONJUGATION CHARTS

abandonar
to leave, to abandon

INDICATIVO

yo	nosotros/as
tú	vosotros/as
él/ella/Ud.	ellos/ellas/Uds.

PRESENTE

abandono	abandonamos
abandonas	abandonáis
abandona	abandonan

PRETÉRITO PERFECTO

he abandonado	hemos abandonado
has abandonado	habéis abandonado
ha abandonado	han abandonado

IMPERFECTO

abandonaba	abandonábamos
abandonabas	abandonabais
abandonaba	abandonaban

PLUSCUAMPERFECTO

había abandonado	habíamos abandonado
habías abandonado	habíais abandonado
había abandonado	habían abandonado

PRETÉRITO

abandoné	abandonamos
abandonaste	abandonasteis
abandonó	abandonaron

PRETÉRITO ANTERIOR

hube abandonado	hubimos abandonado
hubiste abandonado	hubisteis abandonado
hubo abandonado	hubieron abandonado

FUTURO

abandonaré	abandonaremos
abandonarás	abandonaréis
abandonará	abandonarán

FUTURO PERFECTO

habré abandonado	habremos abandonado
habrás abandonado	habréis abandonado
habrá abandonado	habrán abandonado

CONDICIONAL

SIMPLE

abandonaría	abandonaríamos
abandonarías	abandonaríais
abandonaría	abandonarían

COMPUESTO

habría abandonado	habríamos abandonado
habrías abandonado	habríais abandonado
habría abandonado	habrían abandonado

SUBJUNTIVO

PRESENTE

abandone	abandonemos
abandones	abandonéis
abandone	abandonen

PRETÉRITO PERFECTO

haya abandonado	hayamos abandonado
hayas abandonado	hayáis abandonado
haya abandonado	hayan abandonado

IMPERFECTO

abandonara	abandonáramos
abandonaras	abandonarais
abandonara	abandonaran
OR	
abandonase	abandonásemos
abandonases	abandonaseis
abandonase	abandonasen

PLUSCUAMPERFECTO

hubiera abandonado	hubiéramos abandonado
hubieras abandonado	hubierais abandonado
hubiera abandonado	hubieran abandonado
OR	
hubiese abandonado	hubiésemos abandonado
hubieses abandonado	hubieseis abandonado
hubiese abandonado	hubiesen abandonado

IMPERATIVO

—	abandonemos
abandona;	abandonad;
no abandones	no abandonéis
abandone	abandonen

FORMAS NO PERSONALES

GERUNDIO
abandonando

PARTICIPIO
abandonado

RELATED WORDS

el abandono	abandonment; withdrawal	*el abandono del hogar*	desertion
estar abandonado/a	to be neglected	*abandonado/a*	neglected (person)

EXAMPLES OF VERB USAGE

Abandonaron el edificio en llamas.	They left the burning building.
La suerte me ha abandonado.	Luck has deserted me.
¿Por qué nos abandonas?	Why are you leaving us?
Lo abandonó por otro.	She left him for somebody else.

ablandar
to soften, to melt

INDICATIVO

PRESENTE

ablando	ablandamos
ablandas	ablandáis
ablanda	ablandan

PRETÉRITO PERFECTO

he ablandado	hemos ablandado
has ablandado	habéis ablandado
ha ablandado	han ablandado

yo	nosotros/as
tú	vosotros/as
él/ella/Ud.	ellos/ellas/Uds.

IMPERFECTO

ablandaba	ablandábamos
ablandabas	ablandabais
ablandaba	ablandaban

PLUSCUAMPERFECTO

había ablandado	habíamos ablandado
habías ablandado	habíais ablandado
había ablandado	habían ablandado

PRETÉRITO

ablandé	ablandamos
ablandaste	ablandasteis
ablandó	ablandaron

PRETÉRITO ANTERIOR

hube ablandado	hubimos ablandado
hubiste ablandado	hubisteis ablandado
hubo ablandado	hubieron ablandado

FUTURO

ablandaré	ablandaremos
ablandarás	ablandaréis
ablandará	ablandarán

FUTURO PERFECTO

habré ablandado	habremos ablandado
habrás ablandado	habréis ablandado
habrá ablandado	habrán ablandado

CONDICIONAL

SIMPLE

ablandaría	ablandaríamos
ablandarías	ablandaríais
ablandaría	ablandarían

COMPUESTO

habría ablandado	habríamos ablandado
habrías ablandado	habríais ablandado
habría ablandado	habrían ablandado

SUBJUNTIVO

PRESENTE

ablande	ablandemos
ablandes	ablandéis
ablande	ablanden

PRETÉRITO PERFECTO

haya ablandado	hayamos ablandado
hayas ablandado	hayáis ablandado
haya ablandado	hayan ablandado

IMPERFECTO

ablandara	ablandáramos
ablandaras	ablandarais
ablandara	ablandaran
OR	
ablandase	ablandásemos
ablandases	ablandaseis
ablandase	ablandasen

PLUSCUAMPERFECTO

hubiera ablandado	hubiéramos ablandado
hubieras ablandado	hubierais ablandado
hubiera ablandado	hubieran ablandado
OR	
hubiese ablandado	hubiésemos ablandado
hubieses ablandado	hubieseis ablandado
hubiese ablandado	hubiesen ablandado

IMPERATIVO

—	ablandemos
ablanda; no ablandes	ablandad; no ablandéis
ablande	ablanden

FORMAS NO PERSONALES

GERUNDIO
ablandando

PARTICIPIO
ablandado

RELATED WORDS

ablandarse (una persona)   to give in

el ablandador de carne   meat tenderizer

EXAMPLES OF VERB USAGE

Su llanto no consiguió ablandarlo.   Her crying failed to soften him up.

Me ablandas el corazón.   You melt my heart.

Ablanda la carne antes de cocinarla.   Tenderize the meat before cooking it.

El cuero es ablandado en la fábrica.   The leather is softened at the factory.

aborrecer
to hate, to detest

INDICATIVO

	yo	nosotros/as
	tú	vosotros/as
	él/ella/Ud.	ellos/ellas/Uds.

PRESENTE

aborrezco	aborrecemos
aborreces	aborrecéis
aborrece	aborrecen

PRETÉRITO PERFECTO

he aborrecido	hemos aborrecido
has aborrecido	habéis aborrecido
ha aborrecido	han aborrecido

IMPERFECTO

aborrecía	aborrecíamos
aborrecías	aborrecíais
aborrecía	aborrecían

PLUSCUAMPERFECTO

había aborrecido	habíamos aborrecido
habías aborrecido	habíais aborrecido
había aborrecido	habían aborrecido

PRETÉRITO

aborrecí	aborrecimos
aborreciste	aborrecisteis
aborreció	aborrecieron

PRETÉRITO ANTERIOR

hube aborrecido	hubimos aborrecido
hubiste aborrecido	hubisteis aborrecido
hubo aborrecido	hubieron aborrecido

FUTURO

aborreceré	aborreceremos
aborrecerás	aborreceréis
aborrecerá	aborrecerán

FUTURO PERFECTO

habré aborrecido	habremos aborrecido
habrás aborrecido	habréis aborrecido
habrá aborrecido	habrán aborrecido

CONDICIONAL

SIMPLE

aborrecería	aborreceríamos
aborrecerías	aborreceríais
aborrecería	aborrecerían

COMPUESTO

habría aborrecido	habríamos aborrecido
habrías aborrecido	habríais aborrecido
habría aborrecido	habrían aborrecido

SUBJUNTIVO

PRESENTE

aborrezca	aborrezcamos
aborrezcas	aborrezcáis
aborrezca	aborrezcan

PRETÉRITO PERFECTO

haya aborrecido	hayamos aborrecido
hayas aborrecido	hayáis aborrecido
haya aborrecido	hayan aborrecido

IMPERFECTO

aborreciera	aborrecieran
aborrecieras	aborrecierais
aborreciera	aborrecieran
OR	
aborreciese	aborreciesen
aborrecieses	aborrecieseis
aborreciese	aborreciesen

PLUSCUAMPERFECTO

hubiera aborrecido	hubiéramos aborrecido
hubieras aborrecido	hubierais aborrecido
hubiera aborrecido	hubieran aborrecido
OR	
hubiese aborrecido	hubiésemos aborrecido
hubieses aborrecido	hubieseis aborrecido
hubiese aborrecido	hubiesen aborrecido

IMPERATIVO

—	aborrezcamos
aborrece; no aborrezcas	aborreced; no aborrezcáis
aborrezca	aborrezcan

FORMAS NO PERSONALES

GERUNDIO	**PARTICIPIO**
aborreciendo	aborrecido

RELATED WORDS

aborrecible	hateful, detestable	*el aborrecimiento*	loathing, abhorrence

EXAMPLES OF VERB USAGE

¡Te aborrezco por lo que has hecho!	I hate you for what you've done!
He aborrecido esa comida de tanto comerla.	I've become bored by this food from eating it so much.

abrazar
to hug, to embrace

yo	nosotros/as
tú	vosotros/as
él/ella/Ud.	ellos/ellas/Uds.

INDICATIVO

PRESENTE

abrazo	abrazamos
abrazas	abrazáis
abraza	abrazan

PRETÉRITO PERFECTO

he abrazado	hemos abrazado
has abrazado	habéis abrazado
ha abrazado	han abrazado

IMPERFECTO

abrazaba	abrazábamos
abrazabas	abrazabais
abrazaba	abrazaban

PLUSCUAMPERFECTO

había abrazado	habíamos abrazado
habías abrazado	habíais abrazado
había abrazado	habían abrazado

PRETÉRITO

abracé	abrazamos
abrazaste	abrazasteis
abrazó	abrazaron

PRETÉRITO ANTERIOR

hube abrazado	hubimos abrazado
hubiste abrazado	hubisteis abrazado
hubo abrazado	hubieron abrazado

FUTURO

abrazaré	abrazaremos
abrazarás	abrazaréis
abrazará	abrazarán

FUTURO PERFECTO

habré abrazado	habremos abrazado
habrás abrazado	habréis abrazado
habrá abrazado	habrán abrazado

CONDICIONAL

SIMPLE

abrazaría	abrazaríamos
abrazarías	abrazaríais
abrazaría	abrazarían

COMPUESTO

habría abrazado	habríamos abrazado
habrías abrazado	habríais abrazado
habría abrazado	habrían abrazado

SUBJUNTIVO

PRESENTE

abrace	abracemos
abraces	abracéis
abrace	abracen

PRETÉRITO PERFECTO

haya abrazado	hayamos abrazado
hayas abrazado	hayáis abrazado
haya abrazado	hayan abrazado

IMPERFECTO

abrazara	abrazáramos
abrazaras	abrazarais
abrazara	abrazaran
OR	
abrazase	abrazásemos
abrazases	abrazaseis
abrazase	abrazasen

PLUSCUAMPERFECTO

hubiera abrazado	hubiéramos abrazado
hubieras abrazado	hubierais abrazado
hubiera abrazado	hubieran abrazado
OR	
hubiese abrazado	hubiésemos abrazado
hubieses abrazado	hubieseis abrazado
hubiese abrazado	hubiesen abrazado

IMPERATIVO

—	abracemos
abraza; no abraces	abrazad; no abracéis
abrace	abracen

FORMAS NO PERSONALES

GERUNDIO	**PARTICIPIO**
abrazando	abrazado

RELATED WORDS

un abrazo	hug, embrace	*Un abrazo/Un fuerte abrazo, María*	Informal way to end a letter ("Love, Mary")
abrazarse	to hug each other	*una abrazadera*	clamp

EXAMPLES OF VERB USAGE

Nos abrazamos con cariño.	We affectionately embraced.
¡Abrázame!	Hug me!
Nunca se abrazan.	They never hug each other.

Verb Charts

VERB CHART

5

yo | nosotros/as
tú | vosotros/as
él/ella/Ud. | ellos/ellas/Uds.

abrir
to open

INDICATIVO

PRESENTE
abro	abrimos
abres	abrís
abre	abren

PRETÉRITO PERFECTO
he abierto	hemos abierto
has abierto	habéis abierto
ha abierto	han abierto

IMPERFECTO
abría	abríamos
abrías	abríais
abría	abrían

PLUSCUAMPERFECTO
había abierto	habíamos abierto
habías abierto	habíais abierto
había abierto	habían abierto

PRETÉRITO
abrí	abrimos
abriste	abristeis
abrió	abrieron

PRETÉRITO ANTERIOR
hube abierto	hubimos abierto
hubiste abierto	hubisteis abierto
hubo abierto	hubieron abierto

FUTURO
abriré	abriremos
abrirás	abriréis
abrirá	abrirán

FUTURO PERFECTO
habré abierto	habremos abierto
habrás abierto	habréis abierto
habrá abierto	habrán abierto

CONDICIONAL

SIMPLE
abriría	abriríamos
abrirías	abriríais
abriría	abrirían

COMPUESTO
habría abierto	habríamos abierto
habrías abierto	habríais abierto
habría abierto	habrían abierto

SUBJUNTIVO

PRESENTE
abra	abramos
abras	abráis
abra	abran

PRETÉRITO PERFECTO
haya abierto	hayamos abierto
hayas abierto	hayáis abierto
haya abierto	hayan abierto

IMPERFECTO
abriera	abriéramos
abrieras	abrierais
abriera	abrieran
OR	
abriese	abriésemos
abrieses	abrieseis
abriese	abriesen

PLUSCUAMPERFECTO
hubiera abierto	hubiéramos abierto
hubieras abierto	hubierais abierto
hubiera abierto	hubieran abierto
OR	
hubiese abierto	hubiésemos abierto
hubieses abierto	hubieseis abierto
hubiese abierto	hubiesen abierto

IMPERATIVO

—	abramos
abre; no abras	abrid; no abráis
abra	abran

FORMAS NO PERSONALES

GERUNDIO	PARTICIPIO
abriendo	abierto

RELATED WORDS

un abridor	bottle opener	*abrir paso*	to make way
abrirse	to open up		

EXAMPLES OF VERB USAGE

¡Ábrete, Sésamo!	Open, Sesame!
Se ha abierto camino en su trabajo.	She has made a lot of headway at work.
Abrió la puerta y se fue.	She opened the door and left.
Aún no han abierto las ventanas.	They haven't opened the windows yet.

aburrir
to bore

VERB CHART

6

yo	nosotros/as
tú	vosotros/as
él/ella/Ud.	ellos/ellas/Uds.

INDICATIVO

PRESENTE

aburro	aburrimos
aburres	aburrís
aburre	aburren

PRETÉRITO PERFECTO

he aburrido	hemos aburrido
has aburrido	habéis aburrido
ha aburrido	han aburrido

IMPERFECTO

aburría	aburríamos
aburrías	aburríais
aburría	aburrían

PLUSCUAMPERFECTO

había aburrido	habíamos aburrido
habías aburrido	habíais aburrido
había aburrido	habían aburrido

PRETÉRITO

aburrí	aburrimos
aburriste	aburristeis
aburrió	aburrieron

PRETÉRITO ANTERIOR

hube aburrido	hubimos aburrido
hubiste aburrido	hubisteis aburrido
hubo aburrido	hubieron aburrido

FUTURO

aburriré	aburriremos
aburrirás	aburriréis
aburrirá	aburrirán

FUTURO PERFECTO

habré aburrido	habremos aburrido
habrás aburrido	habréis aburrido
habrá aburrido	habrán aburrido

CONDICIONAL

SIMPLE

aburriría	aburriríamos
aburrirías	aburriríais
aburriría	aburrirían

COMPUESTO

habría aburrido	habríamos aburrido
habrías aburrido	habríais aburrido
habría aburrido	habrían aburrido

SUBJUNTIVO

PRESENTE

aburra	aburramos
aburras	aburráis
aburra	aburran

PRETÉRITO PERFECTO

haya aburrido	hayamos aburrido
hayas aburrido	hayáis aburrido
haya aburrido	hayan aburrido

IMPERFECTO

aburriera	aburriéramos
aburrieras	aburrierais
aburriera	aburrieran
OR	
aburriese	aburriésemos
aburrieses	aburrieseis
aburriese	aburriesen

PLUSCUAMPERFECTO

hubiera aburrido	hubiéramos aburrido
hubieras aburrido	hubierais aburrido
hubiera aburrido	hubieran aburrido
OR	
hubiese aburrido	hubiésemos aburrido
hubieses aburrido	hubieseis aburrido
hubiese aburrido	hubiesen aburrido

IMPERATIVO

—	aburramos
aburre; no aburras	aburrid; no aburráis
aburra	aburran

FORMAS NO PERSONALES

GERUNDIO	**PARTICIPIO**
aburriendo	aburrido

RELATED WORDS

aburrido/a	bored; boring	*aburrirse*	to get bored
el aburrimiento	boredom		

EXAMPLES OF VERB USAGE

Esta película me aburre.	This movie bores me.
¿Te aburren mis historias?	Do my stories bore you?
La conferencia le aburrió.	The lecture bored her.
Los niños se aburren en la casa de sus tíos.	The kids get bored at their aunt and uncle's house.

Verb Charts

abusar
to abuse, to take advantage of

yo	nosotros/as
tú	vosotros/as
él/ella/Ud.	ellos/ellas/Uds.

INDICATIVO

PRESENTE

abuso	abusamos
abusas	abusáis
abusa	abusan

PRETÉRITO PERFECTO

he abusado	hemos abusado
has abusado	habéis abusado
ha abusado	han abusado

IMPERFECTO

abusaba	abusábamos
abusabas	abusabais
abusaba	abusaban

PLUSCUAMPERFECTO

había abusado	habíamos abusado
habías abusado	habíais abusado
había abusado	habían abusado

PRETÉRITO

abusé	abusamos
abusaste	abusasteis
abusó	abusaron

PRETÉRITO ANTERIOR

hube abusado	hubimos abusado
hubiste abusado	hubisteis abusado
hubo abusado	hubieron abusado

FUTURO

abusaré	abusaremos
abusarás	abusaréis
abusará	abusarán

FUTURO PERFECTO

habré abusado	habremos abusado
habrás abusado	habréis abusado
habrá abusado	habrán abusado

CONDICIONAL

SIMPLE

abusaría	abusaríamos
abusarías	abusaríais
abusaría	abusarían

COMPUESTO

habría abusado	habríamos abusado
habrías abusado	habríais abusado
habría abusado	habrían abusado

SUBJUNTIVO

PRESENTE

abuse	abusemos
abuses	abuséis
abuse	abusen

PRETÉRITO PERFECTO

haya abusado	hayamos abusado
hayas abusado	hayáis abusado
haya abusado	hayan abusado

IMPERFECTO

abusara	abusáramos
abusaras	abusarais
abusara	abusaran
OR	
abusase	abusásemos
abusases	abusaseis
abusase	abusasen

PLUSCUAMPERFECTO

hubiera abusado	hubiéramos abusado
hubieras abusado	hubierais abusado
hubiera abusado	hubieran abusado
OR	
hubiese abusado	hubiésemos abusado
hubieses abusado	hubieseis abusado
hubiese abusado	hubiesen abusado

IMPERATIVO

—	abusemos
abusa; no abuses	abusad; no abuséis
abuse	abusen

FORMAS NO PERSONALES

GERUNDIO	**PARTICIPIO**
abusando	abusado

RELATED WORDS

abuso de autoridad	abuse of authority	*abuso de confianza*	breach of trust
abusos deshonestos	indecent assault		

EXAMPLES OF VERB USAGE

No abuses de tu poder.	Don't abuse your power.
El president abusó de su poder.	The president abused his powers.

acabar

to finish, to complete, to put an end to, to have just (done sth)

				yo	nosotros/as
				tú	vosotros/as
				él/ella/Ud.	ellos/ellas/Uds.

INDICATIVO

PRESENTE

acabo	acabamos
acabas	acabáis
acaba	acaban

PRETÉRITO PERFECTO

he acabado	hemos acabado
has acabado	habéis acabado
ha acabado	han acabado

IMPERFECTO

acababa	acabábamos
acababas	acababais
acababa	acababan

PLUSCUAMPERFECTO

había acabado	habíamos acabado
habías acabado	habíais acabado
había acabado	habían acabado

PRETÉRITO

acabé	acabamos
acabaste	acabasteis
acabó	acabaron

PRETÉRITO ANTERIOR

hube acabado	hubimos acabado
hubiste acabado	hubisteis acabado
hubo acabado	hubieron acabado

FUTURO

acabaré	acabaremos
acabarás	acabaréis
acabará	acabarán

FUTURO PERFECTO

habré acabado	habremos acabado
habrás acabado	habréis acabado
habrá acabado	habrán acabado

CONDICIONAL

SIMPLE

acabaría	acabaríamos
acabarías	acabaríais
acabaría	acabarían

COMPUESTO

habría acabado	habríamos acabado
habrías acabado	habríais acabado
habría acabado	habrían acabado

SUBJUNTIVO

PRESENTE

acabe	acabemos
acabes	acabéis
acabe	acaben

PRETÉRITO PERFECTO

haya acabado	hayamos acabado
hayas acabado	hayáis acabado
haya acabado	hayan acabado

IMPERFECTO

acabara	acabáramos
acabaras	acabarais
acabara	acabaran
OR	
acabase	acabásemos
acabases	acabaseis
acabase	acabasen

PLUSCUAMPERFECTO

hubiera acabado	hubiéramos acabado
hubieras acabado	hubierais acabado
hubiera acabado	hubieran acabado
OR	
hubiese acabado	hubiésemos acabado
hubieses acabado	hubieseis acabado
hubiese acabado	hubiesen acabado

IMPERATIVO

—	acabemos
acaba; no acabes	acabad; no acabéis
acabe	acaben

FORMAS NO PERSONALES

GERUNDIO	**PARTICIPIO**
acabando	acabado

RELATED WORDS

acabar de hacer	to have just done
acabarse	to be over

acabado/a	finished

EXAMPLES OF VERB USAGE

¿Has acabado ya tu tarea?	Have you finished your homework?
¡Se acabó!	It's all over!
Acabaron lo que estaban haciendo y se fueron a su casa.	They finished what they were doing and went home.

VERB CHART

9

yo | nosotros/as
tú | vosotros/as
él/ella/Ud. | ellos/ellas/Uds.

acaecer
to happen

INDICATIVO

PRESENTE
acaece   acaecen

IMPERFECTO
acaecía   acaecían

PRETÉRITO
acaeció   acaecieron

FUTURO
acaecerá   acaecerán

PRETÉRITO PERFECTO
ha acaecido   han acaecido

PLUSCUAMPERFECTO
había acaecido   habían acaecido

PRETÉRITO ANTERIOR
hubo acaecido   hubieron acaecido

FUTURO PERFECTO
habrá acaecido   habrán acaecido

CONDICIONAL

SIMPLE
acaecería   acaecerían

COMPUESTO
habría acaecido   habrían acaecido

SUBJUNTIVO

PRESENTE
acaezca   acaezcan

IMPERFECTO
acaeciera
OR
acaeciese   acaecieran

acaeciesen

PRETÉRITO PERFECTO
haya acaecido   hayan acaecido

PLUSCUAMPERFECTO
hubiera acaecido   hubieran acaecido
OR
hubiese acaecido   hubiesen acaecido

IMPERATIVO

¡Que acaezca!   ¡Que acaezcan!

FORMAS NO PERSONALES

GERUNDIO   **PARTICIPIO**
acaeciendo   acaecido

RELATED WORDS

un acaecimiento   happening, occurrence

EXAMPLES OF VERB USAGE

Y acaeció en aquel lugar . . .   And it so happened in that place . . .

acalorarse
to get hot, to get worked up

INDICATIVO

		yo	nosotros/as
		tú	vosotros/as
		él/ella/Ud.	ellos/ellas/Uds.

PRESENTE

me acaloro / nos acaloramos
te acaloras / os acaloráis
se acalora / se acaloran

PRETÉRITO PERFECTO

me he acalorado / nos hemos acalorado
te has acalorado / os habéis acalorado
se ha acalorado / se han acalorado

IMPERFECTO

me acaloraba / nos acalorábamos
te acalorabas / os acalorabais
se acaloraba / se acaloraban

PLUSCUAMPERFECTO

me había acalorado / nos habíamos acalorado
te habías acalorado / os habíais acalorado
se había acalorado / se habían acalorado

PRETÉRITO

me acaloré / nos acaloramos
te acaloraste / os acalorasteis
se acaloró / se acaloraron

PRETÉRITO ANTERIOR

me hube acalorado / nos hubimos acalorado
te hubiste acalorado / os hubisteis acalorado
se hubo acalorado / se hubieron acalorado

FUTURO

me acaloraré / nos acaloraremos
te acalorarás / os acaloraréis
se acalorará / se acalorarán

FUTURO PERFECTO

me habré acalorado / nos habremos acalorado
te habrás acalorado / os habréis acalorado
se habrá acalorado / se habrán acalorado

CONDICIONAL

SIMPLE

me acaloraría / nos acaloraríamos
te acalorarías / os acaloraríais
se acaloraría / se acalorarían

COMPUESTO

me habría acalorado / nos habríamos acalorado
te habrías acalorado / os habríais acalorado
se habría acalorado / se habrían acalorado

SUBJUNTIVO

PRESENTE

me acalore / nos acaloremos
te acalores / os acaloréis
se acalore / se acaloren

PRETÉRITO PERFECTO

me haya acalorado / nos hayamos acalorado
te hayas acalorado / os hayáis acalorado
se haya acalorado / se hayan acalorado

IMPERFECTO

me acalorara / nos acaloráramos
te acaloraras / os acalorarais
se acalorara / se acaloraran
OR
me acalorase / nos acalorásemos
te acalorases / os acaloraseis
se acalorase / se acalorasen

PLUSCUAMPERFECTO

me hubiera acalorado / nos hubiéramos acalorado
te hubieras acalorado / os hubierais acalorado
se hubiera acalorado / se hubieran acalorado
OR
me hubiese acalorado / nos hubiésemos acalorado
te hubieses acalorado / os hubieseis acalorado
se hubiese acalorado / se hubiesen acalorado

IMPERATIVO

— / nos acaloremos
acalórate; / acaloraos;
  no te acalores /   no os acaloréis
acalórese / acalórense

FORMAS NO PERSONALES

GERUNDIO
acalorándose

PARTICIPIO
acalorado

RELATED WORDS

acaloradamente   heatedly   *el acaloramiento*   heat; vehemence, passion

EXAMPLES OF VERB USAGE

Me acaloro sólo de pensarlo.   I get all worked up just thinking about it.
Mi madre se acalora con facilidad.   My mom gets worked up easily.

Verb Charts

yo	nosotros/as
tú	vosotros/as
él/ella/Ud.	ellos/ellas/Uds.

acariciar
to caress, to stroke

INDICATIVO

PRESENTE
acaricio	acariciamos
acaricias	acariciáis
acaricia	acarician

PRETÉRITO PERFECTO
he acariciado	hemos acariciado
has acariciado	habéis acariciado
ha acariciado	han acariciado

IMPERFECTO
acariciaba	acariciábamos
acariciabas	acariciabais
acariciaba	acariciaban

PLUSCUAMPERFECTO
había acariciado	habíamos acariciado
habías acariciado	habíais acariciado
había acariciado	habían acariciado

PRETÉRITO
acaricié	acariciamos
acariciaste	acariciasteis
acarició	acariciaron

PRETÉRITO ANTERIOR
hube acariciado	hubimos acariciado
hubiste acariciado	hubisteis acariciado
hubo acariciado	hubieron acariciado

FUTURO
acariciaré	acariciaremos
acariciarás	acariciaréis
acariciará	acariciarán

FUTURO PERFECTO
habré acariciado	habremos acariciado
habrás acariciado	habréis acariciado
habrá acariciado	habrán acariciado

CONDICIONAL

SIMPLE
acariciaría	acariciaríamos
acariciarías	acariciaríais
acariciaría	acariciarían

COMPUESTO
habría acariciado	habríamos acariciado
habrías acariciado	habríais acariciado
habría acariciado	habrían acariciado

SUBJUNTIVO

PRESENTE
acaricie	acariciemos
acaricies	acariciéis
acaricie	acaricien

PRETÉRITO PERFECTO
haya acariciado	hayamos acariciado
hayas acariciado	hayáis acariciado
haya acariciado	hayan acariciado

IMPERFECTO
acariciara	acariciáramos
acariciaras	acariciarais
acariciara	acariciaran
OR	
acariciase	acariciásemos
acariciases	acariciaseis
acariciase	acariciasen

PLUSCUAMPERFECTO
hubiera acariciado	hubiéramos acariciado
hubieras acariciado	hubierais acariciado
hubiera acariciado	hubieran acariciado
OR	
hubiese acariciado	hubiésemos acariciado
hubieses acariciado	hubieseis acariciado
hubiese acariciado	hubiesen acariciado

IMPERATIVO
—	acariciemos
acaricia; no acaricies	acariciad; no acariciéis
acaricie	acaricien

FORMAS NO PERSONALES

GERUNDIO	PARTICIPIO
acariciando	acariciado

RELATED WORDS

la caricia	caress	*acariciador/a*	tender

EXAMPLES OF VERB USAGE

Me acarició con ternura.	He tenderly caressed me.
Acariciaba al perro como si fuera suyo.	She pet the dog as if it were hers.

accionar
to activate, to trigger

INDICATIVO

yo	nosotros/as
tú	vosotros/as
él/ella/Ud.	ellos/ellas/Uds.

PRESENTE
acciono	accionamos
accionas	accionáis
acciona	accionan

PRETÉRITO PERFECTO
he accionado	hemos accionado
has accionado	habéis accionado
ha accionado	han accionado

IMPERFECTO
accionaba	accionábamos
accionabas	accionabais
accionaba	accionaban

PLUSCUAMPERFECTO
había accionado	habíamos accionado
habías accionado	habíais accionado
había accionado	habían accionado

PRETÉRITO
accioné	accionamos
accionaste	accionasteis
accionó	accionaron

PRETÉRITO ANTERIOR
hube accionado	hubimos accionado
hubiste accionado	hubisteis accionado
hubo accionado	hubieron accionado

FUTURO
accionaré	accionaremos
accionarás	accionaréis
accionará	accionarán

FUTURO PERFECTO
habré accionado	habremos accionado
habrás accionado	habréis accionado
habrá accionado	habrán accionado

CONDICIONAL

SIMPLE
accionaría	accionaríamos
accionarías	accionaríais
accionaría	accionarían

COMPUESTO
habría accionado	habríamos accionado
habrías accionado	habríais accionado
habría accionado	habrían accionado

SUBJUNTIVO

PRESENTE
accione	accionemos
acciones	accionéis
accione	accionen

PRETÉRITO PERFECTO
haya accionado	hayamos accionado
hayas accionado	hayáis accionado
haya accionado	hayan accionado

IMPERFECTO
accionara	accionáramos
accionaras	accionarais
accionara	accionaran
OR	
accionase	accionásemos
accionases	accionaseis
accionase	accionasen

PLUSCUAMPERFECTO
hubiera accionado	hubiéramos accionado
hubieras accionado	hubierais accionado
hubiera accionado	hubieran accionado
OR	
hubiese accionado	hubiésemos accionado
hubieses accionado	hubieseis accionado
hubiese accionado	hubiesen accionado

IMPERATIVO
—	accionemos
acciona; no acciones	accionad; no accionéis
accione	accionen

FORMAS NO PERSONALES

GERUNDIO	PARTICIPIO
accionando	accionado

RELATED WORDS

un/a accionista	a stock holder	*una acción*	a share (in the stock market)
la acción	action		

EXAMPLES OF VERB USAGE

Su movimiento accionó la alarma.	His movement triggered the alarm.
Para accionar la palanca, hay que pulsar este botón.	To activate the lever, one has to push that button.

Verb Charts

acercarse

to approach, to drop by

yo	nosotros/as
tú	vosotros/as
él/ella/Ud.	ellos/ellas/Uds.

INDICATIVO

PRESENTE

me acerco	nos acercamos
te acercas	os acercáis
se acerca	se acercan

PRETÉRITO PERFECTO

me he acercado	nos hemos acercado
te has acercado	os habéis acercado
se ha acercado	se han acercado

IMPERFECTO

me acercaba	nos acercábamos
te acercabas	os acercabais
se acercaba	se acercaban

PLUSCUAMPERFECTO

me había acercado	nos habíamos acercado
te habías acercado	os habíais acercado
se había acercado	se habían acercado

PRETÉRITO

me acerqué	nos acercamos
te acercaste	os acercasteis
se acercó	se acercaron

PRETÉRITO ANTERIOR

me hube acercado	nos hubimos acercado
te hubiste acercado	os hubisteis acercado
se hubo acercado	se hubieron acercado

FUTURO

me acercaré	nos acercaremos
te acercarás	os acercaréis
se acercará	se acercarán

FUTURO PERFECTO

me habré acercado	nos habremos acercado
te habrás acercado	os habréis acercado
se habrá acercado	se habrán acercado

CONDICIONAL

SIMPLE

me acercaría	nos acercaríamos
te acercarías	os acercaríais
se acercaría	se acercarían

COMPUESTO

me habría acercado	nos habríamos acercado
te habrías acercado	os habríais acercado
se habría acercado	se habrían acercado

SUBJUNTIVO

PRESENTE

me acerque	nos acerquemos
te acerques	os acerquéis
se acerque	se acerquen

PRETÉRITO PERFECTO

me haya acercado	nos hayamos acercado
te hayas acercado	os hayáis acercado
se haya acercado	se hayan acercado

IMPERFECTO

me acercara	nos acercáramos
te acercaras	os acercarais
se acercara	se acercaran
OR	
me acercase	nos acercásemos
te acercases	os acercaseis
se acercase	se acercasen

PLUSCUAMPERFECTO

me hubiera acercado	nos hubiéramos acercado
te hubieras acercado	os hubierais acercado
se hubiera acercado	se hubieran acercado
OR	
me hubiese acercado	nos hubiésemos acercado
te hubieses acercado	os hubieseis acercado
se hubiese acercado	se hubiesen acercado

IMPERATIVO

—	acerquémonos
acércate;	acercaos; no os acerquéis
no te acerques	
acérquese	acérquense

FORMAS NO PERSONALES

GERUNDIO	**PARTICIPIO**
acercándose	acercado

RELATED WORDS

cerca	near	*acercar*	to bring closer

EXAMPLES OF VERB USAGE

Si quieres, nos acercamos por tu casa mañana.	If you want, we'll drop by your house tomorrow.
Acérquense un poco más.	Come a little closer.
Se acercaron al puente.	They approached the bridge.

acertar

to get something right, to be right

INDICATIVO

yo	nosotros/as
tú	vosotros/as
él/ella/Ud.	ellos/ellas/Uds.

PRESENTE

acierto	acertamos
aciertas	acertáis
acierta	aciertan

PRETÉRITO PERFECTO

he acertado	hemos acertado
has acertado	habéis acertado
ha acertado	han acertado

IMPERFECTO

acertaba	acertábamos
acertabas	acertabais
acertaba	acertaban

PLUSCUAMPERFECTO

había acertado	habíamos acertado
habías acertado	habíais acertado
había acertado	habían acertado

PRETÉRITO

acerté	acertamos
acertaste	acertasteis
acertó	acertaron

PRETÉRITO ANTERIOR

hube acertado	hubimos acertado
hubiste acertado	hubisteis acertado
hubo acertado	hubieron acertado

FUTURO

acertaré	acertaremos
acertarás	acertaréis
acertará	acertarán

FUTURO PERFECTO

habré acertado	habremos acertado
habrás acertado	habréis acertado
habrá acertado	habrán acertado

CONDICIONAL

SIMPLE

acertaría	acertaríamos
acertarías	acertaríais
acertaría	acertarían

COMPUESTO

habría acertado	habríamos acertado
habrías acertado	habríais acertado
habría acertado	habrían acertado

SUBJUNTIVO

PRESENTE

acierte	acertemos
aciertes	acertéis
acierte	acierten

PRETÉRITO PERFECTO

haya acertado	hayamos acertado
hayas acertado	hayáis acertado
haya acertado	hayan acertado

IMPERFECTO

acertara	acertáramos
acertaras	acertarais
acertara	acertaran
OR	
acertase	acertásemos
acertases	acertaseis
acertase	acertasen

PLUSCUAMPERFECTO

hubiera acertado	hubiéramos acertado
hubieras acertado	hubierais acertado
hubiera acertado	hubieran acertado
OR	
hubiese acertado	hubiésemos acertado
hubieses acertado	hubieseis acertado
hubiese acertado	hubiesen acertado

IMPERATIVO

—	acertemos
acierta; no aciertes	acertad; no acertéis
acierte	acierten

FORMAS NO PERSONALES

GERUNDIO	**PARTICIPIO**
acertando	acertado

RELATED WORDS

acertante	winner	*acertijo*	riddle, puzzle
un acierto	correct guess		

EXAMPLES OF VERB USAGE

A ver si aciertas.	Let's see if you're right.
No acerté con esta casa.	I didn't get it right with this house.

aclarar
to lighten, to clear up, to make clear, to clarify

yo	nosotros/as
tú	vosotros/as
él/ella/Ud.	ellos/ellas/Uds.

INDICATIVO

PRESENTE

aclaro	aclaramos
aclaras	aclaráis
aclara	aclaran

PRETÉRITO PERFECTO

he aclarado	hemos aclarado
has aclarado	habéis aclarado
ha aclarado	han aclarado

IMPERFECTO

aclaraba	aclarábamos
aclarabas	aclarabais
aclaraba	aclaraban

PLUSCUAMPERFECTO

había aclarado	habíamos aclarado
habías aclarado	habíais aclarado
había aclarado	habían aclarado

PRETÉRITO

aclaré	aclaramos
aclaraste	aclarasteis
aclaró	aclararon

PRETÉRITO ANTERIOR

hube aclarado	hubimos aclarado
hubiste aclarado	hubisteis aclarado
hubo aclarado	hubieron aclarado

FUTURO

aclararé	aclararemos
aclararás	aclararéis
aclarará	aclararán

FUTURO PERFECTO

habré aclarado	habremos aclarado
habrás aclarado	habréis aclarado
habrá aclarado	habrán aclarado

CONDICIONAL

SIMPLE

aclararía	aclararíamos
aclararías	aclararíais
aclararía	aclararían

COMPUESTO

habría aclarado	habríamos aclarado
habrías aclarado	habríais aclarado
habría aclarado	habrían aclarado

SUBJUNTIVO

PRESENTE

aclare	aclaremos
aclares	aclaréis
aclare	aclaren

PRETÉRITO PERFECTO

haya aclarado	hayamos aclarado
hayas aclarado	hayáis aclarado
haya aclarado	hayan aclarado

IMPERFECTO

aclarara	acláraramos
aclararas	aclararais
aclarara	aclararan
OR	
aclarase	aclarásemos
aclarases	aclaraseis
aclarase	aclarasen

PLUSCUAMPERFECTO

hubiera aclarado	hubiéramos aclarado
hubieras aclarado	hubierais aclarado
hubiera aclarado	hubieran aclarado
OR	
hubiese aclarado	hubiésemos aclarado
hubieses aclarado	hubieseis aclarado
hubiese aclarado	hubiesen aclarado

IMPERATIVO

—	aclaremos
aclara; no aclares	aclarad; no aclaréis
aclare	aclaren

FORMAS NO PERSONALES

GERUNDIO	**PARTICIPIO**
aclarando	aclarado

RELATED WORDS

una aclaración	explanation	*el aclarado*	rinse (Sp)
aclararse	to get it straight		

EXAMPLES OF VERB USAGE

Necesitamos aclarar algo.

We need to get something straight.

Podremos ir a la playa cuando aclare.

We will be able to go to the beach when the weather clears up.

acoger
to take in, to receive

INDICATIVO

		yo	nosotros/as
		tú	vosotros/as
		él/ella/Ud.	ellos/ellas/Uds.

PRESENTE

acojo	acogemos
acoges	acogéis
acoge	acogen

PRETÉRITO PERFECTO

he acogido	hemos acogido
has acogido	habéis acogido
ha acogido	han acogido

IMPERFECTO

acogía	acogíamos
acogías	acogíais
acogía	acogían

PLUSCUAMPERFECTO

había acogido	habíamos acogido
habías acogido	habíais acogido
había acogido	habían acogido

PRETÉRITO

acogí	acogimos
acogiste	acogisteis
acogió	acogieron

PRETÉRITO ANTERIOR

hube acogido	hubimos acogido
hubiste acogido	hubisteis acogido
hubo acogido	hubieron acogido

FUTURO

acogeré	acogeremos
acogerás	acogeréis
acogerá	acogerán

FUTURO PERFECTO

habré acogido	habremos acogido
habrás acogido	habréis acogido
habrá acogido	habrán acogido

CONDICIONAL

SIMPLE

acogería	acogeríamos
acogerías	acogeríais
acogería	acogerían

COMPUESTO

habría acogido	habríamos acogido
habrías acogido	habríais acogido
habría acogido	habrían acogido

SUBJUNTIVO

PRESENTE

acoja	acojamos
acojas	acojáis
acoja	acojan

PRETÉRITO PERFECTO

haya acogido	hayamos acogido
hayas acogido	hayáis acogido
haya acogido	hayan acogido

IMPERFECTO

acogiera	acogiéramos
acogieras	acogierais
acogiera	acogieran
OR	
acogiese	acogiésemos
acogieses	acogieseis
acogiese	acogiesen

PLUSCUAMPERFECTO

hubiera acogido	hubiéramos acogido
hubieras acogido	hubierais acogido
hubiera acogido	hubieran acogido
OR	
hubiese acogido	hubiésemos acogido
hubieses acogido	hubieseis acogido
hubiese acogido	hubiesen acogido

IMPERATIVO

—	acojamos
acoge; no acojas	acoged; no acojáis
acoja	acojan

FORMAS NO PERSONALES

GERUNDIO	PARTICIPIO
acogiendo	acogido

RELATED WORDS

acogedor/a	welcoming, cozy	*la acogida*	welcome, reception

EXAMPLES OF VERB USAGE

Me acogieron como a una hija.	They took me in as a daughter.
Que el Señor lo acoja en su seno.	May the Lord receive his spirit.

VERB CHART

17

yo | nosotros/as
tú | vosotros/as
él/ella/Ud. | ellos/ellas/Uds.

acometer
to seize, to undertake

INDICATIVO

PRESENTE

acometo	acometemos
acometes	acometéis
acomete	acometen

PRETÉRITO PERFECTO

he acometido	hemos acometido
has acometido	habéis acometido
ha acometido	han acometido

IMPERFECTO

acometía	acometíamos
acometías	acometíais
acometía	acometían

PLUSCUAMPERFECTO

había acometido	habíamos acometido
habías acometido	habíais acometido
había acometido	habían acometido

PRETÉRITO

acometí	acometimos
acometiste	acometisteis
acometió	acometieron

PRETÉRITO ANTERIOR

hube acometido	hubimos acometido
hubiste acometido	hubisteis acometido
hubo acometido	hubieron acometido

FUTURO

acometeré	acometeremos
acometerás	acometeréis
acometerá	acometerán

FUTURO PERFECTO

habré acometido	habremos acometido
habrás acometido	habréis acometido
habrá acometido	habrán acometido

CONDICIONAL

SIMPLE

acometería	acometeríamos
acometerías	acometeríais
acometería	acometerían

COMPUESTO

habría acometido	habríamos acometido
habrías acometido	habríais acometido
habría acometido	habrían acometido

SUBJUNTIVO

PRESENTE

acometa	acometamos
acometas	acometáis
acometa	acometan

PRETÉRITO PERFECTO

haya acometido	hayamos acometido
hayas acometido	hayáis acometido
haya acometido	hayan acometido

IMPERFECTO

acometiera	acometiéramos
acometieras	acometierais
acometiera	acometieran
OR	
acometiese	acometiésemos
acometieses	acometieseis
acometiese	acometiesen

PLUSCUAMPERFECTO

hubiera acometido	hubiéramos acometido
hubieras acometido	hubierais acometido
hubiera acometido	hubieran acometido
OR	
hubiese acometido	hubiésemos acometido
hubieses acometido	hubieseis acometido
hubiese acometido	hubiesen acometido

IMPERATIVO

—	acometamos
acomete;	acometed; no acometáis
no acometas	
acometa	acometan

FORMAS NO PERSONALES

GERUNDIO
acometiendo

PARTICIPIO
acometido

RELATED WORDS

la acometida attack

EXAMPLES OF VERB USAGE

Me acometió la duda.	Doubt overtook me.
Vamos a acometer el proyecto.	We are going to undertake the project.

acompañar
to go with, to enclose

INDICATIVO

PRESENTE

acompaño	acompañamos
acompañas	acompañáis
acompaña	acompañan

PRETÉRITO PERFECTO

he acompañado	hemos acompañado
has acompañado	habéis acompañado
ha acompañado	han acompañado

yo	nosotros/as
tú	vosotros/as
él/ella/Ud.	ellos/ellas/Uds.

IMPERFECTO

acompañaba	acompañábamos
acompañabas	acompañabais
acompañaba	acompañaban

PLUSCUAMPERFECTO

había acompañado	habíamos acompañado
habías acompañado	habíais acompañado
había acompañado	habían acompañado

PRETÉRITO

acompañé	acompañamos
acompañaste	acompañasteis
acompañó	acompañaron

PRETÉRITO ANTERIOR

hube acompañado	hubimos acompañado
hubiste acompañado	hubisteis acompañado
hubo acompañado	hubieron acompañado

FUTURO

acompañaré	acompañaremos
acompañarás	acompañaréis
acompañará	acompañarán

FUTURO PERFECTO

habré acompañado	habremos acompañado
habrás acompañado	habréis acompañado
habrá acompañado	habrán acompañado

CONDICIONAL

SIMPLE

acompañaría	acompañaríamos
acompañarías	acompañaríais
acompañaría	acompañarían

COMPUESTO

habría acompañado	habríamos acompañado
habrías acompañado	habríais acompañado
habría acompañado	habrían acompañado

SUBJUNTIVO

PRESENTE

acompañe	acompañemos
acompañes	acompañéis
acompañe	acompañen

PRETÉRITO PERFECTO

haya acompañado	hayamos acompañado
hayas acompañado	hayáis acompañado
haya acompañado	hayan acompañado

IMPERFECTO

acompañara	acompañáramos
acompañaras	acompañarais
acompañara	acompañaran
OR	
acompañase	acompañásemos
acompañases	acompañaseis
acompañase	acompañasen

PLUSCUAMPERFECTO

hubiera acompañado	hubiéramos acompañado
hubieras acompañado	hubierais acompañado
hubiera acompañado	hubieran acompañado
OR	
hubiese acompañado	hubiésemos acompañado
hubieses acompañado	hubieseis acompañado
hubiese acompañado	hubiesen acompañado

IMPERATIVO

—	acompañemos
acompaña;	acompañad;
no acompañes	no acompañéis
acompañe	acompañen

FORMAS NO PERSONALES

GERUNDIO
acompañando

PARTICIPIO
acompañado

RELATED WORDS

el/la acompañante   companion

el acompañamiento   musical accompaniment

EXAMPLES OF VERB USAGE

Te acompaño si no quieres ir sola.   I can go with you if you don't want to go alone.

Su curriculum debe acompañar la solicitud.   You must enclose your résumé with your application.

aconsejar
to advise

INDICATIVO

yo	nosotros/as
tú	vosotros/as
él/ella/Ud.	ellos/ellas/Uds.

PRESENTE

aconsejo	aconsejamos
aconsejas	aconsejáis
aconseja	aconsejan

PRETÉRITO PERFECTO

he aconsejado	hemos aconsejado
has aconsejado	habéis aconsejado
ha aconsejado	han aconsejado

IMPERFECTO

aconsejaba	aconsejábamos
aconsejabas	aconsejabais
aconsejaba	aconsejaban

PLUSCUAMPERFECTO

había aconsejado	habíamos aconsejado
habías aconsejado	habíais aconsejado
había aconsejado	habían aconsejado

PRETÉRITO

aconsejé	aconsejamos
aconsejaste	aconsejasteis
aconsejó	aconsejaron

PRETÉRITO ANTERIOR

hube aconsejado	hubimos aconsejado
hubiste aconsejado	hubisteis aconsejado
hubo aconsejado	hubieron aconsejado

FUTURO

aconsejaré	aconsejaremos
aconsejarás	aconsejaréis
aconsejará	aconsejarán

FUTURO PERFECTO

habré aconsejado	habremos aconsejado
habrás aconsejado	habréis aconsejado
habrá aconsejado	habrán aconsejado

CONDICIONAL

SIMPLE

aconsejaría	aconsejaríamos
aconsejarías	aconsejaríais
aconsejaría	aconsejarían

COMPUESTO

habría aconsejado	habríamos aconsejado
habrías aconsejado	habríais aconsejado
habría aconsejado	habrían aconsejado

SUBJUNTIVO

PRESENTE

aconseje	aconsejemos
aconsejes	aconsejéis
aconseje	aconsejen

PRETÉRITO PERFECTO

haya aconsejado	hayamos aconsejado
hayas aconsejado	hayáis aconsejado
haya aconsejado	hayan aconsejado

IMPERFECTO

aconsejara	aconsejáramos
aconsejaras	aconsejarais
aconsejara	aconsejaran
OR	
aconsejase	aconsejásemos
aconsejases	aconsejaseis
aconsejase	aconsejasen

PLUSCUAMPERFECTO

hubiera aconsejado	hubiéramos aconsejado
hubieras aconsejado	hubierais aconsejado
hubiera aconsejado	hubieran aconsejado
OR	
hubiese aconsejado	hubiésemos aconsejado
hubieses aconsejado	hubieseis aconsejado
hubiese aconsejado	hubiesen aconsejado

IMPERATIVO

—	aconsejemos
aconseja;	aconsejad; no aconsejéis
no aconsejes	
aconseje	aconsejen

FORMAS NO PERSONALES

GERUNDIO
aconsejando

PARTICIPIO
aconsejado

RELATED WORDS

el consejo	piece of advice	*consejero/a*	counselor

EXAMPLES OF VERB USAGE

Necesito que me aconsejes.	I need you to advise me.
El médico le aconsejó que no comiera azúcar.	The doctor advised him to not eat sugar.

acordarse

to remember

INDICATIVO

PRESENTE

me acuerdo	nos acordamos
te acuerdas	os acordáis
se acuerda	se acuerdan

PRETÉRITO PERFECTO

me he acordado	nos hemos acordado
te has acordado	os habéis acordado
se ha acordado	se han acordado

yo	nosotros/as
tú	vosotros/as
él/ella/Ud.	ellos/ellas/Uds.

IMPERFECTO

me acordaba	nos acordábamos
te acordabas	os acordabais
se acordaba	se acordaban

PLUSCUAMPERFECTO

me había acordado	nos habíamos acordado
te habías acordado	os habíais acordado
se había acordado	se habían acordado

PRETÉRITO

me acordé	nos acordamos
te acordaste	os acordasteis
se acordó	se acordaron

PRETÉRITO ANTERIOR

me hube acordado	nos hubimos acordado
te hubiste acordado	os hubisteis acordado
se hubo acordado	se hubieron acordado

FUTURO

me acordaré	nos acordaremos
te acordarás	os acordaréis
se acordará	se acordarán

FUTURO PERFECTO

me habré acordado	nos habremos acordado
te habrás acordado	os habréis acordado
se habrá acordado	se habrán acordado

CONDICIONAL

SIMPLE

me acordaría	nos acordaríamos
te acordarías	os acordaríais
se acordaría	se acordarían

COMPUESTO

me habría acordado	nos habríamos acordado
te habrías acordado	os habríais acordado
se habría acordado	se habrían acordado

SUBJUNTIVO

PRESENTE

me acuerde	nos acordemos
te acuerdes	os acordéis
se acuerde	se acuerden

PRETÉRITO PERFECTO

me haya acordado	nos hayamos acordado
te hayas acordado	os hayáis acordado
se haya acordado	se hayan acordado

IMPERFECTO

me acordara	nos acordáramos
te acordaras	os acordarais
se acordara	se acordaran
OR	
me acordase	nos acordásemos
te acordases	os acordaseis
se acordase	se acordasen

PLUSCUAMPERFECTO

me hubiera acordado	nos hubiéramos acordado
te hubieras acordado	os hubierais acordado
se hubiera acordado	se hubieran acordado
OR	
me hubiese acordado	nos hubiésemos acordado
te hubieses acordado	os hubieseis acordado
se hubiese acordado	se hubiesen acordado

IMPERATIVO

—	acordémonos
acuérdate;	acordaos; no os acordéis
no te acuerdes	
acuérdese	acuérdense

FORMAS NO PERSONALES

GERUNDIO	**PARTICIPIO**
acordándose	acordado

RELATED WORDS

acordado	agreed upon
estar de acuerdo	to agree on sth

el acuerdo	agreement

EXAMPLES OF VERB USAGE

No me acuerdo de nada.	I can't remember anything.
No se acordó de darle de comer al perro.	He didn't remember to feed the dog.

Verb Charts

VERB CHART

21

yo | nosotros/as
tú | vosotros/as
él/ella/Ud. | ellos/ellas/Uds.

acostarse
to go to bed, to lie down

INDICATIVO

PRESENTE
me acuesto	nos acostamos
te acuestas	os acostáis
se acuesta	se acuestan

PRETÉRITO PERFECTO
me he acostado	nos hemos acostado
te has acostado	os habéis acostado
se ha acostado	se han acostado

IMPERFECTO
me acostaba	nos acostábamos
te acostabas	os acostabais
se acostaba	se acostaban

PLUSCUAMPERFECTO
me había acostado	nos habíamos acostado
te habías acostado	os habíais acostado
se había acostado	se habían acostado

PRETÉRITO
me acosté	nos acostamos
te acostaste	os acostasteis
se acostó	se acostaron

PRETÉRITO ANTERIOR
me hube acostado	nos hubimos acostado
te hubiste acostado	os hubisteis acostado
se hubo acostado	se hubieron acostado

FUTURO
me acostaré	nos acostaremos
te acostarás	os acostaréis
se acostará	se acostarán

FUTURO PERFECTO
me habré acostado	nos habremos acostado
te habrás acostado	os habréis acostado
se habrá acostado	se habrán acostado

CONDICIONAL

SIMPLE
me acostaría	nos acostaríamos
te acostarías	os acostaríais
se acostaría	se acostarían

COMPUESTO
me habría acostado	nos habríamos acostado
te habrías acostado	os habríais acostado
se habría acostado	se habrían acostado

SUBJUNTIVO

PRESENTE
me acueste	nos acostemos
te acuestes	os acostéis
se acueste	se acuesten

PRETÉRITO PERFECTO
me haya acostado	nos hayamos acostado
te hayas acostado	os hayáis acostado
se haya acostado	se hayan acostado

IMPERFECTO
me acostara	nos acostáramos
te acostaras	os acostarais
se acostara	se acostaran
OR	
me acostase	nos acostásemos
te acostases	os acostaseis
se acostase	se acostasen

PLUSCUAMPERFECTO
me hubiera acostado	nos hubiéramos acostado
te hubieras acostado	os hubierais acostado
se hubiera acostado	se hubieran acostado
OR	
me hubiese acostado	nos hubiésemos acostado
te hubieses acostado	os hubieseis acostado
se hubiese acostado	se hubiesen acostado

IMPERATIVO

—	acostémonos
acuéstate;	acostaos; no os acostéis
no te acuestes	
acuéstese	acuéstense

FORMAS NO PERSONALES

GERUNDIO	PARTICIPIO
acostándose	acostado

RELATED WORDS

acostar	to put to bed
acostado/a	in bed, lying down

acostarse con las gallinas — to go to bed very early

EXAMPLES OF VERB USAGE

¡Es hora de acostarse!	It's time to go to bed!
No nos acostamos hasta las tantas.	We didn't go to bed until very late.
Voy a acostarme, a ver si descanso algo.	I'm going to lie down, to see if I (can) get a bit of rest.

acostumbrarse

to get used to something

INDICATIVO

		yo	nosotros/as
		tú	vosotros/as
		él/ella/Ud.	ellos/ellas/Uds.

PRESENTE
me acostumbro / nos acostumbramos
te acostumbras / os acostumbráis
se acostumbra / se acostumbran

PRETÉRITO PERFECTO
me he acostumbrado / nos hemos acostumbrado
te has acostumbrado / os habéis acostumbrado
se ha acostumbrado / se han acostumbrado

IMPERFECTO
me acostumbraba / nos acostumbrábamos
te acostumbrabas / os acostumbrabais
se acostumbraba / se acostumbraban

PLUSCUAMPERFECTO
me había acostumbrado / nos habíamos acostumbrado
te habías acostumbrado / os habíais acostumbrado
se había acostumbrado / se habían acostumbrado

PRETÉRITO
me acostumbré / nos acostumbramos
te acostumbraste / os acostumbrasteis
se acostumbró / se acostumbraron

PRETÉRITO ANTERIOR
me hube acostumbrado / nos hubimos acostumbrado
te hubiste acostumbrado / os hubisteis acostumbrado
se hubo acostumbrado / se hubieron acostumbrado

FUTURO
me acostumbraré / nos acostumbraremos
te acostumbrarás / os acostumbraréis
se acostumbrará / se acostumbrarán

FUTURO PERFECTO
me habré acostumbrado / nos habremos acostumbrado
te habrás acostumbrado / os habréis acostumbrado
se habrá acostumbrado / se habrán acostumbrado

CONDICIONAL

SIMPLE
me acostumbraría / nos acostumbraríamos
te acostumbrarías / os acostumbraríais
se acostumbraría / se acostumbrarían

COMPUESTO
me habría acostumbrado / nos habríamos acostumbrado
te habrías acostumbrado / os habríais acostumbrado
se habría acostumbrado / se habrían acostumbrado

SUBJUNTIVO

PRESENTE
me acostumbre / nos acostumbremos
te acostumbres / os acostumbréis
se acostumbre / se acostumbren

PRETÉRITO PERFECTO
me haya acostumbrado / nos hayamos acostumbrado
te hayas acostumbrado / os hayáis acostumbrado
se haya acostumbrado / se hayan acostumbrado

IMPERFECTO
me acostumbrara / nos acostumbráramos
te acostumbraras / os acostumbrarais
se acostumbrara / se acostumbraran
OR
me acostumbrase / nos acostumbrásemos
te acostumbrases / os acostumbraseis
se acostumbrase / se acostumbrasen

PLUSCUAMPERFECTO
me hubiera acostumbrado / nos hubiéramos acostumbrado
te hubieras acostumbrado / os hubierais acostumbrado
se hubiera acostumbrado / se hubieran acostumbrado
OR
me hubiese acostumbrado / nos hubiésemos acostumbrado
te hubieses acostumbrado / os hubieseis acostumbrado
se hubiese acostumbrado / se hubiesen acostumbrado

IMPERATIVO

— / acostumbrémonos
acostúmbrate; / acostumbraos;
  no te acostumbres / no os acostumbréis
acostúmbrese / acostúmbrense

FORMAS NO PERSONALES

GERUNDIO
acostumbrándose

PARTICIPIO
acostumbrado

RELATED WORDS

costumbre / custom
acostumbrado/a / trained

acostumbramiento / habit-forming

EXAMPLES OF VERB USAGE

No me acostumbro al nuevo maestro. / I can't get used to the new teacher.
Se acostumbró a ir a verla todos los días. / He got used to visiting her everyday.
Es posible que no se haya acostumbrado todavía. / It's possible she's not used to it yet.

acreditar
to authorize, to prove, to credit

yo	nosotros/as
tú	vosotros/as
él/ella/Ud.	ellos/ellas/Uds.

INDICATIVO

PRESENTE

acredito	acreditamos
acreditas	acreditáis
acredita	acreditan

PRETÉRITO PERFECTO

he acreditado	hemos acreditado
has acreditado	habéis acreditado
ha acreditado	han acreditado

IMPERFECTO

acreditaba	acreditábamos
acreditabas	acreditabais
acreditaba	acreditaban

PLUSCUAMPERFECTO

había acreditado	habíamos acreditado
habías acreditado	habíais acreditado
había acreditado	habían acreditado

PRETÉRITO

acredité	acreditamos
acreditaste	acreditasteis
acreditó	acreditaron

PRETÉRITO ANTERIOR

hube acreditado	hubimos acreditado
hubiste acreditado	hubisteis acreditado
hubo acreditado	hubieron acreditado

FUTURO

acreditaré	acreditaremos
acreditarás	acreditaréis
acreditará	acreditarán

FUTURO PERFECTO

habré acreditado	habremos acreditado
habrás acreditado	habréis acreditado
habrá acreditado	habrán acreditado

CONDICIONAL

SIMPLE

acreditaría	acreditaríamos
acreditarías	acreditaríais
acreditaría	acreditarían

COMPUESTO

habría acreditado	habríamos acreditado
habrías acreditado	habríais acreditado
habría acreditado	habrían acreditado

SUBJUNTIVO

PRESENTE

acredite	acreditemos
acredites	acreditéis
acredite	acrediten

PRETÉRITO PERFECTO

haya acreditado	hayamos acreditado
hayas acreditado	hayáis acreditado
haya acreditado	hayan acreditado

IMPERFECTO

acreditara	acreditáramos
acreditaras	acreditarais
acreditara	acreditaran
OR	
acreditase	acreditásemos
acreditases	acreditaseis
acreditase	acreditasen

PLUSCUAMPERFECTO

hubiera acreditado	hubiéramos acreditado
hubieras acreditado	hubierais acreditado
hubiera acreditado	hubieran acreditado
OR	
hubiese acreditado	hubiésemos acreditado
hubieses acreditado	hubieseis acreditado
hubiese acreditado	hubiesen acreditado

IMPERATIVO

—	acreditemos
acredita; no acredites	acreditad; no acreditéis
acredite	acrediten

FORMAS NO PERSONALES

GERUNDIO	**PARTICIPIO**
acreditando	acreditado

RELATED WORDS

crédito	credit	*acreedor/a*	creditor
acreditativo/a	supporting (documents)		

EXAMPLES OF VERB USAGE

Hemos acreditado a ese periodista para que realice el reportaje.

We have authorized that journalist to do the report.

El banco acreditó su cuenta con el dinero enviado.

The bank credited his account with the money that was sent.

activar

to stimulate, to activate, to trigger

yo	nosotros/as
tú	vosotros/as
él/ella/Ud.	ellos/ellas/Uds.

INDICATIVO

PRESENTE

activo	activamos
activas	activáis
activa	activan

IMPERFECTO

activaba	activábamos
activabas	activabais
activaba	activaban

PRETÉRITO

activé	activamos
activaste	activasteis
activó	activaron

FUTURO

activaré	activaremos
activarás	activaréis
activará	activarán

PRETÉRITO PERFECTO

he activado	hemos activado
has activado	habéis activado
ha activado	han activado

PLUSCUAMPERFECTO

había activado	habíamos activado
habías activado	habíais activado
había activado	habían activado

PRETÉRITO ANTERIOR

hube activado	hubimos activado
hubiste activado	hubisteis activado
hubo activado	hubieron activado

FUTURO PERFECTO

habré activado	habremos activado
habrás activado	habréis activado
habrá activado	habrán activado

CONDICIONAL

SIMPLE

activaría	activaríamos
activarías	activaríais
activaría	activarían

COMPUESTO

habría activado	habríamos activado
habrías activado	habríais activado
habría activado	habrían activado

SUBJUNTIVO

PRESENTE

active	activemos
actives	activéis
active	activen

IMPERFECTO

activara	activáramos
activaras	activarais
activara	activaran
OR	
activase	activásemos
activases	activaseis
activase	activasen

PRETÉRITO PERFECTO

haya activado	hayamos activado
hayas activado	hayáis activado
haya activado	hayan activado

PLUSCUAMPERFECTO

hubiera activado	hubiéramos activado
hubieras activado	hubierais activado
hubiera activado	hubieran activado
OR	
hubiese activado	hubiésemos activado
hubieses activado	hubieseis activado
hubiese activado	hubiesen activado

IMPERATIVO

—	activemos
activa; no actives	activad; no activéis
active	activen

FORMAS NO PERSONALES

GERUNDIO	**PARTICIPIO**
activando	activado

RELATED WORDS

activo/a	active	*actividad*	activity
activarse	to go off, to start working		

EXAMPLES OF VERB USAGE

Es necesario que activemos la economía.	We need to stimulate the economy.
El dispositivo activó la alarma.	The device triggered the alarm.
No creo que hubieran activado ningún aparato.	I don't think they had started any of the machinery.

Verb Charts

actuar
to act, to perform

yo | nosotros/as
tú | vosotros/as
él/ella/Ud. | ellos/ellas/Uds.

INDICATIVO

PRESENTE

actúo	actuamos
actúas	actuáis
actúa	actúan

PRETÉRITO PERFECTO

he actuado	hemos actuado
has actuado	habéis actuado
ha actuado	han actuado

IMPERFECTO

actuaba	actuábamos
actuabas	actuabais
actuaba	actuaban

PLUSCUAMPERFECTO

había actuado	habíamos actuado
habías actuado	habíais actuado
había actuado	habían actuado

PRETÉRITO

actué	actuamos
actuaste	actuasteis
actuó	actuaron

PRETÉRITO ANTERIOR

hube actuado	hubimos actuado
hubiste actuado	hubisteis actuado
hubo actuado	hubieron actuado

FUTURO

actuaré	actuaremos
actuarás	actuaréis
actuará	actuarán

FUTURO PERFECTO

habré actuado	habremos actuado
habrás actuado	habréis actuado
habrá actuado	habrán actuado

CONDICIONAL

SIMPLE

actuaría	actuaríamos
actuarías	actuaríais
actuaría	actuarían

COMPUESTO

habría actuado	habríamos actuado
habrías actuado	habríais actuado
habría actuado	habrían actuado

SUBJUNTIVO

PRESENTE

actúe	actuemos
actúes	actuéis
actúe	actúen

PRETÉRITO PERFECTO

haya actuado	hayamos actuado
hayas actuado	hayáis actuado
haya actuado	hayan actuado

IMPERFECTO

actuara	actuáramos
actuaras	actuarais
actuara	actuaran
OR	
actuase	actuásemos
actuases	actuaseis
actuase	actuasen

PLUSCUAMPERFECTO

hubiera actuado	hubiéramos actuado
hubieras actuado	hubierais actuado
hubiera actuado	hubieran actuado
OR	
hubiese actuado	hubiésemos actuado
hubieses actuado	hubieseis actuado
hubiese actuado	hubiesen actuado

IMPERATIVO

—	actuemos
actúa; no actúes	actuad; no actuéis
actúe	actúen

FORMAS NO PERSONALES

GERUNDIO	**PARTICIPIO**
actuando	actuado

RELATED WORDS

actor	actor	*actriz*	actress
acto	act (in a play)	*actuación*	performance

EXAMPLES OF VERB USAGE

¿Por qué actúas de esta forma?	Why are you behaving like this?
En esa película, él actuó de una manera brillante.	His acting in that movie was brilliant.
Deja actuar a la naturaleza.	Let nature take its course.

acumular
to accumulate, to gain

yo	nosotros/as
tú	vosotros/as
él/ella/Ud.	ellos/ellas/Uds.

INDICATIVO

PRESENTE
acumulo	acumulamos
acumulas	acumuláis
acumula	acumulan

PRETÉRITO PERFECTO
he acumulado	hemos acumulado
has acumulado	habéis acumulado
ha acumulado	han acumulado

IMPERFECTO
acumulaba	acumulábamos
acumulabas	acumulabais
acumulaba	acumulaban

PLUSCUAMPERFECTO
había acumulado	habíamos acumulado
habías acumulado	habíais acumulado
había acumulado	habían acumulado

PRETÉRITO
acumulé	acumulamos
acumulaste	acumulasteis
acumuló	acumularon

PRETÉRITO ANTERIOR
hube acumulado	hubimos acumulado
hubiste acumulado	hubisteis acumulado
hubo acumulado	hubieron acumulado

FUTURO
acumularé	acumularemos
acumularás	acumularéis
acumulará	acumularán

FUTURO PERFECTO
habré acumulado	habremos acumulado
habrás acumulado	habréis acumulado
habrá acumulado	habrán acumulado

CONDICIONAL

SIMPLE
acumularía	acumularíamos
acumularías	acumularíais
acumularía	acumularían

COMPUESTO
habría acumulado	habríamos acumulado
habrías acumulado	habríais acumulado
habría acumulado	habrían acumulado

SUBJUNTIVO

PRESENTE
acumule	acumulemos
acumules	acumuléis
acumule	acumulen

PRETÉRITO PERFECTO
haya acumulado	hayamos acumulado
hayas acumulado	hayáis acumulado
haya acumulado	hayan acumulado

IMPERFECTO
acumulara	acumuláramos
acumularas	acumularais
acumulara	acumularan
OR	
acumulase	acumulásemos
acumulases	acumulaseis
acumulase	acumulasen

PLUSCUAMPERFECTO
hubiera acumulado	hubiéramos acumulado
hubieras acumulado	hubierais acumulado
hubiera acumulado	hubieran acumulado
OR	
hubiese acumulado	hubiésemos acumulado
hubieses acumulado	hubieseis acumulado
hubiese acumulado	hubiesen acumulado

IMPERATIVO

—	acumulemos
acumula; no acumules	acumulad; no acumuléis
acumule	acumulen

FORMAS NO PERSONALES

GERUNDIO	**PARTICIPIO**
acumulando	acumulado

RELATED WORDS

acumularse	to pile up, to mount
acumulador	storage battery
acumulativo/a	cumulative

EXAMPLES OF VERB USAGE

La señora había acumulado tanto dinero que no necesitaría trabajar nunca más.
The lady had amassed so much money that she wouldn't need to work ever again.

La empresa ha acumulado suficiente capital para empezar otro negocio.
The business has accumulated enough capital to start another venture.

Verb Charts

VERB CHART

27

yo | nosotros/as
tú | vosotros/as
él/ella/Ud. | ellos/ellas/Uds.

acusar
to accuse, to show signs of

INDICATIVO

PRESENTE

acuso	acusamos
acusas	acusáis
acusa	acusan

PRETÉRITO PERFECTO

he acusado	hemos acusado
has acusado	habéis acusado
ha acusado	han acusado

IMPERFECTO

acusaba	acusábamos
acusabas	acusabais
acusaba	acusaban

PLUSCUAMPERFECTO

había acusado	habíamos acusado
habías acusado	habíais acusado
había acusado	habían acusado

PRETÉRITO

acusé	acusamos
acusaste	acusasteis
acusó	acusaron

PRETÉRITO ANTERIOR

hube acusado	hubimos acusado
hubiste acusado	hubisteis acusado
hubo acusado	hubieron acusado

FUTURO

acusaré	acusaremos
acusarás	acusaréis
acusará	acusarán

FUTURO PERFECTO

habré acusado	habremos acusado
habrás acusado	habréis acusado
habrá acusado	habrán acusado

CONDICIONAL

SIMPLE

acusaría	acusaríamos
acusarías	acusaríais
acusaría	acusarían

COMPUESTO

habría acusado	habríamos acusado
habrías acusado	habríais acusado
habría acusado	habrían acusado

SUBJUNTIVO

PRESENTE

acuse	acusemos
acuses	acuséis
acuse	acusen

PRETÉRITO PERFECTO

haya acusado	hayamos acusado
hayas acusado	hayáis acusado
haya acusado	hayan acusado

IMPERFECTO

acusara	acusáramos
acusaras	acusarais
acusara	acusaran
OR	
acusase	acusásemos
acusases	acusaseis
acusase	acusasen

PLUSCUAMPERFECTO

hubiera acusado	hubiéramos acusado
hubieras acusado	hubierais acusado
hubiera acusado	hubieran acusado
OR	
hubiese acusado	hubiésemos acusado
hubieses acusado	hubieseis acusado
hubiese acusado	hubiesen acusado

IMPERATIVO

—	acusemos
acusa; no acuses	acusad; no acuséis
acuse	acusen

FORMAS NO PERSONALES

GERUNDIO	**PARTICIPIO**
acusando	acusado

RELATED WORDS

acuse de recibo	acknowledgement of receipt
acusado/a	defendant
acusador/a	prosecuting attorney
acusación particular	private prosecution

EXAMPLES OF VERB USAGE

Nos acusaron de algo que no habíamos cometido.	They accused us of something we had not done.
Su cara acusaba el cansancio de los años.	His face showed the signs of weariness that come with age.
¿De qué me acusan?	What are you accusing me of?

adaptarse
to adapt

	yo	nosotros/as
	tú	vosotros/as
	él/ella/Ud.	ellos/ellas/Uds.

INDICATIVO

PRESENTE
me adapto — nos adaptamos
te adaptas — os adaptáis
se adapta — se adaptan

PRETÉRITO PERFECTO
me he adaptado — nos hemos adaptado
te has adaptado — os habéis adaptado
se ha adaptado — se han adaptado

IMPERFECTO
me adaptaba — nos adaptábamos
te adaptabas — os adaptabais
se adaptaba — se adaptaban

PLUSCUAMPERFECTO
me había adaptado — nos habíamos adaptado
te habías adaptado — os habíais adaptado
se había adaptado — se habían adaptado

PRETÉRITO
me adapté — nos adaptamos
te adaptaste — os adaptasteis
se adaptó — se adaptaron

PRETÉRITO ANTERIOR
me hube adaptado — nos hubimos adaptado
te hubiste adaptado — os hubisteis adaptado
se hubo adaptado — se hubieron adaptado

FUTURO
me adaptaré — nos adaptaremos
te adaptarás — os adaptaréis
se adaptará — se adaptarán

FUTURO PERFECTO
me habré adaptado — nos habremos adaptado
te habrás adaptado — os habréis adaptado
se habrá adaptado — se habrán adaptado

CONDICIONAL

SIMPLE
me adaptaría — nos adaptaríamos
te adaptarías — os adaptaríais
se adaptaría — se adaptarían

COMPUESTO
me habría adaptado — nos habríamos adaptado
te habrías adaptado — os habríais adaptado
se habría adaptado — se habrían adaptado

SUBJUNTIVO

PRESENTE
me adapte — nos adaptemos
te adaptes — os adaptéis
se adapte — se adapten

PRETÉRITO PERFECTO
me haya adaptado — nos hayamos adaptado
te hayas adaptado — os hayáis adaptado
se haya adaptado — se hayan adaptado

IMPERFECTO
me adaptara — nos adaptáramos
te adaptaras — os adaptarais
se adaptara — se adaptaran
OR
me adaptase — nos adaptásemos
te adaptases — os adaptaseis
se adaptase — se adaptasen

PLUSCUAMPERFECTO
me hubiera adaptado — nos hubiéramos adaptado
te hubieras adaptado — os hubierais adaptado
se hubiera adaptado — se hubieran adaptado
OR
me hubiese adaptado — nos hubiésemos adaptado
te hubieses adaptado — os hubieseis adaptado
se hubiese adaptado — se hubiesen adaptado

IMPERATIVO

— adaptémonos
adáptate; adaptaos; no os adaptéis
 no te adaptes
adáptese adáptense

FORMAS NO PERSONALES

GERUNDIO
adaptándose

PARTICIPIO
adaptado

RELATED WORDS

adaptar — to alter, to convert
adaptación — adjustment

adaptador — converter

EXAMPLES OF VERB USAGE

Estos estudiantes han sabido adaptarse a la perfección. — These students have been able to adapt perfectly.

Se adaptó a sus circunstancias. — She adjusted to her circumstances.

Creo que os adaptaréis estupendamente. — I believe you'll adapt wonderfully.

Verb Charts

VERB CHART

29

yo	nosotros/as
tú	vosotros/as
él/ella/Ud.	ellos/ellas/Uds.

adelgazar
to lose weight

INDICATIVO

PRESENTE

adelgazo	adelgazamos
adelgazas	adelgazáis
adelgaza	adelgazan

PRETÉRITO PERFECTO

he adelgazado	hemos adelgazado
has adelgazado	habéis adelgazado
ha adelgazado	han adelgazado

IMPERFECTO

adelgazaba	adelgazábamos
adelgazabas	adelgazabais
adelgazaba	adelgazaban

PLUSCUAMPERFECTO

había adelgazado	habíamos adelgazado
habías adelgazado	habíais adelgazado
había adelgazado	habían adelgazado

PRETÉRITO

adelgacé	adelgazamos
adelgazaste	adelgazasteis
adelgazó	adelgazaron

PRETÉRITO ANTERIOR

hube adelgazado	hubimos adelgazado
hubiste adelgazado	hubisteis adelgazado
hubo adelgazado	hubieron adelgazado

FUTURO

adelgazaré	adelgazaremos
adelgazarás	adelgazaréis
adelgazará	adelgazarán

FUTURO PERFECTO

habré adelgazado	habremos adelgazado
habrás adelgazado	habréis adelgazado
habrá adelgazado	habrán adelgazado

CONDICIONAL

SIMPLE

adelgazaría	adelgazaríamos
adelgazarías	adelgazaríais
adelgazaría	adelgazarían

COMPUESTO

habría adelgazado	habríamos adelgazado
habrías adelgazado	habríais adelgazado
habría adelgazado	habrían adelgazado

SUBJUNTIVO

PRESENTE

adelgace	adelgacemos
adelgaces	adelgacéis
adelgace	adelgacen

PRETÉRITO PERFECTO

haya adelgazado	hayamos adelgazado
hayas adelgazado	hayáis adelgazado
haya adelgazado	hayan adelgazado

IMPERFECTO

adelgazara	adelgazáramos
adelgazaras	adelgazarais
adelgazara	adelgazaran
OR	
adelgazase	adelgazásemos
adelgazases	adelgazaseis
adelgazase	adelgazasen

PLUSCUAMPERFECTO

hubiera adelgazado	hubiéramos adelgazado
hubieras adelgazado	hubierais adelgazado
hubiera adelgazado	hubieran adelgazado
OR	
hubiese adelgazado	hubiésemos adelgazado
hubieses adelgazado	hubieseis adelgazado
hubiese adelgazado	hubiesen adelgazado

IMPERATIVO

—	adelgacemos
adelgaza;	adelgazad; no adelgacéis
no adelgaces	
adelgace	adelgacen

FORMAS NO PERSONALES

GERUNDIO	**PARTICIPIO**
adelgazando	adelgazado

RELATED WORDS

delgado/a	slim, thin	*adelgazante*	weight reducing

EXAMPLES OF VERB USAGE

No creo que haya adelgazado tanto.	I don't think he's lost that much weight.
Adelgacé muchísimo con la dieta del pomelo.	I lost a lot of weight with the grapefruit diet.

adivinar

to guess, to predict

yo	nosotros/as
tú	vosotros/as
él/ella/Ud.	ellos/ellas/Uds.

INDICATIVO

PRESENTE

adivino	adivinamos
adivinas	adivináis
adivina	adivinan

PRETÉRITO PERFECTO

he adivinado	hemos adivinado
has adivinado	habéis adivinado
ha adivinado	han adivinado

IMPERFECTO

adivinaba	adivinábamos
adivinabas	adivinabais
adivinaba	adivinaban

PLUSCUAMPERFECTO

había adivinado	habíamos adivinado
habías adivinado	habíais adivinado
había adivinado	habían adivinado

PRETÉRITO

adiviné	adivinamos
adivinaste	adivinasteis
adivinó	adivinaron

PRETÉRITO ANTERIOR

hube adivinado	hubimos adivinado
hubiste adivinado	hubisteis adivinado
hubo adivinado	hubieron adivinado

FUTURO

adivinaré	adivinaremos
adivinarás	adivinaréis
adivinará	adivinarán

FUTURO PERFECTO

habré adivinado	habremos adivinado
habrás adivinado	habréis adivinado
habrá adivinado	habrán adivinado

CONDICIONAL

SIMPLE

adivinaría	adivinaríamos
adivinarías	adivinaríais
adivinaría	adivinarían

COMPUESTO

habría adivinado	habríamos adivinado
habrías adivinado	habríais adivinado
habría adivinado	habrían adivinado

SUBJUNTIVO

PRESENTE

adivine	adivinemos
adivines	adivinéis
adivine	adivinen

PRETÉRITO PERFECTO

haya adivinado	hayamos adivinado
hayas adivinado	hayáis adivinado
haya adivinado	hayan adivinado

IMPERFECTO

adivinara	adivináramos
adivinaras	adivinarais
adivinara	adivinaran
OR	
adivinase	adivinásemos
adivinases	adivinaseis
adivinase	adivinasen

PLUSCUAMPERFECTO

hubiera adivinado	hubiéramos adivinado
hubieras adivinado	hubierais adivinado
hubiera adivinado	hubieran adivinado
OR	
hubiese adivinado	hubiésemos adivinado
hubieses adivinado	hubieseis adivinado
hubiese adivinado	hubiesen adivinado

IMPERATIVO

—	adivinemos
adivina; no adivines	adivinad; no adivinéis
adivine	adivinen

FORMAS NO PERSONALES

GERUNDIO	**PARTICIPIO**
adivinando	adivinado

RELATED WORDS

adivinanza	riddle	*adivino/a*	fortune teller

EXAMPLES OF VERB USAGE

Adivina quién viene a cenar esta noche.　　Guess who's coming to dinner tonight.

Nunca hubiera adivinado la verdad.　　He could have never predicted the truth.

Verb Charts

admitir
to admit, to accept, to hold

yo	nosotros/as
tú	vosotros/as
él/ella/Ud.	ellos/ellas/Uds.

INDICATIVO

PRESENTE

admito	admitimos
admites	admitís
admite	admiten

PRETÉRITO PERFECTO

he admitido	hemos admitido
has admitido	habéis admitido
ha admitido	han admitido

IMPERFECTO

admitía	admitíamos
admitías	admitíais
admitía	admitían

PLUSCUAMPERFECTO

había admitido	habíamos admitido
habías admitido	habíais admitido
había admitido	habían admitido

PRETÉRITO

admití	admitimos
admitiste	admitisteis
admitió	admitieron

PRETÉRITO ANTERIOR

hube admitido	hubimos admitido
hubiste admitido	hubisteis admitido
hubo admitido	hubieron admitido

FUTURO

admitiré	admitiremos
admitirás	admitiréis
admitirá	admitirán

FUTURO PERFECTO

habré admitido	habremos admitido
habrás admitido	habréis admitido
habrá admitido	habrán admitido

CONDICIONAL

SIMPLE

admitiría	admitiríamos
admitirías	admitiríais
admitiría	admitirían

COMPUESTO

habría admitido	habríamos admitido
habrías admitido	habríais admitido
habría admitido	habrían admitido

SUBJUNTIVO

PRESENTE

admita	admitamos
admitas	admitáis
admita	admitan

PRETÉRITO PERFECTO

haya admitido	hayamos admitido
hayas admitido	hayáis admitido
haya admitido	hayan admitido

IMPERFECTO

admitiera	admitiéramos
admitieras	admitierais
admitiera	admitieran
OR	
admitiese	admitiésemos
admitieses	admitieseis
admitiese	admitiesen

PLUSCUAMPERFECTO

hubiera admitido	hubiéramos admitido
hubieras admitido	hubierais admitido
hubiera admitido	hubieran admitido
OR	
hubiese admitido	hubiésemos admitido
hubieses admitido	hubieseis admitido
hubiese admitido	hubiesen admitido

IMPERATIVO

—	admitamos
admite; no admitas	admitid; no admitáis
admita	admitan

FORMAS NO PERSONALES

GERUNDIO
admitiendo

PARTICIPIO
admitido

RELATED WORDS

admisión	admission	*ciclo de admisión*	induction cycle
admisible	acceptable		

EXAMPLES OF VERB USAGE

Nunca admitirá la verdad.	He'll never admit the truth.
No la admitieron en aquel colegio.	She was not accepted at that school.
El teatro admite cuatro mil personas.	The theater holds four thousand people.

advertir
to warn, to notice

yo	nosotros/as		
tú	vosotros/as		
él/ella/Ud.	ellos/ellas/Uds.		

INDICATIVO

PRESENTE

advierto	advertimos
adviertes	advertís
advierte	advierten

PRETÉRITO PERFECTO

he advertido	hemos advertido
has advertido	habéis advertido
ha advertido	han advertido

IMPERFECTO

advertía	advertíamos
advertías	advertíais
advertía	advertían

PLUSCUAMPERFECTO

había advertido	habíamos advertido
habías advertido	habíais advertido
había advertido	habían advertido

PRETÉRITO

advertí	advertimos
advertiste	advertisteis
advirtió	advirtieron

PRETÉRITO ANTERIOR

hube advertido	hubimos advertido
hubiste advertido	hubisteis advertido
hubo advertido	hubieron advertido

FUTURO

advertiré	advertiremos
advertirás	advertiréis
advertirá	advertirán

FUTURO PERFECTO

habré advertido	habremos advertido
habrás advertido	habréis advertido
habrá advertido	habrán advertido

CONDICIONAL

SIMPLE

advertiría	advertiríamos
advertirías	advertiríais
advertiría	advertirían

COMPUESTO

habría advertido	habríamos advertido
habrías advertido	habríais advertido
habría advertido	habrían advertido

SUBJUNTIVO

PRESENTE

advierta	advirtamos
adviertas	advirtáis
advierta	adviertan

PRETÉRITO PERFECTO

haya advertido	hayamos advertido
hayas advertido	hayáis advertido
haya advertido	hayan advertido

IMPERFECTO

advirtiera	advirtiéramos
advirtieras	advirtierais
advirtiera	advirtieran
OR	
advirtiese	advirtiésemos
advirtieses	advirtieseis
advirtiese	advirtiesen

PLUSCUAMPERFECTO

hubiera advertido	hubiéramos advertido
hubieras advertido	hubierais advertido
hubiera advertido	hubieran advertido
OR	
hubiese advertido	hubiésemos advertido
hubieses advertido	hubieseis advertido
hubiese advertido	hubiesen advertido

IMPERATIVO

—	advirtamos
advierte;	advertid; no advirtáis
no adviertas	
advierta	adviertan

FORMAS NO PERSONALES

GERUNDIO	**PARTICIPIO**
advirtiendo	advertido

RELATED WORDS

advertencia	warning

EXAMPLES OF VERB USAGE

Nadie me lo advirtió.	No one warned me.
Le advertimos que corre un gran riesgo.	We are warning you that you are in great danger.
No advertí su presencia.	I didn't notice his presence.

Verb Charts

afeitarse
to shave oneself

INDICATIVO

yo | nosotros/as
tú | vosotros/as
él/ella/Ud. | ellos/ellas/Uds.

PRESENTE
me afeito	nos afeitamos
te afeitas	os afeitáis
se afeita	se afeitan

PRETÉRITO PERFECTO
me he afeitado	nos hemos afeitado
te has afeitado	os habéis afeitado
se ha afeitado	se han afeitado

IMPERFECTO
me afeitaba	nos afeitábamos
te afeitabas	os afeitabais
se afeitaba	se afeitaban

PLUSCUAMPERFECTO
me había afeitado	nos habíamos afeitado
te habías afeitado	os habíais afeitado
se había afeitado	se habían afeitado

PRETÉRITO
me afeité	nos afeitamos
te afeitaste	os afeitasteis
se afeitó	se afeitaron

PRETÉRITO ANTERIOR
me hube afeitado	nos hubimos afeitado
te hubiste afeitado	os hubisteis afeitado
se hubo afeitado	se hubieron afeitado

FUTURO
me afeitaré	nos afeitaremos
te afeitarás	os afeitaréis
se afeitará	se afeitarán

FUTURO PERFECTO
me habré afeitado	nos habremos afeitado
te habrás afeitado	os habréis afeitado
se habrá afeitado	se habrán afeitado

CONDICIONAL

SIMPLE
me afeitaría	nos afeitaríamos
te afeitarías	os afeitaríais
se afeitaría	se afeitarían

COMPUESTO
me habría afeitado	nos habríamos afeitado
te habrías afeitado	os habríais afeitado
se habría afeitado	se habrían afeitado

SUBJUNTIVO

PRESENTE
me afeite	nos afeitemos
te afeites	os afeitéis
se afeite	se afeiten

PRETÉRITO PERFECTO
me haya afeitado	nos hayamos afeitado
te hayas afeitado	os hayáis afeitado
se haya afeitado	se hayan afeitado

IMPERFECTO
me afeitara	nos afeitáramos
te afeitaras	os afeitarais
se afeitara	se afeitaran
OR	
me afeitase	nos afeitásemos
te afeitases	os afeitaseis
se afeitase	se afeitasen

PLUSCUAMPERFECTO
me hubiera afeitado	nos hubiéramos afeitado
te hubieras afeitado	os hubierais afeitado
se hubiera afeitado	se hubieran afeitado
OR	
me hubiese afeitado	nos hubiésemos afeitado
te hubieses afeitado	os hubieseis afeitado
se hubiese afeitado	se hubiesen afeitado

IMPERATIVO

—	afeitémonos
aféitate; no te afeites	afeitaos; no os afeitéis
aféitese	aféitense

FORMAS NO PERSONALES

GERUNDIO
afeitándose

PARTICIPIO
afeitado

RELATED WORDS

un afeitado	a shave	*una hoja de afeitar*	razor blade
afeitadora	electric razor		

EXAMPLES OF VERB USAGE

Le dije que me afeitara la barba.	I told him to shave my beard.
No se afeitó durante dos años.	He didn't shave for two years.
Los chicos se afeitaron la cabeza como protesta.	The guys shaved their heads in protest.

aficionarse
to become interested in something

INDICATIVO

PRESENTE
me aficiono — nos aficionamos
te aficionas — os aficionáis
se aficiona — se aficionan

PRETÉRITO PERFECTO
me he aficionado — nos hemos aficionado
te has aficionado — os habéis aficionado
se ha aficionado — se han aficionado

yo	nosotros/as
tú	vosotros/as
él/ella/Ud.	ellos/ellas/Uds.

IMPERFECTO
me aficionaba — nos aficionábamos
te aficionabas — os aficionabais
se aficionaba — se aficionaban

PLUSCUAMPERFECTO
me había aficionado — nos habíamos aficionado
te habías aficionado — os habíais aficionado
se había aficionado — se habían aficionado

PRETÉRITO
me aficioné — nos aficionamos
te aficionaste — os aficionasteis
se aficionó — se aficionaron

PRETÉRITO ANTERIOR
me hube aficionado — nos hubimos aficionado
te hubiste aficionado — os hubisteis aficionado
se hubo aficionado — se hubieron aficionado

FUTURO
me aficionaré — nos aficionaremos
te aficionarás — os aficionaréis
se aficionará — se aficionarán

FUTURO PERFECTO
me habré aficionado — nos habremos aficionado
te habrás aficionado — os habréis aficionado
se habrá aficionado — se habrán aficionado

CONDICIONAL

SIMPLE
me aficionaría — nos aficionaríamos
te aficionarías — os aficionaríais
se aficionaría — se aficionarían

COMPUESTO
me habría aficionado — nos habríamos aficionado
te habrías aficionado — os habríais aficionado
se habría aficionado — se habrían aficionado

SUBJUNTIVO

PRESENTE
me aficione — nos aficionemos
te aficiones — os aficionéis
se aficione — se aficionen

PRETÉRITO PERFECTO
me haya aficionado — nos hayamos aficionado
te hayas aficionado — os hayáis aficionado
se haya aficionado — se hayan aficionado

IMPERFECTO
me aficionara — nos aficionáramos
te aficionaras — os aficionarais
se aficionara — se aficionaran
OR
me aficionase — nos aficionásemos
te aficionases — os aficionaseis
se aficionase — se aficionasen

PLUSCUAMPERFECTO
me hubiera aficionado — nos hubiéramos aficionado
te hubieras aficionado — os hubierais aficionado
se hubiera aficionado — se hubieran aficionado
OR
me hubiese aficionado — nos hubiésemos aficionado
te hubieses aficionado — os hubieseis aficionado
se hubiese aficionado — se hubiesen aficionado

IMPERATIVO

— — aficionémonos
aficiónate; — aficionaos;
  no te aficiones —   no os aficionéis
aficiónese — aficiónense

FORMAS NO PERSONALES

GERUNDIO
aficionándose

PARTICIPIO
aficionado

RELATED WORDS

afición — love, liking
aficionar — to get sb interested in sth

aficionado/a — fond of

EXAMPLES OF VERB USAGE

Nos aficionamos a los toros el verano pasado. — We became interested in bullfighting last summer.
Es fácil aficionarse a las películas de Almodovar. — It's easy to become a fan of Almodovar movies.
Seguramente se habrán aficionado al bricolaje. — I'm sure you have become interested in do-it-yourself projects.

Verb Charts

afligir
to afflict, to upset

yo	nosotros/as
tú	vosotros/as
él/ella/Ud.	ellos/ellas/Uds.

INDICATIVO

PRESENTE

aflijo	afligimos
afliges	afligís
aflige	afligen

PRETÉRITO PERFECTO

he afligido	hemos afligido
has afligido	habéis afligido
ha afligido	han afligido

IMPERFECTO

afligía	afligíamos
afligías	afligíais
afligía	afligían

PLUSCUAMPERFECTO

había afligido	habíamos afligido
habías afligido	habíais afligido
había afligido	habían afligido

PRETÉRITO

afligí	afligimos
afligiste	afligisteis
afligió	afligieron

PRETÉRITO ANTERIOR

hube afligido	hubimos afligido
hubiste afligido	hubisteis afligido
hubo afligido	hubieron afligido

FUTURO

afligiré	afligiremos
afligirás	afligiréis
afligirá	afligirán

FUTURO PERFECTO

habré afligido	habremos afligido
habrás afligido	habréis afligido
habrá afligido	habrán afligido

CONDICIONAL

SIMPLE

afligiría	afligiríamos
afligirías	afligiríais
afligiría	afligirían

COMPUESTO

habría afligido	habríamos afligido
habrías afligido	habríais afligido
habría afligido	habrían afligido

SUBJUNTIVO

PRESENTE

aflija	aflijamos
aflijas	aflijáis
aflija	aflijan

PRETÉRITO PERFECTO

haya afligido	hayamos afligido
hayas afligido	hayáis afligido
haya afligido	hayan afligido

IMPERFECTO

afligiera	afligiéramos
afligieras	afligierais
afligiera	afligieran
OR	
afligiese	afligiésemos
afligieses	afligieseis
afligiese	afligiesen

PLUSCUAMPERFECTO

hubiera afligido	hubiéramos afligido
hubieras afligido	hubierais afligido
hubiera afligido	hubieran afligido
OR	
hubiese afligido	hubiésemos afligido
hubieses afligido	hubieseis afligido
hubiese afligido	hubiesen afligido

IMPERATIVO

—	aflijamos
aflige; no aflijas	afligid; no aflijáis
aflija	aflijan

FORMAS NO PERSONALES

GERUNDIO	PARTICIPIO
afligiendo	afligido

RELATED WORDS

una aflicción	affliction	*estar afligido/a*	to be sad
afligirse	to worry		

EXAMPLES OF VERB USAGE

Los problemas que nos afligen son graves. The problems that affect us are serious.

Me aflige verte así. It makes me upset to see you like this.

agradecer
to be grateful, to thank, to appreciate

yo	nosotros/as
tú	vosotros/as
él/ella/Ud.	ellos/ellas/Uds.

INDICATIVO

PRESENTE

agradezco	agradecemos
agradeces	agradecéis
agradece	agradecen

PRETÉRITO PERFECTO

he agradecido	hemos agradecido
has agradecido	habéis agradecido
ha agradecido	han agradecido

IMPERFECTO

agradecía	agradecíamos
agradecías	agradecíais
agradecía	agradecían

PLUSCUAMPERFECTO

había agradecido	habíamos agradecido
habías agradecido	habíais agradecido
había agradecido	habían agradecido

PRETÉRITO

agradecí	agradecimos
agradeciste	agradecisteis
agradeció	agradecieron

PRETÉRITO ANTERIOR

hube agradecido	hubimos agradecido
hubiste agradecido	hubisteis agradecido
hubo agradecido	hubieron agradecido

FUTURO

agradeceré	agradeceremos
agradecerás	agradeceréis
agradecerá	agradecerán

FUTURO PERFECTO

habré agradecido	habremos agradecido
habrás agradecido	habréis agradecido
habrá agradecido	habrán agradecido

CONDICIONAL

SIMPLE

agradecería	agradeceríamos
agradecerías	agradeceríais
agradecería	agradecerían

COMPUESTO

habría agradecido	habríamos agradecido
habrías agradecido	habríais agradecido
habría agradecido	habrían agradecido

SUBJUNTIVO

PRESENTE

agradezca	agradezcamos
agradezcas	agradezcáis
agradezca	agradezcan

PRETÉRITO PERFECTO

haya agradecido	hayamos agradecido
hayas agradecido	hayáis agradecido
haya agradecido	hayan agradecido

IMPERFECTO

agradeciera	agradeciéramos
agradecieras	agradecierais
agradeciera	agradecieran
OR	
agradeciese	agradeciésemos
agradecieses	agradecieseis
agradeciese	agradeciesen

PLUSCUAMPERFECTO

hubiera agradecido	hubiéramos agradecido
hubieras agradecido	hubierais agradecido
hubiera agradecido	hubieran agradecido
OR	
hubiese agradecido	hubiésemos agradecido
hubieses agradecido	hubieseis agradecido
hubiese agradecido	hubiesen agradecido

IMPERATIVO

—	agradezcamos
agradece;	agradeced;
no agradezcas	no agradezcáis
agradezca	agradezcan

FORMAS NO PERSONALES

GERUNDIO	PARTICIPIO
agradeciendo	agradecido

RELATED WORDS

el agradecimiento	gratitude, gratefulness	*desagradecer*	to be ungrateful
gracias	thanks	*agradecido/a*	thankful

EXAMPLES OF VERB USAGE

Le agradecemos su visita.	We thank you for your visit.
Ni siquiera me agradeció mis esfuerzos.	She didn't even thank me for my efforts.
Es importante que agradezcas lo hecho.	It's important you give thanks for what's been done.

VERB CHART

37

yo | nosotros/as
tú | vosotros/as
él/ella/Ud. | ellos/ellas/Uds.

alcanzar

to reach, to hit, to catch up

INDICATIVO

PRESENTE
alcanzo	alcanzamos
alcanzas	alcanzáis
alcanza	alcanzan

PRETÉRITO PERFECTO
he alcanzado	hemos alcanzado
has alcanzado	habéis alcanzado
ha alcanzado	han alcanzado

IMPERFECTO
alcanzaba	alcanzábamos
alcanzabas	alcanzabais
alcanzaba	alcanzaban

PLUSCUAMPERFECTO
había alcanzado	habíamos alcanzado
habías alcanzado	habíais alcanzado
había alcanzado	habían alcanzado

PRETÉRITO
alcancé	alcanzamos
alcanzaste	alcanzasteis
alcanzó	alcanzaron

PRETÉRITO ANTERIOR
hube alcanzado	hubimos alcanzado
hubiste alcanzado	hubisteis alcanzado
hubo alcanzado	hubieron alcanzado

FUTURO
alcanzaré	alcanzaremos
alcanzarás	alcanzaréis
alcanzará	alcanzarán

FUTURO PERFECTO
habré alcanzado	habremos alcanzado
habrás alcanzado	habréis alcanzado
habrá alcanzado	habrán alcanzado

CONDICIONAL

SIMPLE
alcanzaría	alcanzaríamos
alcanzarías	alcanzaríais
alcanzaría	alcanzarían

COMPUESTO
habría alcanzado	habríamos alcanzado
habrías alcanzado	habríais alcanzado
habría alcanzado	habrían alcanzado

SUBJUNTIVO

PRESENTE
alcance	alcancemos
alcances	alcancéis
alcance	alcancen

PRETÉRITO PERFECTO
haya alcanzado	hayamos alcanzado
hayas alcanzado	hayáis alcanzado
haya alcanzado	hayan alcanzado

IMPERFECTO
alcanzara	alcanzáramos
alcanzaras	alcanzarais
alcanzara	alcanzaran
OR	
alcanzase	alcanzásemos
alcanzases	alcanzaseis
alcanzase	alcanzasen

PLUSCUAMPERFECTO
hubiera alcanzado	hubiéramos alcanzado
hubieras alcanzado	hubierais alcanzado
hubiera alcanzado	hubieran alcanzado
OR	
hubiese alcanzado	hubiésemos alcanzado
hubieses alcanzado	hubieseis alcanzado
hubiese alcanzado	hubiesen alcanzado

IMPERATIVO
—	alcancemos
alcanza; no alcances	alcanzad; no alcancéis
alcance	alcancen

FORMAS NO PERSONALES

GERUNDIO	PARTICIPIO
alcanzando	alcanzado

RELATED WORDS

el alcance	reach, scope	al alcance de la mano	within reach
dar alcance a	to overtake		

EXAMPLES OF VERB USAGE

¿Has alcanzado la felicidad?	Have you found happiness?
Durante la batalla, la bala alcanzó su pierna.	The bullet hit his leg during the battle.
No habíamos alcanzado la cima cuando empezó a llover.	We hadn't reached the summit when it started raining.

almorzar
to have lunch

yo	nosotros/as
tú	vosotros/as
él/ella/Ud.	ellos/ellas/Uds.

INDICATIVO

PRESENTE

almuerzo	almorzamos
almuerzas	almorzáis
almuerza	almuerzan

IMPERFECTO

almorzaba	almorzábamos
almorzabas	almorzabais
almorzaba	almorzaban

PRETÉRITO

almorcé	almorzamos
almorzaste	almorzasteis
almorzó	almorzaron

FUTURO

almorzaré	almorzaremos
almorzarás	almorzaréis
almorzará	almorzarán

PRETÉRITO PERFECTO

he almorzado	hemos almorzado
has almorzado	habéis almorzado
ha almorzado	han almorzado

PLUSCUAMPERFECTO

había almorzado	habíamos almorzado
habías almorzado	habíais almorzado
había almorzado	habían almorzado

PRETÉRITO ANTERIOR

hube almorzado	hubimos almorzado
hubiste almorzado	hubisteis almorzado
hubo almorzado	hubieron almorzado

FUTURO PERFECTO

habré almorzado	habremos almorzado
habrás almorzado	habréis almorzado
habrá almorzado	habrán almorzado

CONDICIONAL

SIMPLE

almorzaría	almorzaríamos
almorzarías	almorzaríais
almorzaría	almorzarían

COMPUESTO

habría almorzado	habríamos almorzado
habrías almorzado	habríais almorzado
habría almorzado	habrían almorzado

SUBJUNTIVO

PRESENTE

almuerce	almorcemos
almuerces	almorcéis
almuerce	almuercen

IMPERFECTO

almorzara	almorzáramos
almorzaras	almorzarais
almorzara	almorzaran
OR	
almorzase	almorzásemos
almorzases	almorzaseis
almorzase	almorzasen

PRETÉRITO PERFECTO

haya almorzado	hayamos almorzado
hayas almorzado	hayáis almorzado
haya almorzado	hayan almorzado

PLUSCUAMPERFECTO

hubiera almorzado	hubiéramos almorzado
hubieras almorzado	hubierais almorzado
hubiera almorzado	hubieran almorzado
OR	
hubiese almorzado	hubiésemos almorzado
hubieses almorzado	hubieseis almorzado
hubiese almorzado	hubiesen almorzado

IMPERATIVO

—	almorcemos
almuerza;	almorzad; no almorcéis
no almuerces	
almuerce	almuercen

FORMAS NO PERSONALES

GERUNDIO	**PARTICIPIO**
almorzando	almorzado

RELATED WORDS

el almuerzo	lunch	*almuerzo de negocios*	business lunch
almuerzo de trabajo	working lunch		

EXAMPLES OF VERB USAGE

Siempre almorzamos a las tres de la tarde.	We always have lunch at three o'clock.
Es tan tarde que pensaba que ya habrías almorzado.	It's so late that I thought you would have had lunch by now.
Juan no almorzó hasta muy tarde.	Juan didn't have lunch until very late.
Almorzaremos a la una si le viene bien.	We'll have lunch at one, if that's OK with you.

Verb Charts

andar
to walk

yo	nosotros/as
tú	vosotros/as
él/ella/Ud.	ellos/ellas/Uds.

INDICATIVO

PRESENTE
ando	andamos
andas	andáis
anda	andan

PRETÉRITO PERFECTO
he andado	hemos andado
has andado	habéis andado
ha andado	han andado

IMPERFECTO
andaba	andábamos
andabas	andabais
andaba	andaban

PLUSCUAMPERFECTO
había andado	habíamos andado
habías andado	habíais andado
había andado	habían andado

PRETÉRITO
anduve	anduvimos
anduviste	anduvisteis
anduvo	anduvieron

PRETÉRITO ANTERIOR
hube andado	hubimos andado
hubiste andado	hubisteis andado
hubo andado	hubieron andado

FUTURO
andaré	andaremos
andarás	andaréis
andará	andarán

FUTURO PERFECTO
habré andado	habremos andado
habrás andado	habréis andado
habrá andado	habrán andado

CONDICIONAL

SIMPLE
andaría	andaríamos
andarías	andaríais
andaría	andarían

COMPUESTO
habría andado	habríamos andado
habrías andado	habríais andado
habría andado	habrían andado

SUBJUNTIVO

PRESENTE
ande	andemos
andes	andéis
ande	anden

PRETÉRITO PERFECTO
haya andado	hayamos andado
hayas andado	hayáis andado
haya andado	hayan andado

IMPERFECTO
anduviera	anduviéramos
anduvieras	anduvierais
anduviera	anduvieran
OR	
anduviese	anduviésemos
anduvieses	anduvieseis
anduviese	anduviesen

PLUSCUAMPERFECTO
hubiera andado	hubiéramos andado
hubieras andado	hubierais andado
hubiera andado	hubieran andado
OR	
hubiese andado	hubiésemos andado
hubieses andado	hubieseis andado
hubiese andado	hubiesen andado

IMPERATIVO
—	andemos
anda; no andes	andad; no andéis
ande	anden

FORMAS NO PERSONALES

GERUNDIO	PARTICIPIO
andando	andado

RELATED WORDS

andariego/a	fond of walking	*el andar*	walk
¡Anda!	Good heavens!	*¡Ándale!*	Move!

EXAMPLES OF VERB USAGE

El niño anda ya perfectamente.	The boy already walks perfectly.
¿Cómo andas?	How's it going?
Anduvieron hacia el puente.	They walked toward the bridge.
¿Has andado hasta aquí?	Have you walked here?

anochecer
to grow dark at nightfall

yo	nosotros/as
tú	vosotros/as
él/ella/Ud.	ellos/ellas/Uds.

INDICATIVO

PRESENTE

anochezco	anochecemos
anocheces	anochecéis
anochece	anochecen

PRETÉRITO PERFECTO

he anochecido	hemos anochecido
has anochecido	habéis anochecido
ha anochecido	han anochecido

IMPERFECTO

anochecía	anochecíamos
anochecías	anochecíais
anochecía	anochecían

PLUSCUAMPERFECTO

había anochecido	habíamos anochecido
habías anochecido	habíais anochecido
había anochecido	habían anochecido

PRETÉRITO

anochecí	anochecimos
anocheciste	anochecisteis
anocheció	anochecieron

PRETÉRITO ANTERIOR

hube anochecido	hubimos anochecido
hubiste anochecido	hubisteis anochecido
hubo anochecido	hubieron anochecido

FUTURO

anocheceré	anocheceremos
anochecerás	anocheceréis
anochecerá	anochecerán

FUTURO PERFECTO

habré anochecido	habremos anochecido
habrás anochecido	habréis anochecido
habrá anochecido	habrán anochecido

CONDICIONAL

SIMPLE

anochecería	anocheceríamos
anochecerías	anocheceríais
anochecería	anochecerían

COMPUESTO

habría anochecido	habríamos anochecido
habrías anochecido	habríais anochecido
habría anochecido	habrían anochecido

SUBJUNTIVO

PRESENTE

anochezca	anochezcamos
anochezcas	anochezcáis
anochezca	anochezcan

PRETÉRITO PERFECTO

haya anochecido	hayamos anochecido
hayas anochecido	hayáis anochecido
haya anochecido	hayan anochecido

IMPERFECTO

anocheciera	anocheciéramos
anochecieras	anochecierais
anocheciera	anochecieran
OR	
anocheciese	anocheciésemos
anochecieses	anochecieseis
anocheciese	anocheciesen

PLUSCUAMPERFECTO

hubiera anochecido	hubiéramos anochecido
hubieras anochecido	hubierais anochecido
hubiera anochecido	hubieran anochecido
OR	
hubiese anochecido	hubiésemos anochecido
hubieses anochecido	hubieseis anochecido
hubiese anochecido	hubiesen anochecido

IMPERATIVO

—	anochezcamos
anochece;	anocheced;
no anochezcas	no anochezcáis
anochezca	anochezcan

FORMAS NO PERSONALES

GERUNDIO	**PARTICIPIO**
anocheciendo	anochecido

RELATED WORDS

la noche	night	*el ambiente nocturno*	nightlife
al anochecer	at nightfall		

EXAMPLES OF VERB USAGE

Iremos antes de que anochezca.	We'll go before night falls.
Los chicos anochecieron en otro sitio diferente.	When it got dark, the young kids were in a different place.
¿A qué hora anochece aquí?	At what time does it get dark here?

Verb Charts

aparecer
to appear, to show up

yo	nosotros/as
tú	vosotros/as
él/ella/Ud.	ellos/ellas/Uds.

INDICATIVO

PRESENTE
aparezco	aparecemos
apareces	aparecéis
aparece	aparecen

PRETÉRITO PERFECTO
he aparecido	hemos aparecido
has aparecido	habéis aparecido
ha aparecido	han aparecido

IMPERFECTO
aparecía	aparecíamos
aparecías	aparecíais
aparecía	aparecían

PLUSCUAMPERFECTO
había aparecido	habíamos aparecido
habías aparecido	habíais aparecido
había aparecido	habían aparecido

PRETÉRITO
aparecí	aparecimos
apareciste	aparecisteis
apareció	aparecieron

PRETÉRITO ANTERIOR
hube aparecido	hubimos aparecido
hubiste aparecido	hubisteis aparecido
hubo aparecido	hubieron aparecido

FUTURO
apareceré	apareceremos
aparecerás	apareceréis
aparecerá	aparecerán

FUTURO PERFECTO
habré aparecido	habremos aparecido
habrás aparecido	habréis aparecido
habrá aparecido	habrán aparecido

CONDICIONAL

SIMPLE
aparecería	apareceríamos
aparecerías	apareceríais
aparecería	aparecerían

COMPUESTO
habría aparecido	habríamos aparecido
habrías aparecido	habríais aparecido
habría aparecido	habrían aparecido

SUBJUNTIVO

PRESENTE
aparezca	aparezcamos
aparezcas	aparezcáis
aparezca	aparezcan

PRETÉRITO PERFECTO
haya aparecido	hayamos aparecido
hayas aparecido	hayáis aparecido
haya aparecido	hayan aparecido

IMPERFECTO
apareciera	apareciéramos
aparecieras	aparecierais
apareciera	aparecieran
OR	
apareciese	apareciésemos
aparecieses	aparecieseis
apareciese	apareciesen

PLUSCUAMPERFECTO
hubiera aparecido	hubiéramos aparecido
hubieras aparecido	hubierais aparecido
hubiera aparecido	hubieran aparecido
OR	
hubiese aparecido	hubiésemos aparecido
hubieses aparecido	hubieseis aparecido
hubiese aparecido	hubiesen aparecido

IMPERATIVO

—	aparezcamos
aparece;	apareced; no aparezcáis
no aparezcas	
aparezca	aparezcan

FORMAS NO PERSONALES

GERUNDIO	PARTICIPIO
apareciendo	aparecido

RELATED WORDS

una aparición	apparition, appearance	*aparentar*	to look, to seem to be (age)
aparentemente	apparently	*aparecerse*	to appear to sb (a ghost)

EXAMPLES OF VERB USAGE

Habríamos aparecido por allí si hubiéramos tenido dinero.	We would have shown up if we had had any money.
¿Han aparecido tus llaves?	Did your keys turn up?
Aparecieron unas manchas misteriosas.	Some strange spots appeared.
El actor apareció en tres películas.	The actor appeared in three movies.

aprender
to learn

VERB CHART
42

yo	nosotros/as
tú	vosotros/as
él/ella/Ud.	ellos/ellas/Uds.

INDICATIVO

PRESENTE

aprendo	aprendemos
aprendes	aprendéis
aprende	aprenden

PRETÉRITO PERFECTO

he aprendido	hemos aprendido
has aprendido	habéis aprendido
ha aprendido	han aprendido

IMPERFECTO

aprendía	aprendíamos
aprendías	aprendíais
aprendía	aprendían

PLUSCUAMPERFECTO

había aprendido	habíamos aprendido
habías aprendido	habíais aprendido
había aprendido	habían aprendido

PRETÉRITO

aprendí	aprendimos
aprendiste	aprendisteis
aprendió	aprendieron

PRETÉRITO ANTERIOR

hube aprendido	hubimos aprendido
hubiste aprendido	hubisteis aprendido
hubo aprendido	hubieron aprendido

FUTURO

aprenderé	aprenderemos
aprenderás	aprenderéis
aprenderá	aprenderán

FUTURO PERFECTO

habré aprendido	habremos aprendido
habrás aprendido	habréis aprendido
habrá aprendido	habrán aprendido

CONDICIONAL

SIMPLE

aprendería	aprenderíamos
aprenderías	aprenderíais
aprendería	aprenderían

COMPUESTO

habría aprendido	habríamos aprendido
habrías aprendido	habríais aprendido
habría aprendido	habrían aprendido

SUBJUNTIVO

PRESENTE

aprenda	aprendamos
aprendas	aprendáis
aprenda	aprendan

PRETÉRITO PERFECTO

haya aprendido	hayamos aprendido
hayas aprendido	hayáis aprendido
haya aprendido	hayan aprendido

IMPERFECTO

aprendiera	aprendiéramos
aprendieras	aprendierais
aprendiera	aprendieran
OR	
aprendiese	aprendiésemos
aprendieses	aprendieseis
aprendiese	aprendiesen

PLUSCUAMPERFECTO

hubiera aprendido	hubiéramos aprendido
hubieras aprendido	hubierais aprendido
hubiera aprendido	hubieran aprendido
OR	
hubiese aprendido	hubiésemos aprendido
hubieses aprendido	hubieseis aprendido
hubiese aprendido	hubiesen aprendido

IMPERATIVO

—	aprendamos
aprende; no aprendas	aprended; no aprendáis
aprenda	aprendan

FORMAS NO PERSONALES

GERUNDIO	**PARTICIPIO**
aprendiendo	aprendido

RELATED WORDS

el aprendizaje	apprenticeship	*un/a aprendiz*	apprentice
aprender a + inf.	to learn + inf.		

EXAMPLES OF VERB USAGE

¿Has aprendido mucho en esa clase?	Have you learned a lot in that class?
Aprendimos a nadar cuando éramos niños.	We learned to swim when we were kids.
Mi padre piensa que yo habría aprendido más en otro lugar.	My father thinks I would have learned more somewhere else.
No estoy aprendiendo nada.	I am not learning anything.

yo | nosotros/as
tú | vosotros/as
él/ella/Ud. | ellos/ellas/Uds.

aprovecharse
to take advantage of

INDICATIVO

PRESENTE
me aprovecho	nos aprovechamos
te aprovechas	os aprovecháis
se aprovecha	se aprovechan

PRETÉRITO PERFECTO
me he aprovechado	nos hemos aprovechado
te has aprovechado	os habéis aprovechado
se ha aprovechado	se han aprovechado

IMPERFECTO
me aprovechaba	nos aprovechábamos
te aprovechabas	os aprovechabais
se aprovechaba	se aprovechaban

PLUSCUAMPERFECTO
me había aprovechado	nos habíamos aprovechado
te habías aprovechado	os habíais aprovechado
se había aprovechado	se habían aprovechado

PRETÉRITO
me aproveché	nos aprovechamos
te aprovechaste	os aprovechasteis
se aprovechó	se aprovecharon

PRETÉRITO ANTERIOR
me hube aprovechado	nos hubimos aprovechado
te hubiste aprovechado	os hubisteis aprovechado
se hubo aprovechado	se hubieron aprovechado

FUTURO
me aprovecharé	nos aprovecharemos
te aprovecharás	os aprovecharéis
se aprovechará	se aprovecharán

FUTURO PERFECTO
me habré aprovechado	nos habremos aprovechado
te habrás aprovechado	os habréis aprovechado
se habrá aprovechado	se habrán aprovechado

CONDICIONAL

SIMPLE
me aprovecharía	nos aprovecharíamos
te aprovecharías	os aprovecharíais
se aprovecharía	se aprovecharían

COMPUESTO
me habría aprovechado	nos habríamos aprovechado
te habrías aprovechado	os habríais aprovechado
se habría aprovechado	se habrían aprovechado

SUBJUNTIVO

PRESENTE
me aproveche	nos aprovechemos
te aproveches	os aprovechéis
se aproveche	se aprovechen

PRETÉRITO PERFECTO
me haya aprovechado	nos hayamos aprovechado
te hayas aprovechado	os hayáis aprovechado
se haya aprovechado	se hayan aprovechado

IMPERFECTO
me aprovechara	nos aprovecháramos
te aprovecharas	os aprovecharais
se aprovechara	se aprovecharan
OR	
me aprovechase	nos aprovechásemos
te aprovechases	os aprovechaseis
se aprovechase	se aprovechasen

PLUSCUAMPERFECTO
me hubiera aprovechado	nos hubiéramos aprovechado
te hubieras aprovechado	os hubierais aprovechado
se hubiera aprovechado	se hubieran aprovechado
OR	
me hubiese aprovechado	nos hubiésemos aprovechado
te hubieses aprovechado	os hubieseis aprovechado
se hubiese aprovechado	se hubiesen aprovechado

IMPERATIVO
—	aprovechémonos
aprovéchate;	aprovechaos;
no te aproveches	no os aprovechéis
aprovéchese	aprovéchense

FORMAS NO PERSONALES

GERUNDIO
aprovechándose

PARTICIPIO
aprovechado

RELATED WORDS

¡Buen provecho!	Bon appétit!	*aprovechar*	to make the most of
aprovechable	usable	*un/una aprovechado*	opportunist

EXAMPLES OF VERB USAGE

¡Que aproveche!	Enjoy your meal!
Nunca se aprovechó de ella.	He never took advantage of her.
¡Se han aprovechado de nuestra ingenuidad!	They took advantage of our naiveté.
Siempre te aprovechas de las circunstancias.	You always make the most of your circumstances.

asistir
to attend, to assist, to help

yo	nosotros/as
tú	vosotros/as
él/ella/Ud.	ellos/ellas/Uds.

INDICATIVO

PRESENTE
asisto	asistimos
asistes	asistís
asiste	asisten

IMPERFECTO
asistía	asistíamos
asistías	asistíais
asistía	asistían

PRETÉRITO
asistí	asistimos
asististe	asististeis
asistió	asistieron

FUTURO
asistiré	asistiremos
asistirás	asistiréis
asistirá	asistirán

PRETÉRITO PERFECTO
he asistido	hemos asistido
has asistido	habéis asistido
ha asistido	han asistido

PLUSCUAMPERFECTO
había asistido	habíamos asistido
habías asistido	habíais asistido
había asistido	habían asistido

PRETÉRITO ANTERIOR
hube asistido	hubimos asistido
hubiste asistido	hubisteis asistido
hubo asistido	hubieron asistido

FUTURO PERFECTO
habré asistido	habremos asistido
habrás asistido	habréis asistido
habrá asistido	habrán asistido

CONDICIONAL

SIMPLE
asistiría	asistiríamos
asistirías	asistiríais
asistiría	asistirían

COMPUESTO
habría asistido	habríamos asistido
habrías asistido	habríais asistido
habría asistido	habrían asistido

SUBJUNTIVO

PRESENTE
asista	asistamos
asistas	asistáis
asista	asistan

IMPERFECTO
asistiera	asistiéramos
asistieras	asistierais
asistiera	asistieran
OR	OR
asistiese	asistiésemos
asistieses	asistieseis
asistiese	asistiesen

PRETÉRITO PERFECTO
haya asistido	hayamos asistido
hayas asistido	hayáis asistido
haya asistido	hayan asistido

PLUSCUAMPERFECTO
hubiera asistido	hubiéramos asistido
hubieras asistido	hubierais asistido
hubiera asistido	hubieran asistido
OR	OR
hubiese asistido	hubiésemos asistido
hubieses asistido	hubieseis asistido
hubiese asistido	hubiesen asistido

IMPERATIVO

—	asistamos
asiste; no asistas	asistid; no asistáis
asista	asistan

FORMAS NO PERSONALES

GERUNDIO	**PARTICIPIO**
asistiendo	asistido

RELATED WORDS

asistir a	to attend, to be present at
un/a asistente	assistant
la asistencia	attendance (student)

EXAMPLES OF VERB USAGE

Hemos asistido a todas las clases.	We have attended every class.
El médico asistió al paciente.	The doctor assisted the patient.
¿Asistirás a la graduación?	Will you attend the graduation ceremonies?
En el hospital me asistieron con diligencia.	In the hospital they were diligent in attending to me.

Verb Charts

avergonzarse
to feel ashamed

yo	nosotros/as
tú	vosotros/as
él/ella/Ud.	ellos/ellas/Uds.

INDICATIVO

PRESENTE

me avergüenzo	nos avergonzamos
te avergüenzas	os avergonzáis
se avergüenza	se avergüenzan

PRETÉRITO PERFECTO

me he avergonzado	nos hemos avergonzado
te has avergonzado	os habéis avergonzado
se ha avergonzado	se han avergonzado

IMPERFECTO

me avergonzaba	nos avergonzábamos
te avergonzabas	os avergonzabais
se avergonzaba	se avergonzaban

PLUSCUAMPERFECTO

me había avergonzado	nos habíamos avergonzado
te habías avergonzado	os habíais avergonzado
se había avergonzado	se habían avergonzado

PRETÉRITO

me avergoncé	nos avergonzamos
te avergonzaste	os avergonzasteis
se avergonzó	se avergonzaron

PRETÉRITO ANTERIOR

me hube avergonzado	nos hubimos avergonzado
te hubiste avergonzado	os hubisteis avergonzado
se hubo avergonzado	se hubieron avergonzado

FUTURO

me avergonzaré	nos avergonzaremos
te avergonzarás	os avergonzaréis
se avergonzará	se avergonzarán

FUTURO PERFECTO

me habré avergonzado	nos habremos avergonzado
te habrás avergonzado	os habréis avergonzado
se habrá avergonzado	se habrán avergonzado

CONDICIONAL

SIMPLE

me avergonzaría	nos avergonzaríamos
te avergonzarías	os avergonzaríais
se avergonzaría	se avergonzarían

COMPUESTO

me habría avergonzado	nos habríamos avergonzado
te habrías avergonzado	os habríais avergonzado
se habría avergonzado	se habrían avergonzado

SUBJUNTIVO

PRESENTE

me avergüence	nos avergoncemos
te avergüences	os avergoncéis
se avergüence	se avergüencen

PRETÉRITO PERFECTO

me haya avergonzado	nos hayamos avergonzado
te hayas avergonzado	os hayáis avergonzado
se haya avergonzado	se hayan avergonzado

IMPERFECTO

me avergonzara	nos avergonzáramos
te avergonzaras	os avergonzarais
se avergonzara	se avergonzaran
OR	
me avergonzase	nos avergonzásemos
te avergonzases	os avergonzaseis
se avergonzase	se avergonzasen

PLUSCUAMPERFECTO

me hubiera avergonzado	nos hubiéramos avergonzado
te hubieras avergonzado	os hubierais avergonzado
se hubiera avergonzado	se hubieran avergonzado
OR	
me hubiese avergonzado	nos hubiésemos avergonzado
te hubieses avergonzado	os hubieseis avergonzado
se hubiese avergonzado	se hubiesen avergonzado

IMPERATIVO

—	avergoncémonos
avergüénzate;	avergonzaos;
no te avergüences	no os avergoncéis
avergüéncese	avergüéncense

FORMAS NO PERSONALES

GERUNDIO
avergonzándose

PARTICIPIO
avergonzado

RELATED WORDS

la vergüenza	shame	*vergonzoso/a*	shy

EXAMPLES OF VERB USAGE

Se avergonzó de decirle eso.	She felt ashamed for having said that to him.
No me avergüenzo de lo que soy.	I don't feel ashamed of what I am.
No te avergonzarás de nosotros.	You won't feel ashamed of us.

ayudar
to help

VERB CHART

46

yo	nosotros/as
tú	vosotros/as
él/ella/Ud.	ellos/ellas/Uds.

INDICATIVO

PRESENTE

ayudo	ayudamos
ayudas	ayudáis
ayuda	ayudan

IMPERFECTO

ayudaba	ayudábamos
ayudabas	ayudabais
ayudaba	ayudaban

PRETÉRITO

ayudé	ayudamos
ayudaste	ayudasteis
ayudó	ayudaron

FUTURO

ayudaré	ayudaremos
ayudarás	ayudaréis
ayudará	ayudarán

PRETÉRITO PERFECTO

he ayudado	hemos ayudado
has ayudado	habéis ayudado
ha ayudado	han ayudado

PLUSCUAMPERFECTO

había ayudado	habíamos ayudado
habías ayudado	habíais ayudado
había ayudado	habían ayudado

PRETÉRITO ANTERIOR

hube ayudado	hubimos ayudado
hubiste ayudado	hubisteis ayudado
hubo ayudado	hubieron ayudado

FUTURO PERFECTO

habré ayudado	habremos ayudado
habrás ayudado	habréis ayudado
habrá ayudado	habrán ayudado

CONDICIONAL

SIMPLE

ayudaría	ayudaríamos
ayudarías	ayudaríais
ayudaría	ayudarían

COMPUESTO

habría ayudado	habríamos ayudado
habrías ayudado	habríais ayudado
habría ayudado	habrían ayudado

SUBJUNTIVO

PRESENTE

ayude	ayudemos
ayudes	ayudéis
ayude	ayuden

IMPERFECTO

ayudara	ayudáramos
ayudaras	ayudarais
ayudara	ayudaran
OR	
ayudase	ayudásemos
ayudases	ayudaseis
ayudase	ayudasen

PRETÉRITO PERFECTO

haya ayudado	hayamos ayudado
hayas ayudado	hayáis ayudado
haya ayudado	hayan ayudado

PLUSCUAMPERFECTO

hubiera ayudado	hubiéramos ayudado
hubieras ayudado	hubierais ayudado
hubiera ayudado	hubieran ayudado
OR	
hubiese ayudado	hubiésemos ayudado
hubieses ayudado	hubieseis ayudado
hubiese ayudado	hubiesen ayudado

IMPERATIVO

—	ayudemos
ayuda; no ayudes	ayudad; no ayudéis
ayude	ayuden

FORMAS NO PERSONALES

GERUNDIO	**PARTICIPIO**
ayudando	ayudado

RELATED WORDS

la ayuda	aid, assistance, help
A quien madruga,	The early bird gets
Dios le ayuda.	the worm.

un/a ayudante	assistant

EXAMPLES OF VERB USAGE

Muchas gracias por haberme ayudado.	Thanks so much for having helped me.
Su padre le ayudó mucho.	Her father helped her a lot.
Te ayudaría si pudiera.	I would help you if I could.
¿Es que no vas a ayudarme?	Aren't you going to help me?

Verb Charts

bailar
to dance

yo | nosotros/as
tú | vosotros/as
él/ella/Ud. | ellos/ellas/Uds.

INDICATIVO

PRESENTE

bailo	bailamos
bailas	bailáis
baila	bailan

PRETÉRITO PERFECTO

he bailado	hemos bailado
has bailado	habéis bailado
ha bailado	han bailado

IMPERFECTO

bailaba	bailábamos
bailabas	bailabais
bailaba	bailaban

PLUSCUAMPERFECTO

había bailado	habíamos bailado
habías bailado	habíais bailado
había bailado	habían bailado

PRETÉRITO

bailé	bailamos
bailaste	bailasteis
bailó	bailaron

PRETÉRITO ANTERIOR

hube bailado	hubimos bailado
hubiste bailado	hubisteis bailado
hubo bailado	hubieron bailado

FUTURO

bailaré	bailaremos
bailarás	bailaréis
bailará	bailarán

FUTURO PERFECTO

habré bailado	habremos bailado
habrás bailado	habréis bailado
habrá bailado	habrán bailado

CONDICIONAL

SIMPLE

bailaría	bailaríamos
bailarías	bailaríais
bailaría	bailarían

COMPUESTO

habría bailado	habríamos bailado
habrías bailado	habríais bailado
habría bailado	habrían bailado

SUBJUNTIVO

PRESENTE

baile	bailemos
bailes	bailéis
baile	bailen

PRETÉRITO PERFECTO

haya bailado	hayamos bailado
hayas bailado	hayáis bailado
haya bailado	hayan bailado

IMPERFECTO

bailara	bailáramos
bailaras	bailarais
bailara	bailaran
OR	
bailase	bailásemos
bailases	bailaseis
bailase	bailasen

PLUSCUAMPERFECTO

hubiera bailado	hubiéramos bailado
hubieras bailado	hubierais bailado
hubiera bailado	hubieran bailado
OR	
hubiese bailado	hubiésemos bailado
hubieses bailado	hubieseis bailado
hubiese bailado	hubiesen bailado

IMPERATIVO

—	bailemos
baila; no bailes	bailad; no bailéis
baile	bailen

FORMAS NO PERSONALES

GERUNDIO | **PARTICIPIO**
bailando | bailado

RELATED WORDS

un baile | dance
bailarina de ballet | ballet dancer
un/a bailarín/ina | dancer

EXAMPLES OF VERB USAGE

¿Bailas? | Would you like to dance?
Cenicienta bailó toda la noche. | Cinderella danced all night.
Antes de mañana, habré bailado un tango. | By tomorrow I will have danced a tango.

bajar
to go down, to drop

yo	nosotros/as
tú	vosotros/as
él/ella/Ud.	ellos/ellas/Uds.

INDICATIVO

PRESENTE

bajo	bajamos
bajas	bajáis
baja	bajan

PRETÉRITO PERFECTO

he bajado	hemos bajado
has bajado	habéis bajado
ha bajado	han bajado

IMPERFECTO

bajaba	bajábamos
bajabas	bajabais
bajaba	bajaban

PLUSCUAMPERFECTO

había bajado	habíamos bajado
habías bajado	habíais bajado
había bajado	habían bajado

PRETÉRITO

bajé	bajamos
bajaste	bajasteis
bajó	bajaron

PRETÉRITO ANTERIOR

hube bajado	hubimos bajado
hubiste bajado	hubisteis bajado
hubo bajado	hubieron bajado

FUTURO

bajaré	bajaremos
bajarás	bajaréis
bajará	bajarán

FUTURO PERFECTO

habré bajado	habremos bajado
habrás bajado	habréis bajado
habrá bajado	habrán bajado

CONDICIONAL

SIMPLE

bajaría	bajaríamos
bajarías	bajaríais
bajaría	bajarían

COMPUESTO

habría bajado	habríamos bajado
habrías bajado	habríais bajado
habría bajado	habrían bajado

SUBJUNTIVO

PRESENTE

baje	bajemos
bajes	bajéis
baje	bajen

PRETÉRITO PERFECTO

haya bajado	hayamos bajado
hayas bajado	hayáis bajado
haya bajado	hayan bajado

IMPERFECTO

bajara	bajáramos
bajaras	bajarais
bajara	bajaran
OR	
bajase	bajásemos
bajases	bajaseis
bajase	bajasen

PLUSCUAMPERFECTO

hubiera bajado	hubiéramos bajado
hubieras bajado	hubierais bajado
hubiera bajado	hubieran bajado
OR	
hubiese bajado	hubiésemos bajado
hubieses bajado	hubieseis bajado
hubiese bajado	hubiesen bajado

IMPERATIVO

—	bajemos
baja; no bajes	bajad; no bajéis
baje	bajen

FORMAS NO PERSONALES

GERUNDIO
bajando

PARTICIPIO
bajado

RELATED WORDS

bajo/a	short (person)
baja por maternidad	maternity leave
la bajada de aguas	gutter
bajarse	to get off sth

EXAMPLES OF VERB USAGE

El precio de la gasolina no ha bajado en tres meses. — Gas prices haven't gone down in three months.

Bajamos las escaleras muy deprisa. — We quickly went down the stairs.

La fiebre le bajó cuando tomó una aspirina. — His fever went down when he took an aspirin.

Verb Charts

bañarse
to take a bath, to bathe

INDICATIVO

yo	nosotros/as
tú	vosotros/as
él/ella/Ud.	ellos/ellas/Uds.

PRESENTE

me baño	nos bañamos
te bañas	os bañáis
se baña	se bañan

PRETÉRITO PERFECTO

me he bañado	nos hemos bañado
te has bañado	os habéis bañado
se ha bañado	se han bañado

IMPERFECTO

me bañaba	nos bañábamos
te bañabas	os bañabais
se bañaba	se bañaban

PLUSCUAMPERFECTO

me había bañado	nos habíamos bañado
te habías bañado	os habíais bañado
se había bañado	se habían bañado

PRETÉRITO

me bañé	nos bañamos
te bañaste	os bañasteis
se bañó	se bañaron

PRETÉRITO ANTERIOR

me hube bañado	nos hubimos bañado
te hubiste bañado	os hubisteis bañado
se hubo bañado	se hubieron bañado

FUTURO

me bañaré	nos bañaremos
te bañarás	os bañaréis
se bañará	se bañarán

FUTURO PERFECTO

me habré bañado	nos habremos bañado
te habrás bañado	os habréis bañado
se habrá bañado	se habrán bañado

CONDICIONAL

SIMPLE

me bañaría	nos bañaríamos
te bañarías	os bañaríais
se bañaría	se bañarían

COMPUESTO

me habría bañado	nos habríamos bañado
te habrías bañado	os habríais bañado
se habría bañado	se habrían bañado

SUBJUNTIVO

PRESENTE

me bañe	nos bañemos
te bañes	os bañéis
se bañe	se bañen

PRETÉRITO PERFECTO

me haya bañado	nos hayamos bañado
te hayas bañado	os hayáis bañado
se haya bañado	se hayan bañado

IMPERFECTO

me bañara	nos bañáramos
te bañaras	os bañarais
se bañara	se bañaran
OR	
me bañase	nos bañásemos
te bañases	os bañaseis
se bañase	se bañasen

PLUSCUAMPERFECTO

me hubiera bañado	nos hubiéramos bañado
te hubieras bañado	os hubierais bañado
se hubiera bañado	se hubieran bañado
OR	
me hubiese bañado	nos hubiésemos bañado
te hubieses bañado	os hubieseis bañado
se hubiese bañado	se hubiesen bañado

IMPERATIVO

—	bañémonos
báñate; no te bañes	bañaos; no os bañéis
báñese	báñense

FORMAS NO PERSONALES

GERUNDIO	PARTICIPIO
bañándose	bañado

RELATED WORDS

el baño	restroom	la bañera	bathtub
el traje de bañador, baño	bathing suit	bañar	to give a bath

EXAMPLES OF VERB USAGE

Nos bañamos en la playa en agosto.	We swam at the beach in August.
Probido bañarse.	No swimming allowed.
Me gusta bañarme por la noche.	I like to bathe at night.

beber
to drink

50

yo	nosotros/as
tú	vosotros/as
él/ella/Ud.	ellos/ellas/Uds.

INDICATIVO

PRESENTE

bebo	bebemos
bebes	bebéis
bebe	beben

PRETÉRITO PERFECTO

he bebido	hemos bebido
has bebido	habéis bebido
ha bebido	han bebido

IMPERFECTO

bebía	bebíamos
bebías	bebíais
bebía	bebían

PLUSCUAMPERFECTO

había bebido	habíamos bebido
habías bebido	habíais bebido
había bebido	habían bebido

PRETÉRITO

bebí	bebimos
bebiste	bebisteis
bebió	bebieron

PRETÉRITO ANTERIOR

hube bebido	hubimos bebido
hubiste bebido	hubisteis bebido
hubo bebido	hubieron bebido

FUTURO

beberé	beberemos
beberás	beberéis
beberá	beberán

FUTURO PERFECTO

habré bebido	habremos bebido
habrás bebido	habréis bebido
habrá bebido	habrán bebido

CONDICIONAL

SIMPLE

bebería	beberíamos
beberías	beberíais
bebería	beberían

COMPUESTO

habría bebido	habríamos bebido
habrías bebido	habríais bebido
habría bebido	habrían bebido

SUBJUNTIVO

PRESENTE

beba	bebamos
bebas	bebáis
beba	beban

PRETÉRITO PERFECTO

haya bebido	hayamos bebido
hayas bebido	hayáis bebido
haya bebido	hayan bebido

IMPERFECTO

bebiera	bebiéramos
bebieras	bebierais
bebiera	bebieran
OR	
bebiese	bebiésemos
bebieses	bebieseis
bebiese	bebiesen

PLUSCUAMPERFECTO

hubiera bebido	hubiéramos bebido
hubieras bebido	hubierais bebido
hubiera bebido	hubieran bebido
OR	
hubiese bebido	hubiésemos bebido
hubieses bebido	hubieseis bebido
hubiese bebido	hubiesen bebido

IMPERATIVO

—	bebamos
bebe; no bebas	bebed; no bebáis
beba	beban

FORMAS NO PERSONALES

GERUNDIO
bebiendo

PARTICIPIO
bebido

RELATED WORDS

una bebida	drink, beverage	*un/a bebedor/a*	drinker
beberse	to drink up		

EXAMPLES OF VERB USAGE

Hemos bebido demasiado.	We've drunk too much.
Siempre bebe leche antes de dormir.	She always drinks milk before going to bed.
No creo que hayas bebido tanto.	I don't think you've drunk so much.
Beberemos un vino riquísimo.	We'll drink a delicious wine.

Verb Charts

beneficiarse
to benefit

INDICATIVO

yo	nosotros/as
tú	vosotros/as
él/ella/Ud.	ellos/ellas/Uds.

PRESENTE

me beneficio	nos beneficiamos
te beneficias	os beneficiáis
se beneficia	se benefician

IMPERFECTO

me beneficiaba	nos beneficiábamos
te beneficiabas	os beneficiabais
se beneficiaba	se beneficiaban

PRETÉRITO

me beneficié	nos beneficiamos
te beneficiaste	os beneficiasteis
se benefició	se beneficiaron

FUTURO

me beneficiaré	nos beneficiaremos
te beneficiarás	os beneficiaréis
se beneficiará	se beneficiarán

PRETÉRITO PERFECTO

me he beneficiado	nos hemos beneficiado
te has beneficiado	os habéis beneficiado
se ha beneficiado	se han beneficiado

PLUSCUAMPERFECTO

me había beneficiado	nos habíamos beneficiado
te habías beneficiado	os habíais beneficiado
se había beneficiado	se habían beneficiado

PRETÉRITO ANTERIOR

me hube beneficiado	nos hubimos beneficiado
te hubiste beneficiado	os hubisteis beneficiado
se hubo beneficiado	se hubieron beneficiado

FUTURO PERFECTO

me habré beneficiado	nos habremos beneficiado
te habrás beneficiado	os habréis beneficiado
se habrá beneficiado	se habrán beneficiado

CONDICIONAL

SIMPLE

me beneficiaría	nos beneficiaríamos
te beneficiarías	os beneficiaríais
se beneficiaría	se beneficiarían

COMPUESTO

me habría beneficiado	nos habríamos beneficiado
te habrías beneficiado	os habríais beneficiado
se habría beneficiado	se habrían beneficiado

SUBJUNTIVO

PRESENTE

me beneficie	nos beneficiemos
te beneficies	os beneficiéis
se beneficie	se beneficien

IMPERFECTO

me beneficiara	nos beneficiáramos
te beneficiaras	os beneficiarais
se beneficiara	se beneficiaran
OR	
me beneficiase	nos beneficiásemos
te beneficiases	os beneficiaseis
se beneficiase	se beneficiasen

PRETÉRITO PERFECTO

me haya beneficiado	nos hayamos beneficiado
te hayas beneficiado	os hayáis beneficiado
se haya beneficiado	se hayan beneficiado

PLUSCUAMPERFECTO

me hubiera beneficiado	nos hubiéramos beneficiado
te hubieras beneficiado	os hubierais beneficiado
se hubiera beneficiado	se hubieran beneficiado
OR	
me hubiese beneficiado	nos hubiésemos beneficiado
te hubieses beneficiado	os hubieseis beneficiado
se hubiese beneficiado	se hubiesen beneficiado

IMPERATIVO

—	benefíciémonos
benefíciate;	beneficiaos;
no te beneficies	no os beneficiéis
benefíciese	benefíciense

FORMAS NO PERSONALES

GERUNDIO	PARTICIPIO
beneficiándose	beneficiado

RELATED WORDS

un beneficio	benefit	*beneficiado/a*	incumbent
beneficencia	charity	*benefactor/a*	benefactor

EXAMPLES OF VERB USAGE

Los estudiantes se han beneficiado de las nuevas ayudas.	Students have benefitted from the new aid.
No nos beneficiaremos con su salida.	We will not benefit from your departure.
Creo que me beneficiaría más si fuera diferente.	I think I would benefit me more if it were different.

besar
to kiss

VERB CHART

52

yo	nosotros/as
tú	vosotros/as
él/ella/Ud.	ellos/ellas/Uds.

INDICATIVO

PRESENTE

beso	besamos
besas	besáis
besa	besan

IMPERFECTO

besaba	besábamos
besabas	besabais
besaba	besaban

PRETÉRITO

besé	besamos
besaste	besasteis
besó	besaron

FUTURO

besaré	besaremos
besarás	besaréis
besará	besarán

PRETÉRITO PERFECTO

he besado	hemos besado
has besado	habéis besado
ha besado	han besado

PLUSCUAMPERFECTO

había besado	habíamos besado
habías besado	habíais besado
había besado	habían besado

PRETÉRITO ANTERIOR

hube besado	hubimos besado
hubiste besado	hubisteis besado
hubo besado	hubieron besado

FUTURO PERFECTO

habré besado	habremos besado
habrás besado	habréis besado
habrá besado	habrán besado

CONDICIONAL

SIMPLE

besaría	besaríamos
besarías	besaríais
besaría	besarían

COMPUESTO

habría besado	habríamos besado
habrías besado	habríais besado
habría besado	habrían besado

SUBJUNTIVO

PRESENTE

bese	besemos
beses	beséis
bese	besen

IMPERFECTO

besara	besáramos
besaras	besarais
besara	besaran
OR	
besase	besásemos
besases	besaseis
besase	besasen

PRETÉRITO PERFECTO

haya besado	hayamos besado
hayas besado	hayáis besado
haya besado	hayan besado

PLUSCUAMPERFECTO

hubiera besado	hubiéramos besado
hubieras besado	hubierais besado
hubiera besado	hubieran besado
OR	
hubiese besado	hubiésemos besado
hubieses besado	hubieseis besado
hubiese besado	hubiesen besado

IMPERATIVO

—	besemos
besa; no beses	besad; no beséis
bese	besen

FORMAS NO PERSONALES

GERUNDIO	**PARTICIPIO**
besando	besado

RELATED WORDS

un beso	kiss
besarse	to kiss each other
besucón/a	somebody who likes to kiss a lot
un besote	smack

EXAMPLES OF VERB USAGE

¡Que se besen los novios!	May the groom kiss the bride!
Me besó con pasión.	He kissed me passionately.
Hacía mucho tiempo que Juan no había besado a María.	Juan hadn't kissed María in a long time.
Cenicienta besará al príncipe.	Cinderella will kiss the prince.

borrar
to delete, to erase

INDICATIVO

	yo	nosotros/as
	tú	vosotros/as
	él/ella/Ud.	ellos/ellas/Uds.

PRESENTE
borro	borramos
borras	borráis
borra	borran

PRETÉRITO PERFECTO
he borrado	hemos borrado
has borrado	habéis borrado
ha borrado	han borrado

IMPERFECTO
borraba	borrábamos
borrabas	borrabais
borraba	borraban

PLUSCUAMPERFECTO
había borrado	habíamos borrado
habías borrado	habíais borrado
había borrado	habían borrado

PRETÉRITO
borré	borramos
borraste	borrasteis
borró	borraron

PRETÉRITO ANTERIOR
hube borrado	hubimos borrado
hubiste borrado	hubisteis borrado
hubo borrado	hubieron borrado

FUTURO
borraré	borraremos
borrarás	borraréis
borrará	borrarán

FUTURO PERFECTO
habré borrado	habremos borrado
habrás borrado	habréis borrado
habrá borrado	habrán borrado

CONDICIONAL

SIMPLE
borraría	borraríamos
borrarías	borraríais
borraría	borrarían

COMPUESTO
habría borrado	habríamos borrado
habrías borrado	habríais borrado
habría borrado	habrían borrado

SUBJUNTIVO

PRESENTE
borre	borremos
borres	borréis
borre	borren

PRETÉRITO PERFECTO
haya borrado	hayamos borrado
hayas borrado	hayáis borrado
haya borrado	hayan borrado

IMPERFECTO
borrara	borráramos
borraras	borrarais
borrara	borraran
OR	
borrase	borrásemos
borrases	borraseis
borrase	borrasen

PLUSCUAMPERFECTO
hubiera borrado	hubiéramos borrado
hubieras borrado	hubierais borrado
hubiera borrado	hubieran borrado
OR	
hubiese borrado	hubiésemos borrado
hubieses borrado	hubieseis borrado
hubiese borrado	hubiesen borrado

IMPERATIVO

—	borremos
borra; no borres	borrad; no borréis
borre	borren

FORMAS NO PERSONALES

GERUNDIO	PARTICIPIO
borrando	borrado

RELATED WORDS

un borrador	eraser	*un borrón*	blot, stain
borroso/a	blurry	*borrarse*	to fade, to cancel a membership

EXAMPLES OF VERB USAGE

Esta goma borra muy bien.	This eraser works well.
El virus le borró todo el disco duro.	The virus completely erased his hard drive.
Habrá que borrar ese letrero en la pared.	We should remove that sign from the wall.
Bórrame de tu club. Ya no me gusta.	Cancel my membership in your club. I don't like it anymore.

brillar

to shine, to sparkle

yo	nosotros/as
tú	vosotros/as
él/ella/Ud.	ellos/ellas/Uds.

INDICATIVO

PRESENTE

brillo	brillamos
brillas	brilláis
brilla	brillan

IMPERFECTO

brillaba	brillábamos
brillabas	brillabais
brillaba	brillaban

PRETÉRITO

brillé	brillamos
brillaste	brillasteis
brilló	brillaron

FUTURO

brillaré	brillaremos
brillarás	brillaréis
brillará	brillarán

PRETÉRITO PERFECTO

he brillado	hemos brillado
has brillado	habéis brillado
ha brillado	han brillado

PLUSCUAMPERFECTO

había brillado	habíamos brillado
habías brillado	habíais brillado
había brillado	habían brillado

PRETÉRITO ANTERIOR

hube brillado	hubimos brillado
hubiste brillado	hubisteis brillado
hubo brillado	hubieron brillado

FUTURO PERFECTO

habré brillado	habremos brillado
habrás brillado	habréis brillado
habrá brillado	habrán brillado

CONDICIONAL

SIMPLE

brillaría	brillaríamos
brillarías	brillaríais
brillaría	brillarían

COMPUESTO

habría brillado	habríamos brillado
habrías brillado	habríais brillado
habría brillado	habrían brillado

SUBJUNTIVO

PRESENTE

brille	brillemos
brilles	brilléis
brille	brillen

IMPERFECTO

brillara	brilláramos
brillaras	brillarais
brillara	brillaran
OR	
brillase	brillásemos
brillases	brillaseis
brillase	brillasen

PRETÉRITO PERFECTO

haya brillado	hayamos brillado
hayas brillado	hayáis brillado
haya brillado	hayan brillado

PLUSCUAMPERFECTO

hubiera brillado	hubiéramos brillado
hubieras brillado	hubierais brillado
hubiera brillado	hubieran brillado
OR	
hubiese brillado	hubiésemos brillado
hubieses brillado	hubieseis brillado
hubiese brillado	hubiesen brillado

IMPERATIVO

—	brillemos
brilla; no brilles	brillad; no brilléis
brille	brillen

FORMAS NO PERSONALES

GERUNDIO	PARTICIPIO
brillando	brillado

RELATED WORDS

el brillo	shine, sheen;
brillantemente	brilliantly

la brillantez	brilliance, excellence

EXAMPLES OF VERB USAGE

Aquella noche ella brilló como una estrella.	That night she sparkled like a star.
Estos platos sí que brillan.	These dishes sure do sparkle.
En agosto el sol brilla mucho.	The sun shines a lot in August.
Nunca ha brillado en la vida.	She has never stood out in life.

Verb Charts

buscar
to look for, to search

yo	nosotros/as
tú	vosotros/as
él/ella/Ud.	ellos/ellas/Uds.

INDICATIVO

PRESENTE

busco	buscamos
buscas	buscáis
busca	buscan

PRETÉRITO PERFECTO

he buscado	hemos buscado
has buscado	habéis buscado
ha buscado	han buscado

IMPERFECTO

buscaba	buscábamos
buscabas	buscabais
buscaba	buscaban

PLUSCUAMPERFECTO

había buscado	habíamos buscado
habías buscado	habíais buscado
había buscado	habían buscado

PRETÉRITO

busqué	buscamos
buscaste	buscasteis
buscó	buscaron

PRETÉRITO ANTERIOR

hube buscado	hubimos buscado
hubiste buscado	hubisteis buscado
hubo buscado	hubieron buscado

FUTURO

buscaré	buscaremos
buscarás	buscaréis
buscará	buscarán

FUTURO PERFECTO

habré buscado	habremos buscado
habrás buscado	habréis buscado
habrá buscado	habrán buscado

CONDICIONAL

SIMPLE

buscaría	buscaríamos
buscarías	buscaríais
buscaría	buscarían

COMPUESTO

habría buscado	habríamos buscado
habrías buscado	habríais buscado
habría buscado	habrían buscado

SUBJUNTIVO

PRESENTE

busque	busquemos
busques	busquéis
busque	busquen

PRETÉRITO PERFECTO

haya buscado	hayamos buscado
hayas buscado	hayáis buscado
haya buscado	hayan buscado

IMPERFECTO

buscara	buscáramos
buscaras	buscarais
buscara	buscaran
OR	
buscase	buscásemos
buscases	buscaseis
buscase	buscasen

PLUSCUAMPERFECTO

hubiera buscado	hubiéramos buscado
hubieras buscado	hubierais buscado
hubiera buscado	hubieran buscado
OR	
hubiese buscado	hubiésemos buscado
hubieses buscado	hubieseis buscado
hubiese buscado	hubiesen buscado

IMPERATIVO

—	busquemos
busca; no busques	buscad; no busquéis
busque	busquen

FORMAS NO PERSONALES

GERUNDIO	**PARTICIPIO**
buscando	buscado

RELATED WORDS

la búsqueda	search	*el buscador*	search engine
un busca	beeper	*un/a buscapleitos*	troublemaker

EXAMPLES OF VERB USAGE

Los hombres estaban buscando oro.	The men were looking for gold.
La policía buscó al ladrón por todas partes.	The police looked everywhere for the thief.
No busques excusas.	Don't make up excuses.
No creo que hayas buscado lo suficiente.	I don't think you've looked hard enough.

caber
to fit

VERB CHART
56

yo	nosotros/as
tú	vosotros/as
él/ella/Ud.	ellos/ellas/Uds.

INDICATIVO

PRESENTE

quepo	cabemos
cabes	cabéis
cabe	caben

IMPERFECTO

cabía	cabíamos
cabías	cabíais
cabía	cabían

PRETÉRITO

cupe	cupimos
cupiste	cupisteis
cupo	cupieron

FUTURO

cabré	cabremos
cabrás	cabréis
cabrá	cabrán

PRETÉRITO PERFECTO

he cabido	hemos cabido
has cabido	habéis cabido
ha cabido	han cabido

PLUSCUAMPERFECTO

había cabido	habíamos cabido
habías cabido	habíais cabido
había cabido	habían cabido

PRETÉRITO ANTERIOR

hube cabido	hubimos cabido
hubiste cabido	hubisteis cabido
hubo cabido	hubieron cabido

FUTURO PERFECTO

habré cabido	habremos cabido
habrás cabido	habréis cabido
habrá cabido	habrán cabido

CONDICIONAL

SIMPLE

cabría	cabríamos
cabrías	cabríais
cabría	cabrían

COMPUESTO

habría cabido	habríamos cabido
habrías cabido	habríais cabido
habría cabido	habrían cabido

SUBJUNTIVO

PRESENTE

quepa	quepamos
quepas	quepáis
quepa	quepan

IMPERFECTO

cupiera	cupiéramos
cupieras	cupierais
cupiera	cupieran
OR	
cupiese	cupiésemos
cupieses	cupieseis
cupiese	cupiesen

PRETÉRITO PERFECTO

haya cabido	hayamos cabido
hayas cabido	hayáis cabido
haya cabido	hayan cabido

PLUSCUAMPERFECTO

hubiera cabido	hubiéramos cabido
hubieras cabido	hubierais cabido
hubiera cabido	hubieran cabido
OR	
hubiese cabido	hubiésemos cabido
hubieses cabido	hubieseis cabido
hubiese cabido	hubiesen cabido

IMPERATIVO

—	quepamos
cabe; no quepas	cabed; no quepáis
quepa	quepan

FORMAS NO PERSONALES

GERUNDIO	**PARTICIPIO**
cabiendo	cabido

RELATED WORDS

Dentro de lo que cabe . . .	Under the circumstances . . .	*la capacidad*	capacity, ability

EXAMPLES OF VERB USAGE

Aquí no cabemos todos.	We don't all fit in here.
Esta falda no me cabe ya.	This skirt doesn't fit me anymore.
No le cupo la menor duda.	He didn't have the slightest doubt.

Verb Charts

caer
to fall

INDICATIVO

yo | nosotros/as
tú | vosotros/as
él/ella/Ud. | ellos/ellas/Uds.

PRESENTE

caigo	caemos
caes	caéis
cae	caen

PRETÉRITO PERFECTO

he caído	hemos caído
has caído	habéis caído
ha caído	han caído

IMPERFECTO

caía	caíamos
caías	caíais
caía	caían

PLUSCUAMPERFECTO

había caído	habíamos caído
habías caído	habíais caído
había caído	habían caído

PRETÉRITO

caí	caímos
caíste	caísteis
cayó	cayeron

PRETÉRITO ANTERIOR

hube caído	hubimos caído
hubiste caído	hubisteis caído
hubo caído	hubieron caído

FUTURO

caeré	caeremos
caerás	caeréis
caerá	caerán

FUTURO PERFECTO

habré caído	habremos caído
habrás caído	habréis caído
habrá caído	habrán caído

CONDICIONAL

SIMPLE

caería	caeríamos
caerías	caeríais
caería	caerían

COMPUESTO

habría caído	habríamos caído
habrías caído	habríais caído
habría caído	habrían caído

SUBJUNTIVO

PRESENTE

caiga	caigamos
caigas	caigáis
caiga	caigan

PRETÉRITO PERFECTO

haya caído	hayamos caído
hayas caído	hayáis caído
haya caído	hayan caído

IMPERFECTO

cayera	cayéramos
cayeras	cayerais
cayera	cayeran
OR	
cayese	cayésemos
cayeses	cayeseis
cayese	cayesen

PLUSCUAMPERFECTO

hubiera caído	hubiéramos caído
hubieras caído	hubierais caído
hubiera caído	hubieran caído
OR	
hubiese caído	hubiésemos caído
hubieses caído	hubieseis caído
hubiese caído	hubiesen caído

IMPERATIVO

—	caigamos
cae; no caigas	caed; no caigáis
caiga	caigan

FORMAS NO PERSONALES

GERUNDIO	PARTICIPIO
cayendo	caído

RELATED WORDS

la caída	fall	*dejar caer*	to drop
estar decaído/a	to be depressed	*No caigo.*	I don't get it.

EXAMPLES OF VERB USAGE

Ha caído el precio del petróleo recientemente.	The price of oil has fallen recently.
No cayeron en la cuenta.	They didn't realize what was going on.
Está cayendo un chaparrón.	It's raining cats and dogs.

caerse

to fall, to fall down

yo	nosotros/as
tú	vosotros/as
él/ella/Ud.	ellos/ellas/Uds.

INDICATIVO

PRESENTE

me caigo	nos caemos
te caes	os caéis
se cae	se caen

PRETÉRITO PERFECTO

me he caído	nos hemos caído
te has caído	os habéis caído
se ha caído	se han caído

IMPERFECTO

me caía	nos caíamos
te caías	os caíais
se caía	se caían

PLUSCUAMPERFECTO

me había caído	nos habíamos caído
te habías caído	os habíais caído
se había caído	se habían caído

PRETÉRITO

me caí	nos caímos
te caíste	os caísteis
se cayó	se cayeron

PRETÉRITO ANTERIOR

me hube caído	nos hubimos caído
te hubiste caído	os hubisteis caído
se hubo caído	se hubieron caído

FUTURO

me caeré	nos caeremos
te caerás	os caeréis
se caerá	se caerán

FUTURO PERFECTO

me habré caído	nos habremos caído
te habrás caído	os habréis caído
se habrá caído	se habrán caído

CONDICIONAL

SIMPLE

me caería	nos caeríamos
te caerías	os caeríais
se caería	se caerían

COMPUESTO

me habría caído	nos habríamos caído
te habrías caído	os habríais caído
se habría caído	se habrían caído

SUBJUNTIVO

PRESENTE

me caiga	nos caigamos
te caigas	os caigáis
se caiga	se caigan

PRETÉRITO PERFECTO

me haya caído	nos hayamos caído
te hayas caído	os hayáis caído
se haya caído	se hayan caído

IMPERFECTO

me cayera	nos cayéramos
te cayeras	os cayerais
se cayera	se cayeran
OR	
me cayese	nos cayésemos
te cayeses	os cayeseis
se cayese	se cayesen

PLUSCUAMPERFECTO

me hubiera caído	nos hubiéramos caído
te hubieras caído	os hubierais caído
se hubiera caído	se hubieran caído
OR	
me hubiese caído	nos hubiésemos caído
te hubieses caído	os hubieseis caído
se hubiese caído	se hubiesen caído

IMPERATIVO

—	caigámonos
cáete; no te caigas	caeos; no os caigáis
cáigase	cáiganse

FORMAS NO PERSONALES

GERUNDIO
cayéndose

PARTICIPIO
caído

RELATED WORDS

caerse de cansancio   to be exhausted

caerse por su propio peso   to go without saying

EXAMPLES OF VERB USAGE

Se cayó por las escaleras.	She fell down the stairs.
Se me cayeron las llaves al río.	My keys fell in the river.
¿Te has caído?	Did you fall?

Verb Charts

calentar
to heat, to warm up

INDICATIVO

yo	nosotros/as
tú	vosotros/as
él/ella/Ud.	ellos/ellas/Uds.

PRESENTE

caliento	calentamos
calientas	calentáis
calienta	calientan

PRETÉRITO PERFECTO

he calentado	hemos calentado
has calentado	habéis calentado
ha calentado	han calentado

IMPERFECTO

calentaba	calentábamos
calentabas	calentabais
calentaba	calentaban

PLUSCUAMPERFECTO

había calentado	habíamos calentado
habías calentado	habíais calentado
había calentado	habían calentado

PRETÉRITO

calenté	calentamos
calentaste	calentasteis
calentó	calentaron

PRETÉRITO ANTERIOR

hube calentado	hubimos calentado
hubiste calentado	hubisteis calentado
hubo calentado	hubieron calentado

FUTURO

calentaré	calentaremos
calentarás	calentaréis
calentará	calentarán

FUTURO PERFECTO

habré calentado	habremos calentado
habrás calentado	habréis calentado
habrá calentado	habrán calentado

CONDICIONAL

SIMPLE

calentaría	calentaríamos
calentarías	calentaríais
calentaría	calentarían

COMPUESTO

habría calentado	habríamos calentado
habrías calentado	habríais calentado
habría calentado	habrían calentado

SUBJUNTIVO

PRESENTE

caliente	calentemos
calientes	calentéis
caliente	calienten

PRETÉRITO PERFECTO

haya calentado	hayamos calentado
hayas calentado	hayáis calentado
haya calentado	hayan calentado

IMPERFECTO

calentara	calentáramos
calentaras	calentarais
calentara	calentaran
OR	
calentase	calentásemos
calentases	calentaseis
calentase	calentasen

PLUSCUAMPERFECTO

hubiera calentado	hubiéramos calentado
hubieras calentado	hubierais calentado
hubiera calentado	hubieran calentado
OR	
hubiese calentado	hubiésemos calentado
hubieses calentado	hubieseis calentado
hubiese calentado	hubiesen calentado

IMPERATIVO

—	calentemos
calienta;	calentad; no calentéis
no calientes	
caliente	calienten

FORMAS NO PERSONALES

GERUNDIO	**PARTICIPIO**
calentando	calentado

RELATED WORDS

caliente	hot	*la calentura*	fever
calenturiento/a	feverish	*calentarse*	to heat up, to get warm

EXAMPLES OF VERB USAGE

¿Quieres que caliente la leche?	Do you want me to warm up the milk?
¡Cómo calienta el sol hoy!	The sun is so warm today!
Calentaron la habitación con la lumbre.	They heated the room with a fire.
Estoy calentando la comida.	I am warming up the food.

callarse
to be quiet

yo	nosotros/as
tú	vosotros/as
él/ella/Ud.	ellos/ellas/Uds.

INDICATIVO

PRESENTE

me callo	nos callamos
te callas	os calláis
se calla	se callan

PRETÉRITO PERFECTO

me he callado	nos hemos callado
te has callado	os habéis callado
se ha callado	se han callado

IMPERFECTO

me callaba	nos callábamos
te callabas	os callabais
se callaba	se callaban

PLUSCUAMPERFECTO

me había callado	nos habíamos callado
te habías callado	os habíais callado
se había callado	se habían callado

PRETÉRITO

me callé	nos callamos
te callaste	os callasteis
se calló	se callaron

PRETÉRITO ANTERIOR

me hube callado	nos hubimos callado
te hubiste callado	os hubisteis callado
se hubo callado	se hubieron callado

FUTURO

me callaré	nos callaremos
te callarás	os callaréis
se callará	se callarán

FUTURO PERFECTO

me habré callado	nos habremos callado
te habrás callado	os habréis callado
se habrá callado	se habrán callado

CONDICIONAL

SIMPLE

me callaría	nos callaríamos
te callarías	os callaríais
se callaría	se callarían

COMPUESTO

me habría callado	nos habríamos callado
te habrías callado	os habríais callado
se habría callado	se habrían callado

SUBJUNTIVO

PRESENTE

me calle	nos callemos
te calles	os calléis
se calle	se callen

PRETÉRITO PERFECTO

me haya callado	nos hayamos callado
te hayas callado	os hayáis callado
se haya callado	se hayan callado

IMPERFECTO

me callara	nos calláramos
te callaras	os callarais
se callara	se callaran
OR	
me callase	nos callásemos
te callases	os callaseis
se callase	se callasen

PLUSCUAMPERFECTO

me hubiera callado	nos hubiéramos callado
te hubieras callado	os hubierais callado
se hubiera callado	se hubieran callado
OR	
me hubiese callado	nos hubiésemos callado
te hubieses callado	os hubieseis callado
se hubiese callado	se hubiesen callado

IMPERATIVO

—	callémonos
cállate; no te calles	callaos; no os calléis
cállese	cállense

FORMAS NO PERSONALES

GERUNDIO	**PARTICIPIO**
callándose	callado

RELATED WORDS

callandito	quietly	*callado/a*	quiet
calladamente	secretly	*callar*	to keep to yourself

EXAMPLES OF VERB USAGE

Oigan, cállense ya, que quiero oír la película.	Hey! Be quiet! I want to hear the movie.
El maestro les dijo a los niños que se callaran.	The teacher told the kids to be quiet.
Me callé porque quise.	I stayed quiet because I wanted to.
No me callaré nunca más.	I won't be silent again.

Verb Charts

cambiar
to change

INDICATIVO

yo	nosotros/as
tú	vosotros/as
él/ella/Ud.	ellos/ellas/Uds.

PRESENTE

cambio	cambiamos
cambias	cambiáis
cambia	cambian

IMPERFECTO

cambiaba	cambiábamos
cambiabas	cambiabais
cambiaba	cambiaban

PRETÉRITO

cambié	cambiamos
cambiaste	cambiasteis
cambió	cambiaron

FUTURO

cambiaré	cambiaremos
cambiarás	cambiaréis
cambiará	cambiarán

PRETÉRITO PERFECTO

he cambiado	hemos cambiado
has cambiado	habéis cambiado
ha cambiado	han cambiado

PLUSCUAMPERFECTO

había cambiado	habíamos cambiado
habías cambiado	habíais cambiado
había cambiado	habían cambiado

PRETÉRITO ANTERIOR

hube cambiado	hubimos cambiado
hubiste cambiado	hubisteis cambiado
hubo cambiado	hubieron cambiado

FUTURO PERFECTO

habré cambiado	habremos cambiado
habrás cambiado	habréis cambiado
habrá cambiado	habrán cambiado

CONDICIONAL

SIMPLE

cambiaría	cambiaríamos
cambiarías	cambiaríais
cambiaría	cambiarían

COMPUESTO

habría cambiado	habríamos cambiado
habrías cambiado	habríais cambiado
habría cambiado	habrían cambiado

SUBJUNTIVO

PRESENTE

cambie	cambiemos
cambies	cambiéis
cambie	cambien

IMPERFECTO

cambiara	cambiáramos
cambiaras	cambiarais
cambiara	cambiaran
OR	
cambiase	cambiásemos
cambiases	cambiaseis
cambiase	cambiasen

PRETÉRITO PERFECTO

haya cambiado	hayamos cambiado
hayas cambiado	hayáis cambiado
haya cambiado	hayan cambiado

PLUSCUAMPERFECTO

hubiera cambiado	hubiéramos cambiado
hubieras cambiado	hubierais cambiado
hubiera cambiado	hubieran cambiado
OR	
hubiese cambiado	hubiésemos cambiado
hubieses cambiado	hubieseis cambiado
hubiese cambiado	hubiesen cambiado

IMPERATIVO

—	cambiemos
cambia; no cambies	cambiad; no cambiéis
cambie	cambien

FORMAS NO PERSONALES

GERUNDIO	PARTICIPIO
cambiando	cambiado

RELATED WORDS

el cambio	change	*¿Tienes cambio?*	Do you have change?
cambiarse	to get changed	*a cambio de*	in exchange for

EXAMPLES OF VERB USAGE

Juan cambió mucho en la guerra.	Juan changed a lot during the war.
Hay que cambiarle el pañal al bebé.	We have to change the baby's diaper.
Eso no cambia nada.	That doesn't change anything.
Ya verás como las cosas cambian.	You'll see how things change.

cantar
to sing

VERB CHART

62

yo	nosotros/as
tú	vosotros/as
él/ella/Ud.	ellos/ellas/Uds.

INDICATIVO

PRESENTE

canto	cantamos
cantas	cantáis
canta	cantan

IMPERFECTO

cantaba	cantábamos
cantabas	cantabais
cantaba	cantaban

PRETÉRITO

canté	cantamos
cantaste	cantasteis
cantó	cantaron

FUTURO

cantaré	cantaremos
cantarás	cantaréis
cantará	cantarán

PRETÉRITO PERFECTO

he cantado	hemos cantado
has cantado	habéis cantado
ha cantado	han cantado

PLUSCUAMPERFECTO

había cantado	habíamos cantado
habías cantado	habíais cantado
había cantado	habían cantado

PRETÉRITO ANTERIOR

hube cantado	hubimos cantado
hubiste cantado	hubisteis cantado
hubo cantado	hubieron cantado

FUTURO PERFECTO

habré cantado	habremos cantado
habrás cantado	habréis cantado
habrá cantado	habrán cantado

CONDICIONAL

SIMPLE

cantaría	cantaríamos
cantarías	cantaríais
cantaría	cantarían

COMPUESTO

habría cantado	habríamos cantado
habrías cantado	habríais cantado
habría cantado	habrían cantado

SUBJUNTIVO

PRESENTE

cante	cantemos
cantes	cantéis
cante	canten

IMPERFECTO

cantara	cantáramos
cantaras	cantarais
cantara	cantaran
OR	
cantase	cantásemos
cantases	cantaseis
cantase	cantasen

PRETÉRITO PERFECTO

haya cantado	hayamos cantado
hayas cantado	hayáis cantado
haya cantado	hayan cantado

PLUSCUAMPERFECTO

hubiera cantado	hubiéramos cantado
hubieras cantado	hubierais cantado
hubiera cantado	hubieran cantado
OR	
hubiese cantado	hubiésemos cantado
hubieses cantado	hubieseis cantado
hubiese cantado	hubiesen cantado

IMPERATIVO

—	cantemos
canta; no cantes	cantad; no cantéis
cante	canten

FORMAS NO PERSONALES

GERUNDIO	**PARTICIPIO**
cantando	cantado

RELATED WORDS

| *una canción* | song | *encantar* | to enchant |
| *un/a cantante* | singer | *¡Encantado/a!* | Nice to meet you! |

EXAMPLES OF VERB USAGE

Ahora cantamos en el coro de la universidad.	Now we sing in the university choir.
Nos cantaron una canción preciosa.	They sang a beautiful song to us.
Los soldados cantaron el himno nacional.	The soldiers sang the national hymn.
¿Qué quieres que te cante?	What do you want me to sing to you?

Verb Charts

carecer
to lack

INDICATIVO

yo | nosotros/as
tú | vosotros/as
él/ella/Ud. | ellos/ellas/Uds.

PRESENTE

carezco	carecemos
careces	carecéis
carece	carecen

PRETÉRITO PERFECTO

he carecido	hemos carecido
has carecido	habéis carecido
ha carecido	han carecido

IMPERFECTO

carecía	carecíamos
carecías	carecíais
carecía	carecían

PLUSCUAMPERFECTO

había carecido	habíamos carecido
habías carecido	habíais carecido
había carecido	habían carecido

PRETÉRITO

carecí	carecimos
careciste	carecisteis
careció	carecieron

PRETÉRITO ANTERIOR

hube carecido	hubimos carecido
hubiste carecido	hubisteis carecido
hubo carecido	hubieron carecido

FUTURO

careceré	careceremos
carecerás	careceréis
carecerá	carecerán

FUTURO PERFECTO

habré carecido	habremos carecido
habrás carecido	habréis carecido
habrá carecido	habrán carecido

CONDICIONAL

SIMPLE

carecería	careceríamos
carecerías	careceríais
carecería	carecerían

COMPUESTO

habría carecido	habríamos carecido
habrías carecido	habríais carecido
habría carecido	habrían carecido

SUBJUNTIVO

PRESENTE

carezca	carezcamos
carezcas	carezcáis
carezca	carezcan

PRETÉRITO PERFECTO

haya carecido	hayamos carecido
hayas carecido	hayáis carecido
haya carecido	hayan carecido

IMPERFECTO

careciera	careciéramos
carecieras	carecierais
careciera	carecieran
OR	
careciese	careciésemos
carecieses	carecieseis
careciese	careciesen

PLUSCUAMPERFECTO

hubiera carecido	hubiéramos carecido
hubieras carecido	hubierais carecido
hubiera carecido	hubieran carecido
OR	
hubiese carecido	hubiésemos carecido
hubieses carecido	hubieseis carecido
hubiese carecido	hubiesen carecido

IMPERATIVO

—	carezcamos
carece; no carezcas	careced; no carezcáis
carezca	carezcan

FORMAS NO PERSONALES

GERUNDIO	PARTICIPIO
careciendo	carecido

RELATED WORDS

la carencia	lack, shortage, scarcity	*carencial*	deficient
carenciado	deprived		

EXAMPLES OF VERB USAGE

Carecemos del interés necesario para finalizar el proyecto.

We lack the interest necessary to finish the project.

Tus palabras carecen de valor.

Your words are worthless.

cargar

to load, to carry

INDICATIVO

PRESENTE

cargo	cargamos
cargas	cargáis
carga	cargan

PRETÉRITO PERFECTO

he cargado	hemos cargado
has cargado	habéis cargado
ha cargado	han cargado

yo	nosotros/as
tú	vosotros/as
él/ella/Ud.	ellos/ellas/Uds.

IMPERFECTO

cargaba	cargábamos
cargabas	cargabais
cargaba	cargaban

PLUSCUAMPERFECTO

había cargado	habíamos cargado
habías cargado	habíais cargado
había cargado	habían cargado

PRETÉRITO

cargué	cargamos
cargaste	cargasteis
cargó	cargaron

PRETÉRITO ANTERIOR

hube cargado	hubimos cargado
hubiste cargado	hubisteis cargado
hubo cargado	hubieron cargado

FUTURO

cargaré	cargaremos
cargarás	cargaréis
cargará	cargarán

FUTURO PERFECTO

habré cargado	habremos cargado
habrás cargado	habréis cargado
habrá cargado	habrán cargado

CONDICIONAL

SIMPLE

cargaría	cargaríamos
cargarías	cargaríais
cargaría	cargarían

COMPUESTO

habría cargado	habríamos cargado
habrías cargado	habríais cargado
habría cargado	habrían cargado

SUBJUNTIVO

PRESENTE

cargue	carguemos
cargues	carguéis
cargue	carguen

PRETÉRITO PERFECTO

haya cargado	hayamos cargado
hayas cargado	hayáis cargado
haya cargado	hayan cargado

IMPERFECTO

cargara	cargáramos
cargaras	cargarais
cargara	cargaran
OR	
cargase	cargásemos
cargases	cargaseis
cargase	cargasen

PLUSCUAMPERFECTO

hubiera cargado	hubiéramos cargado
hubieras cargado	hubierais cargado
hubiera cargado	hubieran cargado
OR	
hubiese cargado	hubiésemos cargado
hubieses cargado	hubieseis cargado
hubiese cargado	hubiesen cargado

IMPERATIVO

—	carguemos
carga; no cargues	cargad; no carguéis
cargue	carguen

FORMAS NO PERSONALES

GERUNDIO	**PARTICIPIO**
cargando	cargado

RELATED WORDS

la carga	load
descargar	to unload, to download

el cargamento	cargo
cargarse	to charge

EXAMPLES OF VERB USAGE

Cargaron la camioneta de ladrillos.	They loaded the truck with bricks.
No cargues con eso que pesa mucho.	Don't carry that; it's too heavy.
Es como si me hubieran cargado de responsabilidades.	It's as if they had overloaded me with responsibility.
Primero, cargue el programa en el servidor.	First, load the program on the server.

casarse
to get married

INDICATIVO

yo	nosotros/as
tú	vosotros/as
él/ella/Ud.	ellos/ellas/Uds.

PRESENTE
me caso	nos casamos
te casas	os casáis
se casa	se casan

IMPERFECTO
me casaba	nos casábamos
te casabas	os casabais
se casaba	se casaban

PRETÉRITO
me casé	nos casamos
te casaste	os casasteis
se casó	se casaron

FUTURO
me casaré	nos casaremos
te casarás	os casaréis
se casará	se casarán

PRETÉRITO PERFECTO
me he casado	nos hemos casado
te has casado	os habéis casado
se ha casado	se han casado

PLUSCUAMPERFECTO
me había casado	nos habíamos casado
te habías casado	os habíais casado
se había casado	se habían casado

PRETÉRITO ANTERIOR
me hube casado	nos hubimos casado
te hubiste casado	os hubisteis casado
se hubo casado	se hubieron casado

FUTURO PERFECTO
me habré casado	nos habremos casado
te habrás casado	os habréis casado
se habrá casado	se habrán casado

CONDICIONAL

SIMPLE
me casaría	nos casaríamos
te casarías	os casaríais
se casaría	se casarían

COMPUESTO
me habría casado	nos habríamos casado
te habrías casado	os habríais casado
se habría casado	se habrían casado

SUBJUNTIVO

PRESENTE
me case	nos casemos
te cases	os caséis
se case	se casen

IMPERFECTO
me casara	nos casáramos
te casaras	os casarais
se casara	se casaran
OR	
me casase	nos casásemos
te casases	os casaseis
se casase	se casasen

PRETÉRITO PERFECTO
me haya casado	nos hayamos casado
te hayas casado	os hayáis casado
se haya casado	se hayan casado

PLUSCUAMPERFECTO
me hubiera casado	nos hubiéramos casado
te hubieras casado	os hubierais casado
se hubiera casado	se hubieran casado
OR	
me hubiese casado	nos hubiésemos casado
te hubieses casado	os hubieseis casado
se hubiese casado	se hubiesen casado

IMPERATIVO

—	casémonos
cásate; no te cases	casaos; no os caséis
cásese	casense

FORMAS NO PERSONALES

GERUNDIO	PARTICIPIO
casándose	casado

RELATED WORDS

el casamiento	marriage	casamentero/a	matchmaker
casado/a	married	casar	to marry

EXAMPLES OF VERB USAGE

Nos casamos hace cinco años.	We were married five years ago.
¿Quieres casarte conmigo?	Do you want to marry me?
Dijeron que se casarían en la primavera.	They said they would get married in the spring.
¿Cuándo se casaron ustedes?	When did you get married?

cegar
to blind, to dazzle, to block up, to become blind

INDICATIVO

PRESENTE

ciego	cegamos
ciegas	cegáis
ciega	ciegan

PRETÉRITO PERFECTO

he cegado	hemos cegado
has cegado	habéis cegado
ha cegado	han cegado

yo	nosotros/as
tú	vosotros/as
él/ella/Ud.	ellos/ellas/Uds.

IMPERFECTO

cegaba	cegábamos
cegabas	cegabais
cegaba	cegaban

PLUSCUAMPERFECTO

había cegado	habíamos cegado
habías cegado	habíais cegado
había cegado	habían cegado

PRETÉRITO

cegué	cegamos
cegaste	cegasteis
cegó	cegaron

PRETÉRITO ANTERIOR

hube cegado	hubimos cegado
hubiste cegado	hubisteis cegado
hubo cegado	hubieron cegado

FUTURO

cegaré	cegaremos
cegarás	cegaréis
cegará	cegarán

FUTURO PERFECTO

habré cegado	habremos cegado
habrás cegado	habréis cegado
habrá cegado	habrán cegado

CONDICIONAL

SIMPLE

cegaría	cegaríamos
cegarías	cegaríais
cegaría	cegarían

COMPUESTO

habría cegado	habríamos cegado
habrías cegado	habríais cegado
habría cegado	habrían cegado

SUBJUNTIVO

PRESENTE

ciegue	ceguemos
ciegues	ceguéis
ciegue	cieguen

PRETÉRITO PERFECTO

haya cegado	hayamos cegado
hayas cegado	hayáis cegado
haya cegado	hayan cegado

IMPERFECTO

cegara	cegáramos
cegaras	cegarais
cegara	cegaran
OR	
cegase	cegásemos
cegases	cegaseis
cegase	cegasen

PLUSCUAMPERFECTO

hubiera cegado	hubiéramos cegado
hubieras cegado	hubierais cegado
hubiera cegado	hubieran cegado
OR	
hubiese cegado	hubiésemos cegado
hubieses cegado	hubieseis cegado
hubiese cegado	hubiesen cegado

IMPERATIVO

—	ceguemos
ciega; no ciegues	cegad; no ceguéis
ciegue	cieguen

FORMAS NO PERSONALES

GERUNDIO	**PARTICIPIO**
cegando	cegado

RELATED WORDS

un/a ciego/a	blind person	*la ceguera*	blindness
cegador/a	blinding	*cegato/a*	short-sighted

EXAMPLES OF VERB USAGE

Nos cegaron los celos.	Jealousy blinded us.
Me ciega su belleza.	Her beauty dazzles me.
Cuidado con las luces que pueden cegarte.	Be careful with the lights; they can blind you.

cepillarse
to brush, to clean

INDICATIVO

yo	nosotros/as
tú	vosotros/as
él/ella/Ud.	ellos/ellas/Uds.

PRESENTE

me cepillo nos cepillamos
te cepillas os cepilláis
se cepilla se cepillan

IMPERFECTO

me cepillaba nos cepillábamos
te cepillabas os cepillabais
se cepillaba se cepillaban

PRETÉRITO

me cepillé nos cepillamos
te cepillaste os cepillasteis
se cepilló se cepillaron

FUTURO

me cepillaré nos cepillaremos
te cepillarás os cepillaréis
se cepillará se cepillarán

PRETÉRITO PERFECTO

me he cepillado nos hemos cepillado
te has cepillado os habéis cepillado
se ha cepillado se han cepillado

PLUSCUAMPERFECTO

me había cepillado nos habíamos cepillado
te habías cepillado os habíais cepillado
se había cepillado se habían cepillado

PRETÉRITO ANTERIOR

me hube cepillado nos hubimos cepillado
te hubiste cepillado os hubisteis cepillado
se hubo cepillado se hubieron cepillado

FUTURO PERFECTO

me habré cepillado nos habremos cepillado
te habrás cepillado os habréis cepillado
se habrá cepillado se habrán cepillado

CONDICIONAL

SIMPLE

me cepillaría nos cepillaríamos
te cepillarías os cepillaríais
se cepillaría se cepillarían

COMPUESTO

me habría cepillado nos habríamos cepillado
te habrías cepillado os habríais cepillado
se habría cepillado se habrían cepillado

SUBJUNTIVO

PRESENTE

me cepille nos cepillemos
te cepilles os cepilléis
se cepille se cepillen

IMPERFECTO

me cepillara nos cepilláramos
te cepillaras os cepillarais
se cepillara se cepillaran
OR
me cepillase nos cepillásemos
te cepillases os cepillaseis
se cepillase se cepillasen

PRETÉRITO PERFECTO

me haya cepillado nos hayamos cepillado
te hayas cepillado os hayáis cepillado
se haya cepillado se hayan cepillado

PLUSCUAMPERFECTO

me hubiera cepillado nos hubiéramos cepillado
te hubieras cepillado os hubierais cepillado
se hubiera cepillado se hubieran cepillado
OR
me hubiese cepillado nos hubiésemos cepillado
te hubieses cepillado os hubieseis cepillado
se hubiese cepillado se hubiesen cepillado

IMPERATIVO

— cepillémonos
cepíllate; cepillaos; no os cepilléis
  no te cepilles
cepíllese cepíllense

FORMAS NO PERSONALES

GERUNDIO
cepillándose

PARTICIPIO
cepillado

RELATED WORDS

un cepillo brush
el cepillado brushing

un cepillo de dientes toothbrush
cepillar to brush sb/sth

EXAMPLES OF VERB USAGE

Deben cepillarse los dientes después de cada comida.

You must brush your teeth after each meal.

La niña se cepilló el pelo antes de salir.

The girl brushed her hair before going out.

¿Te has cepillado los dientes ya?

Have you already brushed your teeth?

cerrar
to close

yo	nosotros/as
tú	vosotros/as
él/ella/Ud.	ellos/ellas/Uds.

INDICATIVO

PRESENTE

cierro	cerramos
cierras	cerráis
cierra	cierran

IMPERFECTO

cerraba	cerrábamos
cerrabas	cerrabais
cerraba	cerraban

PRETÉRITO

cerré	cerramos
cerraste	cerrasteis
cerró	cerraron

FUTURO

cerraré	cerraremos
cerrarás	cerraréis
cerrará	cerrarán

PRETÉRITO PERFECTO

he cerrado	hemos cerrado
has cerrado	habéis cerrado
ha cerrado	han cerrado

PLUSCUAMPERFECTO

había cerrado	habíamos cerrado
habías cerrado	habíais cerrado
había cerrado	habían cerrado

PRETÉRITO ANTERIOR

hube cerrado	hubimos cerrado
hubiste cerrado	hubisteis cerrado
hubo cerrado	hubieron cerrado

FUTURO PERFECTO

habré cerrado	habremos cerrado
habrás cerrado	habréis cerrado
habrá cerrado	habrán cerrado

CONDICIONAL

SIMPLE

cerraría	cerraríamos
cerrarías	cerraríais
cerraría	cerrarían

COMPUESTO

habría cerrado	habríamos cerrado
habrías cerrado	habríais cerrado
habría cerrado	habrían cerrado

SUBJUNTIVO

PRESENTE

cierre	cerremos
cierres	cerréis
cierre	cierren

IMPERFECTO

cerrara	cerráramos
cerraras	cerrarais
cerrara	cerraran
OR	
cerrase	cerrásemos
cerrases	cerraseis
cerrase	cerrasen

PRETÉRITO PERFECTO

haya cerrado	hayamos cerrado
hayas cerrado	hayáis cerrado
haya cerrado	hayan cerrado

PLUSCUAMPERFECTO

hubiera cerrado	hubiéramos cerrado
hubieras cerrado	hubierais cerrado
hubiera cerrado	hubieran cerrado
OR	
hubiese cerrado	hubiésemos cerrado
hubieses cerrado	hubieseis cerrado
hubiese cerrado	hubiesen cerrado

IMPERATIVO

—	cerremos
cierra; no cierres	cerrad; no cerréis
cierre	cierren

FORMAS NO PERSONALES

GERUNDIO	**PARTICIPIO**
cerrando	cerrado

RELATED WORDS

la cerradura	lock	*cerrado/a de mente*	stubborn; closed-minded
encerrar	to lock up	*cerrarse*	to get closed

EXAMPLES OF VERB USAGE

¿Has cerrado la puerta con llave?	Have you locked the door?
Mis padres nos dijeron que cerráramos al salir.	My parents told us to close (the door) on our way out.
Esa tienda la cerraron hace mucho tiempo.	That store closed a long time ago.
Cerró los ojos y se durmió al instante.	She closed her eyes and immediately fell asleep.

Verb Charts

chocar
to crash, to shock

yo	nosotros/as
tú	vosotros/as
él/ella/Ud.	ellos/ellas/Uds.

INDICATIVO

PRESENTE
choco	chocamos
chocas	chocáis
choca	chocan

PRETÉRITO PERFECTO
he chocado	hemos chocado
has chocado	habéis chocado
ha chocado	han chocado

IMPERFECTO
chocaba	chocábamos
chocabas	chocabais
chocaba	chocaban

PLUSCUAMPERFECTO
había chocado	habíamos chocado
habías chocado	habíais chocado
había chocado	habían chocado

PRETÉRITO
choqué	chocamos
chocaste	chocasteis
chocó	chocaron

PRETÉRITO ANTERIOR
hube chocado	hubimos chocado
hubiste chocado	hubisteis chocado
hubo chocado	hubieron chocado

FUTURO
chocaré	chocaremos
chocarás	chocaréis
chocará	chocarán

FUTURO PERFECTO
habré chocado	habremos chocado
habrás chocado	habréis chocado
habrá chocado	habrán chocado

CONDICIONAL

SIMPLE
chocaría	chocaríamos
chocarías	chocaríais
chocaría	chocarían

COMPUESTO
habría chocado	habríamos chocado
habrías chocado	habríais chocado
habría chocado	habrían chocado

SUBJUNTIVO

PRESENTE
choque	choquemos
choques	choquéis
choque	choquen

PRETÉRITO PERFECTO
haya chocado	hayamos chocado
hayas chocado	hayáis chocado
haya chocado	hayan chocado

IMPERFECTO
chocara	chocáramos
chocaras	chocarais
chocara	chocaran
OR	
chocase	chocásemos
chocases	chocaseis
chocase	chocasen

PLUSCUAMPERFECTO
hubiera chocado	hubiéramos chocado
hubieras chocado	hubierais chocado
hubiera chocado	hubieran chocado
OR	
hubiese chocado	hubiésemos chocado
hubieses chocado	hubieseis chocado
hubiese chocado	hubiesen chocado

IMPERATIVO
—	choquemos
choca; no choques	chocad; no choquéis
choque	choquen

FORMAS NO PERSONALES
GERUNDIO	PARTICIPIO
chocando	chocado

RELATED WORDS
un choque	crash	*un choquetazo*	a big crash
choque frontal	head-on collision		

EXAMPLES OF VERB USAGE

Los dos automóviles chocaron de repente.	Suddenly both cars crashed.
Me choca lo que me cuentas.	What you are telling me shocks me.
El avión chocó contra una montaña.	The plane crashed into a mountain.

cobrar
to charge, to earn

yo	nosotros/as
tú	vosotros/as
él/ella/Ud.	ellos/ellas/Uds.

INDICATIVO

PRESENTE
cobro	cobramos
cobras	cobráis
cobra	cobran

PRETÉRITO PERFECTO
he cobrado	hemos cobrado
has cobrado	habéis cobrado
ha cobrado	han cobrado

IMPERFECTO
cobraba	cobrábamos
cobrabas	cobrabais
cobraba	cobraban

PLUSCUAMPERFECTO
había cobrado	habíamos cobrado
habías cobrado	habíais cobrado
había cobrado	habían cobrado

PRETÉRITO
cobré	cobramos
cobraste	cobrasteis
cobró	cobraron

PRETÉRITO ANTERIOR
hube cobrado	hubimos cobrado
hubiste cobrado	hubisteis cobrado
hubo cobrado	hubieron cobrado

FUTURO
cobraré	cobraremos
cobrarás	cobraréis
cobrará	cobrarán

FUTURO PERFECTO
habré cobrado	habremos cobrado
habrás cobrado	habréis cobrado
habrá cobrado	habrán cobrado

CONDICIONAL

SIMPLE
cobraría	cobraríamos
cobrarías	cobraríais
cobraría	cobrarían

COMPUESTO
habría cobrado	habríamos cobrado
habrías cobrado	habríais cobrado
habría cobrado	habrían cobrado

SUBJUNTIVO

PRESENTE
cobre	cobremos
cobres	cobréis
cobre	cobren

PRETÉRITO PERFECTO
haya cobrado	hayamos cobrado
hayas cobrado	hayáis cobrado
haya cobrado	hayan cobrado

IMPERFECTO
cobrara	cobráramos
cobraras	cobrarais
cobrara	cobraran
OR	
cobrase	cobrásemos
cobrases	cobraseis
cobrase	cobrasen

PLUSCUAMPERFECTO
hubiera cobrado	hubiéramos cobrado
hubieras cobrado	hubierais cobrado
hubiera cobrado	hubieran cobrado
OR	
hubiese cobrado	hubiésemos cobrado
hubieses cobrado	hubieseis cobrado
hubiese cobrado	hubiesen cobrado

IMPERATIVO

—	cobremos
cobra; no cobres	cobrad; no cobréis
cobre	cobren

FORMAS NO PERSONALES

GERUNDIO	**PARTICIPIO**
cobrando	cobrado

RELATED WORDS

el cobro	cashing	*cobrarse*	to claim

EXAMPLES OF VERB USAGE

Me han cobrado sólo 3 euros por la corbata.	They've only charged me three euros for the tie.
¿Cuánto cobras al mes?	How much do you earn each month?
Cobran carísimo en ese bar.	They charge a lot in that bar.
No creo que hayan cobrado todavía.	I don't think they've gotten their money yet.

Verb Charts

cocinar
to cook

INDICATIVO

yo	nosotros/as
tú	vosotros/as
él/ella/Ud.	ellos/ellas/Uds.

PRESENTE
cocino	cocinamos
cocinas	cocináis
cocina	cocinan

IMPERFECTO
cocinaba	cocinábamos
cocinabas	cocinabais
cocinaba	cocinaban

PRETÉRITO
cociné	cocinamos
cocinaste	cocinasteis
cocinó	cocinaron

FUTURO
cocinaré	cocinaremos
cocinarás	cocinaréis
cocinará	cocinarán

PRETÉRITO PERFECTO
he cocinado	hemos cocinado
has cocinado	habéis cocinado
ha cocinado	han cocinado

PLUSCUAMPERFECTO
había cocinado	habíamos cocinado
habías cocinado	habíais cocinado
había cocinado	habían cocinado

PRETÉRITO ANTERIOR
hube cocinado	hubimos cocinado
hubiste cocinado	hubisteis cocinado
hubo cocinado	hubieron cocinado

FUTURO PERFECTO
habré cocinado	habremos cocinado
habrás cocinado	habréis cocinado
habrá cocinado	habrán cocinado

CONDICIONAL

SIMPLE
cocinaría	cocinaríamos
cocinarías	cocinaríais
cocinaría	cocinarían

COMPUESTO
habría cocinado	habríamos cocinado
habrías cocinado	habríais cocinado
habría cocinado	habrían cocinado

SUBJUNTIVO

PRESENTE
cocine	cocinemos
cocines	cocinéis
cocine	cocinen

IMPERFECTO
cocinara	cocináramos
cocinaras	cocinarais
cocinara	cocinaran
OR	
cocinase	cocinásemos
cocinases	cocinaseis
cocinase	cocinasen

PRETÉRITO PERFECTO
haya cocinado	hayamos cocinado
hayas cocinado	hayáis cocinado
haya cocinado	hayan cocinado

PLUSCUAMPERFECTO
hubiera cocinado	hubiéramos cocinado
hubieras cocinado	hubierais cocinado
hubiera cocinado	hubieran cocinado
OR	
hubiese cocinado	hubiésemos cocinado
hubieses cocinado	hubieseis cocinado
hubiese cocinado	hubiesen cocinado

IMPERATIVO

—	cocinemos
cocina; no cocines	cocinad; no cocinéis
cocine	cocinen

FORMAS NO PERSONALES

GERUNDIO	PARTICIPIO
cocinando	cocinado

RELATED WORDS

la cocina	kitchen	*un/a cocinero/a*	cook
un libro de cocina	cookbook		

EXAMPLES OF VERB USAGE

¿Qué has cocinado?	What did you cook?
María cocina maravillosamente.	Mary cooks marvelously.
¿Quieres que cocine algo?	Do you want me to cook anything?
Nos cocinaron una cena de restaurante.	They cooked us a dinner good enough for a restaurant.

coger

*to catch, to grab, to take** Use this verb carefully. See the footnote.

yo	nosotros/as
tú	vosotros/as
él/ella/Ud.	ellos/ellas/Uds.

INDICATIVO

PRESENTE

cojo	cogemos
coges	cogéis
coge	cogen

IMPERFECTO

cogía	cogíamos
cogías	cogíais
cogía	cogían

PRETÉRITO

cogí	cogimos
cogiste	cogisteis
cogió	cogieron

FUTURO

cogeré	cogeremos
cogerás	cogeréis
cogerá	cogerán

PRETÉRITO PERFECTO

he cogido	hemos cogido
has cogido	habéis cogido
ha cogido	han cogido

PLUSCUAMPERFECTO

había cogido	habíamos cogido
habías cogido	habíais cogido
había cogido	habían cogido

PRETÉRITO ANTERIOR

hube cogido	hubimos cogido
hubiste cogido	hubisteis cogido
hubo cogido	hubieron cogido

FUTURO PERFECTO

habré cogido	habremos cogido
habrás cogido	habréis cogido
habrá cogido	habrán cogido

CONDICIONAL

SIMPLE

cogería	cogeríamos
cogerías	cogeríais
cogería	cogerían

COMPUESTO

habría cogido	habríamos cogido
habrías cogido	habríais cogido
habría cogido	habrían cogido

SUBJUNTIVO

PRESENTE

coja	cojamos
cojas	cojáis
coja	cojan

IMPERFECTO

cogiera	cogiéramos
cogieras	cogierais
cogiera	cogieran
OR	
cogiese	cogiésemos
cogieses	cogieseis
cogiese	cogiesen

PRETÉRITO PERFECTO

haya cogido	hayamos cogido
hayas cogido	hayáis cogido
haya cogido	hayan cogido

PLUSCUAMPERFECTO

hubiera cogido	hubiéramos cogido
hubieras cogido	hubierais cogido
hubiera cogido	hubieran cogido
OR	
hubiese cogido	hubiésemos cogido
hubieses cogido	hubieseis cogido
hubiese cogido	hubiesen cogido

IMPERATIVO

—	cojamos
coge; no cojas	coged; no cojáis
coja	cojan

FORMAS NO PERSONALES

GERUNDIO

cogiendo

PARTICIPIO

cogido

RELATED WORDS

la cogida	harvest; goring
cogerse	to hold on

un cogido	fold, gather, tuck

EXAMPLES OF VERB USAGE

Cogió el abrigo y se fue.	He took the coat and left.
Cojamos el autobús.	Let's take the bus.
Corre que te cojo.	Run before I catch you.

* BE EXTRA CAREFUL! In some countries (Mexico, Venezuela, Argentina, and Uruguay), this verb has a vulgar meaning, equivalent to a four-letter word for sexual intercourse. The verbs *tomar* and *agarrar* are usually used instead of it.

Verb Charts

colgar

to hang, to hang up

INDICATIVO

yo   nosotros/as
tú   vosotros/as
él/ella/Ud.   ellos/ellas/Uds.

PRESENTE

cuelgo	colgamos
cuelgas	colgáis
cuelga	cuelgan

IMPERFECTO

colgaba	colgábamos
colgabas	colgabais
colgaba	colgaban

PRETÉRITO

colgué	colgamos
colgaste	colgasteis
colgó	colgaron

FUTURO

colgaré	colgaremos
colgarás	colgaréis
colgará	colgarán

PRETÉRITO PERFECTO

he colgado	hemos colgado
has colgado	habéis colgado
ha colgado	han colgado

PLUSCUAMPERFECTO

había colgado	habíamos colgado
habías colgado	habíais colgado
había colgado	habían colgado

PRETÉRITO ANTERIOR

hube colgado	hubimos colgado
hubiste colgado	hubisteis colgado
hubo colgado	hubieron colgado

FUTURO PERFECTO

habré colgado	habremos colgado
habrás colgado	habréis colgado
habrá colgado	habrán colgado

CONDICIONAL

SIMPLE

colgaría	colgaríamos
colgarías	colgaríais
colgaría	colgarían

COMPUESTO

habría colgado	habríamos colgado
habrías colgado	habríais colgado
habría colgado	habrían colgado

SUBJUNTIVO

PRESENTE

cuelgue	colguemos
cuelgues	colguéis
cuelgue	cuelguen

IMPERFECTO

colgara	colgáramos
colgaras	colgarais
colgara	colgaran
OR	
colgase	colgásemos
colgases	colgaseis
colgase	colgasen

PRETÉRITO PERFECTO

haya colgado	hayamos colgado
hayas colgado	hayáis colgado
haya colgado	hayan colgado

PLUSCUAMPERFECTO

hubiera colgado	hubiéramos colgado
hubieras colgado	hubierais colgado
hubiera colgado	hubieran colgado
OR	
hubiese colgado	hubiésemos colgado
hubieses colgado	hubieseis colgado
hubiese colgado	hubiesen colgado

IMPERATIVO

—	colguemos
cuelga; no cuelgues	colgad; no colguéis
cuelgue	cuelguen

FORMAS NO PERSONALES

GERUNDIO	PARTICIPIO
colgando	colgado

RELATED WORDS

colgado/a	half-wit
colgante	hanging

dejar colgado	to leave stranded
colgarse	to hang oneself

EXAMPLES OF VERB USAGE

Colgó el cuadro en la pared.	He hung the painting on the wall.
¿Quieres que te cuelgue el abrigo?	Do you want me to hang up your coat?
Ha colgado el teléfono.	She has hung up the phone.
Cuelga la ropa fuera.	Hang the clothes outside.

comenzar

to start, to begin

74

yo	nosotros/as
tú	vosotros/as
él/ella/Ud.	ellos/ellas/Uds.

PRESENTE

comienzo	comenzamos
comienzas	comenzáis
comienza	comienzan

IMPERFECTO

comenzaba	comenzábamos
comenzabas	comenzabais
comenzaba	comenzaban

PRETÉRITO

comencé	comenzamos
comenzaste	comenzasteis
comenzó	comenzaron

FUTURO

comenzaré	comenzaremos
comenzarás	comenzaréis
comenzará	comenzarán

PRETÉRITO PERFECTO

he comenzado	hemos comenzado
has comenzado	habéis comenzado
ha comenzado	han comenzado

PLUSCUAMPERFECTO

había comenzado	habíamos comenzado
habías comenzado	habíais comenzado
había comenzado	habían comenzado

PRETÉRITO ANTERIOR

hube comenzado	hubimos comenzado
hubiste comenzado	hubisteis comenzado
hubo comenzado	hubieron comenzado

FUTURO PERFECTO

habré comenzado	habremos comenzado
habrás comenzado	habréis comenzado
habrá comenzado	habrán comenzado

CONDICIONAL

SIMPLE

comenzaría	comenzaríamos
comenzarías	comenzaríais
comenzaría	comenzarían

COMPUESTO

habría comenzado	habríamos comenzado
habrías comenzado	habríais comenzado
habría comenzado	habrían comenzado

SUBJUNTIVO

PRESENTE

comience	comencemos
comiences	comencéis
comience	comiencen

IMPERFECTO

comenzara	comenzáramos
comenzaras	comenzarais
comenzara	comenzaran
OR	
comenzase	comenzásemos
comenzases	comenzaseis
comenzase	comenzasen

PRETÉRITO PERFECTO

haya comenzado	hayamos comenzado
hayas comenzado	hayáis comenzado
haya comenzado	hayan comenzado

PLUSCUAMPERFECTO

hubiera comenzado	hubiéramos comenzado
hubieras comenzado	hubierais comenzado
hubiera comenzado	hubieran comenzado
OR	
hubiese comenzado	hubiésemos comenzado
hubieses comenzado	hubieseis comenzado
hubiese comenzado	hubiesen comenzado

IMPERATIVO

—	comencemos
comienza;	comenzad; no comencéis
no comiences	
comience	comiencen

FORMAS NO PERSONALES

GERUNDIO	**PARTICIPIO**
comenzando	comenzado

RELATED WORDS

el comienzo	beginning

EXAMPLES OF VERB USAGE

¿Por qué no comienzas por ahí?	Why don't you start there?
Comenzaron por lo más difícil.	They started with the most difficult part.
¿Has comenzado ya la obra?	Have you already started construction?

250 Verb Conjugation Charts   121

comer
to eat

yo	nosotros/as
tú	vosotros/as
él/ella/Ud.	ellos/ellas/Uds.

INDICATIVO

PRESENTE

como	comemos
comes	coméis
come	comen

PRETÉRITO PERFECTO

he comido	hemos comido
has comido	habéis comido
ha comido	han comido

IMPERFECTO

comía	comíamos
comías	comíais
comía	comían

PLUSCUAMPERFECTO

había comido	habíamos comido
habías comido	habíais comido
había comido	habían comido

PRETÉRITO

comí	comimos
comiste	comisteis
comió	comieron

PRETÉRITO ANTERIOR

hube comido	hubimos comido
hubiste comido	hubisteis comido
hubo comido	hubieron comido

FUTURO

comeré	comeremos
comerás	comeréis
comerá	comerán

FUTURO PERFECTO

habré comido	habremos comido
habrás comido	habréis comido
habrá comido	habrán comido

CONDICIONAL

SIMPLE

comería	comeríamos
comerías	comeríais
comería	comerían

COMPUESTO

habría comido	habríamos comido
habrías comido	habríais comido
habría comido	habrían comido

SUBJUNTIVO

PRESENTE

coma	comamos
comas	comáis
coma	coman

PRETÉRITO PERFECTO

haya comido	hayamos comido
hayas comido	hayáis comido
haya comido	hayan comido

IMPERFECTO

comiera	comiéramos
comieras	comierais
comiera	comieran
OR	
comiese	comiésemos
comieses	comieseis
comiese	comiesen

PLUSCUAMPERFECTO

hubiera comido	hubiéramos comido
hubieras comido	hubierais comido
hubiera comido	hubieran comido
OR	
hubiese comido	hubiésemos comido
hubieses comido	hubieseis comido
hubiese comido	hubiesen comido

IMPERATIVO

—	comamos
come; no comas	comed; no comáis
coma	coman

FORMAS NO PERSONALES

GERUNDIO	**PARTICIPIO**
comiendo	comido

RELATED WORDS

la comida	meal	*comer de todo*	eat anything
un/a comilón/a	glutton		

EXAMPLES OF VERB USAGE

Comimos como reyes.	We ate like kings.
¿Comiste lo que te pusieron?	Did you eat what they gave you?
Juan no come mucho.	Juan doesn't eat much.
¿Comeremos en la calle?	Will we eat out?

compartir
to share

INDICATIVO

yo	nosotros/as
tú	vosotros/as
él/ella/Ud.	ellos/ellas/Uds.

PRESENTE

comparto	compartimos
compartes	compartís
comparte	comparten

PRETÉRITO PERFECTO

he compartido	hemos compartido
has compartido	habéis compartido
ha compartido	han compartido

IMPERFECTO

compartía	compartíamos
compartías	compartíais
compartía	compartían

PLUSCUAMPERFECTO

había compartido	habíamos compartido
habías compartido	habíais compartido
había compartido	habían compartido

PRETÉRITO

compartí	compartimos
compartiste	compartisteis
compartió	compartieron

PRETÉRITO ANTERIOR

hube compartido	hubimos compartido
hubiste compartido	hubisteis compartido
hubo compartido	hubieron compartido

FUTURO

compartiré	compartiremos
compartirás	compartiréis
compartirá	compartirán

FUTURO PERFECTO

habré compartido	habremos compartido
habrás compartido	habréis compartido
habrá compartido	habrán compartido

CONDICIONAL

SIMPLE

compartiría	compartiríamos
compartirías	compartiríais
compartiría	compartirían

COMPUESTO

habría compartido	habríamos compartido
habrías compartido	habríais compartido
habría compartido	habrían compartido

SUBJUNTIVO

PRESENTE

comparta	compartamos
compartas	compartáis
comparta	compartan

PRETÉRITO PERFECTO

haya compartido	hayamos compartido
hayas compartido	hayáis compartido
haya compartido	hayan compartido

IMPERFECTO

compartiera	compartiéramos
compartieras	compartierais
compartiera	compartieran
OR	
compartiese	compartiésemos
compartieses	compartieseis
compartiese	compartiesen

PLUSCUAMPERFECTO

hubiera compartido	hubiéramos compartido
hubieras compartido	hubierais compartido
hubiera compartido	hubieran compartido
OR	
hubiese compartido	hubiésemos compartido
hubieses compartido	hubieseis compartido
hubiese compartido	hubiesen compartido

IMPERATIVO

—	compartamos
comparte;	compartid; no compartáis
no compartas	
comparta	compartan

FORMAS NO PERSONALES

GERUNDIO	PARTICIPIO
compartiendo	compartido

RELATED WORDS

el compartimento compartment

el compartimento estanco watertight compartment

EXAMPLES OF VERB USAGE

Comparto el apartamento con una amiga. I share the apartment with a friend.

Ellos compartían los gastos. They split the expenses.

¡Comparte tu juguete! Share your toy!

Compartiremos todo. We will share everything.

comprar
to buy, to shop

yo	nosotros/as
tú	vosotros/as
él/ella/Ud.	ellos/ellas/Uds.

INDICATIVO

PRESENTE

compro	compramos
compras	compráis
compra	compran

IMPERFECTO

compraba	comprábamos
comprabas	comprabais
compraba	compraban

PRETÉRITO

compré	compramos
compraste	comprasteis
compró	compraron

FUTURO

compraré	compraremos
comprarás	compraréis
comprará	comprarán

PRETÉRITO PERFECTO

he comprado	hemos comprado
has comprado	habéis comprado
ha comprado	han comprado

PLUSCUAMPERFECTO

había comprado	habíamos comprado
habías comprado	habíais comprado
había comprado	habían comprado

PRETÉRITO ANTERIOR

hube comprado	hubimos comprado
hubiste comprado	hubisteis comprado
hubo comprado	hubieron comprado

FUTURO PERFECTO

habré comprado	habremos comprado
habrás comprado	habréis comprado
habrá comprado	habrán comprado

CONDICIONAL

SIMPLE

compraría	compraríamos
comprarías	compraríais
compraría	comprarían

COMPUESTO

habría comprado	habríamos comprado
habrías comprado	habríais comprado
habría comprado	habrían comprado

SUBJUNTIVO

PRESENTE

compre	compremos
compres	compréis
compre	compren

IMPERFECTO

comprara	compráramos
compraras	comprarais
comprara	compraran
OR	
comprase	comprásemos
comprases	compraseis
comprase	comprasen

PRETÉRITO PERFECTO

haya comprado	hayamos comprado
hayas comprado	hayáis comprado
haya comprado	hayan comprado

PLUSCUAMPERFECTO

hubiera comprado	hubiéramos comprado
hubieras comprado	hubierais comprado
hubiera comprado	hubieran comprado
OR	
hubiese comprado	hubiésemos comprado
hubieses comprado	hubieseis comprado
hubiese comprado	hubiesen comprado

IMPERATIVO

—	compremos
compra; no compres	comprad; no compréis
compre	compren

FORMAS NO PERSONALES

GERUNDIO	PARTICIPIO
comprando	comprado

RELATED WORDS

ir de compras	to go shopping	*la compra*	shopping
comprador/a	buyer		

EXAMPLES OF VERB USAGE

No he comprado nada últimamente.	I haven't bought anything lately.
¿Compraste los boletos?	Did you buy the tickets?
Compramos sin parar.	We did nonstop shopping.
Los compraré la semana próxima.	I'll buy them next week.

comprender
to understand

VERB CHART
78

yo	nosotros/as
tú	vosotros/as
él/ella/Ud.	ellos/ellas/Uds.

INDICATIVO

PRESENTE

comprendo	comprendemos
comprendes	comprendéis
comprende	comprenden

IMPERFECTO

comprendía	comprendíamos
comprendías	comprendíais
comprendía	comprendían

PRETÉRITO

comprendí	comprendimos
comprendiste	comprendisteis
comprendió	comprendieron

FUTURO

comprenderé	comprenderemos
comprenderás	comprenderéis
comprenderá	comprenderán

PRETÉRITO PERFECTO

he comprendido	hemos comprendido
has comprendido	habéis comprendido
ha comprendido	han comprendido

PLUSCUAMPERFECTO

había comprendido	habíamos comprendido
habías comprendido	habíais comprendido
había comprendido	habían comprendido

PRETÉRITO ANTERIOR

hube comprendido	hubimos comprendido
hubiste comprendido	hubisteis comprendido
hubo comprendido	hubieron comprendido

FUTURO PERFECTO

habré comprendido	habremos comprendido
habrás comprendido	habréis comprendido
habrá comprendido	habrán comprendido

CONDICIONAL

SIMPLE

comprendería	comprenderíamos
comprenderías	comprenderíais
comprendería	comprenderían

COMPUESTO

habría comprendido	habríamos comprendido
habrías comprendido	habríais comprendido
habría comprendido	habrían comprendido

SUBJUNTIVO

PRESENTE

comprenda	comprendamos
comprendas	comprendáis
comprenda	comprendan

IMPERFECTO

comprendiera	comprendiéramos
comprendieras	comprendierais
comprendiera	comprendieran
OR	OR
comprendiese	comprendiésemos
comprendieses	comprendieseis
comprendiese	comprendiesen

PRETÉRITO PERFECTO

haya comprendido	hayamos comprendido
hayas comprendido	hayáis comprendido
haya comprendido	hayan comprendido

PLUSCUAMPERFECTO

hubiera comprendido	hubiéramos comprendido
hubieras comprendido	hubierais comprendido
hubiera comprendido	hubieran comprendido
OR	OR
hubiese comprendido	hubiésemos comprendido
hubieses comprendido	hubieseis comprendido
hubiese comprendido	hubiesen comprendido

IMPERATIVO

—	comprendamos
comprende;	comprended;
no comprendas	no comprendáis
comprenda	comprendan

FORMAS NO PERSONALES

GERUNDIO
comprendiendo

PARTICIPIO
comprendido

RELATED WORDS

comprensible	understandable, comprehensible	*comprensivo/a*	comprehensive

EXAMPLES OF VERB USAGE

¿Comprendes lo que te digo?	Do you understand what I'm saying?
Perdone, no le comprendo.	I'm sorry, I don't understand you.
No comprendieron nada de lo que dijeron.	They didn't understand anything they said.
Lo comprenderás enseguida.	You'll understand it in a second.

Verb Charts

VERB CHART

79

yo | nosotros/as
tú | vosotros/as
él/ella/Ud. | ellos/ellas/Uds.

conducir
to drive

INDICATIVO

PRESENTE
conduzco	conducimos
conduces	conducís
conduce	conducen

PRETÉRITO PERFECTO
he conducido	hemos conducido
has conducido	habéis conducido
ha conducido	han conducido

IMPERFECTO
conducía	conducíamos
conducías	conducíais
conducía	conducían

PLUSCUAMPERFECTO
había conducido	habíamos conducido
habías conducido	habíais conducido
había conducido	habían conducido

PRETÉRITO
conduje	condujimos
condujiste	condujisteis
condujo	condujeron

PRETÉRITO ANTERIOR
hube conducido	hubimos conducido
hubiste conducido	hubisteis conducido
hubo conducido	hubieron conducido

FUTURO
conduciré	conduciremos
conducirás	conduciréis
conducirá	conducirán

FUTURO PERFECTO
habré conducido	habremos conducido
habrás conducido	habréis conducido
habrá conducido	habrán conducido

CONDICIONAL

SIMPLE
conduciría	conduciríamos
conducirías	conduciríais
conduciría	conducirían

COMPUESTO
habría conducido	habríamos conducido
habrías conducido	habríais conducido
habría conducido	habrían conducido

SUBJUNTIVO

PRESENTE
conduzca	conduzcamos
conduzcas	conduzcáis
conduzca	conduzcan

PRETÉRITO PERFECTO
haya conducido	hayamos conducido
hayas conducido	hayáis conducido
haya conducido	hayan conducido

IMPERFECTO
condujera	condujéramos
condujeras	condujerais
condujera	condujeran
OR	
condujese	condujésemos
condujeses	condujeseis
condujese	condujesen

PLUSCUAMPERFECTO
hubiera conducido	hubiéramos conducido
hubieras conducido	hubierais conducido
hubiera conducido	hubieran conducido
OR	
hubiese conducido	hubiésemos conducido
hubieses conducido	hubieseis conducido
hubiese conducido	hubiesen conducido

IMPERATIVO

—	conduzcamos
conduce;	conducid;
no conduzcas	no conduzcáis
conduzca	conduzcan

FORMAS NO PERSONALES

GERUNDIO	PARTICIPIO
conduciendo	conducido

RELATED WORDS

un/a conductor	driver	*el conducto*	conduit, duct

EXAMPLES OF VERB USAGE

Conduces muy bien.	You drive very well.
El capitán condujo a sus tropas a la victoria.	The captain lead his troops to victory.
Es necesario que conduzcas un coche de marchas.	It is necessary that you drive a car with a manual gearshift.
¡Conduce con cuidado!	Drive carefully!

confesar
to confess

yo	nosotros/as
tú	vosotros/as
él/ella/Ud.	ellos/ellas/Uds.

INDICATIVO

PRESENTE

confieso	confesamos
confiesas	confesáis
confiesa	confiesan

PRETÉRITO PERFECTO

he confesado	hemos confesado
has confesado	habéis confesado
ha confesado	han confesado

IMPERFECTO

confesaba	confesábamos
confesabas	confesabais
confesaba	confesaban

PLUSCUAMPERFECTO

había confesado	habíamos confesado
habías confesado	habíais confesado
había confesado	habían confesado

PRETÉRITO

confesé	confesamos
confesaste	confesasteis
confesó	confesaron

PRETÉRITO ANTERIOR

hube confesado	hubimos confesado
hubiste confesado	hubisteis confesado
hubo confesado	hubieron confesado

FUTURO

confesaré	confesaremos
confesarás	confesaréis
confesará	confesarán

FUTURO PERFECTO

habré confesado	habremos confesado
habrás confesado	habréis confesado
habrá confesado	habrán confesado

CONDICIONAL

SIMPLE

confesaría	confesaríamos
confesarías	confesaríais
confesaría	confesarían

COMPUESTO

habría confesado	habríamos confesado
habrías confesado	habríais confesado
habría confesado	habrían confesado

SUBJUNTIVO

PRESENTE

confiese	confesemos
confieses	confeséis
confiese	confiesen

PRETÉRITO PERFECTO

haya confesado	hayamos confesado
hayas confesado	hayáis confesado
haya confesado	hayan confesado

IMPERFECTO

confesara	confesáramos
confesaras	confesarais
confesara	confesaran
OR	
confesase	confesásemos
confesases	confesaseis
confesase	confesasen

PLUSCUAMPERFECTO

hubiera confesado	hubiéramos confesado
hubieras confesado	hubierais confesado
hubiera confesado	hubieran confesado
OR	
hubiese confesado	hubiésemos confesado
hubieses confesado	hubieseis confesado
hubiese confesado	hubiesen confesado

IMPERATIVO

—	confesemos
confiesa;	confesad; no confeséis
no confieses	
confiese	confiesen

FORMAS NO PERSONALES

GERUNDIO	**PARTICIPIO**
confesando	confesado

RELATED WORDS

la confesión	confession	*el confesionario*	confessional (box)
el/la confesor/a	confessor		

EXAMPLES OF VERB USAGE

¡Confiesa la verdad!	Confess the truth!
Confesaron lo que habían hecho.	They confessed to what they had done.
Confieso que fui yo.	I confess it was I.
Le confesé que no me gustó nada.	I confessed to him that I didn't like it at all.

Verb Charts

conocer
to know, to be acquainted with, to meet for the first time

yo	nosotros/as
tú	vosotros/as
él/ella/Ud.	ellos/ellas/Uds.

INDICATIVO

PRESENTE

conozco	conocemos
conoces	conocéis
conoce	conocen

PRETÉRITO PERFECTO

he conocido	hemos conocido
has conocido	habéis conocido
ha conocido	han conocido

IMPERFECTO

conocía	conocíamos
conocías	conocíais
conocía	conocían

PLUSCUAMPERFECTO

había conocido	habíamos conocido
habías conocido	habíais conocido
había conocido	habían conocido

PRETÉRITO

conocí	conocimos
conociste	conocisteis
conoció	conocieron

PRETÉRITO ANTERIOR

hube conocido	hubimos conocido
hubiste conocido	hubisteis conocido
hubo conocido	hubieron conocido

FUTURO

conoceré	conoceremos
conocerás	conoceréis
conocerá	conocerán

FUTURO PERFECTO

habré conocido	habremos conocido
habrás conocido	habréis conocido
habrá conocido	habrán conocido

CONDICIONAL

SIMPLE

conocería	conoceríamos
conocerías	conoceríais
conocería	conocerían

COMPUESTO

habría conocido	habríamos conocido
habrías conocido	habríais conocido
habría conocido	habrían conocido

SUBJUNTIVO

PRESENTE

conozca	conozcamos
conozcas	conozcáis
conozca	conozcan

PRETÉRITO PERFECTO

haya conocido	hayamos conocido
hayas conocido	hayáis conocido
haya conocido	hayan conocido

IMPERFECTO

conociera	conociéramos
conocieras	conocierais
conociera	conocieran
OR	
conociese	conociésemos
conocieses	conocieseis
conociese	conociesen

PLUSCUAMPERFECTO

hubiera conocido	hubiéramos conocido
hubieras conocido	hubierais conocido
hubiera conocido	hubieran conocido
OR	
hubiese conocido	hubiésemos conocido
hubieses conocido	hubieseis conocido
hubiese conocido	hubiesen conocido

IMPERATIVO

—	conozcamos
conoce;	conoced;
no conozcas	no conozcáis
conozca	conozcan

FORMAS NO PERSONALES

GERUNDIO	**PARTICIPIO**
conociendo	conocido

RELATED WORDS

un/a conocido/a	acquaintance	*el conocimiento*	knowledge
reconocer	to recognize	*desconocer*	to be ignorant of

EXAMPLES OF VERB USAGE

Nos conocimos hace tres años.	We met each other three years ago.
No conocía esos detalles.	I didn't know those details.
¿Conoces Barcelona?	Are you familiar with Barcelona?
No creo que conociese la verdad.	I don't think she knew the truth.

conseguir
to get, to obtain

yo		nosotros/as
tú		vosotros/as
él/ella/Ud.		ellos/ellas/Uds.

INDICATIVO

PRESENTE

consigo	conseguimos
consigues	conseguís
consigue	consiguen

IMPERFECTO

conseguía	conseguíamos
conseguías	conseguíais
conseguía	conseguían

PRETÉRITO

conseguí	conseguimos
conseguiste	conseguisteis
consiguió	consiguieron

FUTURO

conseguiré	conseguiremos
conseguirás	conseguiréis
conseguirá	conseguirán

PRETÉRITO PERFECTO

he conseguido	hemos conseguido
has conseguido	habéis conseguido
ha conseguido	han conseguido

PLUSCUAMPERFECTO

había conseguido	habíamos conseguido
habías conseguido	habíais conseguido
había conseguido	habían conseguido

PRETÉRITO ANTERIOR

hube conseguido	hubimos conseguido
hubiste conseguido	hubisteis conseguido
hubo conseguido	hubieron conseguido

FUTURO PERFECTO

habré conseguido	habremos conseguido
habrás conseguido	habréis conseguido
habrá conseguido	habrán conseguido

CONDICIONAL

SIMPLE

conseguiría	conseguiríamos
conseguirías	conseguiríais
conseguiría	conseguirían

COMPUESTO

habría conseguido	habríamos conseguido
habrías conseguido	habríais conseguido
habría conseguido	habrían conseguido

SUBJUNTIVO

PRESENTE

consiga	consigamos
consigas	consigáis
consiga	consigan

IMPERFECTO

consiguiera	consiguiéramos
consiguieras	consiguierais
consiguiera	consiguieran
OR	
consiguiese	consiguiésemos
consiguieses	consiguieseis
consiguiese	consiguiesen

PRETÉRITO PERFECTO

haya conseguido	hayamos conseguido
hayas conseguido	hayáis conseguido
haya conseguido	hayan conseguido

PLUSCUAMPERFECTO

hubiera conseguido	hubiéramos conseguido
hubieras conseguido	hubierais conseguido
hubiera conseguido	hubieran conseguido
OR	
hubiese conseguido	hubiésemos conseguido
hubieses conseguido	hubieseis conseguido
hubiese conseguido	hubiesen conseguido

IMPERATIVO

—	consigamos
consigue;	conseguid;
no consigas	no consigáis
consiga	consigan

FORMAS NO PERSONALES

GERUNDIO
consiguiendo

PARTICIPIO
conseguido

RELATED WORDS

por consiguiente	consequently
conseguido/a	very well done

conseguible	attainable

EXAMPLES OF VERB USAGE

No consiguió su objetivo.	He didn't attain his objective.
Conseguiremos lo que nos propongamos.	We'll achieve whatever we put our minds to.
Ha conseguido un puesto muy bueno.	She has gotten a really good position.
No consigo hacer que funcione.	I cannot get this to work.

Verb Charts

constituir
to constitute, to make up

INDICATIVO

yo	nosotros/as
tú	vosotros/as
él/ella/Ud.	ellos/ellas/Uds.

PRESENTE
constituyo · constituimos
constituyes · constituís
constituye · constituyen

IMPERFECTO
constituía · constituíamos
constituías · constituíais
constituía · constituían

PRETÉRITO
constituí · constituimos
constituiste · constituisteis
constituyó · constituyeron

FUTURO
constituiré · constituiremos
constituirás · constituiréis
constituirá · constituirán

PRETÉRITO PERFECTO
he constituido · hemos constituido
has constituido · habéis constituido
ha constituido · han constituido

PLUSCUAMPERFECTO
había constituido · habíamos constituido
habías constituido · habíais constituido
había constituido · habían constituido

PRETÉRITO ANTERIOR
hube constituido · hubimos constituido
hubiste constituido · hubisteis constituido
hubo constituido · hubieron constituido

FUTURO PERFECTO
habré constituido · habremos constituido
habrás constituido · habréis constituido
habrá constituido · habrán constituido

CONDICIONAL

SIMPLE
constituiría · constituiríamos
constituirías · constituiríais
constituiría · constituirían

COMPUESTO
habría constituido · habríamos constituido
habrías constituido · habríais constituido
habría constituido · habrían constituido

SUBJUNTIVO

PRESENTE
constituya · constituyamos
constituyas · constituyáis
constituya · constituyan

IMPERFECTO
constituyera · constituyéramos
constituyeras · constituyerais
constituyera · constituyeran
OR
constituyese · constituyésemos
constituyeses · constituyeseis
constituyese · constituyesen

PRETÉRITO PERFECTO
haya constituido · hayamos constituido
hayas constituido · hayáis constituido
haya constituido · hayan constituido

PLUSCUAMPERFECTO
hubiera constituido · hubiéramos constituido
hubieras constituido · hubierais constituido
hubiera constituido · hubieran constituido
OR
hubiese constituido · hubiésemos constituido
hubieses constituido · hubieseis constituido
hubiese constituido · hubiesen constituido

IMPERATIVO

— · constituyamos
constituye; · constituid;
  no constituyas ·   no constituyáis
constituya · constituyan

FORMAS NO PERSONALES

GERUNDIO
constituyendo

PARTICIPIO
constituido

RELATED WORDS

la constitución · constitution
constituirse · to become sth

un/a constituyente · constituent

EXAMPLES OF VERB USAGE

Doce personas constituyen un jurado. · Twelve people make up a jury.

La junta está constituida por diez miembros. · The board is made up of ten members.

Eso no constituía una razón válida. · That wasn't a valid reason.

Sus acciones no constituyeron un delito. · His actions did not constitute a crime.

construir
to build

VERB CHART
84

yo	nosotros/as
tú	vosotros/as
él/ella/Ud.	ellos/ellas/Uds.

INDICATIVO

PRESENTE

construyo	construimos
construyes	construís
construye	construyen

PRETÉRITO PERFECTO

he construido	hemos construido
has construido	habéis construido
ha construido	han construido

IMPERFECTO

construía	construíamos
construías	construíais
construía	construían

PLUSCUAMPERFECTO

había construido	habíamos construido
habías construido	habíais construido
había construido	habían construido

PRETÉRITO

construí	construimos
construiste	construisteis
construyó	construyeron

PRETÉRITO ANTERIOR

hube construido	hubimos construido
hubiste construido	hubisteis construido
hubo construido	hubieron construido

FUTURO

construiré	construiremos
construirás	construiréis
construirá	construirán

FUTURO PERFECTO

habré construido	habremos construido
habrás construido	habréis construido
habrá construido	habrán construido

CONDICIONAL

SIMPLE

construiría	construiríamos
construirías	construiríais
construiría	construirían

COMPUESTO

habría construido	habríamos construido
habrías construido	habríais construido
habría construido	habrían construido

SUBJUNTIVO

PRESENTE

construya	construyamos
construyas	construyáis
construya	construyan

PRETÉRITO PERFECTO

haya construido	hayamos construido
hayas construido	hayáis construido
haya construido	hayan construido

IMPERFECTO

construyera	construyéramos
construyeras	construyerais
construyera	construyeran
OR	
construyese	construyésemos
construyeses	construyeseis
construyese	construyesen

PLUSCUAMPERFECTO

hubiera construido	hubiéramos construido
hubieras construido	hubierais construido
hubiera construido	hubieran construido
OR	
hubiese construido	hubiésemos construido
hubieses construido	hubieseis construido
hubiese construido	hubiesen construido

IMPERATIVO

—	construyamos
construye;	construid;
no construyas	no construyáis
construya	construyan

FORMAS NO PERSONALES

GERUNDIO
construyendo

PARTICIPIO
construido

RELATED WORDS

la construcción	construction	*reconstruir*	to reconstruct
el/la constructor/a	builder		

EXAMPLES OF VERB USAGE

Construyeron una casa para sus hijos.	They built a house for their children.
El edificio será construido el mes próximo.	The building will be built next month.
¿Construirías cerca de la playa?	Would you build near the beach?
Ten cuidado de no destrozar lo que hemos construido juntos.	Be careful not to destroy what we have built together.

contar
to count, to tell

yo	nosotros/as
tú	vosotros/as
él/ella/Ud.	ellos/ellas/Uds.

INDICATIVO

PRESENTE
cuento	contamos
cuentas	contáis
cuenta	cuentan

PRETÉRITO PERFECTO
he contado	hemos contado
has contado	habéis contado
ha contado	han contado

IMPERFECTO
contaba	contábamos
contabas	contabais
contaba	contaban

PLUSCUAMPERFECTO
había contado	habíamos contado
habías contado	habíais contado
había contado	habían contado

PRETÉRITO
conté	contamos
contaste	contasteis
contó	contaron

PRETÉRITO ANTERIOR
hube contado	hubimos contado
hubiste contado	hubisteis contado
hubo contado	hubieron contado

FUTURO
contaré	contaremos
contarás	contaréis
contará	contarán

FUTURO PERFECTO
habré contado	habremos contado
habrás contado	habréis contado
habrá contado	habrán contado

CONDICIONAL

SIMPLE
contaría	contaríamos
contarías	contaríais
contaría	contarían

COMPUESTO
habría contado	habríamos contado
habrías contado	habríais contado
habría contado	habrían contado

SUBJUNTIVO

PRESENTE
cuente	contemos
cuentes	contéis
cuente	cuenten

PRETÉRITO PERFECTO
haya contado	hayamos contado
hayas contado	hayáis contado
haya contado	hayan contado

IMPERFECTO
contara	contáramos
contaras	contarais
contara	contaran
OR	
contase	contásemos
contases	contaseis
contase	contasen

PLUSCUAMPERFECTO
hubiera contado	hubiéramos contado
hubieras contado	hubierais contado
hubiera contado	hubieran contado
OR	
hubiese contado	hubiésemos contado
hubieses contado	hubieseis contado
hubiese contado	hubiesen contado

IMPERATIVO
—	contemos
cuenta; no cuentes	contad; no contéis
cuente	cuenten

FORMAS NO PERSONALES

GERUNDIO	PARTICIPIO
contando	contado

RELATED WORDS

un cuento	story, tale	*un/a contable*	accountant
tener los días contados	to have one's days numbered	*la cuenta*	the check

EXAMPLES OF VERB USAGE

No contamos con su presencia.	We didn't count on his presence.
Cuenta cuánta gente ha venido.	Count how many people have come.
Hemos contado al menos veinte.	We have counted at least twenty.
Me contó una historia fantástica.	He told me a fantastic story.

contestar
to answer, to reply

INDICATIVO

yo	nosotros/as
tú	vosotros/as
él/ella/Ud.	ellos/ellas/Uds.

PRESENTE

contesto · contestamos
contestas · contestáis
contesta · contestan

PRETÉRITO PERFECTO

he contestado · hemos contestado
has contestado · habéis contestado
ha contestado · han contestado

IMPERFECTO

contestaba · contestábamos
contestabas · contestabais
contestaba · contestaban

PLUSCUAMPERFECTO

había contestado · habíamos contestado
habías contestado · habíais contestado
había contestado · habían contestado

PRETÉRITO

contesté · contestamos
contestaste · contestasteis
contestó · contestaron

PRETÉRITO ANTERIOR

hube contestado · hubimos contestado
hubiste contestado · hubisteis contestado
hubo contestado · hubieron contestado

FUTURO

contestaré · contestaremos
contestarás · contestaréis
contestará · contestarán

FUTURO PERFECTO

habré contestado · habremos contestado
habrás contestado · habréis contestado
habrá contestado · habrán contestado

CONDICIONAL

SIMPLE

contestaría · contestaríamos
contestarías · contestaríais
contestaría · contestarían

COMPUESTO

habría contestado · habríamos contestado
habrías contestado · habríais contestado
habría contestado · habrían contestado

SUBJUNTIVO

PRESENTE

conteste · contestemos
contestes · contestéis
conteste · contesten

PRETÉRITO PERFECTO

haya contestado · hayamos contestado
hayas contestado · hayáis contestado
haya contestado · hayan contestado

IMPERFECTO

contestara · contestáramos
contestaras · contestarais
contestara · contestaran
OR
contestase · contestásemos
contestases · contestaseis
contestase · contestasen

PLUSCUAMPERFECTO

hubiera contestado · hubiéramos contestado
hubieras contestado · hubierais contestado
hubiera contestado · hubieran contestado
OR
hubiese contestado · hubiésemos contestado
hubieses contestado · hubieseis contestado
hubiese contestado · hubiesen contestado

IMPERATIVO

— · contestemos
contesta; · contestad;
  no contestes ·   no contestéis
conteste · contesten

FORMAS NO PERSONALES

GERUNDIO
contestando

PARTICIPIO
contestado

RELATED WORDS

contestar el teléfono — to answer the phone
la contestación — answer

un contestador automático — answering machine

EXAMPLES OF VERB USAGE

¡No me contestes de esa manera! — Don't answer me like that!

Le contestaron que no tenían nada para él. — They replied that they had nothing for him.

¿Cuándo vas a contestarles? — When are you going to reply to them?

Contestaré lo que crea oportuno. — I will reply as I believe appropriate.

contribuir
to contribute

yo	nosotros/as
tú	vosotros/as
él/ella/Ud.	ellos/ellas/Uds.

INDICATIVO

PRESENTE		**PRETÉRITO PERFECTO**	
contribuyo	contribuimos	he contribuido	hemos contribuido
contribuyes	contribuís	has contribuido	habéis contribuido
contribuye	contribuyen	ha contribuido	han contribuido

IMPERFECTO		**PLUSCUAMPERFECTO**	
contribuía	contribuíamos	había contribuido	habíamos contribuido
contribuías	contribuíais	habías contribuido	habíais contribuido
contribuía	contribuían	había contribuido	habían contribuido

PRETÉRITO		**PRETÉRITO ANTERIOR**	
contribuí	contribuimos	hube contribuido	hubimos contribuido
contribuiste	contribuisteis	hubiste contribuido	hubisteis contribuido
contribuyó	contribuyeron	hubo contribuido	hubieron contribuido

FUTURO		**FUTURO PERFECTO**	
contribuiré	contribuiremos	habré contribuido	habremos contribuido
contribuirás	contribuiréis	habrás contribuido	habréis contribuido
contribuirá	contribuirán	habrá contribuido	habrán contribuido

CONDICIONAL

SIMPLE		**COMPUESTO**	
contribuiría	contribuiríamos	habría contribuido	habríamos contribuido
contribuirías	contribuiríais	habrías contribuido	habríais contribuido
contribuiría	contribuirían	habría contribuido	habrían contribuido

SUBJUNTIVO

PRESENTE		**PRETÉRITO PERFECTO**	
contribuya	contribuyamos	haya contribuido	hayamos contribuido
contribuyas	contribuyáis	hayas contribuido	hayáis contribuido
contribuya	contribuyan	haya contribuido	hayan contribuido

IMPERFECTO		**PLUSCUAMPERFECTO**	
contribuyera	contribuyéramos	hubiera contribuido	hubiéramos contribuido
contribuyeras	contribuyerais	hubieras contribuido	hubierais contribuido
contribuyera	contribuyeran	hubiera contribuido	hubieran contribuido
OR		OR	
contribuyese	contribuyésemos	hubiese contribuido	hubiésemos contribuido
contribuyeses	contribuyeseis	hubieses contribuido	hubieseis contribuido
contribuyese	contribuyesen	hubiese contribuido	hubiesen contribuido

IMPERATIVO

—	contribuyamos
contribuye;	contribuid;
no contribuyas	no contribuyáis
contribuya	contribuyan

FORMAS NO PERSONALES

GERUNDIO	**PARTICIPIO**
contribuyendo	contribuido

RELATED WORDS

contribuidor	contributor	*la contribución*	contribution, taxes
un/a contribuyente	taxpayer		

EXAMPLES OF VERB USAGE

No han contribuido lo suficiente.	They haven't contributed enough.
Cada una contribuye con lo que puede.	Each one contributes as much as she can.
Quieren que contribuyamos con algo.	They want us to contribute something.

costar

to cost, to be difficult to somebody

yo	nosotros/as	
tú	vosotros/as	
él/ella/Ud.	ellos/ellas/Uds.	

INDICATIVO

PRESENTE
cuesta   cuestan

PRETÉRITO PERFECTO
ha costado   han costado

IMPERFECTO
costaba   costaban

PLUSCUAMPERFECTO
había costado   habían costado

PRETÉRITO
costó   costaron

PRETÉRITO ANTERIOR
hubo costado   hubieron costado

FUTURO
costará   costarán

FUTURO PERFECTO
habrá costado   habrán costado

CONDICIONAL

SIMPLE
costaría   costarían

COMPUESTO
habría costado   habrían costado

SUBJUNTIVO

PRESENTE
cueste   cuesten

PRETÉRITO PERFECTO
haya costado   hayan costado

IMPERFECTO
costara   costaran
OR
costase   costasen

PLUSCUAMPERFECTO
hubiera costado   hubieran costado
OR
hubiese costado   hubiesen costado

IMPERATIVO

¡Que cueste!   ¡Que cuesten!

FORMAS NO PERSONALES

GERUNDIO   **PARTICIPIO**
costando   costado

RELATED WORDS

el coste   cost
costoso/a   expensive, costly

el coste de la vida   cost of living
los costos de fabricación   manufacturing costs

EXAMPLES OF VERB USAGE

¿Cuánto cuesta?   How much does it cost?

Me cuesta hablar inglés.   It's difficult for me to speak English.

El reloj le costó veinte pesos.   The watch cost twenty pesos.

Te va a costar caro.   It's going to cost you a lot.

Verb Charts

crecer
to grow (up)

yo | nosotros/as
tú | vosotros/as
él/ella/Ud. | ellos/ellas/Uds.

INDICATIVO

PRESENTE

crezco	crecemos
creces	crecéis
crece	crecen

PRETÉRITO PERFECTO

he crecido	hemos crecido
has crecido	habéis crecido
ha crecido	han crecido

IMPERFECTO

crecía	crecíamos
crecías	crecíais
crecía	crecían

PLUSCUAMPERFECTO

había crecido	habíamos crecido
habías crecido	habíais crecido
había crecido	habían crecido

PRETÉRITO

crecí	crecimos
creciste	crecisteis
creció	crecieron

PRETÉRITO ANTERIOR

hube crecido	hubimos crecido
hubiste crecido	hubisteis crecido
hubo crecido	hubieron crecido

FUTURO

creceré	creceremos
crecerás	creceréis
crecerá	crecerán

FUTURO PERFECTO

habré crecido	habremos crecido
habrás crecido	habréis crecido
habrá crecido	habrán crecido

CONDICIONAL

SIMPLE

crecería	creceríamos
crecerías	creceríais
crecería	crecerían

COMPUESTO

habría crecido	habríamos crecido
habrías crecido	habríais crecido
habría crecido	habrían crecido

SUBJUNTIVO

PRESENTE

crezca	crezcamos
crezcas	crezcáis
crezca	crezcan

PRETÉRITO PERFECTO

haya crecido	hayamos crecido
hayas crecido	hayáis crecido
haya crecido	hayan crecido

IMPERFECTO

creciera	creciéramos
crecieras	crecierais
creciera	crecieran
OR	
creciese	creciésemos
crecieses	crecieseis
creciese	creciesen

PLUSCUAMPERFECTO

hubiera crecido	hubiéramos crecido
hubieras crecido	hubierais crecido
hubiera crecido	hubieran crecido
OR	
hubiese crecido	hubiésemos crecido
hubieses crecido	hubieseis crecido
hubiese crecido	hubiesen crecido

IMPERATIVO

—	crezcamos
crece; no crezcas	creced; no crezcáis
crezca	crezcan

FORMAS NO PERSONALES

GERUNDIO	**PARTICIPIO**
creciendo	crecido

RELATED WORDS

el crescendo	crescendo (music)
el crecimiento	growth, increase, rise

EXAMPLES OF VERB USAGE

¡Qué alto estás! ¡Cómo has crecido!
You are so tall! You've grown so much!

El niño creció mucho y se convirtió en un apuesto joven.
The boy grew into a dashing young man.

Si no te comes todo no crecerás.
You won't grow if you don't eat everything.

creer
to believe, to think

VERB CHART
90

yo	nosotros/as
tú	vosotros/as
él/ella/Ud.	ellos/ellas/Uds.

INDICATIVO

PRESENTE

creo	creemos
crees	creéis
cree	creen

IMPERFECTO

creía	creíamos
creías	creíais
creía	creían

PRETÉRITO

creí	creímos
creíste	creísteis
creyó	creyeron

FUTURO

creeré	creeremos
creerás	creeréis
creerá	creerán

PRETÉRITO PERFECTO

he creído	hemos creído
has creído	habéis creído
ha creído	han creído

PLUSCUAMPERFECTO

había creído	habíamos creído
habías creído	habíais creído
había creído	habían creído

PRETÉRITO ANTERIOR

hube creído	hubimos creído
hubiste creído	hubisteis creído
hubo creído	hubieron creído

FUTURO PERFECTO

habré creído	habremos creído
habrás creído	habréis creído
habrá creído	habrán creído

CONDICIONAL

SIMPLE

creería	creeríamos
creerías	creeríais
creería	creerían

COMPUESTO

habría creído	habríamos creído
habrías creído	habríais creído
habría creído	habrían creído

SUBJUNTIVO

PRESENTE

crea	creamos
creas	creáis
crea	crean

IMPERFECTO

creyera	creyéramos
creyeras	creyerais
creyera	creyeran
OR	
creyese	creyésemos
creyeses	creyeseis
creyese	creyesen

PRETÉRITO PERFECTO

haya creído	hayamos creído
hayas creído	hayáis creído
haya creído	hayan creído

PLUSCUAMPERFECTO

hubiera creído	hubiéramos creído
hubieras creído	hubierais creído
hubiera creído	hubieran creído
OR	
hubiese creído	hubiésemos creído
hubieses creído	hubieseis creído
hubiese creído	hubiesen creído

IMPERATIVO

—	creamos
cree; no creas	creed; no creáis
crea	crean

FORMAS NO PERSONALES

GERUNDIO	**PARTICIPIO**
creyendo	creído

RELATED WORDS

la creencia	belief	*un/a creyente*	believer

EXAMPLES OF VERB USAGE

No creo lo que me dices.	I don't believe what you're telling me.
Y tú, ¿qué crees?	And what do you think?
Nunca lo hubiera creído.	I would have never believed it.
Lo creeré cuando lo vea.	I'll believe it when I see it.

VERB CHART

91

yo | nosotros/as
tú | vosotros/as
él/ella/Ud. | ellos/ellas/Uds.

cruzar
to cross

INDICATIVO

PRESENTE		PRETÉRITO PERFECTO	
cruzo	cruzamos	he cruzado	hemos cruzado
cruzas	cruzáis	has cruzado	habéis cruzado
cruza	cruzan	ha cruzado	han cruzado

IMPERFECTO		PLUSCUAMPERFECTO	
cruzaba	cruzábamos	había cruzado	habíamos cruzado
cruzabas	cruzabais	habías cruzado	habíais cruzado
cruzaba	cruzaban	había cruzado	habían cruzado

PRETÉRITO		PRETÉRITO ANTERIOR	
crucé	cruzamos	hube cruzado	hubimos cruzado
cruzaste	cruzasteis	hubiste cruzado	hubisteis cruzado
cruzó	cruzaron	hubo cruzado	hubieron cruzado

FUTURO		FUTURO PERFECTO	
cruzaré	cruzaremos	habré cruzado	habremos cruzado
cruzarás	cruzaréis	habrás cruzado	habréis cruzado
cruzará	cruzarán	habrá cruzado	habrán cruzado

CONDICIONAL

SIMPLE		COMPUESTO	
cruzaría	cruzaríamos	habría cruzado	habríamos cruzado
cruzarías	cruzaríais	habrías cruzado	habríais cruzado
cruzaría	cruzarían	habría cruzado	habrían cruzado

SUBJUNTIVO

PRESENTE		PRETÉRITO PERFECTO	
cruce	crucemos	haya cruzado	hayamos cruzado
cruces	crucéis	hayas cruzado	hayáis cruzado
cruce	crucen	haya cruzado	hayan cruzado

IMPERFECTO		PLUSCUAMPERFECTO	
cruzara	cruzáramos	hubiera cruzado	hubiéramos cruzado
cruzaras	cruzarais	hubieras cruzado	hubierais cruzado
cruzara	cruzaran	hubiera cruzado	hubieran cruzado
OR		OR	
cruzase	cruzásemos	hubiese cruzado	hubiésemos cruzado
cruzases	cruzaseis	hubieses cruzado	hubieseis cruzado
cruzase	cruzasen	hubiese cruzado	hubiesen cruzado

IMPERATIVO

—	crucemos
cruza; no cruces	cruzad; no crucéis
cruce	crucen

FORMAS NO PERSONALES

GERUNDIO	PARTICIPIO
cruzando	cruzado

RELATED WORDS

la cruz	cross	*la cruzada*	crusade
cara o cruz	heads or tails	*cruzarse*	to run into sb

EXAMPLES OF VERB USAGE

Cruce la calle en aquella esquina.	Cross the street at that corner.
Cruzaron las líneas para obtener el efecto deseado.	They crossed the lines to obtain the desired effect.
Cada día cruzaban el puente.	Every day they crossed the bridge.
Nos cruzamos en la calle con Serafín.	We ran into Serafin on the street.

dar

to give

yo	nosotros/as
tú	vosotros/as
él/ella/Ud.	ellos/ellas/Uds.

INDICATIVO

PRESENTE

doy	damos
das	dais
da	dan

PRETÉRITO PERFECTO

he dado	hemos dado
has dado	habéis dado
ha dado	han dado

IMPERFECTO

daba	dábamos
dabas	dabais
daba	daban

PLUSCUAMPERFECTO

había dado	habíamos dado
habías dado	habíais dado
había dado	habían dado

PRETÉRITO

di	dimos
diste	disteis
dio	dieron

PRETÉRITO ANTERIOR

hube dado	hubimos dado
hubiste dado	hubisteis dado
hubo dado	hubieron dado

FUTURO

daré	daremos
darás	daréis
dará	darán

FUTURO PERFECTO

habré dado	habremos dado
habrás dado	habréis dado
habrá dado	habrán dado

CONDICIONAL

SIMPLE

daría	daríamos
darías	daríais
daría	darían

COMPUESTO

habría dado	habríamos dado
habrías dado	habríais dado
habría dado	habrían dado

SUBJUNTIVO

PRESENTE

dé	demos
des	deis
dé	den

PRETÉRITO PERFECTO

haya dado	hayamos dado
hayas dado	hayáis dado
haya dado	hayan dado

IMPERFECTO

diera	diéramos
dieras	dierais
diera	dieran
OR	
diese	diésemos
dieses	dieseis
diese	diesen

PLUSCUAMPERFECTO

hubiera dado	hubiéramos dado
hubieras dado	hubierais dado
hubiera dado	hubieran dado
OR	
hubiese dado	hubiésemos dado
hubieses dado	hubieseis dado
hubiese dado	hubiesen dado

IMPERATIVO

—	demos
da; no des	dad; no deis
dé	den

FORMAS NO PERSONALES

GERUNDIO
dando

PARTICIPIO
dado

RELATED WORDS

dar la mano (a alguien)	to shake hands (with sb)	dar vida	to give life
darse	to grow, to hit oneself	dar vergüenza	to embarrass

EXAMPLES OF VERB USAGE

Dame las llaves.	Give me the keys.
No le dio el dinero al ladrón.	She didn't give her money to the thief.
Les dieron quince días para devolver las cosas.	They gave them fifteen days to return the stuff.
Me darán otro plazo para terminarlo.	They will give me another extension to finish it.

Verb Charts

deber

to owe, to have to, must, should

yo | nosotros/as
tú | vosotros/as
él/ella/Ud. | ellos/ellas/Uds.

INDICATIVO

PRESENTE

debo	debemos
debes	debéis
debe	deben

PRETÉRITO PERFECTO

he debido	hemos debido
has debido	habéis debido
ha debido	han debido

IMPERFECTO

debía	debíamos
debías	debíais
debía	debían

PLUSCUAMPERFECTO

había debido	habíamos debido
habías debido	habíais debido
había debido	habían debido

PRETÉRITO

debí	debimos
debiste	debisteis
debió	debieron

PRETÉRITO ANTERIOR

hube debido	hubimos debido
hubiste debido	hubisteis debido
hubo debido	hubieron debido

FUTURO

deberé	deberemos
deberás	deberéis
deberá	deberán

FUTURO PERFECTO

habré debido	habremos debido
habrás debido	habréis debido
habrá debido	habrán debido

CONDICIONAL

SIMPLE

debería	deberíamos
deberías	deberíais
debería	deberían

COMPUESTO

habría debido	habríamos debido
habrías debido	habríais debido
habría debido	habrían debido

SUBJUNTIVO

PRESENTE

deba	debamos
debas	debáis
deba	deban

PRETÉRITO PERFECTO

haya debido	hayamos debido
hayas debido	hayáis debido
haya debido	hayan debido

IMPERFECTO

debiera	debiéramos
debieras	debierais
debiera	debieran
OR	
debiese	debiésemos
debieses	debieseis
debiese	debiesen

PLUSCUAMPERFECTO

hubiera debido	hubiéramos debido
hubieras debido	hubierais debido
hubiera debido	hubieran debido
OR	
hubiese debido	hubiésemos debido
hubieses debido	hubieseis debido
hubiese debido	hubiesen debido

IMPERATIVO

—	debamos
debe; no debas	debed; no debáis
deba	deban

FORMAS NO PERSONALES

GERUNDIO	**PARTICIPIO**
debiendo	debido

RELATED WORDS

el deber	duty	*la deuda*	debt
un/a deudor/a	debtor	*deberse*	to be due

EXAMPLES OF VERB USAGE

Debemos salir inmediatamente.	We must leave immediately.
Nos debían mucho dinero.	They owed us a lot of money.
Deberías hacer lo que te dicen.	You should do what they tell you.
Debe entregar el pasaporte.	You must hand in the passport.

decidir
to decide

yo	nosotros/as	
tú	vosotros/as	
él/ella/Ud.	ellos/ellas/Uds.	

INDICATIVO

PRESENTE

decido	decidimos
decides	decidís
decide	deciden

PRETÉRITO PERFECTO

he decidido	hemos decidido
has decidido	habéis decidido
ha decidido	han decidido

IMPERFECTO

decidía	decidíamos
decidías	decidíais
decidía	decidían

PLUSCUAMPERFECTO

había decidido	habíamos decidido
habías decidido	habíais decidido
había decidido	habían decidido

PRETÉRITO

decidí	decidimos
decidiste	decidisteis
decidió	decidieron

PRETÉRITO ANTERIOR

hube decidido	hubimos decidido
hubiste decidido	hubisteis decidido
hubo decidido	hubieron decidido

FUTURO

decidiré	decidiremos
decidirás	decidiréis
decidirá	decidirán

FUTURO PERFECTO

habré decidido	habremos decidido
habrás decidido	habréis decidido
habrá decidido	habrán decidido

CONDICIONAL

SIMPLE

decidiría	decidiríamos
decidirías	decidiríais
decidiría	decidirían

COMPUESTO

habría decidido	habríamos decidido
habrías decidido	habríais decidido
habría decidido	habrían decidido

SUBJUNTIVO

PRESENTE

decida	decidamos
decidas	decidáis
decida	decidan

PRETÉRITO PERFECTO

haya decidido	hayamos decidido
hayas decidido	hayáis decidido
haya decidido	hayan decidido

IMPERFECTO

decidiera	decidiéramos
decidieras	decidierais
decidiera	decidieran
OR	
decidiese	decidiésemos
decidieses	decidieseis
decidiese	decidiesen

PLUSCUAMPERFECTO

hubiera decidido	hubiéramos decidido
hubieras decidido	hubierais decidido
hubiera decidido	hubieran decidido
OR	
hubiese decidido	hubiésemos decidido
hubieses decidido	hubieseis decidido
hubiese decidido	hubiesen decidido

IMPERATIVO

—	decidamos
decide; no decidas	decidid; no decidáis
decida	decidan

FORMAS NO PERSONALES

GERUNDIO	PARTICIPIO
decidiendo	decidido

RELATED WORDS

una decisión	decision	*decidido/a*	determined
decididamente	resolutely	*decidirse*	to reach a decision

EXAMPLES OF VERB USAGE

¿Qué han decidido?	What have you decided?
Decidieron no ir de compras.	They decided not to go shopping.
Decidiremos cuando sepamos todos los datos.	We'll decide when we have all the facts.
No se decidía por nada.	He couldn't reach a decision.

Verb Charts

decir

to say, to tell

INDICATIVO

yo   nosotros/as
tú   vosotros/as
él/ella/Ud.   ellos/ellas/Uds.

PRESENTE

digo	decimos
dices	decís
dice	dicen

PRETÉRITO PERFECTO

he dicho	hemos dicho
has dicho	habéis dicho
ha dicho	han dicho

IMPERFECTO

decía	decíamos
decías	decíais
decía	decían

PLUSCUAMPERFECTO

había dicho	habíamos dicho
habías dicho	habíais dicho
había dicho	habían dicho

PRETÉRITO

dije	dijimos
dijiste	dijisteis
dijo	dijeron

PRETÉRITO ANTERIOR

hube dicho	hubimos dicho
hubiste dicho	hubisteis dicho
hubo dicho	hubieron dicho

FUTURO

diré	diremos
dirás	diréis
dirá	dirán

FUTURO PERFECTO

habré dicho	habremos dicho
habrás dicho	habréis dicho
habrá dicho	habrán dicho

CONDICIONAL

SIMPLE

diría	diríamos
dirías	diríais
diría	dirían

COMPUESTO

habría dicho	habríamos dicho
habrías dicho	habríais dicho
habría dicho	habrían dicho

SUBJUNTIVO

PRESENTE

diga	digamos
digas	digáis
diga	digan

PRETÉRITO PERFECTO

haya dicho	hayamos dicho
hayas dicho	hayáis dicho
haya dicho	hayan dicho

IMPERFECTO

dijera	dijéramos
dijeras	dijerais
dijera	dijeran
OR	OR
dijese	dijésemos
dijeses	dijeseis
dijese	dijesen

PLUSCUAMPERFECTO

hubiera dicho	hubiéramos dicho
hubieras dicho	hubierais dicho
hubiera dicho	hubieran dicho
OR	OR
hubiese dicho	hubiésemos dicho
hubieses dicho	hubieseis dicho
hubiese dicho	hubiesen dicho

IMPERATIVO

—	digamos
di; no digas	decid; no digáis
diga	digan

FORMAS NO PERSONALES

GERUNDIO	PARTICIPIO
diciendo	dicho

RELATED WORDS

un dicho	saying	*querer decir*	to mean
dicho y hecho	said and done	*digan lo que digan*	no matter what people say

EXAMPLES OF VERB USAGE

Le dije que no viniera tan temprano.	I told him not to come so early.
No me han dicho la verdad.	They haven't told me the truth.
Les diría a los chicos que estudiaran más, pero seguro que no hacen caso.	I would tell the kids to study more, but I'm sure they won't pay attention.
¿Qué quieres que te diga?	What do you want me to tell you?

dedicarse

to devote onself, to dedicate oneself

yo	nosotros/as
tú	vosotros/as
él/ella/Ud.	ellos/ellas/Uds.

INDICATIVO

PRESENTE
me dedico	nos dedicamos
te dedicas	os dedicáis
se dedica	se dedican

IMPERFECTO
me dedicaba	nos dedicábamos
te dedicabas	os dedicabais
se dedicaba	se dedicaban

PRETÉRITO
me dediqué	nos dedicamos
te dedicaste	os dedicasteis
se dedicó	se dedicaron

FUTURO
me dedicaré	nos dedicaremos
te dedicarás	os dedicaréis
se dedicará	se dedicarán

PRETÉRITO PERFECTO
me he dedicado	nos hemos dedicado
te has dedicado	os habéis dedicado
se ha dedicado	se han dedicado

PLUSCUAMPERFECTO
me había dedicado	nos habíamos dedicado
te habías dedicado	os habíais dedicado
se había dedicado	se habían dedicado

PRETÉRITO ANTERIOR
me hube dedicado	nos hubimos dedicado
te hubiste dedicado	os hubisteis dedicado
se hubo dedicado	se hubieron dedicado

FUTURO PERFECTO
me habré dedicado	nos habremos dedicado
te habrás dedicado	os habréis dedicado
se habrá dedicado	se habrán dedicado

CONDICIONAL

SIMPLE
me dedicaría	nos dedicaríamos
te dedicarías	os dedicaríais
se dedicaría	se dedicarían

COMPUESTO
me habría dedicado	nos habríamos dedicado
te habrías dedicado	os habríais dedicado
se habría dedicado	se habrían dedicado

SUBJUNTIVO

PRESENTE
me dedique	nos dediquemos
te dediques	os dediquéis
se dedique	se dediquen

IMPERFECTO
me dedicara	nos dedicáramos
te dedicaras	os dedicarais
se dedicara	se dedicaran
OR	
me dedicase	nos dedicásemos
te dedicases	os dedicaseis
se dedicase	se dedicasen

PRETÉRITO PERFECTO
me haya dedicado	nos hayamos dedicado
te hayas dedicado	os hayáis dedicado
se haya dedicado	se hayan dedicado

PLUSCUAMPERFECTO
me hubiera dedicado	nos hubiéramos dedicado
te hubieras dedicado	os hubierais dedicado
se hubiera dedicado	se hubieran dedicado
OR	
me hubiese dedicado	nos hubiésemos dedicado
te hubieses dedicado	os hubieseis dedicado
se hubiese dedicado	se hubiesen dedicado

IMPERATIVO

—	dediquémonos
dedícate;	dedicaos;
no te dediques	no os dediquéis
dedíquese	dedíquense

FORMAS NO PERSONALES

GERUNDIO	**PARTICIPIO**
dedicándose	dedicado

RELATED WORDS

la dedicación	dedication	*una dedicatoria*	dedication
dedicar	to dedicate	*dedicado/a*	devoted

EXAMPLES OF VERB USAGE

¿A qué se dedica tu padre?	What does your father do for a living?
Mi madre se dedicaba a pintar.	My mother was devoted to painting.
Durante muchos años, Juan se dedicó a cuidar niños huérfanos.	For many years, Juan devoted himself to caring for orphans.
Voy a dedicarme a estudiar más y salir menos.	I'm going to devote myself to studying more and going out less.

Verb Charts

deducir
to deduce, to infer, to assume

INDICATIVO

yo   nosotros/as
tú   vosotros/as
él/ella/Ud.   ellos/ellas/Uds.

PRESENTE
deduzco	deducimos
deduces	deducís
deduce	deducen

IMPERFECTO
deducía	deducíamos
deducías	deducíais
deducía	deducían

PRETÉRITO
deduje	dedujimos
dedujiste	dedujisteis
dedujo	dedujeron

FUTURO
deduciré	deduciremos
deducirás	deduciréis
deducirá	deducirán

PRETÉRITO PERFECTO
he deducido	hemos deducido
has deducido	habéis deducido
ha deducido	han deducido

PLUSCUAMPERFECTO
había deducido	habíamos deducido
habías deducido	habíais deducido
había deducido	habían deducido

PRETÉRITO ANTERIOR
hube deducido	hubimos deducido
hubiste deducido	hubisteis deducido
hubo deducido	hubieron deducido

FUTURO PERFECTO
habré deducido	habremos deducido
habrás deducido	habréis deducido
habrá deducido	habrán deducido

CONDICIONAL

SIMPLE
deduciría	deduciríamos
deducirías	deduciríais
deduciría	deducirían

COMPUESTO
habría deducido	habríamos deducido
habrías deducido	habríais deducido
habría deducido	habrían deducido

SUBJUNTIVO

PRESENTE
deduzca	deduzcamos
deduzcas	deduzcáis
deduzca	deduzcan

IMPERFECTO
dedujera	dedujéramos
dedujeras	dedujerais
dedujera	dedujeran
OR	
dedujese	dedujésemos
dedujeses	dedujeseis
dedujese	dedujesen

PRETÉRITO PERFECTO
haya deducido	hayamos deducido
hayas deducido	hayáis deducido
haya deducido	hayan deducido

PLUSCUAMPERFECTO
hubiera deducido	hubiéramos deducido
hubieras deducido	hubierais deducido
hubiera deducido	hubieran deducido
OR	
hubiese deducido	hubiésemos deducido
hubieses deducido	hubieseis deducido
hubiese deducido	hubiesen deducido

IMPERATIVO

—	deduzcamos
deduce;	deducid; no deduzcáis
no deduzcas	
deduzca	deduzcan

FORMAS NO PERSONALES

GERUNDIO	PARTICIPIO
deduciendo	deducido

RELATED WORDS

la deducción	deduction, conclusion	*deducible*	deducible
deductivo/a	deductive		

EXAMPLES OF VERB USAGE

Por lo que me dice, deduzco que no está contento. From what you are telling me, I assume you are not happy.

Dedujeron que no era lo mejor en ese caso. They assumed it was not the best in that case.

Pedro dedujo de lo expuesto que no era bienvenido. Pedro concluded from what was said that he was not welcome.

De lo que transluzca, deduciremos lo conveniente. Come what may, we will draw conclusions as we see fit.

defender
to defend, to protect

yo	nosotros/as
tú	vosotros/as
él/ella/Ud.	ellos/ellas/Uds.

INDICATIVO

PRESENTE

defiendo	defendemos
defiendes	defendéis
defiende	defienden

PRETÉRITO PERFECTO

he defendido	hemos defendido
has defendido	habéis defendido
ha defendido	han defendido

IMPERFECTO

defendía	defendíamos
defendías	defendíais
defendía	defendían

PLUSCUAMPERFECTO

había defendido	habíamos defendido
habías defendido	habíais defendido
había defendido	habían defendido

PRETÉRITO

defendí	defendimos
defendiste	defendisteis
defendió	defendieron

PRETÉRITO ANTERIOR

hube defendido	hubimos defendido
hubiste defendido	hubisteis defendido
hubo defendido	hubieron defendido

FUTURO

defenderé	defenderemos
defenderás	defenderéis
defenderá	defenderán

FUTURO PERFECTO

habré defendido	habremos defendido
habrás defendido	habréis defendido
habrá defendido	habrán defendido

CONDICIONAL

SIMPLE

defendería	defenderíamos
defenderías	defenderíais
defendería	defenderían

COMPUESTO

habría defendido	habríamos defendido
habrías defendido	habríais defendido
habría defendido	habrían defendido

SUBJUNTIVO

PRESENTE

defienda	defendamos
defiendas	defendáis
defienda	defiendan

PRETÉRITO PERFECTO

haya defendido	hayamos defendido
hayas defendido	hayáis defendido
haya defendido	hayan defendido

IMPERFECTO

defendiera	defendiéramos
defendieras	defendierais
defendiera	defendieran
OR	
defendiese	defendiésemos
defendieses	defendieseis
defendiese	defendiesen

PLUSCUAMPERFECTO

hubiera defendido	hubiéramos defendido
hubieras defendido	hubierais defendido
hubiera defendido	hubieran defendido
OR	
hubiese defendido	hubiésemos defendido
hubieses defendido	hubieseis defendido
hubiese defendido	hubiesen defendido

IMPERATIVO

—	defendamos
defiende;	defended;
no defiendas	no defendáis
defienda	defiendan

FORMAS NO PERSONALES

GERUNDIO	PARTICIPIO
defendiendo	defendido

RELATED WORDS

la defensa	defense	*defendido/a*	defendant
defensor/a	defender	*defensor/a del pueblo*	ombudsman

EXAMPLES OF VERB USAGE

La defendimos como pudimos.	We defended her as best we could.
Lo defenderé de todo lo que le acusen.	I will defend him against everything he stands accused of.
Defendió la tesis con dignidad.	She defended her dissertation with dignity.

Verb Charts

VERB CHART

99

yo	nosotros/as
tú	vosotros/as
él/ella/Ud.	ellos/ellas/Uds.

degollar
to slit the throat

INDICATIVO

PRESENTE
degüello	degollamos
degüellas	degolláis
degüella	degüellan

PRETÉRITO PERFECTO
he degollado	hemos degollado
has degollado	habéis degollado
ha degollado	han degollado

IMPERFECTO
degollaba	degollábamos
degollabas	degollabais
degollaba	degollaban

PLUSCUAMPERFECTO
había degollado	habíamos degollado
habías degollado	habíais degollado
había degollado	habían degollado

PRETÉRITO
degollé	degollamos
degollaste	degollasteis
degolló	degollaron

PRETÉRITO ANTERIOR
hube degollado	hubimos degollado
hubiste degollado	hubisteis degollado
hubo degollado	hubieron degollado

FUTURO
degollaré	degollaremos
degollarás	degollaréis
degollará	degollarán

FUTURO PERFECTO
habré degollado	habremos degollado
habrás degollado	habréis degollado
habrá degollado	habrán degollado

CONDICIONAL

SIMPLE
degollaría	degollaríamos
degollarías	degollaríais
degollaría	degollarían

COMPUESTO
habría degollado	habríamos degollado
habrías degollado	habríais degollado
habría degollado	habrían degollado

SUBJUNTIVO

PRESENTE
degüelle	degollemos
degüelles	degolléis
degüelle	degüellen

PRETÉRITO PERFECTO
haya degollado	hayamos degollado
hayas degollado	hayáis degollado
haya degollado	hayan degollado

IMPERFECTO
degollara	degolláramos
degollaras	degollarais
degollara	degollaran
OR	
degollase	degollásemos
degollases	degollaseis
degollase	degollasen

PLUSCUAMPERFECTO
hubiera degollado	hubiéramos degollado
hubieras degollado	hubierais degollado
hubiera degollado	hubieran degollado
OR	
hubiese degollado	hubiésemos degollado
hubieses degollado	hubieseis degollado
hubiese degollado	hubiesen degollado

IMPERATIVO

—	degollemos
degüella;	degollad; no degolléis
no degüelles	
degüelle	degüellen

FORMAS NO PERSONALES

GERUNDIO	PARTICIPIO
degollando	degollado

RELATED WORDS

una degollina	slaughter	*como cordero degollado*	all doe-eyed

EXAMPLES OF VERB USAGE

La degollaron sin piedad.	They mercilessly slit her throat.
Van a degollar esos pollos en diez minutos.	They're going to behead those chickens in ten minutes.

demostrar
to prove, to demonstrate, to show

yo	nosotros/as
tú	vosotros/as
él/ella/Ud.	ellos/ellas/Uds.

INDICATIVO

PRESENTE

demuestro	demostramos
demuestras	demostráis
demuestra	demuestran

IMPERFECTO

demostraba	demostrábamos
demostrabas	demostrabais
demostraba	demostraban

PRETÉRITO

demostré	demostramos
demostraste	demostrasteis
demostró	demostraron

FUTURO

demostraré	demostraremos
demostrarás	demostraréis
demostrará	demostrarán

PRETÉRITO PERFECTO

he demostrado	hemos demostrado
has demostrado	habéis demostrado
ha demostrado	han demostrado

PLUSCUAMPERFECTO

había demostrado	habíamos demostrado
habías demostrado	habíais demostrado
había demostrado	habían demostrado

PRETÉRITO ANTERIOR

hube demostrado	hubimos demostrado
hubiste demostrado	hubisteis demostrado
hubo demostrado	hubieron demostrado

FUTURO PERFECTO

habré demostrado	habremos demostrado
habrás demostrado	habréis demostrado
habrá demostrado	habrán demostrado

CONDICIONAL

SIMPLE

demostraría	demostraríamos
demostrarías	demostraríais
demostraría	demostrarían

COMPUESTO

habría demostrado	habríamos demostrado
habrías demostrado	habríais demostrado
habría demostrado	habrían demostrado

SUBJUNTIVO

PRESENTE

demuestre	demostremos
demuestres	demostréis
demuestre	demuestren

IMPERFECTO

demostrara	demostráramos
demostraras	demostrarais
demostrara	demostraran
OR	
demostrase	demostrásemos
demostrases	demostraseis
demostrase	demostrasen

PRETÉRITO PERFECTO

haya demostrado	hayamos demostrado
hayas demostrado	hayáis demostrado
haya demostrado	hayan demostrado

PLUSCUAMPERFECTO

hubiera demostrado	hubiéramos demostrado
hubieras demostrado	hubierais demostrado
hubiera demostrado	hubieran demostrado
OR	
hubiese demostrado	hubiésemos demostrado
hubieses demostrado	hubieseis demostrado
hubiese demostrado	hubiesen demostrado

IMPERATIVO

—	demostremos
demuestra;	demostrad;
no demuestres	no demostréis
demuestre	demuestren

FORMAS NO PERSONALES

GERUNDIO	**PARTICIPIO**
demostrando	demostrado

RELATED WORDS

una demostración	demonstration
demostrable	demonstrable
demostrativo/a	illustrative

EXAMPLES OF VERB USAGE

Eso demuestra que me quiere.	This proves that he loves me.
Me lo ha demostrado una y otra vez.	Time and again he has demonstrated that to me.
Estos niños demostrarán ser capaces de ello.	These kids will prove themselves capable.
Demuéstrame lo que sabes.	Show me what you know.

depender
to depend, to be up to

yo	nosotros/as
tú	vosotros/as
él/ella/Ud.	ellos/ellas/Uds.

INDICATIVO

PRESENTE
dependo	dependemos
dependes	dependéis
depende	dependen

PRETÉRITO PERFECTO
he dependido	hemos dependido
has dependido	habéis dependido
ha dependido	han dependido

IMPERFECTO
dependía	dependíamos
dependías	dependíais
dependía	dependían

PLUSCUAMPERFECTO
había dependido	habíamos dependido
habías dependido	habíais dependido
había dependido	habían dependido

PRETÉRITO
dependí	dependimos
dependiste	dependisteis
dependió	dependieron

PRETÉRITO ANTERIOR
hube dependido	hubimos dependido
hubiste dependido	hubisteis dependido
hubo dependido	hubieron dependido

FUTURO
dependeré	dependeremos
dependerás	dependeréis
dependerá	dependerán

FUTURO PERFECTO
habré dependido	habremos dependido
habrás dependido	habréis dependido
habrá dependido	habrán dependido

CONDICIONAL

SIMPLE
dependería	dependeríamos
dependerías	dependeríais
dependería	dependerían

COMPUESTO
habría dependido	habríamos dependido
habrías dependido	habríais dependido
habría dependido	habrían dependido

SUBJUNTIVO

PRESENTE
dependa	dependamos
dependas	dependáis
dependa	dependan

PRETÉRITO
haya dependido	hayamos dependido
hayas dependido	hayáis dependido
haya dependido	hayan dependido

IMPERFECTO
dependiera	dependiéramos
dependieras	dependierais
dependiera	dependieran
OR	
dependiese	dependiésemos
dependieses	dependieseis
dependiese	dependiesen

PLUSCUAMPERFECTO
hubiera dependido	hubiéramos dependido
hubieras dependido	hubierais dependido
hubiera dependido	hubieran dependido
OR	
hubiese dependido	hubiésemos dependido
hubieses dependido	hubieseis dependido
hubiese dependido	hubiesen dependido

IMPERATIVO

—	dependamos
depende;	depended;
no dependas	no dependáis
dependa	dependan

FORMAS NO PERSONALES

GERUNDIO	PARTICIPIO
dependiendo	dependido

RELATED WORDS

la dependencia	dependency
las dependencias	buildings
independiente	independent
un/a dependiente	sales clerk

EXAMPLES OF VERB USAGE

Eso no depende de mí.	It's not up to me.
Ella depende económicamente de su padre.	She is financially dependent on her father.
Si de mí dependiera, ya habríamos ido.	If it were up to me, we would have left already.
Nunca he dependido de nadie.	I've never depended on anyone.

deponer

to abandon, to depose, to overthrow, to testify

INDICATIVO

PRESENTE

depongo	deponemos
depones	deponéis
depone	deponen

PRETÉRITO PERFECTO

he depuesto	hemos depuesto
has depuesto	habéis depuesto
ha depuesto	han depuesto

yo	nosotros/as
tú	vosotros/as
él/ella/Ud.	ellos/ellas/Uds.

IMPERFECTO

deponía	deponíamos
deponías	deponíais
deponía	deponían

PLUSCUAMPERFECTO

había depuesto	habíamos depuesto
habías depuesto	habíais depuesto
había depuesto	habían depuesto

PRETÉRITO

depuse	depusimos
depusiste	depusisteis
depuso	depusieron

PRETÉRITO ANTERIOR

hube depuesto	hubimos depuesto
hubiste depuesto	hubisteis depuesto
hubo depuesto	hubieron depuesto

FUTURO

depondré	depondremos
depondrás	depondréis
depondrá	depondrán

FUTURO PERFECTO

habré depuesto	habremos depuesto
habrás depuesto	habréis depuesto
habrá depuesto	habrán depuesto

CONDICIONAL

SIMPLE

depondría	depondríamos
depondrías	depondríais
depondría	depondrían

COMPUESTO

habría depuesto	habríamos depuesto
habrías depuesto	habríais depuesto
habría depuesto	habrían depuesto

SUBJUNTIVO

PRESENTE

deponga	depongamos
depongas	depongáis
deponga	depongan

PRETÉRITO

haya depuesto	hayamos depuesto
hayas depuesto	hayáis depuesto
haya depuesto	hayan depuesto

IMPERFECTO

depusiera	depusiéramos
depusieras	depusierais
depusiera	depusieran
OR	
depusiese	depusiésemos
depusieses	depusieseis
depusiese	depusiesen

PLUSCUAMPERFECTO

hubiera depuesto	hubiéramos depuesto
hubieras depuesto	hubierais depuesto
hubiera depuesto	hubieran depuesto
OR	
hubiese depuesto	hubiésemos depuesto
hubieses depuesto	hubieseis depuesto
hubiese depuesto	hubiesen depuesto

IMPERATIVO

—	depongamos
depone;	deponed;
no depongas	no depongáis
deponga	depongan

FORMAS NO PERSONALES

GERUNDIO	**PARTICIPIO**
deponiendo	depuesto

RELATED WORDS

depuesto/a	deposed	*deponente*	deponent

EXAMPLES OF VERB USAGE

El presidente fue depuesto de su cargo.	The president was removed from office.
Depusieron las armas.	They laid down their arms.

derribar
to demolish, to bring down, to overthrow

yo	nosotros/as
tú	vosotros/as
él/ella/Ud.	ellos/ellas/Uds.

INDICATIVO

PRESENTE
derribo	derribamos
derribas	derribáis
derriba	derriban

PRETÉRITO PERFECTO
he derribado	hemos derribado
has derribado	habéis derribado
ha derribado	han derribado

IMPERFECTO
derribaba	derribábamos
derribabas	derribabais
derribaba	derribaban

PLUSCUAMPERFECTO
había derribado	habíamos derribado
habías derribado	habíais derribado
había derribado	habían derribado

PRETÉRITO
derribé	derribamos
derribaste	derribasteis
derribó	derribaron

PRETÉRITO ANTERIOR
hube derribado	hubimos derribado
hubiste derribado	hubisteis derribado
hubo derribado	hubieron derribado

FUTURO
derribaré	derribaremos
derribarás	derribaréis
derribará	derribarán

FUTURO PERFECTO
habré derribado	habremos derribado
habrás derribado	habréis derribado
habrá derribado	habrán derribado

CONDICIONAL

SIMPLE
derribaría	derribaríamos
derribarías	derribaríais
derribaría	derribarían

COMPUESTO
habría derribado	habríamos derribado
habrías derribado	habríais derribado
habría derribado	habrían derribado

SUBJUNTIVO

PRESENTE
derribe	derribemos
derribes	derribéis
derribe	derriben

PRETÉRITO
haya derribado	hayamos derribado
hayas derribado	hayáis derribado
haya derribado	hayan derribado

IMPERFECTO
derribara	derribáramos
derribaras	derribarais
derribara	derribaran
OR	
derribase	derribásemos
derribases	derribaseis
derribase	derribasen

PLUSCUAMPERFECTO
hubiera derribado	hubiéramos derribado
hubieras derribado	hubierais derribado
hubiera derribado	hubieran derribado
OR	
hubiese derribado	hubiésemos derribado
hubieses derribado	hubieseis derribado
hubiese derribado	hubiesen derribado

IMPERATIVO
—	derribemos
derriba; no derribes	derribad; no derribéis
derribe	derriben

FORMAS NO PERSONALES

GERUNDIO	PARTICIPIO
derribando	derribado

RELATED WORDS
un derribo	demolition

EXAMPLES OF VERB USAGE

Los ingenieros derribaron el edificio.	The engineers demolished the buiding.
¿Qué han derribado?	What did they demolish?
Derribaremos el gobierno del rey.	We will overthrow the king's government.

desaparecer

to disappear, to cause to disappear

yo	nosotros/as
tú	vosotros/as
él/ella/Ud.	ellos/ellas/Uds.

INDICATIVO

PRESENTE

desaparezco	desaparecemos
desapareces	desaparecéis
desaparece	desaparecen

PRETÉRITO PERFECTO

he desaparecido	hemos desaparecido
has desaparecido	habéis desaparecido
ha desaparecido	han desaparecido

IMPERFECTO

desaparecía	desaparecíamos
desaparecías	desaparecíais
desaparecía	desaparecían

PLUSCUAMPERFECTO

había desaparecido	habíamos desaparecido
habías desaparecido	habíais desaparecido
había desaparecido	habían desaparecido

PRETÉRITO

desaparecí	desaparecimos
desapareciste	desaparecisteis
desapareció	desaparecieron

PRETÉRITO ANTERIOR

hube desaparecido	hubimos desaparecido
hubiste desaparecido	hubisteis desaparecido
hubo desaparecido	hubieron desaparecido

FUTURO

desapareceré	desapareceremos
desaparecerás	desapareceréis
desaparecerá	desaparecerán

FUTURO PERFECTO

habré desaparecido	habremos desaparecido
habrás desaparecido	habréis desaparecido
habrá desaparecido	habrán desaparecido

CONDICIONAL

SIMPLE

desaparecería	desapareceríamos
desaparecerías	desapareceríais
desaparecería	desaparecerían

COMPUESTO

habría desaparecido	habríamos desaparecido
habrías desaparecido	habríais desaparecido
habría desaparecido	habrían desaparecido

SUBJUNTIVO

PRESENTE

desaparezca	desaparezcamos
desaparezcas	desaparezcáis
desaparezca	desaparezcan

PRETÉRITO

haya desaparecido	hayamos desaparecido
hayas desaparecido	hayáis desaparecido
haya desaparecido	hayan desaparecido

IMPERFECTO

desapareciera	desapareciéramos
desaparecieras	desaparecierais
desapareciera	desaparecieran
OR	
desapareciese	desapareciésemos
desaparecieses	desaparecieseis
desapareciese	desapareciesen

PLUSCUAMPERFECTO

hubiera desaparecido	hubiéramos desaparecido
hubieras desaparecido	hubierais desaparecido
hubiera desaparecido	hubieran desaparecido
OR	
hubiese desaparecido	hubiésemos desaparecido
hubieses desaparecido	hubieseis desaparecido
hubiese desaparecido	hubiesen desaparecido

IMPERATIVO

—	desaparezcamos
desaparece;	desapareced;
no desaparezcas	no desaparezcáis
desaparezca	desaparezcan

FORMAS NO PERSONALES

GERUNDIO	**PARTICIPIO**
desapareciendo	desaparecido

RELATED WORDS

la desaparición	disappearance	*aparecer*	to appear
los/as desaparecidos	missing people		

EXAMPLES OF VERB USAGE

Me han desaparecido las llaves.	My keys have disappeared.
Los soldados desaparecieron en combate.	The soldiers went missing in combat.
Desapareció sin dejar huella.	He disappeared without a trace.

Verb Charts

desayunar
to have breakfast

yo	nosotros/as
tú	vosotros/as
él/ella/Ud.	ellos/ellas/Uds.

INDICATIVO

PRESENTE
desayuno	desayunamos
desayunas	desayunáis
desayuna	desayunan

PRETÉRITO PERFECTO
he desayunado	hemos desayunado
has desayunado	habéis desayunado
ha desayunado	han desayunado

IMPERFECTO
desayunaba	desayunábamos
desayunabas	desayunabais
desayunaba	desayunaban

PLUSCUAMPERFECTO
había desayunado	habíamos desayunado
habías desayunado	habíais desayunado
había desayunado	habían desayunado

PRETÉRITO
desayuné	desayunamos
desayunaste	desayunasteis
desayunó	desayunaron

PRETÉRITO ANTERIOR
hube desayunado	hubimos desayunado
hubiste desayunado	hubisteis desayunado
hubo desayunado	hubieron desayunado

FUTURO
desayunaré	desayunaremos
desayunarás	desayunaréis
desayunará	desayunarán

FUTURO PERFECTO
habré desayunado	habremos desayunado
habrás desayunado	habréis desayunado
habrá desayunado	habrán desayunado

CONDICIONAL

SIMPLE
desayunaría	desayunaríamos
desayunarías	desayunaríais
desayunaría	desayunarían

COMPUESTO
habría desayunado	habríamos desayunado
habrías desayunado	habríais desayunado
habría desayunado	habrían desayunado

SUBJUNTIVO

PRESENTE
desayune	desayunemos
desayunes	desayunéis
desayune	desayunen

PRETÉRITO
haya desayunado	hayamos desayunado
hayas desayunado	hayáis desayunado
haya desayunado	hayan desayunado

IMPERFECTO
desayunara	desayunáramos
desayunaras	desayunarais
desayunara	desayunaran
OR	
desayunase	desayunásemos
desayunases	desayunaseis
desayunase	desayunasen

PLUSCUAMPERFECTO
hubiera desayunado	hubiéramos desayunado
hubieras desayunado	hubierais desayunado
hubiera desayunado	hubieran desayunado
OR	
hubiese desayunado	hubiésemos desayunado
hubieses desayunado	hubieseis desayunado
hubiese desayunado	hubiesen desayunado

IMPERATIVO

—	desayunemos
desayuna;	desayunad;
no desayunes	no desayunéis
desayune	desayunen

FORMAS NO PERSONALES

GERUNDIO	PARTICIPIO
desayunando	desayunado

RELATED WORDS

el desayuno	breakfast	*ayunar*	to fast
el ayuno	fast		

EXAMPLES OF VERB USAGE

¿Has desayunado ya?	Have you had breakfast already?
Esta mañana desayuné una tostada con el café.	This morning I had toast with coffee for breakfast.
¿Desayunarás con nosotros?	Will you have breakfast with us?
Es importante que desayunes algo.	It's important for you to have something for breakfast.

describir
to describe

VERB CHART

106

yo	nosotros/as
tú	vosotros/as
él/ella/Ud.	ellos/ellas/Uds.

INDICATIVO

PRESENTE

describo	describimos
describes	describís
describe	describen

IMPERFECTO

describía	describíamos
describías	describíais
describía	describían

PRETÉRITO

describí	describimos
describiste	describisteis
describió	describieron

FUTURO

describiré	describiremos
describirás	describiréis
describirá	describirán

PRETÉRITO PERFECTO

he descrito	hemos descrito
has descrito	habéis descrito
ha descrito	han descrito

PLUSCUAMPERFECTO

había descrito	habíamos descrito
habías descrito	habíais descrito
había descrito	habían descrito

PRETÉRITO ANTERIOR

hube descrito	hubimos descrito
hubiste descrito	hubisteis descrito
hubo descrito	hubieron descrito

FUTURO PERFECTO

habré descrito	habremos descrito
habrás descrito	habréis descrito
habrá descrito	habrán descrito

CONDICIONAL

SIMPLE

describiría	describiríamos
describirías	describiríais
describiría	describirían

COMPUESTO

habría descrito	habríamos descrito
habrías descrito	habríais descrito
habría descrito	habrían descrito

SUBJUNTIVO

PRESENTE

describa	describamos
describas	describáis
describa	describan

IMPERFECTO

describiera	describiéramos
describieras	describierais
describiera	describieran
OR	
describiese	describiésemos
describieses	describieseis
describiese	describiesen

PRETÉRITO

haya descrito	hayamos descrito
hayas descrito	hayáis descrito
haya descrito	hayan descrito

PLUSCUAMPERFECTO

hubiera descrito	hubiéramos descrito
hubieras descrito	hubierais descrito
hubiera descrito	hubieran descrito
OR	
hubiese descrito	hubiésemos descrito
hubieses descrito	hubieseis descrito
hubiese descrito	hubiesen descrito

IMPERATIVO

—	describamos
describe; no describas	describid; no describáis
describa	describan

FORMAS NO PERSONALES

GERUNDIO	**PARTICIPIO**
describiendo	descrito

RELATED WORDS

la descripción	description
descriptivo/a	descriptive

escribir	to write

EXAMPLES OF VERB USAGE

Por favor, descríbanme lo sucedido.	Please, describe what happened to me.
Le describimos la situación.	We described the situation to him.
Fue importante que le describiera todo lo que supe.	It was important for me to describe everything I knew.
¿Quiere que se lo describa?	Do you want me to describe it to you?

Verb Charts

VERB CHART

107

yo | nosotros/as
tú | vosotros/as
él/ella/Ud. | ellos/ellas/Uds.

destituir

to deprive, to dismiss, to discharge

INDICATIVO

PRESENTE

		PRETÉRITO PERFECTO	
destituyo	destituimos	he destituido	hemos destituido
destituyes	destituís	has destituido	habéis destituido
destituye	destituyen	ha destituido	han destituido

IMPERFECTO

		PLUSCUAMPERFECTO	
destituía	destituíamos	había destituido	habíamos destituido
destituías	destituíais	habías destituido	habíais destituido
destituía	destituían	había destituido	habían destituido

PRETÉRITO

		PRETÉRITO ANTERIOR	
destituí	destituimos	hube destituido	hubimos destituido
destituiste	destituisteis	hubiste destituido	hubisteis destituido
destituyó	destituyeron	hubo destituido	hubieron destituido

FUTURO

		FUTURO PERFECTO	
destituiré	destituiremos	habré destituido	habremos destituido
destituirás	destituiréis	habrás destituido	habréis destituido
destituirá	destituirán	habrá destituido	habrán destituido

CONDICIONAL

SIMPLE

		COMPUESTO	
destituiría	destituiríamos	habría destituido	habríamos destituido
destituirías	destituiríais	habrías destituido	habríais destituido
destituiría	destituirían	habría destituido	habrían destituido

SUBJUNTIVO

PRESENTE

		PRETÉRITO	
destituya	destituyamos	haya destituido	hayamos destituido
destituyas	destituyáis	hayas destituido	hayáis destituido
destituya	destituyan	haya destituido	hayan destituido

IMPERFECTO

		PLUSCUAMPERFECTO	
destituyera	destituyéramos	hubiera destituido	hubiéramos destituido
destituyeras	destituyerais	hubieras destituido	hubierais destituido
destituyera	destituyeran	hubiera destituido	hubieran destituido
OR		OR	
destituyese	destituyésemos	hubiese destituido	hubiésemos destituido
destituyeses	destituyeseis	hubieses destituido	hubieseis destituido
destituyese	destituyesen	hubiese destituido	hubiesen destituido

IMPERATIVO

—	destituyamos
destituye;	destituid; no destituyáis
no destituyas	
destituya	destituyan

FORMAS NO PERSONALES

GERUNDIO	**PARTICIPIO**
destituyendo	destituido

RELATED WORDS

la destitución	dismissal

EXAMPLES OF VERB USAGE

Destituyeron al director.	They dismissed the director.
Si sigue así, le destituirán sus jefes.	If you continue acting this way, your bosses will dismiss you.
Fue destituido de su cargo.	He was dismissed from his position.

discutir

to discuss, to argue

yo	nosotros/as
tú	vosotros/as
él/ella/Ud.	ellos/ellas/Uds.

INDICATIVO

PRESENTE

discuto	discutimos
discutes	discutís
discute	discuten

IMPERFECTO

discutía	discutíamos
discutías	discutíais
discutía	discutían

PRETÉRITO

discutí	discutimos
discutiste	discutisteis
discutió	discutieron

FUTURO

discutiré	discutiremos
discutirás	discutiréis
discutirá	discutirán

PRETÉRITO PERFECTO

he discutido	hemos discutido
has discutido	habéis discutido
ha discutido	han discutido

PLUSCUAMPERFECTO

había discutido	habíamos discutido
habías discutido	habíais discutido
había discutido	habían discutido

PRETÉRITO ANTERIOR

hube discutido	hubimos discutido
hubiste discutido	hubisteis discutido
hubo discutido	hubieron discutido

FUTURO PERFECTO

habré discutido	habremos discutido
habrás discutido	habréis discutido
habrá discutido	habrán discutido

CONDICIONAL

SIMPLE

discutiría	discutiríamos
discutirías	discutiríais
discutiría	discutirían

COMPUESTO

habría discutido	habríamos discutido
habrías discutido	habríais discutido
habría discutido	habrían discutido

SUBJUNTIVO

PRESENTE

discuta	discutamos
discutas	discutáis
discuta	discutan

IMPERFECTO

discutiera	discutiéramos
discutieras	discutierais
discutiera	discutieran
OR	OR
discutiese	discutiésemos
discutieses	discutieseis
discutiese	discutiesen

PRETÉRITO

haya discutido	hayamos discutido
hayas discutido	hayáis discutido
haya discutido	hayan discutido

PLUSCUAMPERFECTO

hubiera discutido	hubiéramos discutido
hubieras discutido	hubierais discutido
hubiera discutido	hubieran discutido
OR	OR
hubiese discutido	hubiésemos discutido
hubieses discutido	hubieseis discutido
hubiese discutido	hubiesen discutido

IMPERATIVO

—	discutamos
discute; no discutas	discutid; no discutáis
discuta	discutan

FORMAS NO PERSONALES

GERUNDIO
discutiendo

PARTICIPIO
discutido

RELATED WORDS

la discusión	argument, discussion	*discutido/a*	controversial
discutible	debatable	*discutidor/a*	argumentative

EXAMPLES OF VERB USAGE

¡Niños, no discutáis!	Kids, don't argue!
No te discuto que sea simpático.	I am not arguing with you over whether he's nice.
Discutiremos esas cuestiones cuando corresponda.	We'll discuss those matters as appropriate.
Discuten por tonterías.	They argue over stupid things.

Verb Charts

distinguir
to distinguish, to make out

yo	nosotros/as
tú	vosotros/as
él/ella/Ud.	ellos/ellas/Uds.

INDICATIVO

PRESENTE

distingo	distinguimos
distingues	distinguís
distingue	distinguen

PRETÉRITO PERFECTO

he distinguido	hemos distinguido
has distinguido	habéis distinguido
ha distinguido	han distinguido

IMPERFECTO

distinguía	distinguíamos
distinguías	distinguíais
distinguía	distinguían

PLUSCUAMPERFECTO

había distinguido	habíamos distinguido
habías distinguido	habíais distinguido
había distinguido	habían distinguido

PRETÉRITO

distinguí	distinguimos
distinguiste	distinguisteis
distinguió	distinguieron

PRETÉRITO ANTERIOR

hube distinguido	hubimos distinguido
hubiste distinguido	hubisteis distinguido
hubo distinguido	hubieron distinguido

FUTURO

distinguiré	distinguiremos
distinguirás	distinguiréis
distinguirá	distinguirán

FUTURO PERFECTO

habré distinguido	habremos distinguido
habrás distinguido	habréis distinguido
habrá distinguido	habrán distinguido

CONDICIONAL

SIMPLE

distinguiría	distinguiríamos
distinguirías	distinguiríais
distinguiría	distinguirían

COMPUESTO

habría distinguido	habríamos distinguido
habrías distinguido	habríais distinguido
habría distinguido	habrían distinguido

SUBJUNTIVO

PRESENTE

distinga	distingamos
distingas	distingáis
distinga	distingan

PRETÉRITO

haya distinguido	hayamos distinguido
hayas distinguido	hayáis distinguido
haya distinguido	hayan distinguido

IMPERFECTO

distinguiera	distinguiéramos
distinguieras	distinguierais
distinguiera	distinguieran
OR	
distinguiese	distinguiésemos
distinguieses	distinguieseis
distinguiese	distinguiesen

PLUSCUAMPERFECTO

hubiera distinguido	hubiéramos distinguido
hubieras distinguido	hubierais distinguido
hubiera distinguido	hubieran distinguido
OR	
hubiese distinguido	hubiésemos distinguido
hubieses distinguido	hubieseis distinguido
hubiese distinguido	hubiesen distinguido

IMPERATIVO

—	distingamos
distingue;	distinguid;
no distingas	no distingáis
distinga	distingan

FORMAS NO PERSONALES

GERUNDIO
distinguiendo

PARTICIPIO
distinguido

RELATED WORDS

la distinción	distinction	*distintivo/a*	distinctive
distinguible	distinguishable	*distinguirse*	to be famous for

EXAMPLES OF VERB USAGE

Es muy difícil distinguir a los hermanos. — It is very difficult to tell the two brothers apart.

¿Distingues bien una cosa de otra? — Can you distinguish one thing from the other?

A lo lejos se distingue el pico de la montaña. — Far out, you can make out the top of the mountain.

distribuir
to distribute

yo	nosotros/as
tú	vosotros/as
él/ella/Ud.	ellos/ellas/Uds.

INDICATIVO

PRESENTE
distribuyo	distribuimos
distribuyes	distribuís
distribuye	distribuyen

PRETÉRITO PERFECTO
he distribuido	hemos distribuido
has distribuido	habéis distribuido
ha distribuido	han distribuido

IMPERFECTO
distribuía	distribuíamos
distribuías	distribuíais
distribuía	distribuían

PLUSCUAMPERFECTO
había distribuido	habíamos distribuido
habías distribuido	habíais distribuido
había distribuido	habían distribuido

PRETÉRITO
distribuí	distribuimos
distribuiste	distribuisteis
distribuyó	distribuyeron

PRETÉRITO ANTERIOR
hube distribuido	hubimos distribuido
hubiste distribuido	hubisteis distribuido
hubo distribuido	hubieron distribuido

FUTURO
distribuiré	distribuiremos
distribuirás	distribuiréis
distribuirá	distribuirán

FUTURO PERFECTO
habré distribuido	habremos distribuido
habrás distribuido	habréis distribuido
habrá distribuido	habrán distribuido

CONDICIONAL

SIMPLE
distribuiría	distribuiríamos
distribuirías	distribuiríais
distribuiría	distribuirían

COMPUESTO
habría distribuido	habríamos distribuido
habrías distribuido	habríais distribuido
habría distribuido	habrían distribuido

SUBJUNTIVO

PRESENTE
distribuya	distribuyamos
distribuyas	distribuyáis
distribuya	distribuyan

PRETÉRITO
haya distribuido	hayamos distribuido
hayas distribuido	hayáis distribuido
haya distribuido	hayan distribuido

IMPERFECTO
distribuyera	distribuyéramos
distribuyeras	distribuyerais
distribuyera	distribuyeran
OR	
distribuyese	distribuyésemos
distribuyeses	distribuyeseis
distribuyese	distribuyesen

PLUSCUAMPERFECTO
hubiera distribuido	hubiéramos distribuido
hubieras distribuido	hubierais distribuido
hubiera distribuido	hubieran distribuido
OR	
hubiese distribuido	hubiésemos distribuido
hubieses distribuido	hubieseis distribuido
hubiese distribuido	hubiesen distribuido

IMPERATIVO

—	distribuyamos
distribuye;	distribuid;
no distribuyas	no distribuyáis
distribuya	distribuyan

FORMAS NO PERSONALES

GERUNDIO	**PARTICIPIO**
distribuyendo	distribuido

RELATED WORDS

la distribución	distribution	*un/a distribuidor/a*	distributor

EXAMPLES OF VERB USAGE

Distribuyeron la herencia entre los cuatro hermanos.	They distributed the inheritance among the four siblings.
Están distribuyendo la comida.	They are distributing the food.
¿Han distribuido ya el dinero?	Have they distributed the money already?

divertirse

to have fun, to have a good time

INDICATIVO

yo | nosotros/as
tú | vosotros/as
él/ella/Ud. | ellos/ellas/Uds.

PRESENTE
me divierto	nos divertimos
te diviertes	os divertís
se divierte	se divierten

IMPERFECTO
me divertía	nos divertíamos
te divertías	os divertíais
se divertía	se divertían

PRETÉRITO
me divertí	nos divertimos
te divertiste	os divertisteis
se divirtió	se divirtieron

FUTURO
me divertiré	nos divertiremos
te divertirás	os divertiréis
se divertirá	se divertirán

PRETÉRITO PERFECTO
me he divertido	nos hemos divertido
te has divertido	os habéis divertido
se ha divertido	se han divertido

PLUSCUAMPERFECTO
me había divertido	nos habíamos divertido
te habías divertido	os habíais divertido
se había divertido	se habían divertido

PRETÉRITO ANTERIOR
me hube divertido	nos hubimos divertido
te hubiste divertido	os hubisteis divertido
se hubo divertido	se hubieron divertido

FUTURO PERFECTO
me habré divertido	nos habremos divertido
te habrás divertido	os habréis divertido
se habrá divertido	se habrán divertido

CONDICIONAL

SIMPLE
me divertiría	nos divertiríamos
te divertirías	os divertiríais
se divertiría	se divertirían

COMPUESTO
me habría divertido	nos habríamos divertido
te habrías divertido	os habríais divertido
se habría divertido	se habrían divertido

SUBJUNTIVO

PRESENTE
me divierta	nos divirtamos
te diviertas	os divirtáis
se divierta	se diviertan

IMPERFECTO
me divirtiera	nos divirtiéramos
te divirtieras	os divirtierais
se divirtiera	se divirtieran
OR	
me divirtiese	nos divirtiésemos
te divirtieses	os divirtieseis
se divirtiese	se divirtiesen

PRETÉRITO
me haya divertido	nos hayamos divertido
te hayas divertido	os hayáis divertido
se haya divertido	se hayan divertido

PLUSCUAMPERFECTO
me hubiera divertido	nos hubiéramos divertido
te hubieras divertido	os hubierais divertido
se hubiera divertido	se hubieran divertido
OR	
me hubiese divertido	nos hubiésemos divertido
te hubieses divertido	os hubieseis divertido
se hubiese divertido	se hubiesen divertido

IMPERATIVO

—	divirtámonos
diviértete;	divertíos; no os divirtáis
no te diviertas	
diviértase	diviértanse

FORMAS NO PERSONALES

GERUNDIO	PARTICIPIO
divirtiéndose	divertido

RELATED WORDS

divertido/a	fun/amusing	*la diversión*	fun; hobby, pastime
divertir	entertain		

EXAMPLES OF VERB USAGE

¡Que se diviertan!	Have a good time!
El año pasado nos divertimos mucho en la playa.	Last year we had a lot of fun at the beach.
¿Se habrán divertido?	I wonder if they have had any fun.
Ya verás como te divertirás mucho.	You'll see how much fun you have.

doler

to hurt, to feel pain

yo	nosotros/as
tú	vosotros/as
él/ella/Ud.	ellos/ellas/Uds.

INDICATIVO

PRESENTE

duelo	dolemos
dueles	doléis
duele	duelen

IMPERFECTO

dolía	dolíamos
dolías	dolíais
dolía	dolían

PRETÉRITO

dolí	dolimos
doliste	dolisteis
dolió	dolieron

FUTURO

doleré	doleremos
dolerás	doleréis
dolerá	dolerán

PRETÉRITO PERFECTO

he dolido	hemos dolido
has dolido	habéis dolido
ha dolido	han dolido

PLUSCUAMPERFECTO

había dolido	habíamos dolido
habías dolido	habíais dolido
había dolido	habían dolido

PRETÉRITO ANTERIOR

hube dolido	hubimos dolido
hubiste dolido	hubisteis dolido
hubo dolido	hubieron dolido

FUTURO PERFECTO

habré dolido	habremos dolido
habrás dolido	habréis dolido
habrá dolido	habrán dolido

CONDICIONAL

SIMPLE

dolería	doleríamos
dolerías	doleríais
dolería	dolerían

COMPUESTO

habría dolido	habríamos dolido
habrías dolido	habríais dolido
habría dolido	habrían dolido

SUBJUNTIVO

PRESENTE

duela	dolamos
duelas	doláis
duela	duelan

IMPERFECTO

doliera	doliéramos
dolieras	dolierais
doliera	dolieran
OR	
doliese	doliésemos
dolieses	dolieseis
doliese	doliesen

PRETÉRITO

haya dolido	hayamos dolido
hayas dolido	hayáis dolido
haya dolido	hayan dolido

PLUSCUAMPERFECTO

hubiera dolido	hubiéramos dolido
hubieras dolido	hubierais dolido
hubiera dolido	hubieran dolido
OR	
hubiese dolido	hubiésemos dolido
hubieses dolido	hubieseis dolido
hubiese dolido	hubiesen dolido

IMPERATIVO

—	dolamos
duele; no duelas	doled; no doláis
duela	duelan

FORMAS NO PERSONALES

GERUNDIO	**PARTICIPIO**
doliendo	dolido

RELATED WORDS

un dolor	pain, hurt	*tener dolor de cabeza*	to have a headache
estar dolido/a	to be hurt (emotionally)		

EXAMPLES OF VERB USAGE

Me duele el estómago.	I have a stomach ache.
Le dolían mucho las muelas.	Her back teeth hurt her a lot.
No creo que le duela más.	I don't think it will hurt anymore.
Me dolió que se fuera sin decir adiós.	It hurt me that he left without saying goodbye.

Verb Charts

dormir
to sleep

yo | nosotros/as
tú | vosotros/as
él/ella/Ud. | ellos/ellas/Uds.

INDICATIVO

PRESENTE

duermo	dormimos
duermes	dormís
duerme	duermen

PRETÉRITO PERFECTO

he dormido	hemos dormido
has dormido	habéis dormido
ha dormido	han dormido

IMPERFECTO

dormía	dormíamos
dormías	dormíais
dormía	dormían

PLUSCUAMPERFECTO

había dormido	habíamos dormido
habías dormido	habíais dormido
había dormido	habían dormido

PRETÉRITO

dormí	dormimos
dormiste	dormisteis
durmió	durmieron

PRETÉRITO ANTERIOR

hube dormido	hubimos dormido
hubiste dormido	hubisteis dormido
hubo dormido	hubieron dormido

FUTURO

dormiré	dormiremos
dormirás	dormiréis
dormirá	dormirán

FUTURO PERFECTO

habré dormido	habremos dormido
habrás dormido	habréis dormido
habrá dormido	habrán dormido

CONDICIONAL

SIMPLE

dormiría	dormiríamos
dormirías	dormiríais
dormiría	dormirían

COMPUESTO

habría dormido	habríamos dormido
habrías dormido	habríais dormido
habría dormido	habrían dormido

SUBJUNTIVO

PRESENTE

duerma	durmamos
duermas	durmáis
duerma	duerman

PRETÉRITO

haya dormido	hayamos dormido
hayas dormido	hayáis dormido
haya dormido	hayan dormido

IMPERFECTO

durmiera	durmiéramos
durmieras	durmierais
durmiera	durmieran
OR	
durmiese	durmiésemos
durmieses	durmieseis
durmiese	durmiesen

PLUSCUAMPERFECTO

hubiera dormido	hubiéramos dormido
hubieras dormido	hubierais dormido
hubiera dormido	hubieran dormido
OR	
hubiese dormido	hubiésemos dormido
hubieses dormido	hubieseis dormido
hubiese dormido	hubiesen dormido

IMPERATIVO

—	durmamos
duerme;	dormid; no durmáis
no duermas	
duerma	duerman

FORMAS NO PERSONALES

GERUNDIO
durmiendo

PARTICIPIO
dormido

RELATED WORDS

un dormitorio	bedroom	*un/a dormilón/a*	sleepyhead
la bella durmiente	sleeping beauty	*dormirse*	to fall asleep

EXAMPLES OF VERB USAGE

¡Niños, duerman ya!	Kids, go to sleep!
He dormido estupendamente.	I have slept great.
¿Durmieron bien anoche?	Did you sleep well last night?
Dele esta pastilla para que duerma mejor.	Give him this pill so he can sleep better.

dormirse

to go to sleep, to fall asleep

INDICATIVO

PRESENTE

me duermo	nos dormimos
te duermes	os dormís
se duerme	se duermen

IMPERFECTO

me dormía	nos dormíamos
te dormías	os dormíais
se dormía	se dormían

PRETÉRITO

me dormí	nos dormimos
te dormiste	os dormisteis
se durmió	se durmieron

FUTURO

me dormiré	nos dormiremos
te dormirás	os dormiréis
se dormirá	se dormirán

PRETÉRITO PERFECTO

me he dormido	nos hemos dormido
te has dormido	os habéis dormido
se ha dormido	se han dormido

PLUSCUAMPERFECTO

me había dormido	nos habíamos dormido
te habías dormido	os habíais dormido
se había dormido	se habían dormido

PRETÉRITO ANTERIOR

me hube dormido	nos hubimos dormido
te hubiste dormido	os hubisteis dormido
se hubo dormido	se hubieron dormido

FUTURO PERFECTO

me habré dormido	nos habremos dormido
te habrás dormido	os habréis dormido
se habrá dormido	se habrán dormido

yo	nosotros/as
tú	vosotros/as
él/ella/Ud.	ellos/ellas/Uds.

CONDICIONAL

SIMPLE

me dormiría	nos dormiríamos
te dormirías	os dormiríais
se dormiría	se dormirían

COMPUESTO

me habría dormido	nos habríamos dormido
te habrías dormido	os habríais dormido
se habría dormido	se habrían dormido

SUBJUNTIVO

PRESENTE

me duerma	nos durmamos
te duermas	os durmáis
se duerma	se duerman

IMPERFECTO

me durmiera	nos durmiéramos
te durmieras	os durmierais
se durmiera	se durmieran
OR	
me durmiese	nos durmiésemos
te durmieses	os durmieseis
se durmiese	se durmiesen

PRETÉRITO

me haya dormido	nos hayamos dormido
te hayas dormido	os hayáis dormido
se haya dormido	se hayan dormido

PLUSCUAMPERFECTO

me hubiera dormido	nos hubiéramos dormido
te hubieras dormido	os hubierais dormido
se hubiera dormido	se hubieran dormido
OR	
me hubiese dormido	nos hubiésemos dormido
te hubieses dormido	os hubieseis dormido
se hubiese dormido	se hubiesen dormido

IMPERATIVO

—	durmámonos
duérmete;	dormíos; no os durmáis
no te duermas	
duérmase	duérmanse

FORMAS NO PERSONALES

GERUNDIO	**PARTICIPIO**
durmiéndose	dormido

RELATED WORDS

quedarse	to fall asleep
dormido/a	(by accident)

EXAMPLES OF VERB USAGE

Se me durmió la pierna.	My leg fell asleep.
Silencio, el bebé se ha dormido.	Be quiet, the baby has fallen asleep.
Me duermo sólo de pensarlo.	I fall asleep just thinking about it.
Durmámonos, que mañana será otro día.	Let's go to sleep. Tomorrow will be another day.

Verb Charts

elegir
to choose, to elect

yo | nosotros/as
tú | vosotros/as
él/ella/Ud. | ellos/ellas/Uds.

INDICATIVO

PRESENTE
elijo	elegimos
eliges	elegís
elige	eligen

IMPERFECTO
elegía	elegíamos
elegías	elegíais
elegía	elegían

PRETÉRITO
elegí	elegimos
elegiste	elegisteis
eligió	eligieron

FUTURO
elegiré	elegiremos
elegirás	elegiréis
elegirá	elegirán

PRETÉRITO PERFECTO
he elegido	hemos elegido
has elegido	habéis elegido
ha elegido	han elegido

PLUSCUAMPERFECTO
había elegido	habíamos elegido
habías elegido	habíais elegido
había elegido	habían elegido

PRETÉRITO ANTERIOR
hube elegido	hubimos elegido
hubiste elegido	hubisteis elegido
hubo elegido	hubieron elegido

FUTURO PERFECTO
habré elegido	habremos elegido
habrás elegido	habréis elegido
habrá elegido	habrán elegido

CONDICIONAL

SIMPLE
elegiría	elegiríamos
elegirías	elegiríais
elegiría	elegirían

COMPUESTO
habría elegido	habríamos elegido
habrías elegido	habríais elegido
habría elegido	habrían elegido

SUBJUNTIVO

PRESENTE
elija	elijamos
elijas	elijáis
elija	elijan

IMPERFECTO
eligiera	eligiéramos
eligieras	eligierais
eligiera	eligieran
OR	
eligiese	eligiésemos
eligieses	eligieseis
eligiese	eligiesen

PRETÉRITO
haya elegido	hayamos elegido
hayas elegido	hayáis elegido
haya elegido	hayan elegido

PLUSCUAMPERFECTO
hubiera elegido	hubiéramos elegido
hubieras elegido	hubierais elegido
hubiera elegido	hubieran elegido
OR	
hubiese elegido	hubiésemos elegido
hubieses elegido	hubieseis elegido
hubiese elegido	hubiesen elegido

IMPERATIVO
—	elijamos
elige; no elijas	elegid; no elijáis
elija	elijan

FORMAS NO PERSONALES

GERUNDIO	PARTICIPIO
eligiendo	elegido

RELATED WORDS
la elección	election	*elegible*	eligible
el/la elegido/a	the chosen one	*la elegibilidad*	eligibility

EXAMPLES OF VERB USAGE

No elegimos este cuarto. — We didn't choose this room.

Elige el que te guste más. — Choose the one you like more.

Eligieron a un presidente nuevo. — They elected a new president.

encontrar
to meet, to find

	yo	nosotros/as
	tú	vosotros/as
	él/ella/Ud.	ellos/ellas/Uds.

INDICATIVO

PRESENTE
encuentro	encontramos
encuentras	encontráis
encuentra	encuentran

PRETÉRITO PERFECTO
he encontrado	hemos encontrado
has encontrado	habéis encontrado
ha encontrado	han encontrado

IMPERFECTO
encontraba	encontrábamos
encontrabas	encontrabais
encontraba	encontraban

PLUSCUAMPERFECTO
había encontrado	habíamos encontrado
habías encontrado	habíais encontrado
había encontrado	habían encontrado

PRETÉRITO
encontré	encontramos
encontraste	encontrasteis
encontró	encontraron

PRETÉRITO ANTERIOR
hube encontrado	hubimos encontrado
hubiste encontrado	hubisteis encontrado
hubo encontrado	hubieron encontrado

FUTURO
encontraré	encontraremos
encontrarás	encontraréis
encontrará	encontrarán

FUTURO PERFECTO
habré encontrado	habremos encontrado
habrás encontrado	habréis encontrado
habrá encontrado	habrán encontrado

CONDICIONAL

SIMPLE
encontraría	encontraríamos
encontrarías	encontraríais
encontraría	encontrarían

COMPUESTO
habría encontrado	habríamos encontrado
habrías encontrado	habríais encontrado
habría encontrado	habrían encontrado

SUBJUNTIVO

PRESENTE
encuentre	encontremos
encuentres	encontréis
encuentre	encuentren

PRETÉRITO
haya encontrado	hayamos encontrado
hayas encontrado	hayáis encontrado
haya encontrado	hayan encontrado

IMPERFECTO
encontrara	encontráramos
encontraras	encontrarais
encontrara	encontraran
OR	
encontrase	encontrásemos
encontrases	encontraseis
encontrase	encontrasen

PLUSCUAMPERFECTO
hubiera encontrado	hubiéramos encontrado
hubieras encontrado	hubierais encontrado
hubiera encontrado	hubieran encontrado
OR	
hubiese encontrado	hubiésemos encontrado
hubieses encontrado	hubieseis encontrado
hubiese encontrado	hubiesen encontrado

IMPERATIVO

—	encontremos
encuentra;	encontrad;
no encuentres	no encontréis
encuentre	encuentren

FORMAS NO PERSONALES

GERUNDIO
encontrando

PARTICIPIO
encontrado

RELATED WORDS

un encuentro	encounter, meeting
encontrarse	to meet or run into sb

una encontrada	ambush

EXAMPLES OF VERB USAGE

Lo encuentro difícil de creer.	I find it difficult to believe.
Encontraron el tesoro enterrado en la arena.	They found the treasure buried in the sand.
Quiero que la busque y la encuentre.	I want you to look for her and find her.

ensuciarse
to get dirty

yo	nosotros/as
tú	vosotros/as
él/ella/Ud.	ellos/ellas/Uds.

INDICATIVO

PRESENTE

me ensucio	nos ensuciamos
te ensucias	os ensuciáis
se ensucia	se ensucian

PRETÉRITO PERFECTO

me he ensuciado	nos hemos ensuciado
te has ensuciado	os habéis ensuciado
se ha ensuciado	se han ensuciado

IMPERFECTO

me ensuciaba	nos ensuciábamos
te ensuciabas	os ensuciabais
se ensuciaba	se ensuciaban

PLUSCUAMPERFECTO

me había ensuciado	nos habíamos ensuciado
te habías ensuciado	os habíais ensuciado
se había ensuciado	se habían ensuciado

PRETÉRITO

me ensucié	nos ensuciamos
te ensuciaste	os ensuciasteis
se ensució	se ensuciaron

PRETÉRITO ANTERIOR

me hube ensuciado	nos hubimos ensuciado
te hubiste ensuciado	os hubisteis ensuciado
se hubo ensuciado	se hubieron ensuciado

FUTURO

me ensuciaré	nos ensuciaremos
te ensuciarás	os ensuciaréis
se ensuciará	se ensuciarán

FUTURO PERFECTO

me habré ensuciado	nos habremos ensuciado
te habrás ensuciado	os habréis ensuciado
se habrá ensuciado	se habrán ensuciado

CONDICIONAL

SIMPLE

me ensuciaría	nos ensuciaríamos
te ensuciarías	os ensuciaríais
se ensuciaría	se ensuciarían

COMPUESTO

me habría ensuciado	nos habríamos ensuciado
te habrías ensuciado	os habríais ensuciado
se habría ensuciado	se habrían ensuciado

SUBJUNTIVO

PRESENTE

me ensucie	nos ensuciemos
te ensucies	os ensuciéis
se ensucie	se ensucien

PRETÉRITO

me haya ensuciado	nos hayamos ensuciado
te hayas ensuciado	os hayáis ensuciado
se haya ensuciado	se hayan ensuciado

IMPERFECTO

me ensuciara	nos ensuciáramos
te ensuciaras	os ensuciarais
se ensuciara	se ensuciaran
OR	
me ensuciase	nos ensuciásemos
te ensuciases	os ensuciaseis
se ensuciase	se ensuciasen

PLUSCUAMPERFECTO

me hubiera ensuciado	nos hubiéramos ensuciado
te hubieras ensuciado	os hubierais ensuciado
se hubiera ensuciado	se hubieran ensuciado
OR	
me hubiese ensuciado	nos hubiésemos ensuciado
te hubieses ensuciado	os hubieseis ensuciado
se hubiese ensuciado	se hubiesen ensuciado

IMPERATIVO

—	ensuciémonos
ensúciate;	ensuciaos;
no te ensucies	no os ensuciéis
ensúciese	ensúciense

FORMAS NO PERSONALES

GERUNDIO
ensuciándose

PARTICIPIO
ensuciado

RELATED WORDS

sucio/a	dirty	*ensuciar*	to get sth dirty

EXAMPLES OF VERB USAGE

Me he ensuciado la camisa.	I got my shirt dirty.
Ten cuidado y no te ensucies con la tinta.	Be careful and don't get ink on yourself.
¿Se ensuciaron los niños de comida?	Did the kids get food on themselves?

entender
to understand

INDICATIVO

			yo	nosotros/as
			tú	vosotros/as
			él/ella/Ud.	ellos/ellas/Uds.

PRESENTE

entiendo	entendemos
entiendes	entendéis
entiende	entienden

PRETÉRITO PERFECTO

he entendido	hemos entendido
has entendido	habéis entendido
ha entendido	han entendido

IMPERFECTO

entendía	entendíamos
entendías	entendíais
entendía	entendían

PLUSCUAMPERFECTO

había entendido	habíamos entendido
habías entendido	habíais entendido
había entendido	habían entendido

PRETÉRITO

entendí	entendimos
entendiste	entendisteis
entendió	entendieron

PRETÉRITO ANTERIOR

hube entendido	hubimos entendido
hubiste entendido	hubisteis entendido
hubo entendido	hubieron entendido

FUTURO

entenderé	entenderemos
entenderás	entenderéis
entenderá	entenderán

FUTURO PERFECTO

habré entendido	habremos entendido
habrás entendido	habréis entendido
habrá entendido	habrán entendido

CONDICIONAL

SIMPLE

entendería	entenderíamos
entenderías	entenderíais
entendería	entenderían

COMPUESTO

habría entendido	habríamos entendido
habrías entendido	habríais entendido
habría entendido	habrían entendido

SUBJUNTIVO

PRESENTE

entienda	entendamos
entiendas	entendáis
entienda	entiendan

PRETÉRITO

haya entendido	hayamos entendido
hayas entendido	hayáis entendido
haya entendido	hayan entendido

IMPERFECTO

entendiera	entendiéramos
entendieras	entendierais
entendiera	entendieran
OR	
entendiese	entendiésemos
entendieses	entendieseis
entendiese	entendiesen

PLUSCUAMPERFECTO

hubiera entendido	hubiéramos entendido
hubieras entendido	hubierais entendido
hubiera entendido	hubieran entendido
OR	
hubiese entendido	hubiésemos entendido
hubieses entendido	hubieseis entendido
hubiese entendido	hubiesen entendido

IMPERATIVO

—	entendamos
entiende;	entended; no entendáis
no entiendas	
entienda	entiendan

FORMAS NO PERSONALES

GERUNDIO
entendiendo

PARTICIPIO
entendido

RELATED WORDS

*no darse por
  entendido* to pretend not to
  hear or understand
el entendimiento understanding

entenderse to communicate with sb,
  to get along

EXAMPLES OF VERB USAGE

No entiendo lo que me dices.   I don't understand what you are saying.
¿Entiendes el francés?   Do you understand French?
Eso no hay quien lo entienda.   There's no one who understands that.
No me has entendido.   You haven't understood me.

Verb Charts

enterarse
to find out, to understand, to get it

yo | nosotros/as
tú | vosotros/as
él/ella/Ud. | ellos/ellas/Uds.

INDICATIVO

PRESENTE

me entero	nos enteramos
te enteras	os enteráis
se entera	se enteran

PRETÉRITO PERFECTO

me he enterado	nos hemos enterado
te has enterado	os habéis enterado
se ha enterado	se han enterado

IMPERFECTO

me enteraba	nos enterábamos
te enterabas	os enterabais
se enteraba	se enteraban

PLUSCUAMPERFECTO

me había enterado	nos habíamos enterado
te habías enterado	os habíais enterado
se había enterado	se habían enterado

PRETÉRITO

me enteré	nos enteramos
te enteraste	os enterasteis
se enteró	se enteraron

PRETÉRITO ANTERIOR

me hube enterado	nos hubimos enterado
te hubiste enterado	os hubisteis enterado
se hubo enterado	se hubieron enterado

FUTURO

me enteraré	nos enteraremos
te enterarás	os enteraréis
se enterará	se enterarán

FUTURO PERFECTO

me habré enterado	nos habremos enterado
te habrás enterado	os habréis enterado
se habrá enterado	se habrán enterado

CONDICIONAL

SIMPLE

me enteraría	nos enteraríamos
te enterarías	os enteraríais
se enteraría	se enterarían

COMPUESTO

me habría enterado	nos habríamos enterado
te habrías enterado	os habríais enterado
se habría enterado	se habrían enterado

SUBJUNTIVO

PRESENTE

me entere	nos enteremos
te enteres	os enteréis
se entere	se enteren

PRETÉRITO

me haya enterado	nos hayamos enterado
te hayas enterado	os hayáis enterado
se haya enterado	se hayan enterado

IMPERFECTO

me enterara	nos enteráramos
te enteraras	os enterarais
se enterara	se enteraran
OR	
me enterase	nos enterásemos
te enterases	os enteraseis
se enterase	se enterasen

PLUSCUAMPERFECTO

me hubiera enterado	nos hubiéramos enterado
te hubieras enterado	os hubierais enterado
se hubiera enterado	se hubieran enterado
OR	
me hubiese enterado	nos hubiésemos enterado
te hubieses enterado	os hubieseis enterado
se hubiese enterado	se hubiesen enterado

IMPERATIVO

—	enterémonos
entérate;	enteraos;
no te enteres	no os enteréis
entérese	entérense

FORMAS NO PERSONALES

GERUNDIO
enterándose

PARTICIPIO
enterado

RELATED WORDS

un/a enterado/a   well-informed (Sp)

EXAMPLES OF VERB USAGE

Ya me he enterado de la noticia.	I've heard the news.
¿Te enteras o no?	Do you get it or not?
Se enteró por su familia.	He found out through his family.
Mis padres ya se han enterado de que nos vamos a casar.	My parents have already found out that we're getting married.

entregar
to deliver, to hand in

yo	nosotros/as
tú	vosotros/as
él/ella/Ud.	ellos/ellas/Uds.

INDICATIVO

PRESENTE

entrego	entregamos
entregas	entregáis
entrega	entregan

PRETÉRITO PERFECTO

he entregado	hemos entregado
has entregado	habéis entregado
ha entregado	han entregado

IMPERFECTO

entregaba	entregábamos
entregabas	entregabais
entregaba	entregaban

PLUSCUAMPERFECTO

había entregado	habíamos entregado
habías entregado	habíais entregado
había entregado	habían entregado

PRETÉRITO

entregué	entregamos
entregaste	entregasteis
entregó	entregaron

PRETÉRITO ANTERIOR

hube entregado	hubimos entregado
hubiste entregado	hubisteis entregado
hubo entregado	hubieron entregado

FUTURO

entregaré	entregaremos
entregarás	entregaréis
entregará	entregarán

FUTURO PERFECTO

habré entregado	habremos entregado
habrás entregado	habréis entregado
habrá entregado	habrán entregado

CONDICIONAL

SIMPLE

entregaría	entregaríamos
entregarías	entregaríais
entregaría	entregarían

COMPUESTO

habría entregado	habríamos entregado
habrías entregado	habríais entregado
habría entregado	habrían entregado

SUBJUNTIVO

PRESENTE

entregue	entreguemos
entregues	entreguéis
entregue	entreguen

PRETÉRITO

haya entregado	hayamos entregado
hayas entregado	hayáis entregado
haya entregado	hayan entregado

IMPERFECTO

entregara	entregáramos
entregaras	entregarais
entregara	entregaran
OR	
entregase	entregásemos
entregases	entregaseis
entregase	entregasen

PLUSCUAMPERFECTO

hubiera entregado	hubiéramos entregado
hubieras entregado	hubierais entregado
hubiera entregado	hubieran entregado
OR	
hubiese entregado	hubiésemos entregado
hubieses entregado	hubieseis entregado
hubiese entregado	hubiesen entregado

IMPERATIVO

—	entreguemos
entrega; no entregues	entregad; no entreguéis
entregue	entreguen

FORMAS NO PERSONALES

GERUNDIO	**PARTICIPIO**
entregando	entregado

RELATED WORDS

la entrega	delivery	*entregado/a*	devoted

EXAMPLES OF VERB USAGE

Hoy me entregan el paquete.	They are delivering the package to me today.
¿Entregaste ya el informe?	Did you hand in the report already?
Habría entregado la mercancía si hubiera recibido el dinero.	I would have delivered the merchandise if I had gotten the money.

envejecer
to grow old, to age

yo | nosotros/as
tú | vosotros/as
él/ella/Ud. | ellos/ellas/Uds.

INDICATIVO

PRESENTE

envejezco	envejecemos
envejeces	envejecéis
envejece	envejecen

PRETÉRITO PERFECTO

he envejecido	hemos envejecido
has envejecido	habéis envejecido
ha envejecido	han envejecido

IMPERFECTO

envejecía	envejecíamos
envejecías	envejecíais
envejecía	envejecían

PLUSCUAMPERFECTO

había envejecido	habíamos envejecido
habías envejecido	habíais envejecido
había envejecido	habían envejecido

PRETÉRITO

envejecí	envejecimos
envejeciste	envejecisteis
envejeció	envejecieron

PRETÉRITO ANTERIOR

hube envejecido	hubimos envejecido
hubiste envejecido	hubisteis envejecido
hubo envejecido	hubieron envejecido

FUTURO

envejeceré	envejeceremos
envejecerás	envejeceréis
envejecerá	envejecerán

FUTURO PERFECTO

habré envejecido	habremos envejecido
habrás envejecido	habréis envejecido
habrá envejecido	habrán envejecido

CONDICIONAL

SIMPLE

envejecería	envejeceríamos
envejecerías	envejeceríais
envejecería	envejecerían

COMPUESTO

habría envejecido	habríamos envejecido
habrías envejecido	habríais envejecido
habría envejecido	habrían envejecido

SUBJUNTIVO

PRESENTE

envejezca	envejezcamos
envejezcas	envejezcáis
envejezca	envejezcan

PRETÉRITO

haya envejecido	hayamos envejecido
hayas envejecido	hayáis envejecido
haya envejecido	hayan envejecido

IMPERFECTO

envejeciera	envejeciéramos
envejecieras	envejecierais
envejeciera	envejecieran
OR	
envejeciese	envejeciésemos
envejecieses	envejecieseis
envejeciese	envejeciesen

PLUSCUAMPERFECTO

hubiera envejecido	hubiéramos envejecido
hubieras envejecido	hubierais envejecido
hubiera envejecido	hubieran envejecido
OR	
hubiese envejecido	hubiésemos envejecido
hubieses envejecido	hubieseis envejecido
hubiese envejecido	hubiesen envejecido

IMPERATIVO

—	envejezcamos
envejece; no envejezcas	envejeced; no envejezcáis
envejezca	envejezcan

FORMAS NO PERSONALES

GERUNDIO
envejeciendo

PARTICIPIO
envejecido

RELATED WORDS

viejo/a	old	*un vejestorio*	very old person

EXAMPLES OF VERB USAGE

Vio que su tío había envejecido mucho. — She saw that her uncle had really aged.

Oye, no has envejecido nada. — Wow, you haven't aged at all.

La piel también envejece con los años. — The skin also grows old with age.

enviar
to send

VERB CHART

122

yo	nosotros/as
tú	vosotros/as
él/ella/Ud.	ellos/ellas/Uds.

INDICATIVO

PRESENTE

envío	enviamos
envías	enviáis
envía	envían

IMPERFECTO

enviaba	enviábamos
enviabas	enviabais
enviaba	enviaban

PRETÉRITO

envié	enviamos
enviaste	enviasteis
envió	enviaron

FUTURO

enviaré	enviaremos
enviarás	enviaréis
enviará	enviarán

PRETÉRITO PERFECTO

he enviado	hemos enviado
has enviado	habéis enviado
ha enviado	han enviado

PLUSCUAMPERFECTO

había enviado	habíamos enviado
habías enviado	habíais enviado
había enviado	habían enviado

PRETÉRITO ANTERIOR

hube enviado	hubimos enviado
hubiste enviado	hubisteis enviado
hubo enviado	hubieron enviado

FUTURO PERFECTO

habré enviado	habremos enviado
habrás enviado	habréis enviado
habrá enviado	habrán enviado

CONDICIONAL

SIMPLE

enviaría	enviaríamos
enviarías	enviaríais
enviaría	enviarían

COMPUESTO

habría enviado	habríamos enviado
habrías enviado	habríais enviado
habría enviado	habrían enviado

SUBJUNTIVO

PRESENTE

envíe	enviemos
envíes	enviéis
envíe	envíen

IMPERFECTO

enviara	enviáramos
enviaras	enviarais
enviara	enviaran
OR	
enviase	enviásemos
enviases	enviaseis
enviase	enviasen

PRETÉRITO

haya enviado	hayamos enviado
hayas enviado	hayáis enviado
haya enviado	hayan enviado

PLUSCUAMPERFECTO

hubiera enviado	hubiéramos enviado
hubieras enviado	hubierais enviado
hubiera enviado	hubieran enviado
OR	
hubiese enviado	hubiésemos enviado
hubieses enviado	hubieseis enviado
hubiese enviado	hubiesen enviado

IMPERATIVO

—	enviemos
envía; no envíes	enviad; no enviéis
envíe	envíen

FORMAS NO PERSONALES

GERUNDIO	**PARTICIPIO**
enviando	enviado

RELATED WORDS

el/la enviado/a especial	special correspondent
fecha de envío	date sent
envío a domicilio sin recargo	free home delivery
envío contra reembolso	C.O.D., cash on delivery

EXAMPLES OF VERB USAGE

Ya te he enviado por correo electrónico el documento adjunto.

I have already e-mailed you the attached document.

¿Quieres que te envíe lo que te he comprado?

Do you want me to send you what I bought for you?

El periódico le envió a África.

The newspaper sent him to Africa.

Nos enviaron el mismo mensaje (electrónico) a todos.

The same e-mail message was sent to all of us.

Verb Charts

erigir
to erect

yo	nosotros/as
tú	vosotros/as
él/ella/Ud.	ellos/ellas/Uds.

INDICATIVO

PRESENTE

erijo	erigimos
eriges	erigís
erige	erigen

PRETÉRITO PERFECTO

he erigido	hemos erigido
has erigido	habéis erigido
ha erigido	han erigido

IMPERFECTO

erigía	erigíamos
erigías	erigíais
erigía	erigían

PLUSCUAMPERFECTO

había erigido	habíamos erigido
habías erigido	habíais erigido
había erigido	habían erigido

PRETÉRITO

erigí	erigimos
erigiste	erigisteis
erigió	erigieron

PRETÉRITO ANTERIOR

hube erigido	hubimos erigido
hubiste erigido	hubisteis erigido
hubo erigido	hubieron erigido

FUTURO

erigiré	erigiremos
erigirás	erigiréis
erigirá	erigirán

FUTURO PERFECTO

habré erigido	habremos erigido
habrás erigido	habréis erigido
habrá erigido	habrán erigido

CONDICIONAL

SIMPLE

erigiría	erigiríamos
erigirías	erigiríais
erigiría	erigirían

COMPUESTO

habría erigido	habríamos erigido
habrías erigido	habríais erigido
habría erigido	habrían erigido

SUBJUNTIVO

PRESENTE

erija	erijamos
erijas	erijáis
erija	erijan

PRETÉRITO

haya erigido	hayamos erigido
hayas erigido	hayáis erigido
haya erigido	hayan erigido

IMPERFECTO

erigiera	erigiéramos
erigieras	erigierais
erigiera	erigieran
OR	
erigiese	erigiésemos
erigieses	erigieseis
erigiese	erigiesen

PLUSCUAMPERFECTO

hubiera erigido	hubiéramos erigido
hubieras erigido	hubierais erigido
hubiera erigido	hubieran erigido
OR	
hubiese erigido	hubiésemos erigido
hubieses erigido	hubieseis erigido
hubiese erigido	hubiesen erigido

IMPERATIVO

—	erijamos
erige; no erijas	erigid; no erijáis
erija	erijan

FORMAS NO PERSONALES

GERUNDIO
erigiendo

PARTICIPIO
erigido

RELATED WORDS

erguirse   to stand erect

EXAMPLES OF VERB USAGE

Erigieron un templo en su nombre.   They erected a temple in his name.

Erigiremos un museo para sus obras de arte.   We will build a museum for his works of art.

Tienen que derribar el edificio que acaban de erigir.   They have to demolish the building they just erected.

escoger

to choose, to select

INDICATIVO

	yo	nosotros/as
	tú	vosotros/as
	él/ella/Ud.	ellos/ellas/Uds.

PRESENTE

escojo	escogemos
escoges	escogéis
escoge	escogen

PRETÉRITO PERFECTO

he escogido	hemos escogido
has escogido	habéis escogido
ha escogido	han escogido

IMPERFECTO

escogía	escogíamos
escogías	escogíais
escogía	escogían

PLUSCUAMPERFECTO

había escogido	habíamos escogido
habías escogido	habíais escogido
había escogido	habían escogido

PRETÉRITO

escogí	escogimos
escogiste	escogisteis
escogió	escogieron

PRETÉRITO ANTERIOR

hube escogido	hubimos escogido
hubiste escogido	hubisteis escogido
hubo escogido	hubieron escogido

FUTURO

escogeré	escogeremos
escogerás	escogeréis
escogerá	escogerán

FUTURO PERFECTO

habré escogido	habremos escogido
habrás escogido	habréis escogido
habrá escogido	habrán escogido

CONDICIONAL

SIMPLE

escogería	escogeríamos
escogerías	escogeríais
escogería	escogerían

COMPUESTO

habría escogido	habríamos escogido
habrías escogido	habríais escogido
habría escogido	habrían escogido

SUBJUNTIVO

PRESENTE

escoja	escojamos
escojas	escojáis
escoja	escojan

PRETÉRITO

haya escogido	hayamos escogido
hayas escogido	hayáis escogido
haya escogido	hayan escogido

IMPERFECTO

escogiera	escogiéramos
escogieras	escogierais
escogiera	escogieran
OR	
escogiese	escogiésemos
escogieses	escogieseis
escogiese	escogiesen

PLUSCUAMPERFECTO

hubiera escogido	hubiéramos escogido
hubieras escogido	hubierais escogido
hubiera escogido	hubieran escogido
OR	
hubiese escogido	hubiésemos escogido
hubieses escogido	hubieseis escogido
hubiese escogido	hubiesen escogido

IMPERATIVO

—	escojamos
escoge; no escojas	escoged; no escojáis
escoja	escojan

FORMAS NO PERSONALES

GERUNDIO
escogiendo

PARTICIPIO
escogido

RELATED WORDS

escogimiento	choice, selection	*el/la escogido/a*	the chosen one

EXAMPLES OF VERB USAGE

¿Estás escogiendo clases?	Are you choosing classes?
Han escogido al mejor concursante.	They have chosen the best contestant.
Escogeremos a veinte solamente.	We will select only twenty.

escribir
to write

INDICATIVO

PRESENTE
escribo	escribimos
escribes	escribís
escribe	escriben

yo | nosotros/as
tú | vosotros/as
él/ella/Ud. | ellos/ellas/Uds.

PRETÉRITO PERFECTO
he escrito	hemos escrito
has escrito	habéis escrito
ha escrito	han escrito

IMPERFECTO
escribía	escribíamos
escribías	escribíais
escribía	escribían

PLUSCUAMPERFECTO
había escrito	habíamos escrito
habías escrito	habíais escrito
había escrito	habían escrito

PRETÉRITO
escribí	escribimos
escribiste	escribisteis
escribió	escribieron

PRETÉRITO ANTERIOR
hube escrito	hubimos escrito
hubiste escrito	hubisteis escrito
hubo escrito	hubieron escrito

FUTURO
escribiré	escribiremos
escribirás	escribiréis
escribirá	escribirán

FUTURO PERFECTO
habré escrito	habremos escrito
habrás escrito	habréis escrito
habrá escrito	habrán escrito

CONDICIONAL

SIMPLE
escribiría	escribiríamos
escribirías	escribiríais
escribiría	escribirían

COMPUESTO
habría escrito	habríamos escrito
habrías escrito	habríais escrito
habría escrito	habrían escrito

SUBJUNTIVO

PRESENTE
escriba	escribamos
escribas	escribáis
escriba	escriban

PRETÉRITO
haya escrito	hayamos escrito
hayas escrito	hayáis escrito
haya escrito	hayan escrito

IMPERFECTO
escribiera	escribiéramos
escribieras	escribierais
escribiera	escribieran
OR	
escribiese	escribiésemos
escribieses	escribieseis
escribiese	escribiesen

PLUSCUAMPERFECTO
hubiera escrito	hubiéramos escrito
hubieras escrito	hubierais escrito
hubiera escrito	hubieran escrito
OR	
hubiese escrito	hubiésemos escrito
hubieses escrito	hubieseis escrito
hubiese escrito	hubiesen escrito

IMPERATIVO
—	escribamos
escribe; no escribas	escribid; no escribáis
escriba	escriban

FORMAS NO PERSONALES

GERUNDIO	PARTICIPIO
escribiendo	escrito

RELATED WORDS

una máquina de escribir	typewriter	*un escritorio*	writing desk
escritor/a	writer	*describir*	to describe

EXAMPLES OF VERB USAGE

Hemos escrito una carta de protesta.	We have written a letter of protest.
Ese hombre escribió muchas novelas cuando era joven.	That man wrote many novels when he was young.
¿Vas a escribirme cuando me vaya?	Are you going to write me when I leave?
Nunca le escribes a nadie.	You never write anyone.

escuchar
to listen to

INDICATIVO

		yo	nosotros/as
		tú	vosotros/as
		él/ella/Ud.	ellos/ellas/Uds.

PRESENTE

escucho	escuchamos
escuchas	escucháis
escucha	escuchan

PRETÉRITO PERFECTO

he escuchado	hemos escuchado
has escuchado	habéis escuchado
ha escuchado	han escuchado

IMPERFECTO

escuchaba	escuchábamos
escuchabas	escuchabais
escuchaba	escuchaban

PLUSCUAMPERFECTO

había escuchado	habíamos escuchado
habías escuchado	habíais escuchado
había escuchado	habían escuchado

PRETÉRITO

escuché	escuchamos
escuchaste	escuchasteis
escuchó	escucharon

PRETÉRITO ANTERIOR

hube escuchado	hubimos escuchado
hubiste escuchado	hubisteis escuchado
hubo escuchado	hubieron escuchado

FUTURO

escucharé	escucharemos
escucharás	escucharéis
escuchará	escucharán

FUTURO PERFECTO

habré escuchado	habremos escuchado
habrás escuchado	habréis escuchado
habrá escuchado	habrán escuchado

CONDICIONAL

SIMPLE

escucharía	escucharíamos
escucharías	escucharíais
escucharía	escucharían

COMPUESTO

habría escuchado	habríamos escuchado
habrías escuchado	habríais escuchado
habría escuchado	habrían escuchado

SUBJUNTIVO

PRESENTE

escuche	escuchemos
escuches	escuchéis
escuche	escuchen

PRETÉRITO

haya escuchado	hayamos escuchado
hayas escuchado	hayáis escuchado
haya escuchado	hayan escuchado

IMPERFECTO

escuchara	escucháramos
escucharas	escucharais
escuchara	escucharan
OR	
escuchase	escuchásemos
escuchases	escuchaseis
escuchase	escuchasen

PLUSCUAMPERFECTO

hubiera escuchado	hubiéramos escuchado
hubieras escuchado	hubierais escuchado
hubiera escuchado	hubieran escuchado
OR	
hubiese escuchado	hubiésemos escuchado
hubieses escuchado	hubieseis escuchado
hubiese escuchado	hubiesen escuchado

IMPERATIVO

—	escuchemos
escucha;	escuchad; no escuchéis
no escuches	
escuche	escuchen

FORMAS NO PERSONALES

GERUNDIO	**PARTICIPIO**
escuchando	escuchado

RELATED WORDS

escucha ilegal	listening device	*escuchar música*	to listen to music

EXAMPLES OF VERB USAGE

Normalmente escucho la radio por las mañanas.	I normally listen to the radio in the mornings.
Escucha bien lo que te digo.	Listen well to what I tell you.
Siempre escuchaba la música muy alta.	He always listened to very loud music.

estar
to be

yo | nosotros/as
tú | vosotros/as
él/ella/Ud. | ellos/ellas/Uds.

INDICATIVO

PRESENTE

estoy	estamos
estás	estáis
está	están

PRETÉRITO PERFECTO

he estado	hemos estado
has estado	habéis estado
ha estado	han estado

IMPERFECTO

estaba	estábamos
estabas	estabais
estaba	estaban

PLUSCUAMPERFECTO

había estado	habíamos estado
habías estado	habíais estado
había estado	habían estado

PRETÉRITO

estuve	estuvimos
estuviste	estuvisteis
estuvo	estuvieron

PRETÉRITO ANTERIOR

hube estado	hubimos estado
hubiste estado	hubisteis estado
hubo estado	hubieron estado

FUTURO

estaré	estaremos
estarás	estaréis
estará	estarán

FUTURO PERFECTO

habré estado	habremos estado
habrás estado	habréis estado
habrá estado	habrán estado

CONDICIONAL

SIMPLE

estaría	estaríamos
estarías	estaríais
estaría	estarían

COMPUESTO

habría estado	habríamos estado
habrías estado	habríais estado
habría estado	habrían estado

SUBJUNTIVO

PRESENTE

esté	estemos
estés	estéis
esté	estén

PRETÉRITO

haya estado	hayamos estado
hayas estado	hayáis estado
haya estado	hayan estado

IMPERFECTO

estuviera	estuviéramos
estuvieras	estuvierais
estuviera	estuvieran
OR	
estuviese	estuviésemos
estuvieses	estuvieseis
estuviese	estuviesen

PLUSCUAMPERFECTO

hubiera estado	hubiéramos estado
hubieras estado	hubierais estado
hubiera estado	hubieran estado
OR	
hubiese estado	hubiésemos estado
hubieses estado	hubieseis estado
hubiese estado	hubiesen estado

IMPERATIVO

—	estemos
está; no estés	estad; no estéis
esté	estén

FORMAS NO PERSONALES

GERUNDIO	PARTICIPIO
estando	estado

RELATED WORDS

el estado	state
estar de acuerdo	to agree
estado de buena esperanza	pregnancy

EXAMPLES OF VERB USAGE

Aquí estoy.	Here I am.
Juan está muy contento.	Juan is very happy.
¿Has estado en su casa?	Have you been in his house?
Estuvieron listos enseguida.	They were ready immediately.

estudiar
to study

yo	nosotros/as
tú	vosotros/as
él/ella/Ud.	ellos/ellas/Uds.

INDICATIVO

PRESENTE

estudio	estudiamos
estudias	estudiáis
estudia	estudian

PRETÉRITO PERFECTO

he estudiado	hemos estudiado
has estudiado	habéis estudiado
ha estudiado	han estudiado

IMPERFECTO

estudiaba	estudiábamos
estudiabas	estudiabais
estudiaba	estudiaban

PLUSCUAMPERFECTO

había estudiado	habíamos estudiado
habías estudiado	habíais estudiado
había estudiado	habían estudiado

PRETÉRITO

estudié	estudiamos
estudiaste	estudiasteis
estudió	estudiaron

PRETÉRITO ANTERIOR

hube estudiado	hubimos estudiado
hubiste estudiado	hubisteis estudiado
hubo estudiado	hubieron estudiado

FUTURO

estudiaré	estudiaremos
estudiarás	estudiaréis
estudiará	estudiarán

FUTURO PERFECTO

habré estudiado	habremos estudiado
habrás estudiado	habréis estudiado
habrá estudiado	habrán estudiado

CONDICIONAL

SIMPLE

estudiaría	estudiaríamos
estudiarías	estudiaríais
estudiaría	estudiarían

COMPUESTO

habría estudiado	habríamos estudiado
habrías estudiado	habríais estudiado
habría estudiado	habrían estudiado

SUBJUNTIVO

PRESENTE

estudie	estudiemos
estudies	estudiéis
estudie	estudien

PRETÉRITO

haya estudiado	hayamos estudiado
hayas estudiado	hayáis estudiado
haya estudiado	hayan estudiado

IMPERFECTO

estudiara	estudiáramos
estudiaras	estudiarais
estudiara	estudiaran
OR	
estudiase	estudiásemos
estudiases	estudiaseis
estudiase	estudiasen

PLUSCUAMPERFECTO

hubiera estudiado	hubiéramos estudiado
hubieras estudiado	hubierais estudiado
hubiera estudiado	hubieran estudiado
OR	
hubiese estudiado	hubiésemos estudiado
hubieses estudiado	hubieseis estudiado
hubiese estudiado	hubiesen estudiado

IMPERATIVO

—	estudiemos
estudia; no estudies	estudiad; no estudiéis
estudie	estudien

FORMAS NO PERSONALES

GERUNDIO	**PARTICIPIO**
estudiando	estudiado

RELATED WORDS

un/a estudiante	student	*el estudio*	studio
los estudios	studies (education)		

EXAMPLES OF VERB USAGE

Estudio matemáticas.	I study math.
Cuando era niña, estudié francés.	When I was a little girl, I studied French.
¿Estudias o trabajas?	Do you study or do you work?
Estudiaba al menos tres horas al día.	He used to study at least three hours a day.

Verb Charts

exigir
to demand

yo	nosotros/as
tú	vosotros/as
él/ella/Ud.	ellos/ellas/Uds.

INDICATIVO

PRESENTE

exijo	exigimos
exiges	exigís
exige	exigen

IMPERFECTO

exigía	exigíamos
exigías	exigíais
exigía	exigían

PRETÉRITO

exigí	exigimos
exigiste	exigisteis
exigió	exigieron

FUTURO

exigiré	exigiremos
exigirás	exigiréis
exigirá	exigirán

PRETÉRITO PERFECTO

he exigido	hemos exigido
has exigido	habéis exigido
ha exigido	han exigido

PLUSCUAMPERFECTO

había exigido	habíamos exigido
habías exigido	habíais exigido
había exigido	habían exigido

PRETÉRITO ANTERIOR

hube exigido	hubimos exigido
hubiste exigido	hubisteis exigido
hubo exigido	hubieron exigido

FUTURO PERFECTO

habré exigido	habremos exigido
habrás exigido	habréis exigido
habrá exigido	habrán exigido

CONDICIONAL

SIMPLE

exigiría	exigiríamos
exigirías	exigiríais
exigiría	exigirían

COMPUESTO

habría exigido	habríamos exigido
habrías exigido	habríais exigido
habría exigido	habrían exigido

SUBJUNTIVO

PRESENTE

exija	exijamos
exijas	exijáis
exija	exijan

IMPERFECTO

exigiera	exigiéramos
exigieras	exigierais
exigiera	exigieran
OR	
exigiese	exigiésemos
exigieses	exigieseis
exigiese	exigiesen

PRETÉRITO

haya exigido	hayamos exigido
hayas exigido	hayáis exigido
haya exigido	hayan exigido

PLUSCUAMPERFECTO

hubiera exigido	hubiéramos exigido
hubieras exigido	hubierais exigido
hubiera exigido	hubieran exigido
OR	
hubiese exigido	hubiésemos exigido
hubieses exigido	hubieseis exigido
hubiese exigido	hubiesen exigido

IMPERATIVO

—	exijamos
exige; no exijas	exigid; no exijáis
exija	exijan

FORMAS NO PERSONALES

GERUNDIO	**PARTICIPIO**
exigiendo	exigido

RELATED WORDS

exigente	demanding

EXAMPLES OF VERB USAGE

Ese profesor exige mucho.	That professor demands a lot.
Mis padres me exigieron que fuera a la universidad.	My parents demanded that I go to college.
¿Qué te han exigido?	What have they asked of you?

extinguir
to extinguish, to wipe out

yo	nosotros/as
tú	vosotros/as
él/ella/Ud.	ellos/ellas/Uds.

INDICATIVO

PRESENTE

extingo	extinguimos
extingues	extinguís
extingue	extinguen

IMPERFECTO

extinguía	extinguíamos
extinguías	extinguíais
extinguía	extinguían

PRETÉRITO

extinguí	extinguimos
extinguiste	extinguisteis
extinguió	extinguieron

FUTURO

extinguiré	extinguiremos
extinguirás	extinguiréis
extinguirá	extinguirán

PRETÉRITO PERFECTO

he extinguido	hemos extinguido
has extinguido	habéis extinguido
ha extinguido	han extinguido

PLUSCUAMPERFECTO

había extinguido	habíamos extinguido
habías extinguido	habíais extinguido
había extinguido	habían extinguido

PRETÉRITO ANTERIOR

hube extinguido	hubimos extinguido
hubiste extinguido	hubisteis extinguido
hubo extinguido	hubieron extinguido

FUTURO PERFECTO

habré extinguido	habremos extinguido
habrás extinguido	habréis extinguido
habrá extinguido	habrán extinguido

CONDICIONAL

SIMPLE

extinguiría	extinguiríamos
extinguirías	extinguiríais
extinguiría	extinguirían

COMPUESTO

habría extinguido	habríamos extinguido
habrías extinguido	habríais extinguido
habría extinguido	habrían extinguido

SUBJUNTIVO

PRESENTE

extinga	extingamos
extingas	extingáis
extinga	extingan

IMPERFECTO

extinguiera	extinguiéramos
extinguieras	extinguierais
extinguiera	extinguieran
OR	
extinguiese	extinguiésemos
extinguieses	extinguieseis
extinguiese	extinguiesen

PRETÉRITO

haya extinguido	hayamos extinguido
hayas extinguido	hayáis extinguido
haya extinguido	hayan extinguido

PLUSCUAMPERFECTO

hubiera extinguido	hubiéramos extinguido
hubieras extinguido	hubierais extinguido
hubiera extinguido	hubieran extinguido
OR	
hubiese extinguido	hubiésemos extinguido
hubieses extinguido	hubieseis extinguido
hubiese extinguido	hubiesen extinguido

IMPERATIVO

—	extingamos
extingue; no extingas	extinguid; no extingáis
extinga	extingan

FORMAS NO PERSONALES

GERUNDIO
extinguiendo

PARTICIPIO
extinguido

RELATED WORDS

la extinción	extinction	*un extintor*	fire extinguisher
extinguirse	to become extinct		

EXAMPLES OF VERB USAGE

Los bomberos extinguieron el fuego.	The firemen put out the fire.
Se ha extinguido la llama.	The flame has been put out.
Esa especie de pájaro se extinguió hace muchos siglos.	That species of bird became extinct many centuries ago.

Verb Charts

VERB CHART

131

yo	nosotros/as
tú	vosotros/as
él/ella/Ud.	ellos/ellas/Uds.

fabricar
to manufacture, to produce

INDICATIVO

PRESENTE
fabrico	fabricamos
fabricas	fabricáis
fabrica	fabrican

PRETÉRITO PERFECTO
he fabricado	hemos fabricado
has fabricado	habéis fabricado
ha fabricado	han fabricado

IMPERFECTO
fabricaba	fabricábamos
fabricabas	fabricabais
fabricaba	fabricaban

PLUSCUAMPERFECTO
había fabricado	habíamos fabricado
habías fabricado	habíais fabricado
había fabricado	habían fabricado

PRETÉRITO
fabriqué	fabricamos
fabricaste	fabricasteis
fabricó	fabricaron

PRETÉRITO ANTERIOR
hube fabricado	hubimos fabricado
hubiste fabricado	hubisteis fabricado
hubo fabricado	hubieron fabricado

FUTURO
fabricaré	fabricaremos
fabricarás	fabricaréis
fabricará	fabricarán

FUTURO PERFECTO
habré fabricado	habremos fabricado
habrás fabricado	habréis fabricado
habrá fabricado	habrán fabricado

CONDICIONAL

SIMPLE
fabricaría	fabricaríamos
fabricarías	fabricaríais
fabricaría	fabricarían

COMPUESTO
habría fabricado	habríamos fabricado
habrías fabricado	habríais fabricado
habría fabricado	habrían fabricado

SUBJUNTIVO

PRESENTE
fabrique	fabriquemos
fabriques	fabriquéis
fabrique	fabriquen

PRETÉRITO
haya fabricado	hayamos fabricado
hayas fabricado	hayáis fabricado
haya fabricado	hayan fabricado

IMPERFECTO
fabricara	fabricáramos
fabricaras	fabricarais
fabricara	fabricaran
OR	
fabricase	fabricásemos
fabricases	fabricaseis
fabricase	fabricasen

PLUSCUAMPERFECTO
hubiera fabricado	hubiéramos fabricado
hubieras fabricado	hubierais fabricado
hubiera fabricado	hubieran fabricado
OR	
hubiese fabricado	hubiésemos fabricado
hubieses fabricado	hubieseis fabricado
hubiese fabricado	hubiesen fabricado

IMPERATIVO

—	fabriquemos
fabrica;	fabricad; no fabriquéis
no fabriques	
fabrique	fabriquen

FORMAS NO PERSONALES

GERUNDIO	PARTICIPIO
fabricando	fabricado

RELATED WORDS

la fabricación	manufacture	*fabricación propia*	made on the premises
una fábrica	factory	*fabril*	industrial

EXAMPLES OF VERB USAGE

Esto está fabricado en Japón.	This is manufactured in Japan.
En ese pueblo fabrican coches alemanes.	They make German cars in that town.
¿Qué fabrica tu empresa?	What does your business manufacture?

faltar

to lack, to miss

yo	nosotros/as
tú	vosotros/as
él/ella/Ud.	ellos/ellas/Uds.

INDICATIVO

PRESENTE

falto	faltamos
faltas	faltáis
falta	faltan

PRETÉRITO PERFECTO

he faltado	hemos faltado
has faltado	habéis faltado
ha faltado	han faltado

IMPERFECTO

faltaba	faltábamos
faltabas	faltabais
faltaba	faltaban

PLUSCUAMPERFECTO

había faltado	habíamos faltado
habías faltado	habíais faltado
había faltado	habían faltado

PRETÉRITO

falté	faltamos
faltaste	faltasteis
faltó	faltaron

PRETÉRITO ANTERIOR

hube faltado	hubimos faltado
hubiste faltado	hubisteis faltado
hubo faltado	hubieron faltado

FUTURO

faltaré	faltaremos
faltarás	faltaréis
faltará	faltarán

FUTURO PERFECTO

habré faltado	habremos faltado
habrás faltado	habréis faltado
habrá faltado	habrán faltado

CONDICIONAL

SIMPLE

faltaría	faltaríamos
faltarías	faltaríais
faltaría	faltarían

COMPUESTO

habría faltado	habríamos faltado
habrías faltado	habríais faltado
habría faltado	habrían faltado

SUBJUNTIVO

PRESENTE

falte	faltemos
faltes	faltéis
falte	falten

PRETÉRITO

haya faltado	hayamos faltado
hayas faltado	hayáis faltado
haya faltado	hayan faltado

IMPERFECTO

faltara	faltáramos
faltaras	faltarais
faltara	faltaran
OR	
faltase	faltásemos
faltases	faltaseis
faltase	faltasen

PLUSCUAMPERFECTO

hubiera faltado	hubiéramos faltado
hubieras faltado	hubierais faltado
hubiera faltado	hubieran faltado
OR	
hubiese faltado	hubiésemos faltado
hubieses faltado	hubieseis faltado
hubiese faltado	hubiesen faltado

IMPERATIVO

—	faltemos
falta; no faltes	faltad; no faltéis
falte	falten

FORMAS NO PERSONALES

GERUNDIO	**PARTICIPIO**
faltando	faltado

RELATED WORDS

la falta	lack, want	*una falta de ortografía*	spelling mistake
la falta de educación	bad manners	*No hace falta.*	It is not necessary.

EXAMPLES OF VERB USAGE

Faltan tres días para que se acaben las clases.	There are three days left before classes end.
¿Qué te falta?	What are you missing?
Han faltado dos estudiantes.	There are two students missing. (Two students haven't shown up.)

Verb Charts

favorecer
to favor, to suit something/somebody

yo	nosotros/as
tú	vosotros/as
él/ella/Ud.	ellos/ellas/Uds.

INDICATIVO

PRESENTE

favorezco	favorecemos	
favoreces	favorecéis	
favorece	favorecen	

PRETÉRITO PERFECTO

he favorecido	hemos favorecido
has favorecido	habéis favorecido
ha favorecido	han favorecido

IMPERFECTO

favorecía	favorecíamos
favorecías	favorecíais
favorecía	favorecían

PLUSCUAMPERFECTO

había favorecido	habíamos favorecido
habías favorecido	habíais favorecido
había favorecido	habían favorecido

PRETÉRITO

favorecí	favorecimos
favoreciste	favorecisteis
favoreció	favorecieron

PRETÉRITO ANTERIOR

hube favorecido	hubimos favorecido
hubiste favorecido	hubisteis favorecido
hubo favorecido	hubieron favorecido

FUTURO

favoreceré	favoreceremos
favorecerás	favoreceréis
favorecerá	favorecerán

FUTURO PERFECTO

habré favorecido	habremos favorecido
habrás favorecido	habréis favorecido
habrá favorecido	habrán favorecido

CONDICIONAL

SIMPLE

favorecería	favoreceríamos
favorecerías	favoreceríais
favorecería	favorecerían

COMPUESTO

habría favorecido	habríamos favorecido
habrías favorecido	habríais favorecido
habría favorecido	habrían favorecido

SUBJUNTIVO

PRESENTE

favorezca	favorezcamos
favorezcas	favorezcáis
favorezca	favorezcan

PRETÉRITO

haya favorecido	hayamos favorecido
hayas favorecido	hayáis favorecido
haya favorecido	hayan favorecido

IMPERFECTO

favoreciera	favoreciéramos
favorecieras	favorecierais
favoreciera	favorecieran
OR	
favoreciese	favoreciésemos
favorecieses	favorecieseis
favoreciese	favoreciesen

PLUSCUAMPERFECTO

hubiera favorecido	hubiéramos favorecido
hubieras favorecido	hubierais favorecido
hubiera favorecido	hubieran favorecido
OR	
hubiese favorecido	hubiésemos favorecido
hubieses favorecido	hubieseis favorecido
hubiese favorecido	hubiesen favorecido

IMPERATIVO

—	favorezcamos
favorece;	favoreced; no favorezcáis
no favorezcas	
favorezca	favorezcan

FORMAS NO PERSONALES

GERUNDIO	**PARTICIPIO**
favoreciendo	favorecido

RELATED WORDS

favorito/a	favorite	*pedir un favor*	to ask for a favor
favorable	favorable		

EXAMPLES OF VERB USAGE

Ese vestido te favorece mucho. — That dress really suits you well.

Hoy me han favorecido los dioses. — The gods have been favorable to me today.

No le favorecía ese color de pelo. — That hair color didn't flatter her.

felicitar
to congratulate

INDICATIVO

PRESENTE

felicito	felicitamos
felicitas	felicitáis
felicita	felicitan

PRETÉRITO PERFECTO

he felicitado	hemos felicitado
has felicitado	habéis felicitado
ha felicitado	han felicitado

yo	nosotros/as
tú	vosotros/as
él/ella/Ud.	ellos/ellas/Uds.

IMPERFECTO

felicitaba	felicitábamos
felicitabas	felicitabais
felicitaba	felicitaban

PLUSCUAMPERFECTO

había felicitado	habíamos felicitado
habías felicitado	habíais felicitado
había felicitado	habían felicitado

PRETÉRITO

felicité	felicitamos
felicitaste	felicitasteis
felicitó	felicitaron

PRETÉRITO ANTERIOR

hube felicitado	hubimos felicitado
hubiste felicitado	hubisteis felicitado
hubo felicitado	hubieron felicitado

FUTURO

felicitaré	felicitaremos
felicitarás	felicitaréis
felicitará	felicitarán

FUTURO PERFECTO

habré felicitado	habremos felicitado
habrás felicitado	habréis felicitado
habrá felicitado	habrán felicitado

CONDICIONAL

SIMPLE

felicitaría	felicitaríamos
felicitarías	felicitaríais
felicitaría	felicitarían

COMPUESTO

habría felicitado	habríamos felicitado
habrías felicitado	habríais felicitado
habría felicitado	habrían felicitado

SUBJUNTIVO

PRESENTE

felicite	felicitemos
felicites	felicitéis
felicite	feliciten

PRETÉRITO

haya felicitado	hayamos felicitado
hayas felicitado	hayáis felicitado
haya felicitado	hayan felicitado

IMPERFECTO

felicitara	felicitáramos
felicitaras	felicitarais
felicitara	felicitaran
OR	
felicitase	felicitásemos
felicitases	felicitaseis
felicitase	felicitasen

PLUSCUAMPERFECTO

hubiera felicitado	hubiéramos felicitado
hubieras felicitado	hubierais felicitado
hubiera felicitado	hubieran felicitado
OR	
hubiese felicitado	hubiésemos felicitado
hubieses felicitado	hubieseis felicitado
hubiese felicitado	hubiesen felicitado

IMPERATIVO

—	felicitemos
felicita; no felicites	felicitad; no felicitéis
felicite	feliciten

FORMAS NO PERSONALES

GERUNDIO	**PARTICIPIO**
felicitando	felicitado

RELATED WORDS

la felicitación	congratulation	*feliz*	happy
felicidad	happiness	*felicitarse*	to be very glad about sth

EXAMPLES OF VERB USAGE

Te felicito por tus logros.	I congratulate you on your achievements.
La felicitamos por haber obtenido el primer premio.	We congratulated her for having gotten first place.
Nos han felicitado las Navidades.	They have wished us a merry Christmas.

Verb Charts

fiarse
to trust

yo	nosotros/as
tú	vosotros/as
él/ella/Ud.	ellos/ellas/Uds.

INDICATIVO

PRESENTE
me fío	nos fiamos
te fías	os fiáis
se fía	se fían

PRETÉRITO PERFECTO
me he fiado	nos hemos fiado
te has fiado	os habéis fiado
se ha fiado	se han fiado

IMPERFECTO
me fiaba	nos fiábamos
te fiabas	os fiabais
se fiaba	se fiaban

PLUSCUAMPERFECTO
me había fiado	nos habíamos fiado
te habías fiado	os habíais fiado
se había fiado	se habían fiado

PRETÉRITO
me fié	nos fiamos
te fiaste	os fiasteis
se fió	se fiaron

PRETÉRITO ANTERIOR
me hube fiado	nos hubimos fiado
te hubiste fiado	os hubisteis fiado
se hubo fiado	se hubieron fiado

FUTURO
me fiaré	nos fiaremos
te fiarás	os fiaréis
se fiará	se fiarán

FUTURO PERFECTO
me habré fiado	nos habremos fiado
te habrás fiado	os habréis fiado
se habrá fiado	se habrán fiado

CONDICIONAL

SIMPLE
me fiaría	nos fiaríamos
te fiarías	os fiaríais
se fiaría	se fiarían

COMPUESTO
me habría fiado	nos habríamos fiado
te habrías fiado	os habríais fiado
se habría fiado	se habrían fiado

SUBJUNTIVO

PRESENTE
me fíe	nos fiemos
te fíes	os fiéis
se fíe	se fíen

PRETÉRITO
me haya fiado	nos hayamos fiado
te hayas fiado	os hayáis fiado
se haya fiado	se hayan fiado

IMPERFECTO
me fiara	nos fiáramos
te fiaras	os fiarais
se fiara	se fiaran
OR	
me fiase	nos fiásemos
te fiases	os fiaseis
se fiase	se fiasen

PLUSCUAMPERFECTO
me hubiera fiado	nos hubiéramos fiado
te hubieras fiado	os hubierais fiado
se hubiera fiado	se hubieran fiado
OR	
me hubiese fiado	nos hubiésemos fiado
te hubieses fiado	os hubieseis fiado
se hubiese fiado	se hubiesen fiado

IMPERATIVO

—	fiémonos
fíate; no te fíes	fiaos; no os fiéis
fíese	fíense

FORMAS NO PERSONALES

GERUNDIO	PARTICIPIO
fiándose	fiado

RELATED WORDS

la fianza	bail	*el fiasco*	fiasco
fiar	to sell (on credit)		

EXAMPLES OF VERB USAGE

No me fío de ella.	I don't trust her.
Mis padres no se fiaban de nosotros.	My parents didn't trust us.
¿Y tú te fías de que Pedro haga lo que le dices?	And do you trust Pedro to do what you tell him?

finalizar

to finish, to end

INDICATIVO

PRESENTE

finalizo	finalizamos
finalizas	finalizáis
finaliza	finalizan

PRETÉRITO PERFECTO

he finalizado	hemos finalizado
has finalizado	habéis finalizado
ha finalizado	han finalizado

yo	nosotros/as
tú	vosotros/as
él/ella/Ud.	ellos/ellas/Uds.

IMPERFECTO

finalizaba	finalizábamos
finalizabas	finalizabais
finalizaba	finalizaban

PLUSCUAMPERFECTO

había finalizado	habíamos finalizado
habías finalizado	habíais finalizado
había finalizado	habían finalizado

PRETÉRITO

finalicé	finalizamos
finalizaste	finalizasteis
finalizó	finalizaron

PRETÉRITO ANTERIOR

hube finalizado	hubimos finalizado
hubiste finalizado	hubisteis finalizado
hubo finalizado	hubieron finalizado

FUTURO

finalizaré	finalizaremos
finalizarás	finalizaréis
finalizará	finalizarán

FUTURO PERFECTO

habré finalizado	habremos finalizado
habrás finalizado	habréis finalizado
habrá finalizado	habrán finalizado

CONDICIONAL

SIMPLE

finalizaría	finalizaríamos
finalizarías	finalizaríais
finalizaría	finalizarían

COMPUESTO

habría finalizado	habríamos finalizado
habrías finalizado	habríais finalizado
habría finalizado	habrían finalizado

SUBJUNTIVO

PRESENTE

finalice	finalicemos
finalices	finalicéis
finalice	finalicen

PRETÉRITO

haya finalizado	hayamos finalizado
hayas finalizado	hayáis finalizado
haya finalizado	hayan finalizado

IMPERFECTO

finalizara	finalizáramos
finalizaras	finalizarais
finalizara	finalizaran
OR	
finalizase	finalizásemos
finalizases	finalizaseis
finalizase	finalizasen

PLUSCUAMPERFECTO

hubiera finalizado	hubiéramos finalizado
hubieras finalizado	hubierais finalizado
hubiera finalizado	hubieran finalizado
OR	
hubiese finalizado	hubiésemos finalizado
hubieses finalizado	hubieseis finalizado
hubiese finalizado	hubiesen finalizado

IMPERATIVO

—	finalicemos
finaliza; no finalices	finalizad; no finalicéis
finalice	finalicen

FORMAS NO PERSONALES

GERUNDIO	**PARTICIPIO**
finalizando	finalizado

RELATED WORDS

el final	end	*finalista*	finalist
la finalidad	purpose		

EXAMPLES OF VERB USAGE

¿Han finalizado ya la reunión?	Have they ended the meeting?
El programa finaliza a las diez.	The program ends at ten.
Finalizaron su relación.	They ended their relationship.
Finalizaremos las obras el mes que viene.	We will finish construction next month.

Verb Charts

forzar
to force, to strain

yo | nosotros/as
tú | vosotros/as
él/ella/Ud. | ellos/ellas/Uds.

INDICATIVO

PRESENTE		PRETÉRITO PERFECTO	
fuerzo	forzamos	he forzado	hemos forzado
fuerzas	forzáis	has forzado	habéis forzado
fuerza	fuerzan	ha forzado	han forzado

IMPERFECTO		PLUSCUAMPERFECTO	
forzaba	forzábamos	había forzado	habíamos forzado
forzabas	forzabais	habías forzado	habíais forzado
forzaba	forzaban	había forzado	habían forzado

PRETÉRITO		PRETÉRITO ANTERIOR	
forcé	forzamos	hube forzado	hubimos forzado
forzaste	forzasteis	hubiste forzado	hubisteis forzado
forzó	forzaron	hubo forzado	hubieron forzado

FUTURO		FUTURO PERFECTO	
forzaré	forzaremos	habré forzado	habremos forzado
forzarás	forzaréis	habrás forzado	habréis forzado
forzará	forzarán	habrá forzado	habrán forzado

CONDICIONAL

SIMPLE		COMPUESTO	
forzaría	forzaríamos	habría forzado	habríamos forzado
forzarías	forzaríais	habrías forzado	habríais forzado
forzaría	forzarían	habría forzado	habrían forzado

SUBJUNTIVO

PRESENTE		PRETÉRITO	
fuerce	forcemos	haya forzado	hayamos forzado
fuerces	forcéis	hayas forzado	hayáis forzado
fuerce	fuercen	haya forzado	hayan forzado

IMPERFECTO		PLUSCUAMPERFECTO	
forzara	forzáramos	hubiera forzado	hubiéramos forzado
forzaras	forzarais	hubieras forzado	hubierais forzado
forzara	forzaran	hubiera forzado	hubieran forzado
OR		OR	
forzase	forzásemos	hubiese forzado	hubiésemos forzado
forzases	forzaseis	hubieses forzado	hubieseis forzado
forzase	forzasen	hubiese forzado	hubiesen forzado

IMPERATIVO

—	forcemos
fuerza; no fuerces	forzad; no forcéis
fuerce	fuercen

FORMAS NO PERSONALES

GERUNDIO	PARTICIPIO
forzando	forzado

RELATED WORDS

la fuerza	force	*forzado/a*	forced, unnatural
forzosamente	without an option	*el esfuerzo*	effort

EXAMPLES OF VERB USAGE

Si fuerzo la vista, lo veo mejor.	If I strain my eyesight, I see it better.
Le forzaron a dejar de verla.	They forced him to stop seeing her.
Mis padres nos forzaban a comerlo todo.	My parents used to force us to eat everything.

freír
to fry

INDICATIVO

PRESENTE

frío	freímos
fríes	freís
fríe	fríen

PRETÉRITO PERFECTO

he frito	hemos frito
has frito	habéis frito
ha frito	han frito

yo	nosotros/as
tú	vosotros/as
él/ella/Ud.	ellos/ellas/Uds.

IMPERFECTO

freía	freíamos
freías	freíais
freía	freían

PLUSCUAMPERFECTO

había frito	habíamos frito
habías frito	habíais frito
había frito	habían frito

PRETÉRITO

freí	freímos
freiste	freísteis
frió	frieron

PRETÉRITO ANTERIOR

hube frito	hubimos frito
hubiste frito	hubisteis frito
hubo frito	hubieron frito

FUTURO

freiré	freiremos
freirás	freiréis
freirá	freirán

FUTURO PERFECTO

habré frito	habremos frito
habrás frito	habréis frito
habrá frito	habrán frito

CONDICIONAL

SIMPLE

freiría	freiríamos
freirías	freiríais
freiría	freirían

COMPUESTO

habría frito	habríamos frito
habrías frito	habríais frito
habría frito	habrían frito

SUBJUNTIVO

PRESENTE

fría	friamos
frías	friáis
fría	frían

PRETÉRITO

haya frito	hayamos frito
hayas frito	hayáis frito
haya frito	hayan frito

IMPERFECTO

friera	friéramos
frieras	frierais
friera	frieran
OR	
fríese	friésemos
frieses	frieseis
fríese	friesen

PLUSCUAMPERFECTO

hubiera frito	hubiéramos frito
hubieras frito	hubierais frito
hubiera frito	hubieran frito
OR	
hubiese frito	hubiésemos frito
hubieses frito	hubieseis frito
hubiese frito	hubiesen frito

IMPERATIVO

—	fríamos
fríe; no frías	freíd; no friáis
fría	frían

FORMAS NO PERSONALES

GERUNDIO	**PARTICIPIO**
friendo	frito

RELATED WORDS

frito/a	fried	*freírse*	to cook
la freidora	deep fryer	*la freiduría*	fried-fish shop

EXAMPLES OF VERB USAGE

¿Por que no fríes un huevo?	Why don't you fry an egg?
Frieron el pescado en aceite de oliva.	They fried the fish in olive oil.
Quieren que friamos la comida.	They want us to fry the food.

Verb Charts

VERB CHART

139

yo | nosotros/as
tú | vosotros/as
él/ella/Ud. | ellos/ellas/Uds.

garantizar
to guarantee

INDICATIVO

PRESENTE
garantizo | garantizamos
garantizas | garantizáis
garantiza | garantizan

PRETÉRITO PERFECTO
he garantizado | hemos garantizado
has garantizado | habéis garantizado
ha garantizado | han garantizado

IMPERFECTO
garantizaba | garantizábamos
garantizabas | garantizabais
garantizaba | garantizaban

PLUSCUAMPERFECTO
había garantizado | habíamos garantizado
habías garantizado | habíais garantizado
había garantizado | habían garantizado

PRETÉRITO
garanticé | garantizamos
garantizaste | garantizasteis
garantizó | garantizaron

PRETÉRITO ANTERIOR
hube garantizado | hubimos garantizado
hubiste garantizado | hubisteis garantizado
hubo garantizado | hubieron garantizado

FUTURO
garantizaré | garantizaremos
garantizarás | garantizaréis
garantizará | garantizarán

FUTURO PERFECTO
habré garantizado | habremos garantizado
habrás garantizado | habréis garantizado
habrá garantizado | habrán garantizado

CONDICIONAL

SIMPLE
garantizaría | garantizaríamos
garantizarías | garantizaríais
garantizaría | garantizarían

COMPUESTO
habría garantizado | habríamos garantizado
habrías garantizado | habríais garantizado
habría garantizado | habrían garantizado

SUBJUNTIVO

PRESENTE
garantice | garanticemos
garantices | garanticéis
garantice | garanticen

PRETÉRITO
haya garantizado | hayamos garantizado
hayas garantizado | hayáis garantizado
haya garantizado | hayan garantizado

IMPERFECTO
garantizara | garantizáramos
garantizaras | garantizarais
garantizara | garantizaran
OR
garantizase | garantizásemos
garantizases | garantizaseis
garantizase | garantizasen

PLUSCUAMPERFECTO
hubiera garantizado | hubiéramos garantizado
hubieras garantizado | hubierais garantizado
hubiera garantizado | hubieran garantizado
OR
hubiese garantizado | hubiésemos garantizado
hubieses garantizado | hubieseis garantizado
hubiese garantizado | hubiesen garantizado

IMPERATIVO

— | garanticemos
garantiza; | garantizad;
  no garantices | no garanticéis
garantice | garanticen

FORMAS NO PERSONALES

GERUNDIO | **PARTICIPIO**
garantizando | garantizado

RELATED WORDS

la garantía | warranty | *el/la garante* | guarantor

EXAMPLES OF VERB USAGE

Me han garantizado su valor. | They have guaranteed its value to me.
Le garantizamos que esto es una joya. | We guarantee that this is a jewel.
¿Te lo garantizaron? | Did they give you any guarantee?

gruñir

to grunt, to growl, to grumble

INDICATIVO

yo	nosotros/as
tú	vosotros/as
él/ella/Ud.	ellos/ellas/Uds.

PRESENTE

gruño	gruñimos
gruñes	gruñís
gruñe	gruñen

PRETÉRITO PERFECTO

he gruñido	hemos gruñido
has gruñido	habéis gruñido
ha gruñido	han gruñido

IMPERFECTO

gruñía	gruñíamos
gruñías	gruñíais
gruñía	gruñían

PLUSCUAMPERFECTO

había gruñido	habíamos gruñido
habías gruñido	habíais gruñido
había gruñido	habían gruñido

PRETÉRITO

gruñí	gruñimos
gruñiste	gruñisteis
gruñó	gruñeron

PRETÉRITO ANTERIOR

hube gruñido	hubimos gruñido
hubiste gruñido	hubisteis gruñido
hubo gruñido	hubieron gruñido

FUTURO

gruñiré	gruñiremos
gruñirás	gruñiréis
gruñirá	gruñirán

FUTURO PERFECTO

habré gruñido	habremos gruñido
habrás gruñido	habréis gruñido
habrá gruñido	habrán gruñido

CONDICIONAL

SIMPLE

gruñiría	gruñiríamos
gruñirías	gruñiríais
gruñiría	gruñirían

COMPUESTO

habría gruñido	habríamos gruñido
habrías gruñido	habríais gruñido
habría gruñido	habrían gruñido

SUBJUNTIVO

PRESENTE

gruña	gruñamos
gruñas	gruñáis
gruña	gruñan

PRETÉRITO

haya gruñido	hayamos gruñido
hayas gruñido	hayáis gruñido
haya gruñido	hayan gruñido

IMPERFECTO

gruñera	gruñéramos
gruñeras	gruñerais
gruñera	gruñeran
OR	
gruñese	gruñésemos
gruñeses	gruñeseis
gruñese	gruñesen

PLUSCUAMPERFECTO

hubiera gruñido	hubiéramos gruñido
hubieras gruñido	hubierais gruñido
hubiera gruñido	hubieran gruñido
OR	
hubiese gruñido	hubiésemos gruñido
hubieses gruñido	hubieseis gruñido
hubiese gruñido	hubiesen gruñido

IMPERATIVO

—	gruñamos
gruñe; no gruñas	gruñid; no gruñáis
gruña	gruñan

FORMAS NO PERSONALES

GERUNDIO	**PARTICIPIO**
gruñendo	gruñido

RELATED WORDS

gruñón/a	grumpy	*un gruñido*	grunt

EXAMPLES OF VERB USAGE

Siempre está gruñendo.	She is always grumbling.
Los cerdos no gruñeron anoche.	The pigs didn't grunt last night.

VERB CHART

141

yo | nosotros/as
tú | vosotros/as
él/ella/Ud. | ellos/ellas/Uds.

gustar
to like, to be pleasing to

INDICATIVO

PRESENTE
gusta | gustan

PRETÉRITO PERFECTO
ha gustado | han gustado

IMPERFECTO
gustaba | gustaban

PLUSCUAMPERFECTO
había gustado | habían gustado

PRETÉRITO
gustó | gustaron

PRETÉRITO ANTERIOR
hubo gustado | hubieron gustado

FUTURO
gustará | gustarán

FUTURO PERFECTO
habrá gustado | habrán gustado

CONDICIONAL

SIMPLE
gustaría | gustarían

COMPUESTO
habría gustado | habrían gustado

SUBJUNTIVO

PRESENTE
guste | gusten

PRETÉRITO
haya gustado | hayan gustado

IMPERFECTO
gustara | gustaran
OR
gustase | gustasen

PLUSCUAMPERFECTO
hubiera gustado | hubieran gustado
OR
hubiese gustado | hubiesen gustado

IMPERATIVO

¡Que guste! | ¡Que gusten!

FORMAS NO PERSONALES

GERUNDIO
gustando

PARTICIPIO
gustado

RELATED WORDS

el gusto | taste, pleasure
¡El gusto es mío! | The pleasure is mine.

¡Mucho gusto! | Nice to meet you!

EXAMPLES OF VERB USAGE

Me gusta esa canción. | I like that song. (That song is pleasing to me.)

A nosotros nos gustan los coches rojos. | We like red cars. (Red cars are pleasing to us.)

Le gustaba pasear por el parque. | He liked walking in the park. (Walking in the park was pleasing to him.)

A ellos no les gustó nada. | They didn't like anything. (Nothing was pleasing to them.)

haber

to have (as a helping verb), *there is/there are, to exist*

yo	nosotros/as
tú	vosotros/as
él/ella/Ud.	ellos/ellas/Uds.

INDICATIVO

PRESENTE

he	hemos
has	habéis
ha	han

IMPERFECTO

había	habíamos
habías	habíais
había	habían

PRETÉRITO

hube	hubimos
hubiste	hubisteis
hubo	hubieron

FUTURO

habré	habremos
habrás	habréis
habrá	habrán

PRETÉRITO PERFECTO

he habido	hemos habido
has habido	habéis habido
ha habido	han habido

PLUSCUAMPERFECTO

había habido	habíamos habido
habías habido	habíais habido
había habido	habían habido

PRETÉRITO ANTERIOR

hube habido	hubimos habido
hubiste habido	hubisteis habido
hubo habido	hubieron habido

FUTURO PERFECTO

habré habido	habremos habido
habrás habido	habréis habido
habrá habido	habrán habido

CONDICIONAL

SIMPLE

habría	habríamos
habrías	habríais
habría	habrían

COMPUESTO

habría habido	habríamos habido
habrías habido	habríais habido
habría habido	habrían habido

SUBJUNTIVO

PRESENTE

haya	hayamos
hayas	hayáis
haya	hayan

IMPERFECTO

hubiera	hubiéramos
hubieras	hubierais
hubiera	hubieran
OR	OR
hubiese	hubiésemos
hubieses	hubieseis
hubiese	hubiesen

PRETÉRITO

haya habido	hayamos habido
hayas habido	hayáis habido
haya habido	hayan habido

PLUSCUAMPERFECTO

hubiera habido	hubiéramos habido
hubieras habido	hubierais habido
hubiera habido	hubieran habido
OR	OR
hubiese habido	hubiésemos habido
hubieses habido	hubieseis habido
hubiese habido	hubiesen habido

IMPERATIVO

—	hayamos
he; no hayas	habed; no hayáis
haya	hayan

FORMAS NO PERSONALES

GERUNDIO	**PARTICIPIO**
habiendo	habido

RELATED WORDS

haber de	to have to	*¿Qué hay?*	What's up?
Hay que hacer algo.	Something has to be done.	*hay*	there is/there are

EXAMPLES OF VERB USAGE

Querían que lo hubiéramos hecho ya.	They wanted us to have done it already.
No ha habido muertos en el accidente.	There haven't been any deaths in the accident.
¿Qué he de hacer?	What must I do?

Verb Charts

VERB CHART

143

yo | nosotros/as
tú | vosotros/as
él/ella/Ud. | ellos/ellas/Uds.

hablar
to speak, to talk

INDICATIVO

PRESENTE
hablo — hablamos
hablas — habláis
habla — hablan

PRETÉRITO PERFECTO
he hablado — hemos hablado
has hablado — habéis hablado
ha hablado — han hablado

IMPERFECTO
hablaba — hablábamos
hablabas — hablabais
hablaba — hablaban

PLUSCUAMPERFECTO
había hablado — habíamos hablado
habías hablado — habíais hablado
había hablado — habían hablado

PRETÉRITO
hablé — hablamos
hablaste — hablasteis
habló — hablaron

PRETÉRITO ANTERIOR
hube hablado — hubimos hablado
hubiste hablado — hubisteis hablado
hubo hablado — hubieron hablado

FUTURO
hablaré — hablaremos
hablarás — hablaréis
hablará — hablarán

FUTURO PERFECTO
habré hablado — habremos hablado
habrás hablado — habréis hablado
habrá hablado — habrán hablado

CONDICIONAL

SIMPLE
hablaría — hablaríamos
hablarías — hablaríais
hablaría — hablarían

COMPUESTO
habría hablado — habríamos hablado
habrías hablado — habríais hablado
habría hablado — habrían hablado

SUBJUNTIVO

PRESENTE
hable — hablemos
hables — habléis
hable — hablen

PRETÉRITO
haya hablado — hayamos hablado
hayas hablado — hayáis hablado
haya hablado — hayan hablado

IMPERFECTO
hablara — habláramos
hablaras — hablarais
hablara — hablaran
OR
hablase — hablásemos
hablases — hablaseis
hablase — hablasen

PLUSCUAMPERFECTO
hubiera hablado — hubiéramos hablado
hubieras hablado — hubierais hablado
hubiera hablado — hubieran hablado
OR
hubiese hablado — hubiésemos hablado
hubieses hablado — hubieseis hablado
hubiese hablado — hubiesen hablado

IMPERATIVO

— — hablemos
habla; no hables — hablad; no habléis
hable — hablen

FORMAS NO PERSONALES

GERUNDIO
hablando

PARTICIPIO
hablado

RELATED WORDS

hablador/a — talkative
Se habla español. — Spanish is spoken (here).
hablar por los codos — to talk too much
habladuría — gossip, rumors

EXAMPLES OF VERB USAGE

¿Hablas inglés? — Do you speak English?
¡Niños, no hablen tanto! — Kids, don't talk so much!
Nos habló de su vida. — He told us about his life.
¿De qué están hablando? — What are you talking about?

hacer
to do, to make

yo	nosotros/as
tú	vosotros/as
él/ella/Ud.	ellos/ellas/Uds.

INDICATIVO

PRESENTE

hago	hacemos
haces	hacéis
hace	hacen

IMPERFECTO

hacía	hacíamos
hacías	hacíais
hacía	hacían

PRETÉRITO

hice	hicimos
hiciste	hicisteis
hizo	hicieron

FUTURO

haré	haremos
harás	haréis
hará	harán

PRETÉRITO PERFECTO

he hecho	hemos hecho
has hecho	habéis hecho
ha hecho	han hecho

PLUSCUAMPERFECTO

había hecho	habíamos hecho
habías hecho	habíais hecho
había hecho	habían hecho

PRETÉRITO ANTERIOR

hube hecho	hubimos hecho
hubiste hecho	hubisteis hecho
hubo hecho	hubieron hecho

FUTURO PERFECTO

habré hecho	habremos hecho
habrás hecho	habréis hecho
habrá hecho	habrán hecho

CONDICIONAL

SIMPLE

haría	haríamos
harías	haríais
haría	harían

COMPUESTO

habría hecho	habríamos hecho
habrías hecho	habríais hecho
habría hecho	habrían hecho

SUBJUNTIVO

PRESENTE

haga	hagamos
hagas	hagáis
haga	hagan

IMPERFECTO

hiciera	hiciéramos
hicieras	hicierais
hiciera	hicieran
OR	
hiciese	hiciésemos
hicieses	hicieseis
hiciese	hiciesen

PRETÉRITO

haya hecho	hayamos hecho
hayas hecho	hayáis hecho
haya hecho	hayan hecho

PLUSCUAMPERFECTO

hubiera hecho	hubiéramos hecho
hubieras hecho	hubierais hecho
hubiera hecho	hubieran hecho
OR	
hubiese hecho	hubiésemos hecho
hubieses hecho	hubieseis hecho
hubiese hecho	hubiesen hecho

IMPERATIVO

—	hagamos
haz; no hagas	haced; no hagáis
haga	hagan

FORMAS NO PERSONALES

GERUNDIO	PARTICIPIO
haciendo	hecho

RELATED WORDS

hacer bien	to do well
hacer el amor	to make love

un hecho	fact, event

EXAMPLES OF VERB USAGE

¿Qué has hecho?	What have you done?
Hicimos un castillo de arena en la playa.	We made a sandcastle at the beach.
¿Qué querías que hiciera?	What did you want me to do?
¿Cómo lo haces?	How do you do (or make) that?

huir
to flee, to escape

yo	nosotros/as
tú	vosotros/as
él/ella/Ud.	ellos/ellas/Uds.

INDICATIVO

PRESENTE

huyo	huimos
huyes	huís
huye	huyen

PRETÉRITO PERFECTO

he huido	hemos huido
has huido	habéis huido
ha huido	han huido

IMPERFECTO

huía	huíamos
huías	huíais
huía	huían

PLUSCUAMPERFECTO

había huido	habíamos huido
habías huido	habíais huido
había huido	habían huido

PRETÉRITO

huí	huimos
huiste	huisteis
huyó	huyeron

PRETÉRITO ANTERIOR

hube huido	hubimos huido
hubiste huido	hubisteis huido
hubo huido	hubieron huido

FUTURO

huiré	huiremos
huirás	huiréis
huirá	huirán

FUTURO PERFECTO

habré huido	habremos huido
habrás huido	habréis huido
habrá huido	habrán huido

CONDICIONAL

SIMPLE

huiría	huiríamos
huirías	huiríais
huiría	huirían

COMPUESTO

habría huido	habríamos huido
habrías huido	habríais huido
habría huido	habrían huido

SUBJUNTIVO

PRESENTE

huya	huyamos
huyas	huyáis
huya	huyan

PRETÉRITO

haya huido	hayamos huido
hayas huido	hayáis huido
haya huido	hayan huido

IMPERFECTO

huyera	huyéramos
huyeras	huyerais
huyera	huyeran
OR	
huyese	huyésemos
huyeses	huyeseis
huyese	huyesen

PLUSCUAMPERFECTO

hubiera huido	hubiéramos huido
hubieras huido	hubierais huido
hubiera huido	hubieran huido
OR	
hubiese huido	hubiésemos huido
hubieses huido	hubieseis huido
hubiese huido	hubiesen huido

IMPERATIVO

—	huyamos
huye; no huyas	huid; no huyáis
huya	huyan

FORMAS NO PERSONALES

GERUNDIO	**PARTICIPIO**
huyendo	huido

RELATED WORDS

la huida	flight	*huidizo/a*	evasive, shy
rehuir	to avoid		

EXAMPLES OF VERB USAGE

Los ladrones huyeron de la cárcel.	The thieves fled from prison.
La policía vio a dos personas huyendo.	The police saw two people running away.
Me huye desde que le di la noticia.	He avoids me ever since I gave him the news.

imprimir
to print, to impart

INDICATIVO

PRESENTE

imprimo	imprimimos
imprimes	imprimís
imprime	imprimen

PRETÉRITO PERFECTO

he impreso	hemos impreso
has impreso	habéis impreso
ha impreso	han impreso

yo	nosotros/as
tú	vosotros/as
él/ella/Ud.	ellos/ellas/Uds.

IMPERFECTO

imprimía	imprimíamos
imprimías	imprimíais
imprimía	imprimían

PLUSCUAMPERFECTO

había impreso	habíamos impreso
habías impreso	habíais impreso
había impreso	habían impreso

PRETÉRITO

imprimí	imprimimos
imprimiste	imprimisteis
imprimió	imprimieron

PRETÉRITO ANTERIOR

hube impreso	hubimos impreso
hubiste impreso	hubisteis impreso
hubo impreso	hubieron impreso

FUTURO

imprimiré	imprimiremos
imprimirás	imprimiréis
imprimirá	imprimirán

FUTURO PERFECTO

habré impreso	habremos impreso
habrás impreso	habréis impreso
habrá impreso	habrán impreso

CONDICIONAL

SIMPLE

imprimiría	imprimiríamos
imprimirías	imprimiríais
imprimiría	imprimirían

COMPUESTO

habría impreso	habríamos impreso
habrías impreso	habríais impreso
habría impreso	habrían impreso

SUBJUNTIVO

PRESENTE

imprima	imprimamos
imprimas	imprimáis
imprima	impriman

PRETÉRITO

haya impreso	hayamos impreso
hayas impreso	hayáis impreso
haya impreso	hayan impreso

IMPERFECTO

imprimiera	imprimiéramos
imprimieras	imprimierais
imprimiera	imprimieran
OR	
imprimiese	imprimiésemos
imprimieses	imprimieseis
imprimiese	imprimiesen

PLUSCUAMPERFECTO

hubiera impreso	hubiéramos impreso
hubieras impreso	hubierais impreso
hubiera impreso	hubieran impreso
OR	
hubiese impreso	hubiésemos impreso
hubieses impreso	hubieseis impreso
hubiese impreso	hubiesen impreso

IMPERATIVO

—	imprimamos
imprime;	imprimid; no imprimáis
no imprimas	
imprima	impriman

FORMAS NO PERSONALES

GERUNDIO

imprimiendo

PARTICIPIO

impreso

RELATED WORDS

el impreso de solicitud	application form	*la imprimación*	primer
una impresora	printer		

EXAMPLES OF VERB USAGE

No han impreso los folletos todavía.	They haven't printed the brochures yet.
Imprimió demasiada velocidad al coche.	He accelerated the car too much.
Imprímeme estas fotos.	Print these pictures out for me.

Verb Charts

indicar

to indicate, to show, to suggest

yo	nosotros/as
tú	vosotros/as
él/ella/Ud.	ellos/ellas/Uds.

INDICATIVO

PRESENTE

indico	indicamos
indicas	indicáis
indica	indican

PRETÉRITO PERFECTO

he indicado	hemos indicado
has indicado	habéis indicado
ha indicado	han indicado

IMPERFECTO

indicaba	indicábamos
indicabas	indicabais
indicaba	indicaban

PLUSCUAMPERFECTO

había indicado	habíamos indicado
habías indicado	habíais indicado
había indicado	habían indicado

PRETÉRITO

indiqué	indicamos
indicaste	indicasteis
indicó	indicaron

PRETÉRITO ANTERIOR

hube indicado	hubimos indicado
hubiste indicado	hubisteis indicado
hubo indicado	hubieron indicado

FUTURO

indicaré	indicaremos
indicarás	indicaréis
indicará	indicarán

FUTURO PERFECTO

habré indicado	habremos indicado
habrás indicado	habréis indicado
habrá indicado	habrán indicado

CONDICIONAL

SIMPLE

indicaría	indicaríamos
indicarías	indicaríais
indicaría	indicarían

COMPUESTO

habría indicado	habríamos indicado
habrías indicado	habríais indicado
habría indicado	habrían indicado

SUBJUNTIVO

PRESENTE

indique	indiquemos
indiques	indiquéis
indique	indiquen

PRETÉRITO

haya indicado	hayamos indicado
hayas indicado	hayáis indicado
haya indicado	hayan indicado

IMPERFECTO

indicara	indicáramos
indicaras	indicarais
indicara	indicaran
OR	
indicase	indicásemos
indicases	indicaseis
indicase	indicasen

PLUSCUAMPERFECTO

hubiera indicado	hubiéramos indicado
hubieras indicado	hubierais indicado
hubiera indicado	hubieran indicado
OR	
hubiese indicado	hubiésemos indicado
hubieses indicado	hubieseis indicado
hubiese indicado	hubiesen indicado

IMPERATIVO

—	indiquemos
indica; no indiques	indicad; no indiquéis
indique	indiquen

FORMAS NO PERSONALES

GERUNDIO
indicando

PARTICIPIO
indicado

RELATED WORDS

un indicador	indicator, gauge	*el indicador de velocidades*	speedometer
el indicativo	indicative		

EXAMPLES OF VERB USAGE

Me indicaron el camino al pueblo. — They showed me the way to the town.

Las encuestas indican una posible victoria del partido en el gobierno. — Polls suggest a possible victory for the governing party.

Esa señal indica que no se puede pasar. — That traffic sign shows that we cannot go.

influir
to influence

yo	nosotros/as
tú	vosotros/as
él/ella/Ud.	ellos/ellas/Uds.

INDICATIVO

PRESENTE

influyo	influimos
influyes	influís
influye	influyen

PRETÉRITO PERFECTO

he influido	hemos influido
has influido	habéis influido
ha influido	han influido

IMPERFECTO

influía	influíamos
influías	influíais
influía	influían

PLUSCUAMPERFECTO

había influido	habíamos influido
habías influido	habíais influido
había influido	habían influido

PRETÉRITO

influí	influimos
influiste	influisteis
influyó	influyeron

PRETÉRITO ANTERIOR

hube influido	hubimos influido
hubiste influido	hubisteis influido
hubo influido	hubieron influido

FUTURO

influiré	influiremos
influirás	influiréis
influirá	influirán

FUTURO PERFECTO

habré influido	habremos influido
habrás influido	habréis influido
habrá influido	habrán influido

CONDICIONAL

SIMPLE

influiría	influiríamos
influirías	influiríais
influiría	influirían

COMPUESTO

habría influido	habríamos influido
habrías influido	habríais influido
habría influido	habrían influido

SUBJUNTIVO

PRESENTE

influya	influyamos
influyas	influyáis
influya	influyan

PRETÉRITO

haya influido	hayamos influido
hayas influido	hayáis influido
haya influido	hayan influido

IMPERFECTO

influyera	influyéramos
influyeras	influyerais
influyera	influyeran
OR	
influyese	influyésemos
influyeses	influyeseis
influyese	influyesen

PLUSCUAMPERFECTO

hubiera influido	hubiéramos influido
hubieras influido	hubierais influido
hubiera influido	hubieran influido
OR	
hubiese influido	hubiésemos influido
hubieses influido	hubieseis influido
hubiese influido	hubiesen influido

IMPERATIVO

—	influyamos
influye; no influyas	influid; no influyáis
influya	influyan

FORMAS NO PERSONALES

GERUNDIO
influyendo

PARTICIPIO
influido

RELATED WORDS

la influencia	influence	*influir en*	to have an influence on
influyente	influential		

EXAMPLES OF VERB USAGE

No influirás en mi decisión. You won't influence my decision.

Sus padres le han influido mucho. Her parents have influenced her a lot.

El profesor influyó mucho en ese grupo de estudiantes. The teacher influenced that group of students a lot.

Verb Charts

intentar
to try, to attempt

yo	nosotros/as
tú	vosotros/as
él/ella/Ud.	ellos/ellas/Uds.

INDICATIVO

PRESENTE
intento	intentamos
intentas	intentáis
intenta	intentan

PRETÉRITO PERFECTO
he intentado	hemos intentado
has intentado	habéis intentado
ha intentado	han intentado

IMPERFECTO
intentaba	intentábamos
intentabas	intentabais
intentaba	intentaban

PLUSCUAMPERFECTO
había intentado	habíamos intentado
habías intentado	habíais intentado
había intentado	habían intentado

PRETÉRITO
intenté	intentamos
intentaste	intentasteis
intentó	intentaron

PRETÉRITO ANTERIOR
hube intentado	hubimos intentado
hubiste intentado	hubisteis intentado
hubo intentado	hubieron intentado

FUTURO
intentaré	intentaremos
intentarás	intentaréis
intentará	intentarán

FUTURO PERFECTO
habré intentado	habremos intentado
habrás intentado	habréis intentado
habrá intentado	habrán intentado

CONDICIONAL

SIMPLE
intentaría	intentaríamos
intentarías	intentaríais
intentaría	intentarían

COMPUESTO
habría intentado	habríamos intentado
habrías intentado	habríais intentado
habría intentado	habrían intentado

SUBJUNTIVO

PRESENTE
intente	intentemos
intentes	intentéis
intente	intenten

PRETÉRITO
haya intentado	hayamos intentado
hayas intentado	hayáis intentado
haya intentado	hayan intentado

IMPERFECTO
intentara	intentáramos
intentaras	intentarais
intentara	intentaran
OR	
intentase	intentásemos
intentases	intentaseis
intentase	intentasen

PLUSCUAMPERFECTO
hubiera intentado	hubiéramos intentado
hubieras intentado	hubierais intentado
hubiera intentado	hubieran intentado
OR	
hubiese intentado	hubiésemos intentado
hubieses intentado	hubieseis intentado
hubiese intentado	hubiesen intentado

IMPERATIVO

—	intentemos
intenta; no intentes	intentad; no intentéis
intente	intenten

FORMAS NO PERSONALES

GERUNDIO	**PARTICIPIO**
intentando	intentado

RELATED WORDS

el intento	attempt	*un intento fracasado*	failed attempt
la intención	intention		

EXAMPLES OF VERB USAGE

Hemos intentado por todos los medios posibles comunicarnos con él.	We have tried to communicate with him through every possible means.
¿Quieres intentar hacerlo?	Do you want to try to do it?
Intentaron llamarla.	They tried to call her.
Lo intentaremos otra vez mañana.	We'll try again tomorrow.

investigar

to investigate, to research

yo	nosotros/as
tú	vosotros/as
él/ella/Ud.	ellos/ellas/Uds.

INDICATIVO

PRESENTE

investigo	investigamos
investigas	investigáis
investiga	investigan

IMPERFECTO

investigaba	investigábamos
investigabas	investigabais
investigaba	investigaban

PRETÉRITO

investigué	investigamos
investigaste	investigasteis
investigó	investigaron

FUTURO

investigaré	investigaremos
investigarás	investigaréis
investigará	investigarán

PRETÉRITO PERFECTO

he investigado	hemos investigado
has investigado	habéis investigado
ha investigado	han investigado

PLUSCUAMPERFECTO

había investigado	habíamos investigado
habías investigado	habíais investigado
había investigado	habían investigado

PRETÉRITO ANTERIOR

hube investigado	hubimos investigado
hubiste investigado	hubisteis investigado
hubo investigado	hubieron investigado

FUTURO PERFECTO

habré investigado	habremos investigado
habrás investigado	habréis investigado
habrá investigado	habrán investigado

CONDICIONAL

SIMPLE

investigaría	investigaríamos
investigarías	investigaríais
investigaría	investigarían

COMPUESTO

habría investigado	habríamos investigado
habrías investigado	habríais investigado
habría investigado	habrían investigado

SUBJUNTIVO

PRESENTE

investigue	investiguemos
investigues	investiguéis
investigue	investiguen

IMPERFECTO

investigara	investigáramos
investigaras	investigarais
investigara	investigaran
OR	OR
investigase	investigásemos
investigases	investigaseis
investigase	investigasen

PRETÉRITO

haya investigado	hayamos investigado
hayas investigado	hayáis investigado
haya investigado	hayan investigado

PLUSCUAMPERFECTO

hubiera investigado	hubiéramos investigado
hubieras investigado	hubierais investigado
hubiera investigado	hubieran investigado
OR	OR
hubiese investigado	hubiésemos investigado
hubieses investigado	hubieseis investigado
hubiese investigado	hubiesen investigado

IMPERATIVO

—	investiguemos
investiga;	investigad;
no investigues	no investiguéis
investigue	investiguen

FORMAS NO PERSONALES

GERUNDIO
investigando

PARTICIPIO
investigado

RELATED WORDS

la investigación	investigation	*un/a investigador/a*	investigator, researcher

EXAMPLES OF VERB USAGE

Tendremos que investigarlo en detalle.	We'll have to investigate further.
La policía investigó el caso.	The police investigated the case.
No creo que lo hayan investigado todavía.	I don't think they have investigated it yet.
El científico investigaba sin parar.	The scientist did research nonstop.

Verb Charts

250 Verb Conjugation Charts   197

ir

to go

yo	nosotros/as
tú	vosotros/as
él/ella/Ud.	ellos/ellas/Uds.

INDICATIVO

PRESENTE
voy	vamos
vas	vais
va	van

PRETÉRITO PERFECTO
he ido	hemos ido
has ido	habéis ido
ha ido	han ido

IMPERFECTO
iba	íbamos
ibas	ibais
iba	iban

PLUSCUAMPERFECTO
había ido	habíamos ido
habías ido	habíais ido
había ido	habían ido

PRETÉRITO
fui	fuimos
fuiste	fuisteis
fue	fueron

PRETÉRITO ANTERIOR
hube ido	hubimos ido
hubiste ido	hubisteis ido
hubo ido	hubieron ido

FUTURO
iré	iremos
irás	iréis
irá	irán

FUTURO PERFECTO
habré ido	habremos ido
habrás ido	habréis ido
habrá ido	habrán ido

CONDICIONAL

SIMPLE
iría	iríamos
irías	iríais
iría	irían

COMPUESTO
habría ido	habríamos ido
habrías ido	habríais ido
habría ido	habrían ido

SUBJUNTIVO

PRESENTE
vaya	vayamos
vayas	vayáis
vaya	vayan

PRETÉRITO
haya ido	hayamos ido
hayas ido	hayáis ido
haya ido	hayan ido

IMPERFECTO
fuera	fuéramos
fueras	fuerais
fuera	fueran
OR	
fuese	fuésemos
fueses	fueseis
fuese	fuesen

PLUSCUAMPERFECTO
hubiera ido	hubiéramos ido
hubieras ido	hubierais ido
hubiera ido	hubieran ido
OR	
hubiese ido	hubiésemos ido
hubieses ido	hubieseis ido
hubiese ido	hubiesen ido

IMPERATIVO

—	vamos; no vayamos
ve; no vayas	id; no vayáis
vaya	vayan

FORMAS NO PERSONALES

GERUNDIO	PARTICIPIO
yendo	ido

RELATED WORDS

la ida	departure	*ida y vuelta*	round trip
ir de compras	go shopping	*¡Qué va!*	Nonsense!

EXAMPLES OF VERB USAGE

¿Cómo te va?	How is it going?
Ayer fuimos a la playa.	Yesterday we went to the beach.
¿Has ido alguna vez a Madrid?	Have you ever gone to Madrid?
No creo que vayamos a ir.	I don't think we're going to go.

irse

to go away, to leave

yo	nosotros/as
tú	vosotros/as
él/ella/Ud.	ellos/ellas/Uds.

INDICATIVO

PRESENTE

me voy	nos vamos
te vas	os vais
se va	se van

IMPERFECTO

me iba	nos íbamos
te ibas	os ibais
se iba	se iban

PRETÉRITO

me fui	nos fuimos
te fuiste	os fuisteis
se fue	se fueron

FUTURO

me iré	nos iremos
te irás	os iréis
se irá	se irán

PRETÉRITO PERFECTO

me he ido	nos hemos ido
te has ido	os habéis ido
se ha ido	se han ido

PLUSCUAMPERFECTO

me había ido	nos habíamos ido
te habías ido	os habíais ido
se había ido	se habían ido

PRETÉRITO ANTERIOR

me hube ido	nos hubimos ido
te hubiste ido	os hubisteis ido
se hubo ido	se hubieron ido

FUTURO PERFECTO

me habré ido	nos habremos ido
te habrás ido	os habréis ido
se habrá ido	se habrán ido

CONDICIONAL

SIMPLE

me iría	nos iríamos
te irías	os iríais
se iría	se irían

COMPUESTO

me habría ido	nos habríamos ido
te habrías ido	os habríais ido
se habría ido	se habrían ido

SUBJUNTIVO

PRESENTE

me vaya	nos vayamos
te vayas	os vayáis
se vaya	se vayan

IMPERFECTO

me fuera	nos fuéramos
te fueras	os fuerais
se fuera	se fueran
OR	
me fuese	nos fuésemos
te fueses	os fueseis
se fuese	se fuesen

PRETÉRITO

me haya ido	nos hayamos ido
te hayas ido	os hayáis ido
se haya ido	se hayan ido

PLUSCUAMPERFECTO

me hubiera ido	nos hubiéramos ido
te hubieras ido	os hubierais ido
se hubiera ido	se hubieran ido
OR	
me hubiese ido	nos hubiésemos ido
te hubieses ido	os hubieseis ido
se hubiese ido	se hubiesen ido

IMPERATIVO

—	vámonos; no nos vayamos
vete; no te vayas	idos; no os vayáis
váyase	váyanse; no se vayan

FORMAS NO PERSONALES

GERUNDIO

yéndose

PARTICIPIO

ido

RELATED WORDS

irse por las ramas   to go on a tangent

EXAMPLES OF VERB USAGE

¡Vámonos!	Let's go!
Nos iremos en cuanto podamos.	We'll leave as soon as we can.
Nos fuimos de allí a las dos.	We left there at two.
¿Se han ido ya?	Have they left yet? / Are they gone yet?

Verb Charts

jugar
to play (sports, games)

yo	nosotros/as
tú	vosotros/as
él/ella/Ud.	ellos/ellas/Uds.

INDICATIVO

PRESENTE
juego	jugamos
juegas	jugáis
juega	juegan

PRETÉRITO PERFECTO
he jugado	hemos jugado
has jugado	habéis jugado
ha jugado	han jugado

IMPERFECTO
jugaba	jugábamos
jugabas	jugabais
jugaba	jugaban

PLUSCUAMPERFECTO
había jugado	habíamos jugado
habías jugado	habíais jugado
había jugado	habían jugado

PRETÉRITO
jugué	jugamos
jugaste	jugasteis
jugó	jugaron

PRETÉRITO ANTERIOR
hube jugado	hubimos jugado
hubiste jugado	hubisteis jugado
hubo jugado	hubieron jugado

FUTURO
jugaré	jugaremos
jugarás	jugaréis
jugará	jugarán

FUTURO PERFECTO
habré jugado	habremos jugado
habrás jugado	habréis jugado
habrá jugado	habrán jugado

CONDICIONAL

SIMPLE
jugaría	jugaríamos
jugarías	jugaríais
jugaría	jugarían

COMPUESTO
habría jugado	habríamos jugado
habrías jugado	habríais jugado
habría jugado	habrían jugado

SUBJUNTIVO

PRESENTE
juegue	juguemos
juegues	juguéis
juegue	jueguen

PRETÉRITO
haya jugado	hayamos jugado
hayas jugado	hayáis jugado
haya jugado	hayan jugado

IMPERFECTO
jugara	jugáramos
jugaras	jugarais
jugara	jugaran
OR	
jugase	jugásemos
jugases	jugaseis
jugase	jugasen

PLUSCUAMPERFECTO
hubiera jugado	hubiéramos jugado
hubieras jugado	hubierais jugado
hubiera jugado	hubieran jugado
OR	
hubiese jugado	hubiésemos jugado
hubieses jugado	hubieseis jugado
hubiese jugado	hubiesen jugado

IMPERATIVO
—	juguemos
juega; no juegues	jugad; no juguéis
juegue	jueguen

FORMAS NO PERSONALES

GERUNDIO	PARTICIPIO
jugando	jugado

RELATED WORDS

un juego	game	*un juguete*	toy
jugar al	to play	*un/a jugador/a*	player
béisbol/tenis	baseball/tennis		

EXAMPLES OF VERB USAGE

Estuvimos jugando toda la noche.	We were playing the entire evening.
¡Niños, no jueguen más!	Kids, no more playing!
Mark juega al tenis muy bien.	Mark plays tennis very well.
¿No juegas con nosotros?	Won't you play with us?

juzgar
to judge, to try somebody

yo	nosotros/as
tú	vosotros/as
él/ella/Ud.	ellos/ellas/Uds.

INDICATIVO

PRESENTE

juzgo	juzgamos
juzgas	juzgáis
juzga	juzgan

PRETÉRITO PERFECTO

he juzgado	hemos juzgado
has juzgado	habéis juzgado
ha juzgado	han juzgado

IMPERFECTO

juzgaba	juzgábamos
juzgabas	juzgabais
juzgaba	juzgaban

PLUSCUAMPERFECTO

había juzgado	habíamos juzgado
habías juzgado	habíais juzgado
había juzgado	habían juzgado

PRETÉRITO

juzgué	juzgamos
juzgaste	juzgasteis
juzgó	juzgaron

PRETÉRITO ANTERIOR

hube juzgado	hubimos juzgado
hubiste juzgado	hubisteis juzgado
hubo juzgado	hubieron juzgado

FUTURO

juzgaré	juzgaremos
juzgarás	juzgaréis
juzgará	juzgarán

FUTURO PERFECTO

habré juzgado	habremos juzgado
habrás juzgado	habréis juzgado
habrá juzgado	habrán juzgado

CONDICIONAL

SIMPLE

juzgaría	juzgaríamos
juzgarías	juzgaríais
juzgaría	juzgarían

COMPUESTO

habría juzgado	habríamos juzgado
habrías juzgado	habríais juzgado
habría juzgado	habrían juzgado

SUBJUNTIVO

PRESENTE

juzgue	juzguemos
juzgues	juzguéis
juzgue	juzguen

PRETÉRITO

haya juzgado	hayamos juzgado
hayas juzgado	hayáis juzgado
haya juzgado	hayan juzgado

IMPERFECTO

juzgara	juzgáramos
juzgaras	juzgarais
juzgara	juzgaran
OR	
juzgase	juzgásemos
juzgases	juzgaseis
juzgase	juzgasen

PLUSCUAMPERFECTO

hubiera juzgado	hubiéramos juzgado
hubieras juzgado	hubierais juzgado
hubiera juzgado	hubieran juzgado
OR	
hubiese juzgado	hubiésemos juzgado
hubieses juzgado	hubieseis juzgado
hubiese juzgado	hubiesen juzgado

IMPERATIVO

—	juzguemos
juzga; no juzgues	juzgad; no juzguéis
juzgue	juzguen

FORMAS NO PERSONALES

GERUNDIO	**PARTICIPIO**
juzgando	juzgado

RELATED WORDS

el juez	judge	*el juzgado*	jury, courtroom
un juicio	court date	*prejuzgar*	to prejudge

EXAMPLES OF VERB USAGE

Juzgaron al acusado.	They judged the defendant.
No me han juzgado todavía.	They haven't judged me yet.
Le juzgaremos basándonos en sus méritos.	We'll judge you based on your merits.
¡Que me juzgue el que sea inocente!	Only the innocent may judge me!

lastimarse
to hurt oneself, to get hurt

yo	nosotros/as
tú	vosotros/as
él/ella/Ud.	ellos/ellas/Uds.

INDICATIVO

PRESENTE
me lastimo | nos lastimamos
te lastimas | os lastimáis
se lastima | se lastiman

PRETÉRITO PERFECTO
me he lastimado | nos hemos lastimado
te has lastimado | os habéis lastimado
se ha lastimado | se han lastimado

IMPERFECTO
me lastimaba | nos lastimábamos
te lastimabas | os lastimabais
se lastimaba | se lastimaban

PLUSCUAMPERFECTO
me había lastimado | nos habíamos lastimado
te habías lastimado | os habíais lastimado
se había lastimado | se habían lastimado

PRETÉRITO
me lastimé | nos lastimamos
te lastimaste | os lastimasteis
se lastimó | se lastimaron

PRETÉRITO ANTERIOR
me hube lastimado | nos hubimos lastimado
te hubiste lastimado | os hubisteis lastimado
se hubo lastimado | se hubieron lastimado

FUTURO
me lastimaré | nos lastimaremos
te lastimarás | os lastimaréis
se lastimará | se lastimarán

FUTURO PERFECTO
me habré lastimado | nos habremos lastimado
te habrás lastimado | os habréis lastimado
se habrá lastimado | se habrán lastimado

CONDICIONAL

SIMPLE
me lastimaría | nos lastimaríamos
te lastimarías | os lastimaríais
se lastimaría | se lastimarían

COMPUESTO
me habría lastimado | nos habríamos lastimado
te habrías lastimado | os habríais lastimado
se habría lastimado | se habrían lastimado

SUBJUNTIVO

PRESENTE
me lastime | nos lastimemos
te lastimes | os lastiméis
se lastime | se lastimen

PRETÉRITO
me haya lastimado | nos hayamos lastimado
te hayas lastimado | os hayáis lastimado
se haya lastimado | se hayan lastimado

IMPERFECTO
me lastimara | nos lastimáramos
te lastimaras | os lastimarais
se lastimara | se lastimaran
OR
me lastimase | nos lastimásemos
te lastimases | os lastimaseis
se lastimase | se lastimasen

PLUSCUAMPERFECTO
me hubiera lastimado | nos hubiéramos lastimado
te hubieras lastimado | os hubierais lastimado
se hubiera lastimado | se hubieran lastimado
OR
me hubiese lastimado | nos hubiésemos lastimado
te hubieses lastimado | os hubieseis lastimado
se hubiese lastimado | se hubiesen lastimado

IMPERATIVO

— | lastimémonos
lastímate; | lastimaos;
  no te lastimes | no os lastiméis
lastímese | lastímense

FORMAS NO PERSONALES

GERUNDIO
lastimándose

PARTICIPIO
lastimado

RELATED WORDS

lastimar | to regret, to hurt, to offend
¡Qué lástima! | What a pity!

la lástima | sorrow, pity

EXAMPLES OF VERB USAGE

Me lastimé el pie la semana pasada. | I hurt my foot last week.
Ten cuidado y no te lastimes. | Be careful and don't hurt yourself.
Me han lastimado mi orgullo. | They have hurt my pride.

lavar

to wash

yo	nosotros/as
tú	vosotros/as
él/ella/Ud.	ellos/ellas/Uds.

INDICATIVO

PRESENTE

lavo	lavamos
lavas	laváis
lava	lavan

PRETÉRITO PERFECTO

he lavado	hemos lavado
has lavado	habéis lavado
ha lavado	han lavado

IMPERFECTO

lavaba	lavábamos
lavabas	lavabais
lavaba	lavaban

PLUSCUAMPERFECTO

había lavado	habíamos lavado
habías lavado	habíais lavado
había lavado	habían lavado

PRETÉRITO

lavé	lavamos
lavaste	lavasteis
lavó	lavaron

PRETÉRITO ANTERIOR

hube lavado	hubimos lavado
hubiste lavado	hubisteis lavado
hubo lavado	hubieron lavado

FUTURO

lavaré	lavaremos
lavarás	lavaréis
lavará	lavarán

FUTURO PERFECTO

habré lavado	habremos lavado
habrás lavado	habréis lavado
habrá lavado	habrán lavado

CONDICIONAL

SIMPLE

lavaría	lavaríamos
lavarías	lavaríais
lavaría	lavarían

COMPUESTO

habría lavado	habríamos lavado
habrías lavado	habríais lavado
habría lavado	habrían lavado

SUBJUNTIVO

PRESENTE

lave	lavemos
laves	lavéis
lave	laven

PRETÉRITO

haya lavado	hayamos lavado
hayas lavado	hayáis lavado
haya lavado	hayan lavado

IMPERFECTO

lavara	laváramos
lavaras	lavarais
lavara	lavaran
OR	
lavase	lavásemos
lavases	lavaseis
lavase	lavasen

PLUSCUAMPERFECTO

hubiera lavado	hubiéramos lavado
hubieras lavado	hubierais lavado
hubiera lavado	hubieran lavado
OR	
hubiese lavado	hubiésemos lavado
hubieses lavado	hubieseis lavado
hubiese lavado	hubiesen lavado

IMPERATIVO

—	lavemos
lava; no laves	lavad; no lavéis
lave	laven

FORMAS NO PERSONALES

GERUNDIO	PARTICIPIO
lavando	lavado

RELATED WORDS

la lavandería	laundromat	*lavar en seco*	to dry clean
la lavadora	washing machine	*el lavabo*	bathroom sink

EXAMPLES OF VERB USAGE

He lavado el vestido y ha quedado más pequeño.	I have washed the dress and it is much smaller now.
¿Quieres que te lave los pantalones?	Do you want me to wash your pants?
Lavó el coche con un jabón muy eficaz.	He washed the car with a very effective soap.

Verb Charts

lavarse
to wash oneself

INDICATIVO

yo	nosotros/as
tú	vosotros/as
él/ella/Ud.	ellos/ellas/Uds.

PRESENTE
me lavo   nos lavamos
te lavas   os laváis
se lava   se lavan

PRETÉRITO PERFECTO
me he lavado   nos hemos lavado
te has lavado   os habéis lavado
se ha lavado   se han lavado

IMPERFECTO
me lavaba   nos lavábamos
te lavabas   os lavabais
se lavaba   se lavaban

PLUSCUAMPERFECTO
me había lavado   nos habíamos lavado
te habías lavado   os habíais lavado
se había lavado   se habían lavado

PRETÉRITO
me lavé   nos lavamos
te lavaste   os lavasteis
se lavó   se lavaron

PRETÉRITO ANTERIOR
me hube lavado   nos hubimos lavado
te hubiste lavado   os hubisteis lavado
se hubo lavado   se hubieron lavado

FUTURO
me lavaré   nos lavaremos
te lavarás   os lavaréis
se lavará   se lavarán

FUTURO PERFECTO
me habré lavado   nos habremos lavado
te habrás lavado   os habréis lavado
se habrá lavado   se habrán lavado

CONDICIONAL

SIMPLE
me lavaría   nos lavaríamos
te lavarías   os lavaríais
se lavaría   se lavarían

COMPUESTO
me habría lavado   nos habríamos lavado
te habrías lavado   os habríais lavado
se habría lavado   se habrían lavado

SUBJUNTIVO

PRESENTE
me lave   nos lavemos
te laves   os lavéis
se lave   se laven

PRETÉRITO
me haya lavado   nos hayamos lavado
te hayas lavado   os hayáis lavado
se haya lavado   se hayan lavado

IMPERFECTO
me lavara   nos laváramos
te lavaras   os lavarais
se lavara   se lavaran
OR
me lavase   nos lavásemos
te lavases   os lavaseis
se lavase   se lavasen

PLUSCUAMPERFECTO
me hubiera lavado   nos hubiéramos lavado
te hubieras lavado   os hubierais lavado
se hubiera lavado   se hubieran lavado
OR
me hubiese lavado   nos hubiésemos lavado
te hubieses lavado   os hubieseis lavado
se hubiese lavado   se hubiesen lavado

IMPERATIVO

—   lavémonos
lávate; no te laves   lavaos; no os lavéis
lávese   lávense

FORMAS NO PERSONALES

GERUNDIO
lavándose

PARTICIPIO
lavado

RELATED WORDS

lavarse las manos   to wash your hands
(of a problem)

EXAMPLES OF VERB USAGE

¡Niños, lávense las manos antes de comer!   Kids, wash your hands before eating!
Se lavó la cara con agua y con jabón.   She washed her face with soap and water.
Siempre se lavan el pelo por la mañana.   They always wash their hair in the morning.
No creo que se haya lavado tan pronto.   I don't think he has washed himself so soon.

leer

to read

VERB CHART
158

yo	nosotros/as
tú	vosotros/as
él/ella/Ud.	ellos/ellas/Uds.

INDICATIVO

PRESENTE

leo	leemos
lees	leéis
lee	leen

IMPERFECTO

leía	leíamos
leías	leíais
leía	leían

PRETÉRITO

leí	leímos
leíste	leísteis
leyó	leyeron

FUTURO

leeré	leeremos
leerás	leeréis
leerá	leerán

PRETÉRITO PERFECTO

he leído	hemos leído
has leído	habéis leído
ha leído	han leído

PLUSCUAMPERFECTO

había leído	habíamos leído
habías leído	habíais leído
había leído	habían leído

PRETÉRITO ANTERIOR

hube leído	hubimos leído
hubiste leído	hubisteis leído
hubo leído	hubieron leído

FUTURO PERFECTO

habré leído	habremos leído
habrás leído	habréis leído
habrá leído	habrán leído

CONDICIONAL

SIMPLE

leería	leeríamos
leerías	leeríais
leería	leerían

COMPUESTO

habría leído	habríamos leído
habrías leído	habríais leído
habría leído	habrían leído

SUBJUNTIVO

PRESENTE

lea	leamos
leas	leáis
lea	lean

IMPERFECTO

leyera	leyéramos
leyeras	leyerais
leyera	leyeran
OR	
leyese	leyésemos
leyeses	leyeseis
leyese	leyesen

PRETÉRITO

haya leído	hayamos leído
hayas leído	hayáis leído
haya leído	hayan leído

PLUSCUAMPERFECTO

hubiera leído	hubiéramos leído
hubieras leído	hubierais leído
hubiera leído	hubieran leído
OR	
hubiese leído	hubiésemos leído
hubieses leído	hubieseis leído
hubiese leído	hubiesen leído

IMPERATIVO

—	leamos
lee; no leas	leed; no leáis
lea	lean

FORMAS NO PERSONALES

GERUNDIO	**PARTICIPIO**
leyendo	leído

RELATED WORDS

la lectura	reading
un/a lector/a	reader

leer entre líneas — to read between the lines

EXAMPLES OF VERB USAGE

¿Has leído ya el último libro de Vargas Llosa? — Have you read Vargas Llosa's latest book yet?

Leyó el periódico y se marchó al trabajo. — He read the newspaper and left for work.

Me gustaría que los niños leyeran más. — I would like the kids to read more.

Leo todas las noches antes de acostarme. — I read every night before going to bed.

levantarse
to get up, to rise

yo	nosotros/as
tú	vosotros/as
él/ella/Ud.	ellos/ellas/Uds.

INDICATIVO

PRESENTE
me levanto	nos levantamos
te levantas	os levantáis
se levanta	se levantan

PRETÉRITO PERFECTO
me he levantado	nos hemos levantado
te has levantado	os habéis levantado
se ha levantado	se han levantado

IMPERFECTO
me levantaba	nos levantábamos
te levantabas	os levantabais
se levantaba	se levantaban

PLUSCUAMPERFECTO
me había levantado	nos habíamos levantado
te habías levantado	os habíais levantado
se había levantado	se habían levantado

PRETÉRITO
me levanté	nos levantamos
te levantaste	os levantasteis
se levantó	se levantaron

PRETÉRITO ANTERIOR
me hube levantado	nos hubimos levantado
te hubiste levantado	os hubisteis levantado
se hubo levantado	se hubieron levantado

FUTURO
me levantaré	nos levantaremos
te levantarás	os levantaréis
se levantará	se levantarán

FUTURO PERFECTO
me habré levantado	nos habremos levantado
te habrás levantado	os habréis levantado
se habrá levantado	se habrán levantado

CONDICIONAL

SIMPLE
me levantaría	nos levantaríamos
te levantarías	os levantaríais
se levantaría	se levantarían

COMPUESTO
me habría levantado	nos habríamos levantado
te habrías levantado	os habríais levantado
se habría levantado	se habrían levantado

SUBJUNTIVO

PRESENTE
me levante	nos levantemos
te levantes	os levantéis
se levante	se levanten

PRETÉRITO
me haya levantado	nos hayamos levantado
te hayas levantado	os hayáis levantado
se haya levantado	se hayan levantado

IMPERFECTO
me levantara	nos levantáramos
te levantaras	os levantarais
se levantara	se levantaran
OR	
me levantase	nos levantásemos
te levantases	os levantaseis
se levantase	se levantasen

PLUSCUAMPERFECTO
me hubiera levantado	nos hubiéramos levantado
te hubieras levantado	os hubierais levantado
se hubiera levantado	se hubieran levantado
OR	
me hubiese levantado	nos hubiésemos levantado
te hubieses levantado	os hubieseis levantado
se hubiese levantado	se hubiesen levantado

IMPERATIVO

—	levantémonos
levántate;	levantaos;
no te levantes	no os levantéis
levántese	levántense

FORMAS NO PERSONALES

GERUNDIO	PARTICIPIO
levantándose	levantado

RELATED WORDS

un levantamiento	uprising, revolt	*levantar*	to lift, to raise
levantamiento de pesas	weight lifting		

EXAMPLES OF VERB USAGE

Hoy me levanté tempranísimo.	Today I got up really early.
¿A qué hora se levantan los niños?	What time do the kids wake up?
Si te hubieras levantado antes, habrías llegado a tiempo.	If you had gotten up earlier, you would have been on time.
No creo que Julián se haya levantado ya.	I don't think Julián has gotten up yet.

limpiar
to clean

yo	nosotros/as
tú	vosotros/as
él/ella/Ud.	ellos/ellas/Uds.

INDICATIVO

PRESENTE

limpio	limpiamos
limpias	limpiáis
limpia	limpian

PRETÉRITO PERFECTO

he limpiado	hemos limpiado
has limpiado	habéis limpiado
ha limpiado	han limpiado

IMPERFECTO

limpiaba	limpiábamos
limpiabas	limpiabais
limpiaba	limpiaban

PLUSCUAMPERFECTO

había limpiado	habíamos limpiado
habías limpiado	habíais limpiado
había limpiado	habían limpiado

PRETÉRITO

limpié	limpiamos
limpiaste	limpiasteis
limpió	limpiaron

PRETÉRITO ANTERIOR

hube limpiado	hubimos limpiado
hubiste limpiado	hubisteis limpiado
hubo limpiado	hubieron limpiado

FUTURO

limpiaré	limpiaremos
limpiarás	limpiaréis
limpiará	limpiarán

FUTURO PERFECTO

habré limpiado	habremos limpiado
habrás limpiado	habréis limpiado
habrá limpiado	habrán limpiado

CONDICIONAL

SIMPLE

limpiaría	limpiaríamos
limpiarías	limpiaríais
limpiaría	limpiarían

COMPUESTO

habría limpiado	habríamos limpiado
habrías limpiado	habríais limpiado
habría limpiado	habrían limpiado

SUBJUNTIVO

PRESENTE

limpie	limpiemos
limpies	limpiéis
limpie	limpien

PRETÉRITO

haya limpiado	hayamos limpiado
hayas limpiado	hayáis limpiado
haya limpiado	hayan limpiado

IMPERFECTO

limpiara	limpiáramos
limpiaras	limpiarais
limpiara	limpiaran
OR	
limpiase	limpiásemos
limpiases	limpiaseis
limpiase	limpiasen

PLUSCUAMPERFECTO

hubiera limpiado	hubiéramos limpiado
hubieras limpiado	hubierais limpiado
hubiera limpiado	hubieran limpiado
OR	
hubiese limpiado	hubiésemos limpiado
hubieses limpiado	hubieseis limpiado
hubiese limpiado	hubiesen limpiado

IMPERATIVO

—	limpiemos
limpia; no limpies	limpiad; no limpiéis
limpie	limpien

FORMAS NO PERSONALES

GERUNDIO	**PARTICIPIO**
limpiando	limpiado

RELATED WORDS

la limpieza	cleaning, cleansing	*limpio/a*	clean
el limpiador	cleaning agent	*el/la limpiador/a*	cleaning person

EXAMPLES OF VERB USAGE

Limpiamos la casa ayer.	We cleaned the house yesterday.
¿Cuándo limpiarás las ventanas?	When will you wash the windows?
No he limpiado hace mucho tiempo.	I haven't cleaned in a long time.
Limpiaría si tuviera tiempo.	I would clean if I had time.

Verb Charts

VERB CHART

161

yo | nosotros/as
tú | vosotros/as
él/ella/Ud. | ellos/ellas/Uds.

llamar
to call

INDICATIVO

PRESENTE
llamo	llamamos
llamas	llamáis
llama	llaman

PRETÉRITO PERFECTO
he llamado	hemos llamado
has llamado	habéis llamado
ha llamado	han llamado

IMPERFECTO
llamaba	llamábamos
llamabas	llamabais
llamaba	llamaban

PLUSCUAMPERFECTO
había llamado	habíamos llamado
habías llamado	habíais llamado
había llamado	habían llamado

PRETÉRITO
llamé	llamamos
llamaste	llamasteis
llamó	llamaron

PRETÉRITO ANTERIOR
hube llamado	hubimos llamado
hubiste llamado	hubisteis llamado
hubo llamado	hubieron llamado

FUTURO
llamaré	llamaremos
llamarás	llamaréis
llamará	llamarán

FUTURO PERFECTO
habré llamado	habremos llamado
habrás llamado	habréis llamado
habrá llamado	habrán llamado

CONDICIONAL

SIMPLE
llamaría	llamaríamos
llamarías	llamaríais
llamaría	llamarían

COMPUESTO
habría llamado	habríamos llamado
habrías llamado	habríais llamado
habría llamado	habrían llamado

SUBJUNTIVO

PRESENTE
llame	llamemos
llames	llaméis
llame	llamen

PRETÉRITO
haya llamado	hayamos llamado
hayas llamado	hayáis llamado
haya llamado	hayan llamado

IMPERFECTO
llamara	llamáramos
llamaras	llamarais
llamara	llamaran
OR	
llamase	llamásemos
llamases	llamaseis
llamase	llamasen

PLUSCUAMPERFECTO
hubiera llamado	hubiéramos llamado
hubieras llamado	hubierais llamado
hubiera llamado	hubieran llamado
OR	
hubiese llamado	hubiésemos llamado
hubieses llamado	hubieseis llamado
hubiese llamado	hubiesen llamado

IMPERATIVO
—	llamemos
llama; no llames	llamad; no llaméis
llame	llamen

FORMAS NO PERSONALES

GERUNDIO	PARTICIPIO
llamando	llamado

RELATED WORDS

una llamada	call	*llamar la atención a*	to call attention to

EXAMPLES OF VERB USAGE

Te llamé el viernes.	I called you on Friday.
¿Vas a llamarlo?	Are you going to call him?
La llamaría a su casa si supiera su número.	I would call her at home if I knew her number.
El profesor nos llamará mañana.	The teacher will call us tomorrow.

llegar
to arrive

yo	nosotros/as
tú	vosotros/as
él/ella/Ud.	ellos/ellas/Uds.

INDICATIVO

PRESENTE
llego	llegamos
llegas	llegáis
llega	llegan

PRETÉRITO PERFECTO
he llegado	hemos llegado
has llegado	habéis llegado
ha llegado	han llegado

IMPERFECTO
llegaba	llegábamos
llegabas	llegabais
llegaba	llegaban

PLUSCUAMPERFECTO
había llegado	habíamos llegado
habías llegado	habíais llegado
había llegado	habían llegado

PRETÉRITO
llegué	llegamos
llegaste	llegasteis
llegó	llegaron

PRETÉRITO ANTERIOR
hube llegado	hubimos llegado
hubiste llegado	hubisteis llegado
hubo llegado	hubieron llegado

FUTURO
llegaré	llegaremos
llegarás	llegaréis
llegará	llegarán

FUTURO PERFECTO
habré llegado	habremos llegado
habrás llegado	habréis llegado
habrá llegado	habrán llegado

CONDICIONAL

SIMPLE
llegaría	llegaríamos
llegarías	llegaríais
llegaría	llegarían

COMPUESTO
habría llegado	habríamos llegado
habrías llegado	habríais llegado
habría llegado	habrían llegado

SUBJUNTIVO

PRESENTE
llegue	lleguemos
llegues	lleguéis
llegue	lleguen

PRETÉRITO
haya llegado	hayamos llegado
hayas llegado	hayáis llegado
haya llegado	hayan llegado

IMPERFECTO
llegara	llegáramos
llegaras	llegarais
llegara	llegaran
OR	
llegase	llegásemos
llegases	llegaseis
llegase	llegasen

PLUSCUAMPERFECTO
hubiera llegado	hubiéramos llegado
hubieras llegado	hubierais llegado
hubiera llegado	hubieran llegado
OR	
hubiese llegado	hubiésemos llegado
hubieses llegado	hubieseis llegado
hubiese llegado	hubiesen llegado

IMPERATIVO

—	lleguemos
llega; no llegues	llegad; no lleguéis
llegue	lleguen

FORMAS NO PERSONALES

GERUNDIO	**PARTICIPIO**
llegando	llegado

RELATED WORDS

la llegada	arrival	*llegar lejos*	to go far

EXAMPLES OF VERB USAGE

Los invitados no han llegado todavía.	The guests haven't arrived yet.
Llegaremos tarde al concierto si no te das prisa.	We will be late to the concert if you don't hurry up.
¿Llegaste a tiempo a tu cita?	Did you arrive on time for your appointment?

Verb Charts

llevar
to carry, to take, to wear

yo	nosotros/as
tú	vosotros/as
él/ella/Ud.	ellos/ellas/Uds.

INDICATIVO

PRESENTE

llevo	llevamos
llevas	lleváis
lleva	llevan

PRETÉRITO PERFECTO

he llevado	hemos llevado
has llevado	habéis llevado
ha llevado	han llevado

IMPERFECTO

llevaba	llevábamos
llevabas	llevabais
llevaba	llevaban

PLUSCUAMPERFECTO

había llevado	habíamos llevado
habías llevado	habíais llevado
había llevado	habían llevado

PRETÉRITO

llevé	llevamos
llevaste	llevasteis
llevó	llevaron

PRETÉRITO ANTERIOR

hube llevado	hubimos llevado
hubiste llevado	hubisteis llevado
hubo llevado	hubieron llevado

FUTURO

llevaré	llevaremos
llevarás	llevaréis
llevará	llevarán

FUTURO PERFECTO

habré llevado	habremos llevado
habrás llevado	habréis llevado
habrá llevado	habrán llevado

CONDICIONAL

SIMPLE

llevaría	llevaríamos
llevarías	llevaríais
llevaría	llevarían

COMPUESTO

habría llevado	habríamos llevado
habrías llevado	habríais llevado
habría llevado	habrían llevado

SUBJUNTIVO

PRESENTE

lleve	llevemos
lleves	llevéis
lleve	lleven

PRETÉRITO

haya llevado	hayamos llevado
hayas llevado	hayáis llevado
haya llevado	hayan llevado

IMPERFECTO

llevara	lleváramos
llevaras	llevarais
llevara	llevaran
OR	
llevase	llevásemos
llevases	llevaseis
llevase	llevasen

PLUSCUAMPERFECTO

hubiera llevado	hubiéramos llevado
hubieras llevado	hubierais llevado
hubiera llevado	hubieran llevado
OR	
hubiese llevado	hubiésemos llevado
hubieses llevado	hubieseis llevado
hubiese llevado	hubiesen llevado

IMPERATIVO

—	llevemos
lleva; no lleves	llevad; no llevéis
lleve	lleven

FORMAS NO PERSONALES

GERUNDIO	**PARTICIPIO**
llevando	llevado

RELATED WORDS

llevar puesto	to have sth on (clothes)	*llevadero/a*	easy
llevar en un sitio	to have been in a place		

EXAMPLES OF VERB USAGE

¿Me llevas esta maleta?	Will you carry this suitcase for me?
Yo la llevaré a su casa.	I will take her home.
Juan llevaba una chaqueta azul.	Juan was wearing a blue jacket.
¿Cuánto tiempo llevas aquí?	How long have you been here?

llorar

to cry, to weep

yo	nosotros/as
tú	vosotros/as
él/ella/Ud.	ellos/ellas/Uds.

INDICATIVO

PRESENTE

lloro	lloramos
lloras	lloráis
llora	lloran

PRETÉRITO PERFECTO

he llorado	hemos llorado
has llorado	habéis llorado
ha llorado	han llorado

IMPERFECTO

lloraba	llorábamos
llorabas	llorabais
lloraba	lloraban

PLUSCUAMPERFECTO

había llorado	habíamos llorado
habías llorado	habíais llorado
había llorado	habían llorado

PRETÉRITO

lloré	lloramos
lloraste	llorasteis
lloró	lloraron

PRETÉRITO ANTERIOR

hube llorado	hubimos llorado
hubiste llorado	hubisteis llorado
hubo llorado	hubieron llorado

FUTURO

lloraré	lloraremos
llorarás	lloraréis
llorará	llorarán

FUTURO PERFECTO

habré llorado	habremos llorado
habrás llorado	habréis llorado
habrá llorado	habrán llorado

CONDICIONAL

SIMPLE

lloraría	lloraríamos
llorarías	lloraríais
lloraría	llorarían

COMPUESTO

habría llorado	habríamos llorado
habrías llorado	habríais llorado
habría llorado	habrían llorado

SUBJUNTIVO

PRESENTE

llore	lloremos
llores	lloréis
llore	lloren

PRETÉRITO

haya llorado	hayamos llorado
hayas llorado	hayáis llorado
haya llorado	hayan llorado

IMPERFECTO

llorara	lloráramos
lloraras	llorarais
llorara	lloraran
OR	
llorase	llorásemos
llorases	lloraseis
llorase	llorasen

PLUSCUAMPERFECTO

hubiera llorado	hubiéramos llorado
hubieras llorado	hubierais llorado
hubiera llorado	hubieran llorado
OR	
hubiese llorado	hubiésemos llorado
hubieses llorado	hubieseis llorado
hubiese llorado	hubiesen llorado

IMPERATIVO

—	lloremos
llora; no llores	llorad; no lloréis
llore	lloren

FORMAS NO PERSONALES

GERUNDIO	**PARTICIPIO**
llorando	llorado

RELATED WORDS

el llanto	cry	*un/a llorón/a*	crybaby
lloriquear	to whimper, to whine		

EXAMPLES OF VERB USAGE

La niña lloraba sin cesar.	The girl was crying nonstop.
Yo no lloraría por esa tontería.	I wouldn't cry for that nonsense.
No lloró al verla marcharse.	He didn't cry when he saw her leaving.
Siempre lloro con las películas.	I always cry at the movies.

Verb Charts

llover

to rain

yo	nosotros/as
tú	vosotros/as
él/ella/Ud.	ellos/ellas/Uds.

INDICATIVO

PRESENTE
llueve

IMPERFECTO
llovía

PRETÉRITO
llovió

FUTURO
lloverá

PRETÉRITO PERFECTO
ha llovido

PLUSCUAMPERFECTO
había llovido

PRETÉRITO ANTERIOR
hubo llovido

FUTURO PERFECTO
habrá llovido

CONDICIONAL

SIMPLE
llovería

COMPUESTO
habría llovido

SUBJUNTIVO

PRESENTE
llueva

IMPERFECTO
lloviera
OR
lloviese

PRETÉRITO
haya llovido

PLUSCUAMPERFECTO
hubiera llovido
OR
hubiese llovido

IMPERATIVO

—

¡Que llueva!

FORMAS NO PERSONALES

GERUNDIO
lloviendo

PARTICIPIO
llovido

RELATED WORDS

la lluvia	rain	*lluvioso/a*	rainy
llover a cántaros	to rain cats and dogs	*lloviznar*	to drizzle

EXAMPLES OF VERB USAGE

Está lloviendo mucho.	It's raining a lot.
Aquel año llovió sin parar.	That year it rained nonstop.
¿Lloverá mañana?	Will it rain tomorrow?
Quizá llueva durante nuestro viaje.	It may rain on our trip.

marcharse

to go away, to leave

INDICATIVO

yo	nosotros/as
tú	vosotros/as
él/ella/Ud.	ellos/ellas/Uds.

PRESENTE
me marcho	nos marchamos
te marchas	os marcháis
se marcha	se marchan

PRETÉRITO PERFECTO
me he marchado	nos hemos marchado
te has marchado	os habéis marchado
se ha marchado	se han marchado

IMPERFECTO
me marchaba	nos marchábamos
te marchabas	os marchabais
se marchaba	se marchaban

PLUSCUAMPERFECTO
me había marchado	nos habíamos marchado
te habías marchado	os habíais marchado
se había marchado	se habían marchado

PRETÉRITO
me marché	nos marchamos
te marchaste	os marchasteis
se marchó	se marcharon

PRETÉRITO ANTERIOR
me hube marchado	nos hubimos marchado
te hubiste marchado	os hubisteis marchado
se hubo marchado	se hubieron marchado

FUTURO
me marcharé	nos marcharemos
te marcharás	os marcharéis
se marchará	se marcharán

FUTURO PERFECTO
me habré marchado	nos habremos marchado
te habrás marchado	os habréis marchado
se habrá marchado	se habrán marchado

CONDICIONAL

SIMPLE
me marcharía	nos marcharíamos
te marcharías	os marcharíais
se marcharía	se marcharían

COMPUESTO
me habría marchado	nos habríamos marchado
te habrías marchado	os habríais marchado
se habría marchado	se habrían marchado

SUBJUNTIVO

PRESENTE
me marche	nos marchemos
te marches	os marchéis
se marche	se marchen

PRETÉRITO
me haya marchado	nos hayamos marchado
te hayas marchado	os hayáis marchado
se haya marchado	se hayan marchado

IMPERFECTO
me marchara	nos marcháramos
te marcharas	os marcharais
se marchara	se marcharan
OR	
me marchase	nos marchásemos
te marchases	os marchaseis
se marchase	se marchasen

PLUSCUAMPERFECTO
me hubiera marchado	nos hubiéramos marchado
te hubieras marchado	os hubierais marchado
se hubiera marchado	se hubieran marchado
OR	
me hubiese marchado	nos hubiésemos marchado
te hubieses marchado	os hubieseis marchado
se hubiese marchado	se hubiesen marchado

IMPERATIVO
—	marchémonos
márchate;	marchaos;
no te marches	no os marchéis
márchese	márchense

FORMAS NO PERSONALES

GERUNDIO	PARTICIPIO
marchándose	marchado

RELATED WORDS

marchar	to march, to walk, to run	*una marcha*	march

EXAMPLES OF VERB USAGE

Me marcho.	I'm out of here.
Se marchó a las tres de la tarde.	He left at three o'clock.
Te marchaste muy temprano.	You left very early.
Nos marcharemos mañana.	We will leave tomorrow.

matar
to kill

yo	nosotros/as
tú	vosotros/as
él/ella/Ud.	ellos/ellas/Uds.

INDICATIVO

PRESENTE
mato	matamos
matas	matáis
mata	matan

PRETÉRITO PERFECTO
he matado	hemos matado
has matado	habéis matado
ha matado	han matado

IMPERFECTO
mataba	matábamos
matabas	matabais
mataba	mataban

PLUSCUAMPERFECTO
había matado	habíamos matado
habías matado	habíais matado
había matado	habían matado

PRETÉRITO
maté	matamos
mataste	matasteis
mató	mataron

PRETÉRITO ANTERIOR
hube matado	hubimos matado
hubiste matado	hubisteis matado
hubo matado	hubieron matado

FUTURO
mataré	mataremos
matarás	mataréis
matará	matarán

FUTURO PERFECTO
habré matado	habremos matado
habrás matado	habréis matado
habrá matado	habrán matado

CONDICIONAL

SIMPLE
mataría	mataríamos
matarías	mataríais
mataría	matarían

COMPUESTO
habría matado	habríamos matado
habrías matado	habríais matado
habría matado	habrían matado

SUBJUNTIVO

PRESENTE
mate	matemos
mates	matéis
mate	maten

PRETÉRITO
haya matado	hayamos matado
hayas matado	hayáis matado
haya matado	hayan matado

IMPERFECTO
matara	matáramos
mataras	matarais
matara	mataran
OR	
matase	matásemos
matases	mataseis
matase	matasen

PLUSCUAMPERFECTO
hubiera matado	hubiéramos matado
hubieras matado	hubierais matado
hubiera matado	hubieran matado
OR	
hubiese matado	hubiésemos matado
hubieses matado	hubieseis matado
hubiese matado	hubiesen matado

IMPERATIVO
—	matemos
mata; no mates	matad; no matéis
mate	maten

FORMAS NO PERSONALES

GERUNDIO	PARTICIPIO
matando	matado

RELATED WORDS

el matador	bullfighter	*la matanza*	slaughter, killing
dar mate a	to checkmate (chess)	*un matón*	gangster, bully

EXAMPLES OF VERB USAGE

Mataron una cucaracha con insecticida.	They killed a roach with bug spray.
Mataba el tiempo mirando los pájaros.	He was killing time looking at birds.
Han matado al presidente.	They have killed the president.
Es un milagro que no hayan matado a nadie.	It's a miracle they didn't kill anybody.

mejorar
to improve

yo	nosotros/as
tú	vosotros/as
él/ella/Ud.	ellos/ellas/Uds.

INDICATIVO

PRESENTE
mejoro	mejoramos
mejoras	mejoráis
mejora	mejoran

PRETÉRITO PERFECTO
he mejorado	hemos mejorado
has mejorado	habéis mejorado
ha mejorado	han mejorado

IMPERFECTO
mejoraba	mejorábamos
mejorabas	mejorabais
mejoraba	mejoraban

PLUSCUAMPERFECTO
había mejorado	habíamos mejorado
habías mejorado	habíais mejorado
había mejorado	habían mejorado

PRETÉRITO
mejoré	mejoramos
mejoraste	mejorasteis
mejoró	mejoraron

PRETÉRITO ANTERIOR
hube mejorado	hubimos mejorado
hubiste mejorado	hubisteis mejorado
hubo mejorado	hubieron mejorado

FUTURO
mejoraré	mejoraremos
mejorarás	mejoraréis
mejorará	mejorarán

FUTURO PERFECTO
habré mejorado	habremos mejorado
habrás mejorado	habréis mejorado
habrá mejorado	habrán mejorado

CONDICIONAL

SIMPLE
mejoraría	mejoraríamos
mejorarías	mejoraríais
mejoraría	mejorarían

COMPUESTO
habría mejorado	habríamos mejorado
habrías mejorado	habríais mejorado
habría mejorado	habrían mejorado

SUBJUNTIVO

PRESENTE
mejore	mejoremos
mejores	mejoréis
mejore	mejoren

PRETÉRITO
haya mejorado	hayamos mejorado
hayas mejorado	hayáis mejorado
haya mejorado	hayan mejorado

IMPERFECTO
mejorara	mejoráramos
mejoraras	mejorarais
mejorara	mejoraran
OR	
mejorase	mejorásemos
mejorases	mejoraseis
mejorase	mejorasen

PLUSCUAMPERFECTO
hubiera mejorado	hubiéramos mejorado
hubieras mejorado	hubierais mejorado
hubiera mejorado	hubieran mejorado
OR	
hubiese mejorado	hubiésemos mejorado
hubieses mejorado	hubieseis mejorado
hubiese mejorado	hubiesen mejorado

IMPERATIVO

—	mejoremos
mejora; no mejores	mejorad; no mejoréis
mejore	mejoren

FORMAS NO PERSONALES

GERUNDIO	**PARTICIPIO**
mejorando	mejorado

RELATED WORDS

mejor	better	*lo mejor*	the best
el/la mejor	the best	*mejorarse*	to get better, improve

EXAMPLES OF VERB USAGE

¡Que te mejores!	Hope you get well!
Mejoraron su condición con mucho esfuerzo.	They improved his condition with a lot of effort.
Ya verás como las cosas mejoran.	You'll see how things improve.
Tus notas han mejorado.	Your grades have improved.

mentir
to lie, to tell lies

yo	nosotros/as
tú	vosotros/as
él/ella/Ud.	ellos/ellas/Uds.

INDICATIVO

PRESENTE
miento	mentimos
mientes	mentís
miente	mienten

PRETÉRITO PERFECTO
he mentido	hemos mentido
has mentido	habéis mentido
ha mentido	han mentido

IMPERFECTO
mentía	mentíamos
mentías	mentíais
mentía	mentían

PLUSCUAMPERFECTO
había mentido	habíamos mentido
habías mentido	habíais mentido
había mentido	habían mentido

PRETÉRITO
mentí	mentimos
mentiste	mentisteis
mintió	mintieron

PRETÉRITO ANTERIOR
hube mentido	hubimos mentido
hubiste mentido	hubisteis mentido
hubo mentido	hubieron mentido

FUTURO
mentiré	mentiremos
mentirás	mentiréis
mentirá	mentirán

FUTURO PERFECTO
habré mentido	habremos mentido
habrás mentido	habréis mentido
habrá mentido	habrán mentido

CONDICIONAL

SIMPLE
mentiría	mentiríamos
mentirías	mentiríais
mentiría	mentirían

COMPUESTO
habría mentido	habríamos mentido
habrías mentido	habríais mentido
habría mentido	habrían mentido

SUBJUNTIVO

PRESENTE
mienta	mintamos
mientas	mintáis
mienta	mientan

PRETÉRITO
haya mentido	hayamos mentido
hayas mentido	hayáis mentido
haya mentido	hayan mentido

IMPERFECTO
mintiera	mintiéramos
mintieras	mintierais
mintiera	mintieran
OR	
mintiese	mintiésemos
mintieses	mintieseis
mintiese	mintiesen

PLUSCUAMPERFECTO
hubiera mentido	hubiéramos mentido
hubieras mentido	hubierais mentido
hubiera mentido	hubieran mentido
OR	
hubiese mentido	hubiésemos mentido
hubieses mentido	hubieseis mentido
hubiese mentido	hubiesen mentido

IMPERATIVO

—	mintamos
miente; no mientas	mentid; no mintáis
mienta	mientan

FORMAS NO PERSONALES

GERUNDIO	PARTICIPIO
mintiendo	mentido

RELATED WORDS

mentiroso/a	lying, deceitful; liar
una mentira	a lie

¡Parece mentira!	I just don't believe it!

EXAMPLES OF VERB USAGE

Me has mentido otra vez.	You have lied to me again.
Nos mintieron con sus cuentos.	They lied to us with their stories.
Yo nunca miento.	I never lie.
Creo que hubiera mentido por ti.	I think I would have lied for you.

merecer
to deserve

VERB CHART
170

yo	nosotros/as
tú	vosotros/as
él/ella/Ud.	ellos/ellas/Uds.

INDICATIVO

PRESENTE

merezco	merecemos
mereces	merecéis
merece	merecen

PRETÉRITO PERFECTO

he merecido	hemos merecido
has merecido	habéis merecido
ha merecido	han merecido

IMPERFECTO

merecía	merecíamos
merecías	merecíais
merecía	merecían

PLUSCUAMPERFECTO

había merecido	habíamos merecido
habías merecido	habíais merecido
había merecido	habían merecido

PRETÉRITO

merecí	merecimos
mereciste	merecisteis
mereció	merecieron

PRETÉRITO ANTERIOR

hube merecido	hubimos merecido
hubiste merecido	hubisteis merecido
hubo merecido	hubieron merecido

FUTURO

mereceré	mereceremos
merecerás	mereceréis
merecerá	merecerán

FUTURO PERFECTO

habré merecido	habremos merecido
habrás merecido	habréis merecido
habrá merecido	habrán merecido

CONDICIONAL

SIMPLE

merecería	mereceríamos
merecerías	mereceríais
merecería	merecerían

COMPUESTO

habría merecido	habríamos merecido
habrías merecido	habríais merecido
habría merecido	habrían merecido

SUBJUNTIVO

PRESENTE

merezca	merezcamos
merezcas	merezcáis
merezca	merezcan

PRETÉRITO

haya merecido	hayamos merecido
hayas merecido	hayáis merecido
haya merecido	hayan merecido

IMPERFECTO

mereciera	mereciéramos
merecieras	merecierais
mereciera	merecieran
OR	
mereciese	mereciésemos
merecieses	merecieseis
mereciese	mereciesen

PLUSCUAMPERFECTO

hubiera merecido	hubiéramos merecido
hubieras merecido	hubierais merecido
hubiera merecido	hubieran merecido
OR	
hubiese merecido	hubiésemos merecido
hubieses merecido	hubieseis merecido
hubiese merecido	hubiesen merecido

IMPERATIVO

—	merezcamos
merece;	mereced; no merezcáis
no merezcas	
merezca	merezcan

FORMAS NO PERSONALES

GERUNDIO	**PARTICIPIO**
mereciendo	merecido

RELATED WORDS

merecer la pena	to be worth it	*merecedor/a*	deserving

EXAMPLES OF VERB USAGE

Tu victoria merece una celebración.	Your victory deserves a celebration.
No se merecía eso.	He didn't deserve that.
No creo que merezca la pena hacerlo.	I don't think doing it is worth it.
Mereces un castigo.	You deserve to be punished.

VERB CHART

171

yo | nosotros/as
tú | vosotros/as
él/ella/Ud. | ellos/ellas/Uds.

meter
to put in

INDICATIVO

PRESENTE
meto | metemos
metes | metéis
mete | meten

PRETÉRITO PERFECTO
he metido | hemos metido
has metido | habéis metido
ha metido | han metido

IMPERFECTO
metía | metíamos
metías | metíais
metía | metían

PLUSCUAMPERFECTO
había metido | habíamos metido
habías metido | habíais metido
había metido | habían metido

PRETÉRITO
metí | metimos
metiste | metisteis
metió | metieron

PRETÉRITO ANTERIOR
hube metido | hubimos metido
hubiste metido | hubisteis metido
hubo metido | hubieron metido

FUTURO
meteré | meteremos
meterás | meteréis
meterá | meterán

FUTURO PERFECTO
habré metido | habremos metido
habrás metido | habréis metido
habrá metido | habrán metido

CONDICIONAL

SIMPLE
metería | meteríamos
meterías | meteríais
metería | meterían

COMPUESTO
habría metido | habríamos metido
habrías metido | habríais metido
habría metido | habrían metido

SUBJUNTIVO

PRESENTE
meta | metamos
metas | metáis
meta | metan

PRETÉRITO
haya metido | hayamos metido
hayas metido | hayáis metido
haya metido | hayan metido

IMPERFECTO
metiera | metiéramos
metieras | metierais
metiera | metieran
OR
metiese | metiésemos
metieses | metieseis
metiese | metiesen

PLUSCUAMPERFECTO
hubiera metido | hubiéramos metido
hubieras metido | hubierais metido
hubiera metido | hubieran metido
OR
hubiese metido | hubiésemos metido
hubieses metido | hubieseis metido
hubiese metido | hubiesen metido

IMPERATIVO

— | metamos
mete; no metas | meted; no metáis
meta | metan

FORMAS NO PERSONALES

GERUNDIO | **PARTICIPIO**
metiendo | metido

RELATED WORDS

meter un gol | to score a goal

EXAMPLES OF VERB USAGE

Metieron a su hijo en un colegio privado. | They put their child in a private school.
¿Has metido la comida en la nevera? | Have you put the food in the refrigerator?
Tendrás que meter la carne en el horno. | You will have to put the meat in the oven.
No creo que hayan metido ese gol. | I don't think they have scored that goal.

meterse

to meddle, to get into

yo	nosotros/as
tú	vosotros/as
él/ella/Ud.	ellos/ellas/Uds.

INDICATIVO

PRESENTE

me meto	nos metemos
te metes	os metéis
se mete	se meten

PRETÉRITO PERFECTO

me he metido	nos hemos metido
te has metido	os habéis metido
se ha metido	se han metido

IMPERFECTO

me metía	nos metíamos
te metías	os metíais
se metía	se metían

PLUSCUAMPERFECTO

me había metido	nos habíamos metido
te habías metido	os habíais metido
se había metido	se habían metido

PRETÉRITO

me metí	nos metimos
te metiste	os metisteis
se metió	se metieron

PRETÉRITO ANTERIOR

me hube metido	nos hubimos metido
te hubiste metido	os hubisteis metido
se hubo metido	se hubieron metido

FUTURO

me meteré	nos meteremos
te meterás	os meteréis
se meterá	se meterán

FUTURO PERFECTO

me habré metido	nos habremos metido
te habrás metido	os habréis metido
se habrá metido	se habrán metido

CONDICIONAL

SIMPLE

me metería	nos meteríamos
te meterías	os meteríais
se metería	se meterían

COMPUESTO

me habría metido	nos habríamos metido
te habrías metido	os habríais metido
se habría metido	se habrían metido

SUBJUNTIVO

PRESENTE

me meta	nos metamos
te metas	os metáis
se meta	se metan

PRETÉRITO

me haya metido	nos hayamos metido
te hayas metido	os hayáis metido
se haya metido	se hayan metido

IMPERFECTO

me metiera	nos metiéramos
te metieras	os metierais
se metiera	se metieran
OR	
me metiese	nos metiésemos
te metieses	os metieseis
se metiese	se metiesen

PLUSCUAMPERFECTO

me hubiera metido	nos hubiéramos metido
te hubieras metido	os hubierais metido
se hubiera metido	se hubieran metido
OR	
me hubiese metido	nos hubiésemos metido
te hubieses metido	os hubieseis metido
se hubiese metido	se hubiesen metido

IMPERATIVO

—	metámonos
métete; no te metas	meteos; no os metáis
métase	métanse

FORMAS NO PERSONALES

GERUNDIO
metiéndose

PARTICIPIO
metido

RELATED WORDS

meterse en todo	to be nosy	*un/a metomentodo*	interfering, meddling
un/a entremetido/a	snoop		

EXAMPLES OF VERB USAGE

Se han metido en un lío enorme.	They have gotten themselves in quite a mess.
Ese chico se mete en todo.	That guy gets involved with everything.
Me metí en un mal negocio.	I got myself into a bad deal.
No nos meteremos a comprar una casa tan cara.	We will not get ourselves into buying an expensive house.

Verb Charts

mirar
to look, to watch

yo	nosotros/as
tú	vosotros/as
él/ella/Ud.	ellos/ellas/Uds.

INDICATIVO

PRESENTE

miro	miramos
miras	miráis
mira	miran

PRETÉRITO PERFECTO

he mirado	hemos mirado
has mirado	habéis mirado
ha mirado	han mirado

IMPERFECTO

miraba	mirábamos
mirabas	mirabais
miraba	miraban

PLUSCUAMPERFECTO

había mirado	habíamos mirado
habías mirado	habíais mirado
había mirado	habían mirado

PRETÉRITO

miré	miramos
miraste	mirasteis
miró	miraron

PRETÉRITO ANTERIOR

hube mirado	hubimos mirado
hubiste mirado	hubisteis mirado
hubo mirado	hubieron mirado

FUTURO

miraré	miraremos
mirarás	miraréis
mirará	mirarán

FUTURO PERFECTO

habré mirado	habremos mirado
habrás mirado	habréis mirado
habrá mirado	habrán mirado

CONDICIONAL

SIMPLE

miraría	miraríamos
mirarías	miraríais
miraría	mirarían

COMPUESTO

habría mirado	habríamos mirado
habrías mirado	habríais mirado
habría mirado	habrían mirado

SUBJUNTIVO

PRESENTE

mire	miremos
mires	miréis
mire	miren

PRETÉRITO

haya mirado	hayamos mirado
hayas mirado	hayáis mirado
haya mirado	hayan mirado

IMPERFECTO

mirara	miráramos
miraras	mirarais
mirara	miraran
OR	
mirase	mirásemos
mirases	miraseis
mirase	mirasen

PLUSCUAMPERFECTO

hubiera mirado	hubiéramos mirado
hubieras mirado	hubierais mirado
hubiera mirado	hubieran mirado
OR	
hubiese mirado	hubiésemos mirado
hubieses mirado	hubieseis mirado
hubiese mirado	hubiesen mirado

IMPERATIVO

—	miremos
mira; no mires	mirad; no miréis
mire	miren

FORMAS NO PERSONALES

GERUNDIO	PARTICIPIO
mirando	mirado

RELATED WORDS

¡Mira!	Look!	*un/a mirón/a*	onlooker; spectator; voyeur
mirar la televisión	to watch television		

EXAMPLES OF VERB USAGE

Quiero que miren ese cuadro atentamente.	I want you to look at that painting closely.
Esa familia está siempre mirando la tele.	That family is always watching TV.
¿Qué miras?	What are you looking at?
Oye, mira qué bonito es esto.	Hey, look how beautiful this is.

morir
to die

VERB CHART
174

yo	nosotros/as
tú	vosotros/as
él/ella/Ud.	ellos/ellas/Uds.

INDICATIVO

PRESENTE
muero	morimos
mueres	morís
muere	mueren

PRETÉRITO PERFECTO
he muerto	hemos muerto
has muerto	habéis muerto
ha muerto	han muerto

IMPERFECTO
moría	moríamos
morías	moríais
moría	morían

PLUSCUAMPERFECTO
había muerto	habíamos muerto
habías muerto	habíais muerto
había muerto	habían muerto

PRETÉRITO
morí	morimos
moriste	moristeis
murió	murieron

PRETÉRITO ANTERIOR
hube muerto	hubimos muerto
hubiste muerto	hubisteis muerto
hubo muerto	hubieron muerto

FUTURO
moriré	moriremos
morirás	moriréis
morirá	morirán

FUTURO PERFECTO
habré muerto	habremos muerto
habrás muerto	habréis muerto
habrá muerto	habrán muerto

CONDICIONAL

SIMPLE
moriría	moriríamos
morirías	moriríais
moriría	morirían

COMPUESTO
habría muerto	habríamos muerto
habrías muerto	habríais muerto
habría muerto	habrían muerto

SUBJUNTIVO

PRESENTE
muera	muramos
mueras	muráis
muera	mueran

PRETÉRITO
haya muerto	hayamos muerto
hayas muerto	hayáis muerto
haya muerto	hayan muerto

IMPERFECTO
muriera	muriéramos
murieras	murierais
muriera	murieran
OR	
muriese	muriésemos
murieses	murieseis
muriese	muriesen

PLUSCUAMPERFECTO
hubiera muerto	hubiéramos muerto
hubieras muerto	hubierais muerto
hubiera muerto	hubieran muerto
OR	
hubiese muerto	hubiésemos muerto
hubieses muerto	hubieseis muerto
hubiese muerto	hubiesen muerto

IMPERATIVO
—	muramos
muere; no mueras	morid; no muráis
muera	mueran

FORMAS NO PERSONALES

GERUNDIO	PARTICIPIO
muriendo	muerto

RELATED WORDS

la muerte	death	*la mortalidad*	mortality
morirse de risa	die laughing	*morirse de miedo*	to be scared to death

EXAMPLES OF VERB USAGE

Murió de un ataque al corazón.	She died of a heart attack.
El rey ha muerto.	The king has died.
Antes o después, moriremos todos.	We will all die sooner or later.
No creo que haya muerto.	I don't think he has died.

nacer
to be born

yo | nosotros/as
tú | vosotros/as
él/ella/Ud. | ellos/ellas/Uds.

INDICATIVO

PRESENTE
nazco nacemos
naces nacéis
nace nacen

PRETÉRITO PERFECTO
he nacido hemos nacido
has nacido habéis nacido
ha nacido han nacido

IMPERFECTO
nacía nacíamos
nacías nacíais
nacía nacían

PLUSCUAMPERFECTO
había nacido habíamos nacido
habías nacido habíais nacido
había nacido habían nacido

PRETÉRITO
nací nacimos
naciste nacisteis
nació nacieron

PRETÉRITO ANTERIOR
hube nacido hubimos nacido
hubiste nacido hubisteis nacido
hubo nacido hubieron nacido

FUTURO
naceré naceremos
nacerás naceréis
nacerá nacerán

FUTURO PERFECTO
habré nacido habremos nacido
habrás nacido habréis nacido
habrá nacido habrán nacido

CONDICIONAL

SIMPLE
nacería naceríamos
nacerías naceríais
nacería nacerían

COMPUESTO
habría nacido habríamos nacido
habrías nacido habríais nacido
habría nacido habrían nacido

SUBJUNTIVO

PRESENTE
nazca nazcamos
nazcas nazcáis
nazca nazcan

PRETÉRITO
haya nacido hayamos nacido
hayas nacido hayáis nacido
haya nacido hayan nacido

IMPERFECTO
naciera naciéramos
nacieras nacierais
naciera nacieran
OR
naciese naciésemos
nacieses nacieseis
naciese naciesen

PLUSCUAMPERFECTO
hubiera nacido hubiéramos nacido
hubieras nacido hubierais nacido
hubiera nacido hubieran nacido
OR
hubiese nacido hubiésemos nacido
hubieses nacido hubieseis nacido
hubiese nacido hubiesen nacido

IMPERATIVO

— nazcamos
nace; no nazcas naced; no nazcáis
nazca nazcan

FORMAS NO PERSONALES

GERUNDIO | **PARTICIPIO**
naciendo | nacido

RELATED WORDS

el nacimiento | birth | *renacer* | to be born again
nacer con un pan | to be born with a silver
debajo del brazo | spoon in one's mouth

EXAMPLES OF VERB USAGE

Yo nací en junio. | I was born in June.
El niño ha nacido sin problemas. | The boy was born without complications.
Creemos que el bebé nacerá pronto. | We think that the baby will be born soon.
Nacieron en una familia pobre. | They were born to a poor family.

nadar
to swim

yo	nosotros/as
tú	vosotros/as
él/ella/Ud.	ellos/ellas/Uds.

INDICATIVO

PRESENTE

nado	nadamos
nadas	nadáis
nada	nadan

PRETÉRITO PERFECTO

he nadado	hemos nadado
has nadado	habéis nadado
ha nadado	han nadado

IMPERFECTO

nadaba	nadábamos
nadabas	nadabais
nadaba	nadaban

PLUSCUAMPERFECTO

había nadado	habíamos nadado
habías nadado	habíais nadado
había nadado	habían nadado

PRETÉRITO

nadé	nadamos
nadaste	nadasteis
nadó	nadaron

PRETÉRITO ANTERIOR

hube nadado	hubimos nadado
hubiste nadado	hubisteis nadado
hubo nadado	hubieron nadado

FUTURO

nadaré	nadaremos
nadarás	nadaréis
nadará	nadarán

FUTURO PERFECTO

habré nadado	habremos nadado
habrás nadado	habréis nadado
habrá nadado	habrán nadado

CONDICIONAL

SIMPLE

nadaría	nadaríamos
nadarías	nadaríais
nadaría	nadarían

COMPUESTO

habría nadado	habríamos nadado
habrías nadado	habríais nadado
habría nadado	habrían nadado

SUBJUNTIVO

PRESENTE

nade	nademos
nades	nadéis
nade	naden

PRETÉRITO

haya nadado	hayamos nadado
hayas nadado	hayáis nadado
haya nadado	hayan nadado

IMPERFECTO

nadara	nadáramos
nadaras	nadarais
nadara	nadaran
OR	
nadase	nadásemos
nadases	nadaseis
nadase	nadasen

PLUSCUAMPERFECTO

hubiera nadado	hubiéramos nadado
hubieras nadado	hubierais nadado
hubiera nadado	hubieran nadado
OR	
hubiese nadado	hubiésemos nadado
hubieses nadado	hubieseis nadado
hubiese nadado	hubiesen nadado

IMPERATIVO

—	nademos
nada; no nades	nadad; no nadéis
nade	naden

FORMAS NO PERSONALES

GERUNDIO	**PARTICIPIO**
nadando	nadado

RELATED WORDS

un/a nadador/a   swimmer

EXAMPLES OF VERB USAGE

Nado todos los días.	I swim everyday.
Los niños están nadando en el mar.	The kids are swimming in the sea.
¿Quieres que nademos?	Do you want us to swim?
Habríamos nadado si el agua no estuviera tan fría.	We would have swum if the water weren't so cold.

Verb Charts

necesitar
to need, to be in need of something

INDICATIVO

yo   nosotros/as
tú   vosotros/as
él/ella/Ud.   ellos/ellas/Uds.

PRESENTE
necesito	necesitamos
necesitas	necesitáis
necesita	necesitan

PRETÉRITO PERFECTO
he necesitado	hemos necesitado
has necesitado	habéis necesitado
ha necesitado	han necesitado

IMPERFECTO
necesitaba	necesitábamos
necesitabas	necesitabais
necesitaba	necesitaban

PLUSCUAMPERFECTO
había necesitado	habíamos necesitado
habías necesitado	habíais necesitado
había necesitado	habían necesitado

PRETÉRITO
necesité	necesitamos
necesitaste	necesitasteis
necesitó	necesitaron

PRETÉRITO ANTERIOR
hube necesitado	hubimos necesitado
hubiste necesitado	hubisteis necesitado
hubo necesitado	hubieron necesitado

FUTURO
necesitaré	necesitaremos
necesitarás	necesitaréis
necesitará	necesitarán

FUTURO PERFECTO
habré necesitado	habremos necesitado
habrás necesitado	habréis necesitado
habrá necesitado	habrán necesitado

CONDICIONAL

SIMPLE
necesitaría	necesitaríamos
necesitarías	necesitaríais
necesitaría	necesitarían

COMPUESTO
habría necesitado	habríamos necesitado
habrías necesitado	habríais necesitado
habría necesitado	habrían necesitado

SUBJUNTIVO

PRESENTE
necesite	necesitemos
necesites	necesitéis
necesite	necesiten

PRETÉRITO
haya necesitado	hayamos necesitado
hayas necesitado	hayáis necesitado
haya necesitado	hayan necesitado

IMPERFECTO
necesitara	necesitáramos
necesitaras	necesitarais
necesitara	necesitaran
OR	
necesitase	necesitásemos
necesitases	necesitaseis
necesitase	necesitasen

PLUSCUAMPERFECTO
hubiera necesitado	hubiéramos necesitado
hubieras necesitado	hubierais necesitado
hubiera necesitado	hubieran necesitado
OR	
hubiese necesitado	hubiésemos necesitado
hubieses necesitado	hubieseis necesitado
hubiese necesitado	hubiesen necesitado

IMPERATIVO
—	necesitemos
necesita;	necesitad; no necesitéis
no necesites	
necesite	necesiten

FORMAS NO PERSONALES

GERUNDIO	PARTICIPIO
necesitando	necesitado

RELATED WORDS

la necesidad	necessity, need	*lo necesario*	whatever is needed
los necesitados	the poor		

EXAMPLES OF VERB USAGE

¿Necesitas que te traiga algo del supermercado?	Do you need me to bring anything from the grocery store?
Necesitábamos más dinero para comprar la casa.	We needed more money to buy the house.
No necesito ir al doctor.	I don't need to go to the doctor.
Tú nunca has necesitado nuestro cariño.	You have never needed our love.

nevar

to snow

INDICATIVO

yo	nosotros/as
tú	vosotros/as
él/ella/Ud.	ellos/ellas/Uds.

PRESENTE
nieva

PRETÉRITO PERFECTO
ha nevado

IMPERFECTO
nevaba

PLUSCUAMPERFECTO
había nevado

PRETÉRITO
nevó

PRETÉRITO ANTERIOR
hubo nevado

FUTURO
nevará

FUTURO PERFECTO
habrá nevado

CONDICIONAL

SIMPLE
nevaría

COMPUESTO
habría nevado

SUBJUNTIVO

PRESENTE
nieve

PRETÉRITO
haya nevado

IMPERFECTO
nevara
OR
nevase

PLUSCUAMPERFECTO
hubiera nevado
OR
hubiese nevado

IMPERATIVO

—

¡Que nieve!

FORMAS NO PERSONALES

GERUNDIO
nevando

PARTICIPIO
nevado

RELATED WORDS

la nieve	snow	*nevado/a*	snowed-covered, snow-capped
la nevera	refrigerator	*una nevada*	snow storm

EXAMPLES OF VERB USAGE

Ayer nevó en la sierra.	Yesterday it snowed in the mountains.
En ese pueblo siempre nieva mucho en invierno.	It always snows a lot in the winter in that town.
Aquí nunca ha nevado.	It has never snowed here.
Me extraña que no haya nevado ya.	I'm surprised it hasn't snowed yet.

Verb Charts

obedecer
to obey

yo	nosotros/as
tú	vosotros/as
él/ella/Ud.	ellos/ellas/Uds.

INDICATIVO

PRESENTE

obedezco	obedecemos
obedeces	obedecéis
obedece	obedecen

IMPERFECTO

obedecía	obedecíamos
obedecías	obedecíais
obedecía	obedecían

PRETÉRITO

obedecí	obedecimos
obedeciste	obedecisteis
obedeció	obedecieron

FUTURO

obedeceré	obedeceremos
obedecerás	obedeceréis
obedecerá	obedecerán

PRETÉRITO PERFECTO

he obedecido	hemos obedecido
has obedecido	habéis obedecido
ha obedecido	han obedecido

PLUSCUAMPERFECTO

había obedecido	habíamos obedecido
habías obedecido	habíais obedecido
había obedecido	habían obedecido

PRETÉRITO ANTERIOR

hube obedecido	hubimos obedecido
hubiste obedecido	hubisteis obedecido
hubo obedecido	hubieron obedecido

FUTURO PERFECTO

habré obedecido	habremos obedecido
habrás obedecido	habréis obedecido
habrá obedecido	habrán obedecido

CONDICIONAL

SIMPLE

obedecería	obedeceríamos
obedecerías	obedeceríais
obedecería	obedecerían

COMPUESTO

habría obedecido	habríamos obedecido
habrías obedecido	habríais obedecido
habría obedecido	habrían obedecido

SUBJUNTIVO

PRESENTE

obedezca	obedezcamos
obedezcas	obedezcáis
obedezca	obedezcan

IMPERFECTO

obedeciera	obedeciéramos
obedecieras	obedecierais
obedeciera	obedecieran
OR	
obedeciese	obedeciésemos
obedecieses	obedecieseis
obedeciese	obedeciesen

PRETÉRITO

haya obedecido	hayamos obedecido
hayas obedecido	hayáis obedecido
haya obedecido	hayan obedecido

PLUSCUAMPERFECTO

hubiera obedecido	hubiéramos obedecido
hubieras obedecido	hubierais obedecido
hubiera obedecido	hubieran obedecido
OR	
hubiese obedecido	hubiésemos obedecido
hubieses obedecido	hubieseis obedecido
hubiese obedecido	hubiesen obedecido

IMPERATIVO

—	obedezcamos
obedece; no obedezcas	obedeced; no obedezcáis
obedezca	obedezcan

FORMAS NO PERSONALES

GERUNDIO	PARTICIPIO
obedeciendo	obedecido

RELATED WORDS

obediente	obedient	*desobedecer*	to disobey
la obediencia	obedience	*la desobediencia*	disobedience

EXAMPLES OF VERB USAGE

Tienen que obedecerme.	You have to obey me.
Nos obedecieron sin problemas.	They obeyed us without any problems.
Los soldados obedecerán al general.	The soldiers will obey the general.
No han obedecido la ley.	They haven't obeyed the law.

ofrecer
to offer

yo	nosotros/as
tú	vosotros/as
él/ella/Ud.	ellos/ellas/Uds.

INDICATIVO

PRESENTE

ofrezco	ofrecemos
ofreces	ofrecéis
ofrece	ofrecen

PRETÉRITO PERFECTO

he ofrecido	hemos ofrecido
has ofrecido	habéis ofrecido
ha ofrecido	han ofrecido

IMPERFECTO

ofrecía	ofrecíamos
ofrecías	ofrecíais
ofrecía	ofrecían

PLUSCUAMPERFECTO

había ofrecido	habíamos ofrecido
habías ofrecido	habíais ofrecido
había ofrecido	habían ofrecido

PRETÉRITO

ofrecí	ofrecimos
ofreciste	ofrecisteis
ofreció	ofrecieron

PRETÉRITO ANTERIOR

hube ofrecido	hubimos ofrecido
hubiste ofrecido	hubisteis ofrecido
hubo ofrecido	hubieron ofrecido

FUTURO

ofreceré	ofreceremos
ofrecerás	ofreceréis
ofrecerá	ofrecerán

FUTURO PERFECTO

habré ofrecido	habremos ofrecido
habrás ofrecido	habréis ofrecido
habrá ofrecido	habrán ofrecido

CONDICIONAL

SIMPLE

ofrecería	ofreceríamos
ofrecerías	ofreceríais
ofrecería	ofrecerían

COMPUESTO

habría ofrecido	habríamos ofrecido
habrías ofrecido	habríais ofrecido
habría ofrecido	habrían ofrecido

SUBJUNTIVO

PRESENTE

ofrezca	ofrezcamos
ofrezcas	ofrezcáis
ofrezca	ofrezcan

PRETÉRITO

haya ofrecido	hayamos ofrecido
hayas ofrecido	hayáis ofrecido
haya ofrecido	hayan ofrecido

IMPERFECTO

ofreciera	ofreciéramos
ofrecieras	ofrecierais
ofreciera	ofrecieran
OR	
ofreciese	ofreciésemos
ofrecieses	ofrecieseis
ofreciese	ofreciesen

PLUSCUAMPERFECTO

hubiera ofrecido	hubiéramos ofrecido
hubieras ofrecido	hubierais ofrecido
hubiera ofrecido	hubieran ofrecido
OR	
hubiese ofrecido	hubiésemos ofrecido
hubieses ofrecido	hubieseis ofrecido
hubiese ofrecido	hubiesen ofrecido

IMPERATIVO

—	ofrezcamos
ofrece; no ofrezcas	ofreced; no ofrezcáis
ofrezca	ofrezcan

FORMAS NO PERSONALES

GERUNDIO
ofreciendo

PARTICIPIO
ofrecido

RELATED WORDS

el ofrecimiento	offering	*la oferta*	offer, special sale

EXAMPLES OF VERB USAGE

Nos ofreció la libertad.	He offered us freedom.
Le han ofrecido un puesto estupendo.	They have offered him a great position.
Ofrecían muchas ventajas.	They offered many advantages.
No me has ofrecido nada.	You haven't offered me anything.

Verb Charts

VERB CHART
181

yo | nosotros/as
tú | vosotros/as
él/ella/Ud. | ellos/ellas/Uds.

oír
to hear

INDICATIVO

PRESENTE

oigo	oímos
oyes	oís
oye	oyen

PRETÉRITO PERFECTO

he oído	hemos oído
has oído	habéis oído
ha oído	han oído

IMPERFECTO

oía	oíamos
oías	oíais
oía	oían

PLUSCUAMPERFECTO

había oído	habíamos oído
habías oído	habíais oído
había oído	habían oído

PRETÉRITO

oí	oímos
oíste	oísteis
oyó	oyeron

PRETÉRITO ANTERIOR

hube oído	hubimos oído
hubiste oído	hubisteis oído
hubo oído	hubieron oído

FUTURO

oiré	oiremos
oirás	oiréis
oirá	oirán

FUTURO PERFECTO

habré oído	habremos oído
habrás oído	habréis oído
habrá oído	habrán oído

CONDICIONAL

SIMPLE

oiría	oiríamos
oirías	oiríais
oiría	oirían

COMPUESTO

habría oído	habríamos oído
habrías oído	habríais oído
habría oído	habrían oído

SUBJUNTIVO

PRESENTE

oiga	oigamos
oigas	oigáis
oiga	oigan

PRETÉRITO

haya oído	hayamos oído
hayas oído	hayáis oído
haya oído	hayan oído

IMPERFECTO

oyera	oyéramos
oyeras	oyerais
oyera	oyeran
OR	
oyese	oyésemos
oyeses	oyeseis
oyese	oyesen

PLUSCUAMPERFECTO

hubiera oído	hubiéramos oído
hubieras oído	hubierais oído
hubiera oído	hubieran oído
OR	
hubiese oído	hubiésemos oído
hubieses oído	hubieseis oído
hubiese oído	hubiesen oído

IMPERATIVO

—	oigamos
oye; no oigas	oíd; no oigáis
oiga	oigan

FORMAS NO PERSONALES

GERUNDIO	**PARTICIPIO**
oyendo	oído

RELATED WORDS

el oído	hearing, internal part of the ear
un/a oyente	listener

la oreja	ear

EXAMPLES OF VERB USAGE

No oímos lo que dijiste.	We didn't hear what you said.
Perdona, no oigo bien.	Excuse me, I don't hear well.
¿Has oído la noticia?	Have you heard the news?
Oirías mejor si usaras un aparato para los oídos.	You would hear better if you used a hearing aid.

oler

to smell

VERB CHART
182

yo	nosotros/as
tú	vosotros/as
él/ella/Ud.	ellos/ellas/Uds.

INDICATIVO

PRESENTE
huelo	olemos
hueles	oléis
huele	huelen

PRETÉRITO PERFECTO
he olido	hemos olido
has olido	habéis olido
ha olido	han olido

IMPERFECTO
olía	olíamos
olías	olíais
olía	olían

PLUSCUAMPERFECTO
había olido	habíamos olido
habías olido	habíais olido
había olido	habían olido

PRETÉRITO
olí	olimos
oliste	olisteis
olió	olieron

PRETÉRITO ANTERIOR
hube olido	hubimos olido
hubiste olido	hubisteis olido
hubo olido	hubieron olido

FUTURO
oleré	oleremos
olerás	oleréis
olerá	olerán

FUTURO PERFECTO
habré olido	habremos olido
habrás olido	habréis olido
habrá olido	habrán olido

CONDICIONAL

SIMPLE
olería	oleríamos
olerías	oleríais
olería	olerían

COMPUESTO
habría olido	habríamos olido
habrías olido	habríais olido
habría olido	habrían olido

SUBJUNTIVO

PRESENTE
huela	olamos
huelas	oláis
huela	huelan

PRETÉRITO
haya olido	hayamos olido
hayas olido	hayáis olido
haya olido	hayan olido

IMPERFECTO
oliera	oliéramos
olieras	olierais
oliera	olieran
OR	
oliese	oliésemos
olieses	olieseis
oliese	oliesen

PLUSCUAMPERFECTO
hubiera olido	hubiéramos olido
hubieras olido	hubierais olido
hubiera olido	hubieran olido
OR	
hubiese olido	hubiésemos olido
hubieses olido	hubieseis olido
hubiese olido	hubiesen olido

IMPERATIVO

—	olamos
huele; no huelas	oled; no oláis
huela	huelan

FORMAS NO PERSONALES

GERUNDIO	**PARTICIPIO**
oliendo	olido

RELATED WORDS

un olor	smell, scent
el olfato	sense of smell

Tiene mal olor.	It stinks.

EXAMPLES OF VERB USAGE

¿No hueles algo raro?	Don't you smell something strange?
Olieron el fuego y salieron corriendo.	They smelled the fire and starting running.
Olía muy bien en su casa.	It smelled really good at her house.
Nunca he olido un platillo tan delicioso.	I've never smelled such a delicious dish.

olvidar
to forget

yo	nosotros/as
tú	vosotros/as
él/ella/Ud.	ellos/ellas/Uds.

INDICATIVO

PRESENTE

olvido	olvidamos
olvidas	olvidáis
olvida	olvidan

PRETÉRITO PERFECTO

he olvidado	hemos olvidado
has olvidado	habéis olvidado
ha olvidado	han olvidado

IMPERFECTO

olvidaba	olvidábamos
olvidabas	olvidabais
olvidaba	olvidaban

PLUSCUAMPERFECTO

había olvidado	habíamos olvidado
habías olvidado	habíais olvidado
había olvidado	habían olvidado

PRETÉRITO

olvidé	olvidamos
olvidaste	olvidasteis
olvidó	olvidaron

PRETÉRITO ANTERIOR

hube olvidado	hubimos olvidado
hubiste olvidado	hubisteis olvidado
hubo olvidado	hubieron olvidado

FUTURO

olvidaré	olvidaremos
olvidarás	olvidaréis
olvidará	olvidarán

FUTURO PERFECTO

habré olvidado	habremos olvidado
habrás olvidado	habréis olvidado
habrá olvidado	habrán olvidado

CONDICIONAL

SIMPLE

olvidaría	olvidaríamos
olvidarías	olvidaríais
olvidaría	olvidarían

COMPUESTO

habría olvidado	habríamos olvidado
habrías olvidado	habríais olvidado
habría olvidado	habrían olvidado

SUBJUNTIVO

PRESENTE

olvide	olvidemos
olvides	olvidéis
olvide	olviden

PRETÉRITO

haya olvidado	hayamos olvidado
hayas olvidado	hayáis olvidado
haya olvidado	hayan olvidado

IMPERFECTO

olvidara	olvidáramos
olvidaras	olvidarais
olvidara	olvidaran
OR	
olvidase	olvidásemos
olvidases	olvidaseis
olvidase	olvidasen

PLUSCUAMPERFECTO

hubiera olvidado	hubiéramos olvidado
hubieras olvidado	hubierais olvidado
hubiera olvidado	hubieran olvidado
OR	
hubiese olvidado	hubiésemos olvidado
hubieses olvidado	hubieseis olvidado
hubiese olvidado	hubiesen olvidado

IMPERATIVO

—	olvidemos
olvida; no olvides	olvidad; no olvidéis
olvide	olviden

FORMAS NO PERSONALES

GERUNDIO	**PARTICIPIO**
olvidando	olvidado

RELATED WORDS

olvidadizo/a absent-minded

EXAMPLES OF VERB USAGE

Se me olvidó el paraguas.	I forgot my umbrella.
Olvidó su cumpleaños.	She forgot his birthday.
¡No te olvides de llevarte la bolsa!	Don't forget to take your bag!
Nunca podré olvidarlo.	I will never forget it.

organizar
to organize

yo	nosotros/as
tú	vosotros/as
él/ella/Ud.	ellos/ellas/Uds.

INDICATIVO

PRESENTE
organizo	organizamos
organizas	organizáis
organiza	organizan

PRETÉRITO PERFECTO
he organizado	hemos organizado
has organizado	habéis organizado
ha organizado	han organizado

IMPERFECTO
organizaba	organizábamos
organizabas	organizabais
organizaba	organizaban

PLUSCUAMPERFECTO
había organizado	habíamos organizado
habías organizado	habíais organizado
había organizado	habían organizado

PRETÉRITO
organicé	organizamos
organizaste	organizasteis
organizó	organizaron

PRETÉRITO ANTERIOR
hube organizado	hubimos organizado
hubiste organizado	hubisteis organizado
hubo organizado	hubieron organizado

FUTURO
organizaré	organizaremos
organizarás	organizaréis
organizará	organizarán

FUTURO PERFECTO
habré organizado	habremos organizado
habrás organizado	habréis organizado
habrá organizado	habrán organizado

CONDICIONAL

SIMPLE
organizaría	organizaríamos
organizarías	organizaríais
organizaría	organizarían

COMPUESTO
habría organizado	habríamos organizado
habrías organizado	habríais organizado
habría organizado	habrían organizado

SUBJUNTIVO

PRESENTE
organice	organicemos
organices	organicéis
organice	organicen

PRETÉRITO
haya organizado	hayamos organizado
hayas organizado	hayáis organizado
haya organizado	hayan organizado

IMPERFECTO
organizara	organizáramos
organizaras	organizarais
organizara	organizaran
OR	
organizase	organizásemos
organizases	organizaseis
organizase	organizasen

PLUSCUAMPERFECTO
hubiera organizado	hubiéramos organizado
hubieras organizado	hubierais organizado
hubiera organizado	hubieran organizado
OR	
hubiese organizado	hubiésemos organizado
hubieses organizado	hubieseis organizado
hubiese organizado	hubiesen organizado

IMPERATIVO
—	organicemos
organiza;	organizad;
no organices	no organicéis
organice	organicen

FORMAS NO PERSONALES

GERUNDIO	PARTICIPIO
organizando	organizado

RELATED WORDS

organizado/a	organized	*la organización*	organization

EXAMPLES OF VERB USAGE

Los estudiantes han organizado una fiesta para fin de curso.

The students have organized a party for the end of the school year.

Organizó una reunión para los propietarios.

He organized a meeting for the homeowners.

pagar
to pay

yo | nosotros/as
tú | vosotros/as
él/ella/Ud. | ellos/ellas/Uds.

INDICATIVO

PRESENTE

pago	pagamos
pagas	pagáis
paga	pagan

PRETÉRITO PERFECTO

he pagado	hemos pagado
has pagado	habéis pagado
ha pagado	han pagado

IMPERFECTO

pagaba	pagábamos
pagabas	pagabais
pagaba	pagaban

PLUSCUAMPERFECTO

había pagado	habíamos pagado
habías pagado	habíais pagado
había pagado	habían pagado

PRETÉRITO

pagué	pagamos
pagaste	pagasteis
pagó	pagaron

PRETÉRITO ANTERIOR

hube pagado	hubimos pagado
hubiste pagado	hubisteis pagado
hubo pagado	hubieron pagado

FUTURO

pagaré	pagaremos
pagarás	pagaréis
pagará	pagarán

FUTURO PERFECTO

habré pagado	habremos pagado
habrás pagado	habréis pagado
habrá pagado	habrán pagado

CONDICIONAL

SIMPLE

pagaría	pagaríamos
pagarías	pagaríais
pagaría	pagarían

COMPUESTO

habría pagado	habríamos pagado
habrías pagado	habríais pagado
habría pagado	habrían pagado

SUBJUNTIVO

PRESENTE

pague	paguemos
pagues	paguéis
pague	paguen

PRETÉRITO

haya pagado	hayamos pagado
hayas pagado	hayáis pagado
haya pagado	hayan pagado

IMPERFECTO

pagara	pagáramos
pagaras	pagarais
pagara	pagaran
OR	
pagase	pagásemos
pagases	pagaseis
pagase	pagasen

PLUSCUAMPERFECTO

hubiera pagado	hubiéramos pagado
hubieras pagado	hubierais pagado
hubiera pagado	hubieran pagado
OR	
hubiese pagado	hubiésemos pagado
hubieses pagado	hubieseis pagado
hubiese pagado	hubiesen pagado

IMPERATIVO

—	paguemos
paga; no pagues	pagad; no paguéis
pague	paguen

FORMAS NO PERSONALES

GERUNDIO
pagando

PARTICIPIO
pagado

RELATED WORDS

la paga payment, salary

EXAMPLES OF VERB USAGE

Hoy me pagan. I get paid today. (They pay me today.)

¿Le has pagado ya? Have you paid her already?

Nos pagaron siete pesos por nuestro trabajo. They paid us seven pesos for our work.

Si pagaran más, tendrían más candidatos. If they paid more they would have more candidates.

parecer
to seem, to appear, to look like

VERB CHART
186

yo	nosotros/as
tú	vosotros/as
él/ella/Ud.	ellos/ellas/Uds.

INDICATIVO

PRESENTE

parezco	parecemos
pareces	parecéis
parece	parecen

PRETÉRITO PERFECTO

he parecido	hemos parecido
has parecido	habéis parecido
ha parecido	han parecido

IMPERFECTO

parecía	parecíamos
parecías	parecíais
parecía	parecían

PLUSCUAMPERFECTO

había parecido	habíamos parecido
habías parecido	habíais parecido
había parecido	habían parecido

PRETÉRITO

parecí	parecimos
pareciste	parecisteis
pareció	parecieron

PRETÉRITO ANTERIOR

hube parecido	hubimos parecido
hubiste parecido	hubisteis parecido
hubo parecido	hubieron parecido

FUTURO

pareceré	pareceremos
parecerás	pareceréis
parecerá	parecerán

FUTURO PERFECTO

habré parecido	habremos parecido
habrás parecido	habréis parecido
habrá parecido	habrán parecido

CONDICIONAL

SIMPLE

parecería	pareceríamos
parecerías	pareceríais
parecería	parecerían

COMPUESTO

habría parecido	habríamos parecido
habrías parecido	habríais parecido
habría parecido	habrían parecido

SUBJUNTIVO

PRESENTE

parezca	parezcamos
parezcas	parezcáis
parezca	parezcan

PRETÉRITO

haya parecido	hayamos parecido
hayas parecido	hayáis parecido
haya parecido	hayan parecido

IMPERFECTO

pareciera	pareciéramos
parecieras	parecierais
pareciera	parecieran
OR	
pareciese	pareciésemos
parecieses	parecieseis
pareciese	pareciesen

PLUSCUAMPERFECTO

hubiera parecido	hubiéramos parecido
hubieras parecido	hubierais parecido
hubiera parecido	hubieran parecido
OR	
hubiese parecido	hubiésemos parecido
hubieses parecido	hubieseis parecido
hubiese parecido	hubiesen parecido

IMPERATIVO

—	parezcamos
parece; no parezcas	pareced; no parezcáis
parezca	parezcan

FORMAS NO PERSONALES

GERUNDIO
pareciendo

PARTICIPIO
parecido

RELATED WORDS

Me parece . . .	It seems to me . . .
el parecido	resemblance
cambiar de parecer	to change one's mind
parecerse a	to look like sb

EXAMPLES OF VERB USAGE

Parece que va a llover. It looks like it's going to rain.

Parecía como si nada hubiera cambiado. It looked like nothing had changed.

Mi hermano se parece a mi padre. My brother looks like my dad.

Aunque parezca un tontería, creo que podríamos hacerlo. Even though it seems silly, I think we could do it.

Verb Charts

VERB CHART

187

yo | nosotros/as
tú | vosotros/as
él/ella/Ud. | ellos/ellas/Uds.

partir
to leave, to divide

INDICATIVO

PRESENTE
parto	partimos
partes	partís
parte	parten

PRETÉRITO PERFECTO
he partido	hemos partido
has partido	habéis partido
ha partido	han partido

IMPERFECTO
partía	partíamos
partías	partíais
partía	partían

PLUSCUAMPERFECTO
había partido	habíamos partido
habías partido	habíais partido
había partido	habían partido

PRETÉRITO
partí	partimos
partiste	partisteis
partió	partieron

PRETÉRITO ANTERIOR
hube partido	hubimos partido
hubiste partido	hubisteis partido
hubo partido	hubieron partido

FUTURO
partiré	partiremos
partirás	partiréis
partirá	partirán

FUTURO PERFECTO
habré partido	habremos partido
habrás partido	habréis partido
habrá partido	habrán partido

CONDICIONAL

SIMPLE
partiría	partiríamos
partirías	partiríais
partiría	partirían

COMPUESTO
habría partido	habríamos partido
habrías partido	habríais partido
habría partido	habrían partido

SUBJUNTIVO

PRESENTE
parta	partamos
partas	partáis
parta	partan

PRETÉRITO
haya partido	hayamos partido
hayas partido	hayáis partido
haya partido	hayan partido

IMPERFECTO
partiera	partiéramos
partieras	partierais
partiera	partieran
OR	
partiese	partiésemos
partieses	partieseis
partiese	partiesen

PLUSCUAMPERFECTO
hubiera partido	hubiéramos partido
hubieras partido	hubierais partido
hubiera partido	hubieran partido
OR	
hubiese partido	hubiésemos partido
hubieses partido	hubieseis partido
hubiese partido	hubiesen partido

IMPERATIVO
—	partamos
parte; no partas	partid; no partáis
parta	partan

FORMAS NO PERSONALES

GERUNDIO	PARTICIPIO
partiendo	partido

RELATED WORDS

a partir de	starting at, from	*partirse de risa*	to burst out laughing
la parte	part, portion	*partido/a*	cut in two

EXAMPLES OF VERB USAGE

Partimos para Nueva York el martes.	We leave for New York on Tuesday.
La anfitriona tiene que partir el pastel.	The host has to divide the cake.
Los turistas aún no han partido para sus destinos.	The tourists haven't left yet for their destinations.
Partirán el terreno por la mitad.	They will divide the land in half.

pasar
to happen, to spend (time), to pass

VERB CHART
188

yo	nosotros/as
tú	vosotros/as
él/ella/Ud.	ellos/ellas/Uds.

INDICATIVO

PRESENTE

paso	pasamos
pasas	pasáis
pasa	pasan

PRETÉRITO PERFECTO

he pasado	hemos pasado
has pasado	habéis pasado
ha pasado	han pasado

IMPERFECTO

pasaba	pasábamos
pasabas	pasabais
pasaba	pasaban

PLUSCUAMPERFECTO

había pasado	habíamos pasado
habías pasado	habíais pasado
había pasado	habían pasado

PRETÉRITO

pasé	pasamos
pasaste	pasasteis
pasó	pasaron

PRETÉRITO ANTERIOR

hube pasado	hubimos pasado
hubiste pasado	hubisteis pasado
hubo pasado	hubieron pasado

FUTURO

pasaré	pasaremos
pasarás	pasaréis
pasará	pasarán

FUTURO PERFECTO

habré pasado	habremos pasado
habrás pasado	habréis pasado
habrá pasado	habrán pasado

CONDICIONAL

SIMPLE

pasaría	pasaríamos
pasarías	pasaríais
pasaría	pasarían

COMPUESTO

habría pasado	habríamos pasado
habrías pasado	habríais pasado
habría pasado	habrían pasado

SUBJUNTIVO

PRESENTE

pase	pasemos
pases	paséis
pase	pasen

PRETÉRITO

haya pasado	hayamos pasado
hayas pasado	hayáis pasado
haya pasado	hayan pasado

IMPERFECTO

pasara	pasáramos
pasaras	pasarais
pasara	pasaran
OR	
pasase	pasásemos
pasases	pasaseis
pasase	pasasen

PLUSCUAMPERFECTO

hubiera pasado	hubiéramos pasado
hubieras pasado	hubierais pasado
hubiera pasado	hubieran pasado
OR	
hubiese pasado	hubiésemos pasado
hubieses pasado	hubieseis pasado
hubiese pasado	hubiesen pasado

IMPERATIVO

—	pasemos
pasa; no pases	pasad; no paséis
pase	pasen

FORMAS NO PERSONALES

| **GERUNDIO** | **PARTICIPIO** |
| pasando | pasado |

RELATED WORDS

| *el paso* | step; footstep | *el pase* | pass |
| *pasadero/a* | passable, tolerable | *pasarse* | to go over, to pass by |

EXAMPLES OF VERB USAGE

¿Qué pasa?	What's up?
¿Me pasas la sal, por favor?	Will you pass me the salt, please?
Ha pasado mucho tiempo desde que nos vimos la última vez.	It's been a long time since we last saw each other.
Pasaron por el puente más largo que había.	They crossed the longest bridge there was.

Verb Charts

pedir
to ask for, to order

yo	nosotros/as
tú	vosotros/as
él/ella/Ud.	ellos/ellas/Uds.

INDICATIVO

PRESENTE

pido	pedimos
pides	pedís
pide	piden

PRETÉRITO PERFECTO

he pedido	hemos pedido
has pedido	habéis pedido
ha pedido	han pedido

IMPERFECTO

pedía	pedíamos
pedías	pedíais
pedía	pedían

PLUSCUAMPERFECTO

había pedido	habíamos pedido
habías pedido	habíais pedido
había pedido	habían pedido

PRETÉRITO

pedí	pedimos
pediste	pedisteis
pidió	pidieron

PRETÉRITO ANTERIOR

hube pedido	hubimos pedido
hubiste pedido	hubisteis pedido
hubo pedido	hubieron pedido

FUTURO

pediré	pediremos
pedirás	pediréis
pedirá	pedirán

FUTURO PERFECTO

habré pedido	habremos pedido
habrás pedido	habréis pedido
habrá pedido	habrán pedido

CONDICIONAL

SIMPLE

pediría	pediríamos
pedirías	pediríais
pediría	pedirían

COMPUESTO

habría pedido	habríamos pedido
habrías pedido	habríais pedido
habría pedido	habrían pedido

SUBJUNTIVO

PRESENTE

pida	pidamos
pidas	pidáis
pida	pidan

PRETÉRITO

haya pedido	hayamos pedido
hayas pedido	hayáis pedido
haya pedido	hayan pedido

IMPERFECTO

pidiera	pidiéramos
pidieras	pidierais
pidiera	pidieran
OR	
pidiese	pidiésemos
pidieses	pidieseis
pidiese	pidiesen

PLUSCUAMPERFECTO

hubiera pedido	hubiéramos pedido
hubieras pedido	hubierais pedido
hubiera pedido	hubieran pedido
OR	
hubiese pedido	hubiésemos pedido
hubieses pedido	hubieseis pedido
hubiese pedido	hubiesen pedido

IMPERATIVO

—	pidamos
pide; no pidas	pedid; no pidáis
pida	pidan

FORMAS NO PERSONALES

GERUNDIO	**PARTICIPIO**
pidiendo	pedido

RELATED WORDS

un pedido	request	*pedir caridad/limosna*	to beg for money
pedir prestado	to borrow		

EXAMPLES OF VERB USAGE

Pidieron que le trasladaran.	They asked them to transfer him.
Le pidió que se fuera.	She asked him to leave.
Pidamos unas cervezas.	Let's order some beer.
No han pedido nada especial.	They haven't asked for anything special.

pegar
to hit, to stick, to glue, to paste (a document)

yo	nosotros/as
tú	vosotros/as
él/ella/Ud.	ellos/ellas/Uds.

INDICATIVO

PRESENTE

pego	pegamos
pegas	pegáis
pega	pegan

PRETÉRITO PERFECTO

he pegado	hemos pegado
has pegado	habéis pegado
ha pegado	han pegado

IMPERFECTO

pegaba	pegábamos
pegabas	pegabais
pegaba	pegaban

PLUSCUAMPERFECTO

había pegado	habíamos pegado
habías pegado	habíais pegado
había pegado	habían pegado

PRETÉRITO

pegué	pegamos
pegaste	pegasteis
pegó	pegaron

PRETÉRITO ANTERIOR

hube pegado	hubimos pegado
hubiste pegado	hubisteis pegado
hubo pegado	hubieron pegado

FUTURO

pegaré	pegaremos
pegarás	pegaréis
pegará	pegarán

FUTURO PERFECTO

habré pegado	habremos pegado
habrás pegado	habréis pegado
habrá pegado	habrán pegado

CONDICIONAL

SIMPLE

pegaría	pegaríamos
pegarías	pegaríais
pegaría	pegarían

COMPUESTO

habría pegado	habríamos pegado
habrías pegado	habríais pegado
habría pegado	habrían pegado

SUBJUNTIVO

PRESENTE

pegue	peguemos
pegues	peguéis
pegue	peguen

PRETÉRITO

haya pegado	hayamos pegado
hayas pegado	hayáis pegado
haya pegado	hayan pegado

IMPERFECTO

pegara	pegáramos
pegaras	pegarais
pegara	pegaran
OR	
pegase	pegásemos
pegases	pegaseis
pegase	pegasen

PLUSCUAMPERFECTO

hubiera pegado	hubiéramos pegado
hubieras pegado	hubierais pegado
hubiera pegado	hubieran pegado
OR	
hubiese pegado	hubiésemos pegado
hubieses pegado	hubieseis pegado
hubiese pegado	hubiesen pegado

IMPERATIVO

—	peguemos
pega; no pegues	pegad; no peguéis
pegue	peguen

FORMAS NO PERSONALES

GERUNDIO	**PARTICIPIO**
pegando	pegado

RELATED WORDS

pegajoso/a	sticky, clammy	*el pegamento*	glue
poner pegas	to give excuses (for not doing sth)	*cortar y pegar*	cut and paste

EXAMPLES OF VERB USAGE

Sus padres le pegaban cuando era pequeño.	His parents used to hit him when he was little.
Córtalo y pégalo en el otro documento.	Cut and paste it in the other document.
Lo pegaremos con cola de pegar.	We'll glue it with sticking glue.
Le pegó una bofetada por su respuesta.	He slapped his face because of his response.

Verb Charts

yo	nosotros/as
tú	vosotros/as
él/ella/Ud.	ellos/ellas/Uds.

pensar
to think, to intend

INDICATIVO

PRESENTE
pienso	pensamos
piensas	pensáis
piensa	piensan

PRETÉRITO PERFECTO
he pensado	hemos pensado
has pensado	habéis pensado
ha pensado	han pensado

IMPERFECTO
pensaba	pensábamos
pensabas	pensabais
pensaba	pensaban

PLUSCUAMPERFECTO
había pensado	habíamos pensado
habías pensado	habíais pensado
había pensado	habían pensado

PRETÉRITO
pensé	pensamos
pensaste	pensasteis
pensó	pensaron

PRETÉRITO ANTERIOR
hube pensado	hubimos pensado
hubiste pensado	hubisteis pensado
hubo pensado	hubieron pensado

FUTURO
pensaré	pensaremos
pensarás	pensaréis
pensará	pensarán

FUTURO PERFECTO
habré pensado	habremos pensado
habrás pensado	habréis pensado
habrá pensado	habrán pensado

CONDICIONAL

SIMPLE
pensaría	pensaríamos
pensarías	pensaríais
pensaría	pensarían

COMPUESTO
habría pensado	habríamos pensado
habrías pensado	habríais pensado
habría pensado	habrían pensado

SUBJUNTIVO

PRESENTE
piense	pensemos
pienses	penséis
piense	piensen

PRETÉRITO
haya pensado	hayamos pensado
hayas pensado	hayáis pensado
haya pensado	hayan pensado

IMPERFECTO
pensara	pensáramos
pensaras	pensarais
pensara	pensaran
OR	
pensase	pensásemos
pensases	pensaseis
pensase	pensasen

PLUSCUAMPERFECTO
hubiera pensado	hubiéramos pensado
hubieras pensado	hubierais pensado
hubiera pensado	hubieran pensado
OR	
hubiese pensado	hubiésemos pensado
hubieses pensado	hubieseis pensado
hubiese pensado	hubiesen pensado

IMPERATIVO
—	pensemos
piensa; no pienses	pensad; no penséis
piense	piensen

FORMAS NO PERSONALES

GERUNDIO	PARTICIPIO
pensando	pensado

RELATED WORDS
el pensamiento	thought
pensativo/a	pensive

pensar hacer algo	to intend to do sth

EXAMPLES OF VERB USAGE

No pensaron bien lo que hacían.	They didn't think out what they were doing.
¿Piensas ir a la fiesta?	Do you intend to go to the party?/ Are you planning on going to the party?
Estoy pensando en el problema de Juan.	I'm thinking about Juan's problem.
¿Nunca has pensado en dejar de trabajar?	Have you ever thought of quitting working?

perder
to lose

VERB CHART
192

yo	nosotros/as
tú	vosotros/as
él/ella/Ud.	ellos/ellas/Uds.

INDICATIVO

PRESENTE

pierdo	perdemos
pierdes	perdéis
pierde	pierden

PRETÉRITO PERFECTO

he perdido	hemos perdido
has perdido	habéis perdido
ha perdido	han perdido

IMPERFECTO

perdía	perdíamos
perdías	perdíais
perdía	perdían

PLUSCUAMPERFECTO

había perdido	habíamos perdido
habías perdido	habíais perdido
había perdido	habían perdido

PRETÉRITO

perdí	perdimos
perdiste	perdisteis
perdió	perdieron

PRETÉRITO ANTERIOR

hube perdido	hubimos perdido
hubiste perdido	hubisteis perdido
hubo perdido	hubieron perdido

FUTURO

perderé	perderemos
perderás	perderéis
perderá	perderán

FUTURO PERFECTO

habré perdido	habremos perdido
habrás perdido	habréis perdido
habrá perdido	habrán perdido

CONDICIONAL

SIMPLE

perdería	perderíamos
perderías	perderíais
perdería	perderían

COMPUESTO

habría perdido	habríamos perdido
habrías perdido	habríais perdido
habría perdido	habrían perdido

SUBJUNTIVO

PRESENTE

pierda	perdamos
pierdas	perdáis
pierda	pierdan

PRETÉRITO

haya perdido	hayamos perdido
hayas perdido	hayáis perdido
haya perdido	hayan perdido

IMPERFECTO

perdiera	perdiéramos
perdieras	perdierais
perdiera	perdieran
OR	
perdiese	perdiésemos
perdieses	perdieseis
perdiese	perdiesen

PLUSCUAMPERFECTO

hubiera perdido	hubiéramos perdido
hubieras perdido	hubierais perdido
hubiera perdido	hubieran perdido
OR	
hubiese perdido	hubiésemos perdido
hubieses perdido	hubieseis perdido
hubiese perdido	hubiesen perdido

IMPERATIVO

—	perdamos
pierde; no pierdas	perded; no perdáis
pierda	pierdan

FORMAS NO PERSONALES

GERUNDIO	**PARTICIPIO**
perdiendo	perdido

RELATED WORDS

un/a perdedor/a	loser	*la pérdida*	loss

EXAMPLES OF VERB USAGE

Perdieron todo su dinero.	They lost all their money.
No perdamos la paciencia.	Let's not lose our patience.
¿Has perdido algo?	Have you lost anything?
Perderás todo si no lo guardas.	You'll lose everything if you don't put it away.

Verb Charts

permanecer
to remain

INDICATIVO

yo	nosotros/as
tú	vosotros/as
él/ella/Ud.	ellos/ellas/Uds.

PRESENTE

permanezco	permanecemos
permaneces	permanecéis
permanece	permanecen

PRETÉRITO PERFECTO

he permanecido	hemos permanecido
has permanecido	habéis permanecido
ha permanecido	han permanecido

IMPERFECTO

permanecía	permanecíamos
permanecías	permanecíais
permanecía	permanecían

PLUSCUAMPERFECTO

había permanecido	habíamos permanecido
habías permanecido	habíais permanecido
había permanecido	habían permanecido

PRETÉRITO

permanecí	permanecimos
permaneciste	permanecisteis
permaneció	permanecieron

PRETÉRITO ANTERIOR

hube permanecido	hubimos permanecido
hubiste permanecido	hubisteis permanecido
hubo permanecido	hubieron permanecido

FUTURO

permaneceré	permaneceremos
permanecerás	permaneceréis
permanecerá	permanecerán

FUTURO PERFECTO

habré permanecido	habremos permanecido
habrás permanecido	habréis permanecido
habrá permanecido	habrán permanecido

CONDICIONAL

SIMPLE

permanecería	permaneceríamos
permanecerías	permaneceríais
permanecería	permanecerían

COMPUESTO

habría permanecido	habríamos permanecido
habrías permanecido	habríais permanecido
habría permanecido	habrían permanecido

SUBJUNTIVO

PRESENTE

permanezca	permanezcamos
permanezcas	permanezcáis
permanezca	permanezcan

PRETÉRITO

haya permanecido	hayamos permanecido
hayas permanecido	hayáis permanecido
haya permanecido	hayan permanecido

IMPERFECTO

permaneciera	permaneciéramos
permanecieras	permanecierais
permaneciera	permanecieran
OR	
permaneciese	permaneciésemos
permanecieses	permanecieseis
permaneciese	permaneciesen

PLUSCUAMPERFECTO

hubiera permanecido	hubiéramos permanecido
hubieras permanecido	hubierais permanecido
hubiera permanecido	hubieran permanecido
OR	
hubiese permanecido	hubiésemos permanecido
hubieses permanecido	hubieseis permanecido
hubiese permanecido	hubiesen permanecido

IMPERATIVO

—	permanezcamos
permanece;	permaneced;
no permanezcas	no permanezcáis
permanezca	permanezcan

FORMAS NO PERSONALES

GERUNDIO	PARTICIPIO
permaneciendo	permanecido

RELATED WORDS

la permanencia	stay	*permanente*	permanent

EXAMPLES OF VERB USAGE

Por favor, permanezcan sentados.	Please remain seated.
Permanecieron en aquella pensión durante un mes.	They stayed in that boarding house for a month.
Permaneceremos en silencio.	We'll remain quiet.

permitir
to permit, to allow, to let

yo	nosotros/as
tú	vosotros/as
él/ella/Ud.	ellos/ellas/Uds.

INDICATIVO

PRESENTE

permito	permitimos
permites	permitís
permite	permiten

IMPERFECTO

permitía	permitíamos
permitías	permitíais
permitía	permitían

PRETÉRITO

permití	permitimos
permitiste	permitisteis
permitió	permitieron

FUTURO

permitiré	permitiremos
permitirás	permitiréis
permitirá	permitirán

PRETÉRITO PERFECTO

he permitido	hemos permitido
has permitido	habéis permitido
ha permitido	han permitido

PLUSCUAMPERFECTO

había permitido	habíamos permitido
habías permitido	habíais permitido
había permitido	habían permitido

PRETÉRITO ANTERIOR

hube permitido	hubimos permitido
hubiste permitido	hubisteis permitido
hubo permitido	hubieron permitido

FUTURO PERFECTO

habré permitido	habremos permitido
habrás permitido	habréis permitido
habrá permitido	habrán permitido

CONDICIONAL

SIMPLE

permitiría	permitiríamos
permitirías	permitiríais
permitiría	permitirían

COMPUESTO

habría permitido	habríamos permitido
habrías permitido	habríais permitido
habría permitido	habrían permitido

SUBJUNTIVO

PRESENTE

permita	permitamos
permitas	permitáis
permita	permitan

IMPERFECTO

permitiera	permitiéramos
permitieras	permitierais
permitiera	permitieran
OR	
permitiese	permitiésemos
permitieses	permitieseis
permitiese	permitiesen

PRETÉRITO

haya permitido	hayamos permitido
hayas permitido	hayáis permitido
haya permitido	hayan permitido

PLUSCUAMPERFECTO

hubiera permitido	hubiéramos permitido
hubieras permitido	hubierais permitido
hubiera permitido	hubieran permitido
OR	
hubiese permitido	hubiésemos permitido
hubieses permitido	hubieseis permitido
hubiese permitido	hubiesen permitido

IMPERATIVO

—	permitamos
permite;	permitid; no permitáis
no permitas	
permita	permitan

FORMAS NO PERSONALES

GERUNDIO	PARTICIPIO
permitiendo	permitido

RELATED WORDS

el permiso	permission
permiso de conducir	driver's license
Con permiso	Excuse me
¿Me permite?	May I?

EXAMPLES OF VERB USAGE

No me permitieron ir a su casa.	They didn't let me to go to his house.
Nos han permitido verla.	They have let us see her.
Le permitiremos que lo haga.	We will let you do it.
Creo que lo habrían permitido.	I think they would have allowed it.

Verb Charts

perseguir
to pursue, to chase, to follow, to prosecute

yo	nosotros/as
tú	vosotros/as
él/ella/Ud.	ellos/ellas/Uds.

INDICATIVO

PRESENTE
persigo	perseguimos
persigues	perseguís
persigue	persiguen

PRETÉRITO PERFECTO
he perseguido	hemos perseguido
has perseguido	habéis perseguido
ha perseguido	han perseguido

IMPERFECTO
perseguía	perseguíamos
perseguías	perseguíais
perseguía	perseguían

PLUSCUAMPERFECTO
había perseguido	habíamos perseguido
habías perseguido	habíais perseguido
había perseguido	habían perseguido

PRETÉRITO
perseguí	perseguimos
perseguiste	perseguisteis
persiguió	persiguieron

PRETÉRITO ANTERIOR
hube perseguido	hubimos perseguido
hubiste perseguido	hubisteis perseguido
hubo perseguido	hubieron perseguido

FUTURO
perseguiré	perseguiremos
perseguirás	perseguiréis
perseguirá	perseguirán

FUTURO PERFECTO
habré perseguido	habremos perseguido
habrás perseguido	habréis perseguido
habrá perseguido	habrán perseguido

CONDICIONAL

SIMPLE
perseguiría	perseguiríamos
perseguirías	perseguiríais
perseguiría	perseguirían

COMPUESTO
habría perseguido	habríamos perseguido
habrías perseguido	habríais perseguido
habría perseguido	habrían perseguido

SUBJUNTIVO

PRESENTE
persiga	persigamos
persigas	persigáis
persiga	persigan

PRETÉRITO
haya perseguido	hayamos perseguido
hayas perseguido	hayáis perseguido
haya perseguido	hayan perseguido

IMPERFECTO
persiguiera	persiguiéramos
persiguieras	persiguierais
persiguiera	persiguieran
OR	
persiguiese	persiguiésemos
persiguieses	persiguieseis
persiguiese	persiguiesen

PLUSCUAMPERFECTO
hubiera perseguido	hubiéramos perseguido
hubieras perseguido	hubierais perseguido
hubiera perseguido	hubieran perseguido
OR	
hubiese perseguido	hubiésemos perseguido
hubieses perseguido	hubieseis perseguido
hubiese perseguido	hubiesen perseguido

IMPERATIVO

—	persigamos
persigue;	perseguid; no persigáis
no persigas	
persiga	persigan

FORMAS NO PERSONALES

GERUNDIO	PARTICIPIO
persiguiendo	perseguido

RELATED WORDS

la persecución	pursuit	*perseguido/a por la ley*	pursued by the law

EXAMPLES OF VERB USAGE

La policía persiguió al ladrón.	The police chased the thief.
Nos perseguirán si robamos el banco.	They will chase us if we rob the bank.
Les estuvieron persiguiendo mucho rato.	They were following them for a long time.
¿Qué persigues?	What are you pursuing?

poder
to be able to, can

INDICATIVO

		yo	nosotros/as
		tú	vosotros/as
		él/ella/Ud.	ellos/ellas/Uds.

PRESENTE

puedo	podemos
puedes	podéis
puede	pueden

PRETÉRITO PERFECTO

he podido	hemos podido
has podido	habéis podido
ha podido	han podido

IMPERFECTO

podía	podíamos
podías	podíais
podía	podían

PLUSCUAMPERFECTO

había podido	habíamos podido
habías podido	habíais podido
había podido	habían podido

PRETÉRITO

pude	pudimos
pudiste	pudisteis
pudo	pudieron

PRETÉRITO ANTERIOR

hube podido	hubimos podido
hubiste podido	hubisteis podido
hubo podido	hubieron podido

FUTURO

podré	podremos
podrás	podréis
podrá	podrán

FUTURO PERFECTO

habré podido	habremos podido
habrás podido	habréis podido
habrá podido	habrán podido

CONDICIONAL

SIMPLE

podría	podríamos
podrías	podríais
podría	podrían

COMPUESTO

habría podido	habríamos podido
habrías podido	habríais podido
habría podido	habrían podido

SUBJUNTIVO

PRESENTE

pueda	podamos
puedas	podáis
pueda	puedan

PRETÉRITO

haya podido	hayamos podido
hayas podido	hayáis podido
haya podido	hayan podido

IMPERFECTO

pudiera	pudiéramos
pudieras	pudierais
pudiera	pudieran
OR	
pudiese	pudiésemos
pudieses	pudieseis
pudiese	pudiesen

PLUSCUAMPERFECTO

hubiera podido	hubiéramos podido
hubieras podido	hubierais podido
hubiera podido	hubieran podido
OR	
hubiese podido	hubiésemos podido
hubieses podido	hubieseis podido
hubiese podido	hubiesen podido

IMPERATIVO

—	podamos
puede; no puedas	poded; no podáis
pueda	puedan

FORMAS NO PERSONALES

GERUNDIO	PARTICIPIO
pudiendo	podido

RELATED WORDS

el poder	power	*poderoso/a*	powerful
¿Podría hacer algo?	Could you do something?		

EXAMPLES OF VERB USAGE

No pudimos ver la película.	We weren't able to see the movie.
¿Podrías hacerme un favor?	Could you do me a favor?
Por fin han podido visitarme.	They were finally able to visit me.
No habríamos podido hacerlo sin su ayuda.	We couldn't have done it without his help.

poner
to put, to place, to show

yo	nosotros/as
tú	vosotros/as
él/ella/Ud.	ellos/ellas/Uds.

INDICATIVO

PRESENTE

pongo	ponemos
pones	ponéis
pone	ponen

IMPERFECTO

ponía	poníamos
ponías	poníais
ponía	ponían

PRETÉRITO

puse	pusimos
pusiste	pusisteis
puso	pusieron

FUTURO

pondré	pondremos
pondrás	pondréis
pondrá	pondrán

PRETÉRITO PERFECTO

he puesto	hemos puesto
has puesto	habéis puesto
ha puesto	han puesto

PLUSCUAMPERFECTO

había puesto	habíamos puesto
habías puesto	habíais puesto
había puesto	habían puesto

PRETÉRITO ANTERIOR

hube puesto	hubimos puesto
hubiste puesto	hubisteis puesto
hubo puesto	hubieron puesto

FUTURO PERFECTO

habré puesto	habremos puesto
habrás puesto	habréis puesto
habrá puesto	habrán puesto

CONDICIONAL

SIMPLE

pondría	pondríamos
pondrías	pondríais
pondría	pondrían

COMPUESTO

habría puesto	habríamos puesto
habrías puesto	habríais puesto
habría puesto	habrían puesto

SUBJUNTIVO

PRESENTE

ponga	pongamos
pongas	pongáis
ponga	pongan

IMPERFECTO

pusiera	pusiéramos
pusieras	pusierais
pusiera	pusieran
OR	
pusiese	pusiésemos
pusieses	pusieseis
pusiese	pusiesen

PRETÉRITO

haya puesto	hayamos puesto
hayas puesto	hayáis puesto
haya puesto	hayan puesto

PLUSCUAMPERFECTO

hubiera puesto	hubiéramos puesto
hubieras puesto	hubierais puesto
hubiera puesto	hubieran puesto
OR	
hubiese puesto	hubiésemos puesto
hubieses puesto	hubieseis puesto
hubiese puesto	hubiesen puesto

IMPERATIVO

—	pongamos
pon; no pongas	poned; no pongáis
ponga	pongan

FORMAS NO PERSONALES

GERUNDIO	**PARTICIPIO**
poniendo	puesto

RELATED WORDS

posponer	to postpone	*la puesta de sol*	sunset
poner la mesa	to set the table	*poner una nota*	give a grade

EXAMPLES OF VERB USAGE

¿Qué ponen en el cine?	What's playing at the movies?
Pusieron a su hijo en una escuela privada.	They put their son in a private school.
Pon ahí los platos.	Put the dishes there.
¿Qué nota te han puesto?	What grade have they given you?/ What grade did you get?

ponerse
to put on clothing, to become

yo		nosotros/as
tú		vosotros/as
él/ella/Ud.		ellos/ellas/Uds.

INDICATIVO

PRESENTE

me pongo	nos ponemos
te pones	os ponéis
se pone	se ponen

PRETÉRITO PERFECTO

me he puesto	nos hemos puesto
te has puesto	os habéis puesto
se ha puesto	se han puesto

IMPERFECTO

me ponía	nos poníamos
te ponías	os poníais
se ponía	se ponían

PLUSCUAMPERFECTO

me había puesto	nos habíamos puesto
te habías puesto	os habíais puesto
se había puesto	se habían puesto

PRETÉRITO

me puse	nos pusimos
te pusiste	os pusisteis
se puso	se pusieron

PRETÉRITO ANTERIOR

me hube puesto	nos hubimos puesto
te hubiste puesto	os hubisteis puesto
se hubo puesto	se hubieron puesto

FUTURO

me pondré	nos pondremos
te pondrás	os pondréis
se pondrá	se pondrán

FUTURO PERFECTO

me habré puesto	nos habremos puesto
te habrás puesto	os habréis puesto
se habrá puesto	se habrán puesto

CONDICIONAL

SIMPLE

me pondría	nos pondríamos
te pondrías	os pondríais
se pondría	se pondrían

COMPUESTO

me habría puesto	nos habríamos puesto
te habrías puesto	os habríais puesto
se habría puesto	se habrían puesto

SUBJUNTIVO

PRESENTE

me ponga	nos pongamos
te pongas	os pongáis
se ponga	se pongan

PRETÉRITO

me haya puesto	nos hayamos puesto
te hayas puesto	os hayáis puesto
se haya puesto	se hayan puesto

IMPERFECTO

me pusiera	nos pusiéramos
te pusieras	os pusierais
se pusiera	se pusieran
OR	
me pusiese	nos pusiésemos
te pusieses	os pusieseis
se pusiese	se pusiesen

PLUSCUAMPERFECTO

me hubiera puesto	nos hubiéramos puesto
te hubieras puesto	os hubierais puesto
se hubiera puesto	se hubieran puesto
OR	
me hubiese puesto	nos hubiésemos puesto
te hubieses puesto	os hubieseis puesto
se hubiese puesto	se hubiesen puesto

IMPERATIVO

—	pongámonos
ponte; no te pongas	poneos; no os pongáis
póngase	pónganse

FORMAS NO PERSONALES

GERUNDIO	**PARTICIPIO**
poniéndose	puesto

RELATED WORDS

ponerse de pie	to stand up
ponerse enfermo	to get sick

¡No te pongas así!   Don't be like that!

EXAMPLES OF VERB USAGE

Se puso el pijama antes de dormir.	She put on her pajamas before going to bed.
¡Te has puesto pálido!	You've gone pallid!
No os pongáis nerviosos cuando habléis con él.	Don't get nervous when you talk to him.
Creo que me pondré esa falda.	I think I'll put that skirt on.

Verb Charts

poseer
to possess, to own

yo	nosotros/as
tú	vosotros/as
él/ella/Ud.	ellos/ellas/Uds.

INDICATIVO

PRESENTE

poseo	poseemos
posees	poseéis
posee	poseen

PRETÉRITO PERFECTO

he poseído	hemos poseído
has poseído	habéis poseído
ha poseído	han poseído

IMPERFECTO

poseía	poseíamos
poseías	poseíais
poseía	poseían

PLUSCUAMPERFECTO

había poseído	habíamos poseído
habías poseído	habíais poseído
había poseído	habían poseído

PRETÉRITO

poseí	poseímos
poseíste	poseísteis
poseyó	poseyeron

PRETÉRITO ANTERIOR

hube poseído	hubimos poseído
hubiste poseído	hubisteis poseído
hubo poseído	hubieron poseído

FUTURO

poseeré	poseeremos
poseerás	poseeréis
poseerá	poseerán

FUTURO PERFECTO

habré poseído	habremos poseído
habrás poseído	habréis poseído
habrá poseído	habrán poseído

CONDICIONAL

SIMPLE

poseería	poseeríamos
poseerías	poseeríais
poseería	poseerían

COMPUESTO

habría poseído	habríamos poseído
habrías poseído	habríais poseído
habría poseído	habrían poseído

SUBJUNTIVO

PRESENTE

posea	poseamos
poseas	poseáis
posea	posean

PRETÉRITO

haya poseído	hayamos poseído
hayas poseído	hayáis poseído
haya poseído	hayan poseído

IMPERFECTO

poseyera	poseyéramos
poseyeras	poseyerais
poseyera	poseyeran
OR	
poseyese	poseyésemos
poseyeses	poseyeseis
poseyese	poseyesen

PLUSCUAMPERFECTO

hubiera poseído	hubiéramos poseído
hubieras poseído	hubierais poseído
hubiera poseído	hubieran poseído
OR	
hubiese poseído	hubiésemos poseído
hubieses poseído	hubieseis poseído
hubiese poseído	hubiesen poseído

IMPERATIVO

—	poseamos
posee; no poseas	poseed; no poseáis
posea	posean

FORMAS NO PERSONALES

GERUNDIO
poseyendo

PARTICIPIO
poseído

RELATED WORDS

la posesión	possession	*posesivo/a*	possessive
el/la poseedor/a	owner		

EXAMPLES OF VERB USAGE

No poseemos nada.	We don't own anything.
Quizá posean alguna riqueza oculta.	Perhaps you possess hidden riches.
Los reyes poseían la tierra.	The monarchs possessed the land.

practicar
to practice

yo	nosotros/as
tú	vosotros/as
él/ella/Ud.	ellos/ellas/Uds.

INDICATIVO

PRESENTE

practico	practicamos
practicas	practicáis
practica	practican

IMPERFECTO

practicaba	practicábamos
practicabas	practicabais
practicaba	practicaban

PRETÉRITO

practiqué	practicamos
practicaste	practicasteis
practicó	practicaron

FUTURO

practicaré	practicaremos
practicarás	practicaréis
practicará	practicarán

PRETÉRITO PERFECTO

he practicado	hemos practicado
has practicado	habéis practicado
ha practicado	han practicado

PLUSCUAMPERFECTO

había practicado	habíamos practicado
habías practicado	habíais practicado
había practicado	habían practicado

PRETÉRITO ANTERIOR

hube practicado	hubimos practicado
hubiste practicado	hubisteis practicado
hubo practicado	hubieron practicado

FUTURO PERFECTO

habré practicado	habremos practicado
habrás practicado	habréis practicado
habrá practicado	habrán practicado

CONDICIONAL

SIMPLE

practicaría	practicaríamos
practicarías	practicaríais
practicaría	practicarían

COMPUESTO

habría practicado	habríamos practicado
habrías practicado	habríais practicado
habría practicado	habrían practicado

SUBJUNTIVO

PRESENTE

practique	practiquemos
practiques	practiquéis
practique	practiquen

IMPERFECTO

practicara	practicáramos
practicaras	practicarais
practicara	practicaran
OR	OR
practicase	practicásemos
practicases	practicaseis
practicase	practicasen

PRETÉRITO

haya practicado	hayamos practicado
hayas practicado	hayáis practicado
haya practicado	hayan practicado

PLUSCUAMPERFECTO

hubiera practicado	hubiéramos practicado
hubieras practicado	hubierais practicado
hubiera practicado	hubieran practicado
OR	OR
hubiese practicado	hubiésemos practicado
hubieses practicado	hubieseis practicado
hubiese practicado	hubiesen practicado

IMPERATIVO

—	practiquemos
practica;	practicad; no practiquéis
no practiques	
practique	practiquen

FORMAS NO PERSONALES

GERUNDIO	**PARTICIPIO**
practicando	practicado

RELATED WORDS

práctico/a	practical	*la práctica*	practice
practicar con	to practice what you		
las obras	preach		

EXAMPLES OF VERB USAGE

Practica mucho y verás como aprendes.	Practice a lot and you'll see how you'll learn.
Practicaban tres horas al día tocando el piano.	They used to practice the piano three hours a day.
El profesor de música quiere que practiquemos todo el tiempo.	The music teacher wants us to practice all the time.
Practica la abogacía desde hace dos años.	She has been a practicing attorney for two years.

VERB CHART

201

yo | nosotros/as
tú | vosotros/as
él/ella/Ud. | ellos/ellas/Uds.

preferir
to prefer

INDICATIVO

PRESENTE

prefiero	preferimos
prefieres	preferís
prefiere	prefieren

PRETÉRITO PERFECTO

he preferido	hemos preferido
has preferido	habéis preferido
ha preferido	han preferido

IMPERFECTO

prefería	preferíamos
preferías	preferíais
prefería	preferían

PLUSCUAMPERFECTO

había preferido	habíamos preferido
habías preferido	habíais preferido
había preferido	habían preferido

PRETÉRITO

preferí	preferimos
preferiste	preferisteis
prefirió	prefirieron

PRETÉRITO ANTERIOR

hube preferido	hubimos preferido
hubiste preferido	hubisteis preferido
hubo preferido	hubieron preferido

FUTURO

preferiré	preferiremos
preferirás	preferiréis
preferirá	preferirán

FUTURO PERFECTO

habré preferido	habremos preferido
habrás preferido	habréis preferido
habrá preferido	habrán preferido

CONDICIONAL

SIMPLE

preferiría	preferiríamos
preferirías	preferiríais
preferiría	preferirían

COMPUESTO

habría preferido	habríamos preferido
habrías preferido	habríais preferido
habría preferido	habrían preferido

SUBJUNTIVO

PRESENTE

prefiera	prefiramos
prefieras	prefiráis
prefiera	prefieran

PRETÉRITO PERFECTO

haya preferido	hayamos preferido
hayas preferido	hayáis preferido
haya preferido	hayan preferido

IMPERFECTO

prefiriera	prefiriéramos
prefirieras	prefirierais
prefiriera	prefirieran
OR	
prefiriese	prefiriésemos
prefirieses	prefirieseis
prefiriese	prefiriesen

PLUSCUAMPERFECTO

hubiera preferido	hubiéramos preferido
hubieras preferido	hubierais preferido
hubiera preferido	hubieran preferido
OR	
hubiese preferido	hubiésemos preferido
hubieses preferido	hubieseis preferido
hubiese preferido	hubiesen preferido

IMPERATIVO

—	prefiramos
prefiere;	preferid; no prefiráis
no prefieras	
prefiera	prefieran

FORMAS NO PERSONALES

GERUNDIO	**PARTICIPIO**
prefiriendo	preferido

RELATED WORDS

la preferencia	preference	*preferido/a*	preferred, favorite
preferible	preferable		

EXAMPLES OF VERB USAGE

¿Qué prefiere, ventanilla o pasillo?	Which do you prefer, window or aisle?
Prefirieron viajar en avión.	They preferred to travel by plane.
Que elija lo que prefiera.	Let him choose whatever he prefers.
Preferiríamos visitarla en la tarde.	We would prefer to visit her in the afternoon.

preguntar
to ask

yo	nosotros/as
tú	vosotros/as
él/ella/Ud.	ellos/ellas/Uds.

INDICATIVO

PRESENTE
pregunto	preguntamos
preguntas	preguntáis
pregunta	preguntan

PRETÉRITO PERFECTO
he preguntado	hemos preguntado
has preguntado	habéis preguntado
ha preguntado	han preguntado

IMPERFECTO
preguntaba	preguntábamos
preguntabas	preguntabais
preguntaba	preguntaban

PLUSCUAMPERFECTO
había preguntado	habíamos preguntado
habías preguntado	habíais preguntado
había preguntado	habían preguntado

PRETÉRITO
pregunté	preguntamos
preguntaste	preguntasteis
preguntó	preguntaron

PRETÉRITO ANTERIOR
hube preguntado	hubimos preguntado
hubiste preguntado	hubisteis preguntado
hubo preguntado	hubieron preguntado

FUTURO
preguntaré	preguntaremos
preguntarás	preguntaréis
preguntará	preguntarán

FUTURO PERFECTO
habré preguntado	habremos preguntado
habrás preguntado	habréis preguntado
habrá preguntado	habrán preguntado

CONDICIONAL

SIMPLE
preguntaría	preguntaríamos
preguntarías	preguntaríais
preguntaría	preguntarían

COMPUESTO
habría preguntado	habríamos preguntado
habrías preguntado	habríais preguntado
habría preguntado	habrían preguntado

SUBJUNTIVO

PRESENTE
pregunte	preguntemos
preguntes	preguntéis
pregunte	pregunten

PRETÉRITO PERFECTO
haya preguntado	hayamos preguntado
hayas preguntado	hayáis preguntado
haya preguntado	hayan preguntado

IMPERFECTO
preguntara	preguntáramos
preguntaras	preguntarais
preguntara	preguntaran
OR	
preguntase	preguntásemos
preguntases	preguntaseis
preguntase	preguntasen

PLUSCUAMPERFECTO
hubiera preguntado	hubiéramos preguntado
hubieras preguntado	hubierais preguntado
hubiera preguntado	hubieran preguntado
OR	
hubiese preguntado	hubiésemos preguntado
hubieses preguntado	hubieseis preguntado
hubiese preguntado	hubiesen preguntado

IMPERATIVO

—	preguntemos
pregunta;	preguntad;
no preguntes	no preguntéis
pregunte	pregunten

FORMAS NO PERSONALES

GERUNDIO
preguntando

PARTICIPIO
preguntado

RELATED WORDS

una pregunta	question	*preguntar por alguien*	to ask for sb
preguntarse	to wonder		

EXAMPLES OF VERB USAGE

Pregunten lo que quieran.	Ask whatever you want.
¿Por qué no le preguntamos al profesor?	Why don't we ask the professor?
¿Lo has preguntado ya?	Have you asked already?
Preguntaremos lo que no sepamos.	We will ask about whatever we don't know.

Verb Charts

probar

to test, to try, to prove

yo	nosotros/as
tú	vosotros/as
él/ella/Ud.	ellos/ellas/Uds.

INDICATIVO

PRESENTE

pruebo	probamos
pruebas	probáis
prueba	prueban

PRETÉRITO PERFECTO

he probado	hemos probado
has probado	habéis probado
ha probado	han probado

IMPERFECTO

probaba	probábamos
probabas	probabais
probaba	probaban

PLUSCUAMPERFECTO

había probado	habíamos probado
habías probado	habíais probado
había probado	habían probado

PRETÉRITO

probé	probamos
probaste	probasteis
probó	probaron

PRETÉRITO ANTERIOR

hube probado	hubimos probado
hubiste probado	hubisteis probado
hubo probado	hubieron probado

FUTURO

probaré	probaremos
probarás	probaréis
probará	probarán

FUTURO PERFECTO

habré probado	habremos probado
habrás probado	habréis probado
habrá probado	habrán probado

CONDICIONAL

SIMPLE

probaría	probaríamos
probarías	probaríais
probaría	probarían

COMPUESTO

habría probado	habríamos probado
habrías probado	habríais probado
habría probado	habrían probado

SUBJUNTIVO

PRESENTE

pruebe	probemos
pruebes	probéis
pruebe	prueben

PRETÉRITO

haya probado	hayamos probado
hayas probado	hayáis probado
haya probado	hayan probado

IMPERFECTO

probara	probáramos
probaras	probarais
probara	probaran
OR	
probase	probásemos
probases	probaseis
probase	probasen

PLUSCUAMPERFECTO

hubiera probado	hubiéramos probado
hubieras probado	hubierais probado
hubiera probado	hubieran probado
OR	
hubiese probado	hubiésemos probado
hubieses probado	hubieseis probado
hubiese probado	hubiesen probado

IMPERATIVO

—	probemos
prueba; no pruebes	probad; no probéis
pruebe	prueben

FORMAS NO PERSONALES

GERUNDIO
probando

PARTICIPIO
probado

RELATED WORDS

la prueba	proof	*probable*	probable, likely

EXAMPLES OF VERB USAGE

Prueba esta sopa y verás que buena está.	Try this soup and you'll see how good it tastes.
Probaron la máquina y no funcionaba.	They tested the machine and it didn't work.
Tienes que probar que me dices la verdad.	You have to prove you are telling me the truth.
¿Lo has probado ya?	Have you tried it yet?

proteger

to protect

VERB CHART

204

yo	nosotros/as
tú	vosotros/as
él/ella/Ud.	ellos/ellas/Uds.

INDICATIVO

PRESENTE

protejo	protegemos
proteges	protegéis
protege	protegen

IMPERFECTO

protegía	protegíamos
protegías	protegíais
protegía	protegían

PRETÉRITO

protegí	protegimos
protegiste	protegisteis
protegió	protegieron

FUTURO

protegeré	protegeremos
protegerás	protegeréis
protegerá	protegerán

PRETÉRITO PERFECTO

he protegido	hemos protegido
has protegido	habéis protegido
ha protegido	han protegido

PLUSCUAMPERFECTO

había protegido	habíamos protegido
habías protegido	habíais protegido
había protegido	habían protegido

PRETÉRITO ANTERIOR

hube protegido	hubimos protegido
hubiste protegido	hubisteis protegido
hubo protegido	hubieron protegido

FUTURO PERFECTO

habré protegido	habremos protegido
habrás protegido	habréis protegido
habrá protegido	habrán protegido

CONDICIONAL

SIMPLE

protegería	protegeríamos
protegerías	protegeríais
protegería	protegerían

COMPUESTO

habría protegido	habríamos protegido
habrías protegido	habríais protegido
habría protegido	habrían protegido

SUBJUNTIVO

PRESENTE

proteja	protejamos
protejas	protejáis
proteja	protejan

IMPERFECTO

protegiera	protegiéramos
protegieras	protegierais
protegiera	protegieran
OR	
protegiese	protegiésemos
protegieses	protegieseis
protegiese	protegiesen

PRETÉRITO

haya protegido	hayamos protegido
hayas protegido	hayáis protegido
haya protegido	hayan protegido

PLUSCUAMPERFECTO

hubiera protegido	hubiéramos protegido
hubieras protegido	hubierais protegido
hubiera protegido	hubieran protegido
OR	
hubiese protegido	hubiésemos protegido
hubieses protegido	hubieseis protegido
hubiese protegido	hubiesen protegido

IMPERATIVO

—	protejamos
protege; no protejas	proteged; no protejáis
proteja	protejan

FORMAS NO PERSONALES

GERUNDIO
protegiendo

PARTICIPIO
protegido

RELATED WORDS

la protección	protection	*protector/a*	protector

EXAMPLES OF VERB USAGE

Su padre la protegía mucho.	Her father protected her a lot.
El gobierno no nos protege.	The government doesn't protect us.
¿A quién estás protegiendo?	Who are you protecting?
Nos habrían protegido si hubieran podido.	They would have protected us if they could have.

Verb Charts

quedar
to remain, to be left

yo	nosotros/as
tú	vosotros/as
él/ella/Ud.	ellos/ellas/Uds.

INDICATIVO

PRESENTE
quedo	quedamos
quedas	quedáis
queda	quedan

PRETÉRITO PERFECTO
he quedado	hemos quedado
has quedado	habéis quedado
ha quedado	han quedado

IMPERFECTO
quedaba	quedábamos
quedabas	quedabais
quedaba	quedaban

PLUSCUAMPERFECTO
había quedado	habíamos quedado
habías quedado	habíais quedado
había quedado	habían quedado

PRETÉRITO
quedé	quedamos
quedaste	quedasteis
quedó	quedaron

PRETÉRITO ANTERIOR
hube quedado	hubimos quedado
hubiste quedado	hubisteis quedado
hubo quedado	hubieron quedado

FUTURO
quedaré	quedaremos
quedarás	quedaréis
quedará	quedarán

FUTURO PERFECTO
habré quedado	habremos quedado
habrás quedado	habréis quedado
habrá quedado	habrán quedado

CONDICIONAL

SIMPLE
quedaría	quedaríamos
quedarías	quedaríais
quedaría	quedarían

COMPUESTO
habría quedado	habríamos quedado
habrías quedado	habríais quedado
habría quedado	habrían quedado

SUBJUNTIVO

PRESENTE
quede	quedemos
quedes	quedéis
quede	queden

PRETÉRITO
haya quedado	hayamos quedado
hayas quedado	hayáis quedado
haya quedado	hayan quedado

IMPERFECTO
quedara	quedáramos
quedaras	quedarais
quedara	quedaran
OR	
quedase	quedásemos
quedases	quedaseis
quedase	quedasen

PLUSCUAMPERFECTO
hubiera quedado	hubiéramos quedado
hubieras quedado	hubierais quedado
hubiera quedado	hubieran quedado
OR	
hubiese quedado	hubiésemos quedado
hubieses quedado	hubieseis quedado
hubiese quedado	hubiesen quedado

IMPERATIVO
—	quedemos
queda; no quedes	quedad; no quedéis
quede	queden

FORMAS NO PERSONALES

GERUNDIO	PARTICIPIO
quedando	quedado

RELATED WORDS

quedar bien/	to look good/	*quedar*	to make plans
mal a uno	bad on sb (clothes)		
quedarse	to stay		

EXAMPLES OF VERB USAGE

Quedan dos días para el examen.	There are two days left before the exam.
¿Qué te queda por hacer?	What do you have left to do?
Sólo quedaron dos personas.	Only two people remained.
No les quedó nada.	They didn't have anything left.

querer

to wish, to want, to love

yo	nosotros/as
tú	vosotros/as
él/ella/Ud.	ellos/ellas/Uds.

INDICATIVO

PRESENTE

quiero	queremos
quieres	queréis
quiere	quieren

IMPERFECTO

quería	queríamos
querías	queríais
quería	querían

PRETÉRITO

quise	quisimos
quisiste	quisisteis
quiso	quisieron

FUTURO

querré	querremos
querrás	querréis
querrá	querrán

PRETÉRITO PERFECTO

he querido	hemos querido
has querido	habéis querido
ha querido	han querido

PLUSCUAMPERFECTO

había querido	habíamos querido
habías querido	habíais querido
había querido	habían querido

PRETÉRITO ANTERIOR

hube querido	hubimos querido
hubiste querido	hubisteis querido
hubo querido	hubieron querido

FUTURO PERFECTO

habré querido	habremos querido
habrás querido	habréis querido
habrá querido	habrán querido

CONDICIONAL

SIMPLE

querría	querríamos
querrías	querríais
querría	querrían

COMPUESTO

habría querido	habríamos querido
habrías querido	habríais querido
habría querido	habrían querido

SUBJUNTIVO

PRESENTE

quiera	queramos
quieras	queráis
quiera	quieran

IMPERFECTO

quisiera	quisiéramos
quisieras	quisierais
quisiera	quisieran
OR	
quisiese	quisiésemos
quisieses	quisieseis
quisiese	quisiesen

PRETÉRITO

haya querido	hayamos querido
hayas querido	hayáis querido
haya querido	hayan querido

PLUSCUAMPERFECTO

hubiera querido	hubiéramos querido
hubieras querido	hubierais querido
hubiera querido	hubieran querido
OR	
hubiese querido	hubiésemos querido
hubieses querido	hubieseis querido
hubiese querido	hubiesen querido

IMPERATIVO

—	queramos
quiere; no quieras	quered; no queráis
quiera	quieran

FORMAS NO PERSONALES

GERUNDIO
queriendo

PARTICIPIO
querido

RELATED WORDS

querer decir	to mean
Querer es poder.	Where there's a will, there's a way.
querido/a	dear

EXAMPLES OF VERB USAGE

Te quiero.	I love you.
Quieren que vayamos con ellos.	They want us to go with them.
Sus padres querían que ella estudiara.	Her parents wanted her to study.
Pero, ¿qué quieres?	But what do you want?

recoger
to pick up, to gather

yo | nosotros/as
tú | vosotros/as
él/ella/Ud. | ellos/ellas/Uds.

INDICATIVO

PRESENTE

recojo	recogemos
recoges	recogéis
recoge	recogen

PRETÉRITO PERFECTO

he recogido	hemos recogido
has recogido	habéis recogido
ha recogido	han recogido

IMPERFECTO

recogía	recogíamos
recogías	recogíais
recogía	recogían

PLUSCUAMPERFECTO

había recogido	habíamos recogido
habías recogido	habíais recogido
había recogido	habían recogido

PRETÉRITO

recogí	recogimos
recogiste	recogisteis
recogió	recogieron

PRETÉRITO ANTERIOR

hube recogido	hubimos recogido
hubiste recogido	hubisteis recogido
hubo recogido	hubieron recogido

FUTURO

recogeré	recogeremos
recogerás	recogeréis
recogerá	recogerán

FUTURO PERFECTO

habré recogido	habremos recogido
habrás recogido	habréis recogido
habrá recogido	habrán recogido

CONDICIONAL

SIMPLE

recogería	recogeríamos
recogerías	recogeríais
recogería	recogerían

COMPUESTO

habría recogido	habríamos recogido
habrías recogido	habríais recogido
habría recogido	habrían recogido

SUBJUNTIVO

PRESENTE

recoja	recojamos
recojas	recojáis
recoja	recojan

PRETÉRITO

haya recogido	hayamos recogido
hayas recogido	hayáis recogido
haya recogido	hayan recogido

IMPERFECTO

recogiera	recogiéramos
recogieras	recogierais
recogiera	recogieran
OR	
recogiese	recogiésemos
recogieses	recogieseis
recogiese	recogiesen

PLUSCUAMPERFECTO

hubiera recogido	hubiéramos recogido
hubieras recogido	hubierais recogido
hubiera recogido	hubieran recogido
OR	
hubiese recogido	hubiésemos recogido
hubieses recogido	hubieseis recogido
hubiese recogido	hubiesen recogido

IMPERATIVO

—	recojamos
recoge; no recojas	recoged; no recojáis
recoja	recojan

FORMAS NO PERSONALES

GERUNDIO
recogiendo

PARTICIPIO
recogido

RELATED WORDS

recogerse el pelo	to put one's hair up
el recogedor	dust bin
la recogida	harvest

EXAMPLES OF VERB USAGE

Recogeremos a los niños a las cuatro.	We will pick up the kids at four.
Recogieron sus cosas y se fueron.	They picked up their things and they left.
¿Por qué no recoges el comedor?	Why don't you pick up (clean) the dining room?
Nos recogieron después de la película.	They picked us up after the movie.

reconocer

to recognize, to admit, to check up

INDICATIVO

		yo	nosotros/as
		tú	vosotros/as
		él/ella/Ud.	ellos/ellas/Uds.

PRESENTE

reconozco	reconocemos
reconoces	reconocéis
reconoce	reconocen

PRETÉRITO PERFECTO

he reconocido	hemos reconocido
has reconocido	habéis reconocido
ha reconocido	han reconocido

IMPERFECTO

reconocía	reconocíamos
reconocías	reconocíais
reconocía	reconocían

PLUSCUAMPERFECTO

había reconocido	habíamos reconocido
habías reconocido	habíais reconocido
había reconocido	habían reconocido

PRETÉRITO

reconocí	reconocimos
reconociste	reconocisteis
reconoció	reconocieron

PRETÉRITO ANTERIOR

hube reconocido	hubimos reconocido
hubiste reconocido	hubisteis reconocido
hubo reconocido	hubieron reconocido

FUTURO

reconoceré	reconoceremos
reconocerás	reconoceréis
reconocerá	reconocerán

FUTURO PERFECTO

habré reconocido	habremos reconocido
habrás reconocido	habréis reconocido
habrá reconocido	habrán reconocido

CONDICIONAL

SIMPLE

reconocería	reconoceríamos
reconocerías	reconoceríais
reconocería	reconocerían

COMPUESTO

habría reconocido	habríamos reconocido
habrías reconocido	habríais reconocido
habría reconocido	habrían reconocido

SUBJUNTIVO

PRESENTE

reconozca	reconozcamos
reconozcas	reconozcáis
reconozca	reconozcan

PRETÉRITO

haya reconocido	hayamos reconocido
hayas reconocido	hayáis reconocido
haya reconocido	hayan reconocido

IMPERFECTO

reconociera	reconociéramos
reconocieras	reconocierais
reconociera	reconocieran
OR	
reconociese	reconociésemos
reconocieses	reconocieseis
reconociese	reconociesen

PLUSCUAMPERFECTO

hubiera reconocido	hubiéramos reconocido
hubieras reconocido	hubierais reconocido
hubiera reconocido	hubieran reconocido
OR	
hubiese reconocido	hubiésemos reconocido
hubieses reconocido	hubieseis reconocido
hubiese reconocido	hubiesen reconocido

IMPERATIVO

—	reconozcamos
reconoce;	reconoced;
no reconozcas	no reconozcáis
reconozca	reconozcan

FORMAS NO PERSONALES

GERUNDIO
reconociendo

PARTICIPIO
reconocido

RELATED WORDS

reconocible	recognizable
el reconocimiento	gratitude, recognition
un reconocimiento médico	medical check-up

EXAMPLES OF VERB USAGE

Reconoció que se había equivocado.	He admitted that he had made a mistake.
El médico no ha reconocido al paciente todavía.	The doctor hasn't examined the patient yet.
La reconocieron en cuanto la vieron.	They recognized her as soon as they saw her.
Reconocerás que esto es feísimo.	You must admit that this is really ugly.

Verb Charts

recordar

to remember, to remind

yo | nosotros/as
tú | vosotros/as
él/ella/Ud. | ellos/ellas/Uds.

INDICATIVO

PRESENTE
recuerdo	recordamos
recuerdas	recordáis
recuerda	recuerdan

PRETÉRITO PERFECTO
he recordado	hemos recordado
has recordado	habéis recordado
ha recordado	han recordado

IMPERFECTO
recordaba	recordábamos
recordabas	recordabais
recordaba	recordaban

PLUSCUAMPERFECTO
había recordado	habíamos recordado
habías recordado	habíais recordado
había recordado	habían recordado

PRETÉRITO
recordé	recordamos
recordaste	recordasteis
recordó	recordaron

PRETÉRITO ANTERIOR
hube recordado	hubimos recordado
hubiste recordado	hubisteis recordado
hubo recordado	hubieron recordado

FUTURO
recordaré	recordaremos
recordarás	recordaréis
recordará	recordarán

FUTURO PERFECTO
habré recordado	habremos recordado
habrás recordado	habréis recordado
habrá recordado	habrán recordado

CONDICIONAL

SIMPLE
recordaría	recordaríamos
recordarías	recordaríais
recordaría	recordarían

COMPUESTO
habría recordado	habríamos recordado
habrías recordado	habríais recordado
habría recordado	habrían recordado

SUBJUNTIVO

PRESENTE
recuerde	recordemos
recuerdes	recordéis
recuerde	recuerden

PRETÉRITO
haya recordado	hayamos recordado
hayas recordado	hayáis recordado
haya recordado	hayan recordado

IMPERFECTO
recordara	recordáramos
recordaras	recordarais
recordara	recordaran
OR	
recordase	recordásemos
recordases	recordaseis
recordase	recordasen

PLUSCUAMPERFECTO
hubiera recordado	hubiéramos recordado
hubieras recordado	hubierais recordado
hubiera recordado	hubieran recordado
OR	
hubiese recordado	hubiésemos recordado
hubieses recordado	hubieseis recordado
hubiese recordado	hubiesen recordado

IMPERATIVO

—	recordemos
recuerda;	recordad;
no recuerdes	no recordéis
recuerde	recuerden

FORMAS NO PERSONALES

GERUNDIO	PARTICIPIO
recordando	recordado

RELATED WORDS

dar recuerdos de alguien	to say hello/ give one's regards	*recuerdo*	memory

EXAMPLES OF VERB USAGE

No recuerdo lo que me dijiste.	I don't remember what you said to me.
Recuérdame que traiga el dinero.	Remind me to bring the money.
Recordó lo que le había explicado su padre.	He remembered what his father had explained to him.
No le has recordado que hoy hay reunión.	You haven't reminded him that there is a meeting today.

reírse
to laugh

yo	nosotros/as
tú	vosotros/as
él/ella/Ud.	ellos/ellas/Uds.

INDICATIVO

PRESENTE

me río	nos reímos
te ríes	os reís
se ríe	se ríen

PRETÉRITO PERFECTO

me he reído	nos hemos reído
te has reído	os habéis reído
se ha reído	se han reído

IMPERFECTO

me reía	nos reíamos
te reías	os reíais
se reía	se reían

PLUSCUAMPERFECTO

me había reído	nos habíamos reído
te habías reído	os habíais reído
se había reído	se habían reído

PRETÉRITO

me reí	nos reímos
te reíste	os reísteis
se rió	se rieron

PRETÉRITO ANTERIOR

me hube reído	nos hubimos reído
te hubiste reído	os hubisteis reído
se hubo reído	se hubieron reído

FUTURO

me reiré	nos reiremos
te reirás	os reiréis
se reirá	se reirán

FUTURO PERFECTO

me habré reído	nos habremos reído
te habrás reído	os habréis reído
se habrá reído	se habrán reído

CONDICIONAL

SIMPLE

me reiría	nos reiríamos
te reirías	os reiríais
se reiría	se reirían

COMPUESTO

me habría reído	nos habríamos reído
te habrías reído	os habríais reído
se habría reído	se habrían reído

SUBJUNTIVO

PRESENTE

me ría	nos riamos
te rías	os riáis
se ría	se rían

PRETÉRITO

me haya reído	nos hayamos reído
te hayas reído	os hayáis reído
se haya reído	se hayan reído

IMPERFECTO

me riera	nos riéramos
te rieras	os rierais
se riera	se rieran
OR	
me riese	nos riésemos
te rieses	os rieseis
se riese	se riesen

PLUSCUAMPERFECTO

me hubiera reído	nos hubiéramos reído
te hubieras reído	os hubierais reído
se hubiera reído	se hubieran reído
OR	
me hubiese reído	nos hubiésemos reído
te hubieses reído	os hubieseis reído
se hubiese reído	se hubiesen reído

IMPERATIVO

—	riámonos
ríete; no te rías	reíos; no os riáis
ríase	ríanse

FORMAS NO PERSONALES

GERUNDIO
riéndose

PARTICIPIO
reído

RELATED WORDS

la risa	laughter	*la risotada*	loud laugh

EXAMPLES OF VERB USAGE

¿Se ríe Ud. de mí?	Are you laughing at me?
¿De qué te ríes?	What are you laughing at?
Nos reímos mucho con la película.	We laughed a lot at that movie.
No me he reído nada.	I haven't laughed at all.

Verb Charts

restituir
to restore, to give back

yo	nosotros/as
tú	vosotros/as
él/ella/Ud.	ellos/ellas/Uds.

INDICATIVO

PRESENTE
restituyo	restituimos
restituyes	restituís
restituye	restituyen

PRETÉRITO PERFECTO
he restituido	hemos restituido
has restituido	habéis restituido
ha restituido	han restituido

IMPERFECTO
restituía	restituíamos
restituías	restituíais
restituía	restituían

PLUSCUAMPERFECTO
había restituido	habíamos restituido
habías restituido	habíais restituido
había restituido	habían restituido

PRETÉRITO
restituí	restituimos
restituiste	restituisteis
restituyó	restituyeron

PRETÉRITO ANTERIOR
hube restituido	hubimos restituido
hubiste restituido	hubisteis restituido
hubo restituido	hubieron restituido

FUTURO
restituiré	restituiremos
restituirás	restituiréis
restituirá	restituirán

FUTURO PERFECTO
habré restituido	habremos restituido
habrás restituido	habréis restituido
habrá restituido	habrán restituido

CONDICIONAL

SIMPLE
restituiría	restituiríamos
restituirías	restituiríais
restituiría	restituirían

COMPUESTO
habría restituido	habríamos restituido
habrías restituido	habríais restituido
habría restituido	habrían restituido

SUBJUNTIVO

PRESENTE
restituya	restituyamos
restituyas	restituyáis
restituya	restituyan

PRETÉRITO
haya restituido	hayamos restituido
hayas restituido	hayáis restituido
haya restituido	hayan restituido

IMPERFECTO
restituyera	restituyéramos
restituyeras	restituyerais
restituyera	restituyeran
OR	
restituyese	restituyésemos
restituyeses	restituyeseis
restituyese	restituyesen

PLUSCUAMPERFECTO
hubiera restituido	hubiéramos restituido
hubieras restituido	hubierais restituido
hubiera restituido	hubieran restituido
OR	
hubiese restituido	hubiésemos restituido
hubieses restituido	hubieseis restituido
hubiese restituido	hubiesen restituido

IMPERATIVO

—	restituyamos
restituye;	restituid; no restituyáis
no restituyas	
restituya	restituyan

FORMAS NO PERSONALES

GERUNDIO	PARTICIPIO
restituyendo	restituido

RELATED WORDS

restituirse	to return, to recover	*la restitución*	restoration

EXAMPLES OF VERB USAGE

Le restituyeron sus pertenencias.	They returned his belongings to him.
Nos tendrán que restituir los gastos del coche.	They will have to return our expenses for the car.
¡Que nos restituyan lo que nos deben!	Give back what you owe us!

rezar
to pray

yo	nosotros/as
tú	vosotros/as
él/ella/Ud.	ellos/ellas/Uds.

INDICATIVO

PRESENTE

rezo	rezamos
rezas	rezáis
reza	rezan

PRETÉRITO PERFECTO

he rezado	hemos rezado
has rezado	habéis rezado
ha rezado	han rezado

IMPERFECTO

rezaba	rezábamos
rezabas	rezabais
rezaba	rezaban

PLUSCUAMPERFECTO

había rezado	habíamos rezado
habías rezado	habíais rezado
había rezado	habían rezado

PRETÉRITO

recé	rezamos
rezaste	rezasteis
rezó	rezaron

PRETÉRITO ANTERIOR

hube rezado	hubimos rezado
hubiste rezado	hubisteis rezado
hubo rezado	hubieron rezado

FUTURO

rezaré	rezaremos
rezarás	rezaréis
rezará	rezarán

FUTURO PERFECTO

habré rezado	habremos rezado
habrás rezado	habréis rezado
habrá rezado	habrán rezado

CONDICIONAL

SIMPLE

rezaría	rezaríamos
rezarías	rezaríais
rezaría	rezarían

COMPUESTO

habría rezado	habríamos rezado
habrías rezado	habríais rezado
habría rezado	habrían rezado

SUBJUNTIVO

PRESENTE

rece	recemos
reces	recéis
rece	recen

PRETÉRITO

haya rezado	hayamos rezado
hayas rezado	hayáis rezado
haya rezado	hayan rezado

IMPERFECTO

rezara	rezáramos
rezaras	rezarais
rezara	rezaran
OR	
rezase	rezásemos
rezases	rezaseis
rezase	rezasen

PLUSCUAMPERFECTO

hubiera rezado	hubiéramos rezado
hubieras rezado	hubierais rezado
hubiera rezado	hubieran rezado
OR	
hubiese rezado	hubiésemos rezado
hubieses rezado	hubieseis rezado
hubiese rezado	hubiesen rezado

IMPERATIVO

—	recemos
reza; no reces	rezad; no recéis
rece	recen

FORMAS NO PERSONALES

GERUNDIO
rezando

PARTICIPIO
rezado

RELATED WORDS

un rezo	prayer

EXAMPLES OF VERB USAGE

Rezamos todas las noches.	We pray every night.
Rezaron en silencio.	They prayed in silence.
Hemos rezado en esa catedral.	We have prayed in that cathedral.
Recemos una oración por su alma.	Let us pray for his soul.

Verb Charts

romper
to break, to break up

INDICATIVO

yo	nosotros/as
tú	vosotros/as
él/ella/Ud.	ellos/ellas/Uds.

PRESENTE
rompo	rompemos
rompes	rompéis
rompe	rompen

PRETÉRITO PERFECTO
he roto	hemos roto
has roto	habéis roto
ha roto	han roto

IMPERFECTO
rompía	rompíamos
rompías	rompíais
rompía	rompían

PLUSCUAMPERFECTO
había roto	habíamos roto
habías roto	habíais roto
había roto	habían roto

PRETÉRITO
rompí	rompimos
rompiste	rompisteis
rompió	rompieron

PRETÉRITO ANTERIOR
hube roto	hubimos roto
hubiste roto	hubisteis roto
hubo roto	hubieron roto

FUTURO
romperé	romperemos
romperás	romperéis
romperá	romperán

FUTURO PERFECTO
habré roto	habremos roto
habrás roto	habréis roto
habrá roto	habrán roto

CONDICIONAL

SIMPLE
rompería	romperíamos
romperías	romperíais
rompería	romperían

COMPUESTO
habría roto	habríamos roto
habrías roto	habríais roto
habría roto	habrían roto

SUBJUNTIVO

PRESENTE
rompa	rompamos
rompas	rompáis
rompa	rompan

PRETÉRITO
haya roto	hayamos roto
hayas roto	hayáis roto
haya roto	hayan roto

IMPERFECTO
rompiera	rompiéramos
rompieras	rompierais
rompiera	rompieran
OR	
rompiese	rompiésemos
rompieses	rompieseis
rompiese	rompiesen

PLUSCUAMPERFECTO
hubiera roto	hubiéramos roto
hubieras roto	hubierais roto
hubiera roto	hubieran roto
OR	
hubiese roto	hubiésemos roto
hubieses roto	hubieseis roto
hubiese roto	hubiesen roto

IMPERATIVO

—	rompamos
rompe; no rompas	romped; no rompáis
rompa	rompan

FORMAS NO PERSONALES

GERUNDIO	PARTICIPIO
rompiendo	roto

RELATED WORDS

un rompecabezas	puzzle	romperse	to break accidentally
Nunca ha roto un plato.	He is an angel.		

EXAMPLES OF VERB USAGE

He roto con mi novio.	I broke up with my boyfriend.
Los niños rompieron el cristal.	The kids broke the window.
No rompas esa fuente.	Don't break that platter.
¿Lo has roto tú?	Have you broken it?

rugir
to roar

INDICATIVO

yo	nosotros/as
tú	vosotros/as
él/ella/Ud.	ellos/ellas/Uds.

PRESENTE

rujo	rugimos
ruges	rugís
ruge	rugen

PRETÉRITO PERFECTO

he rugido	hemos rugido
has rugido	habéis rugido
ha rugido	han rugido

IMPERFECTO

rugía	rugíamos
rugías	rugíais
rugía	rugían

PLUSCUAMPERFECTO

había rugido	habíamos rugido
habías rugido	habíais rugido
había rugido	habían rugido

PRETÉRITO

rugí	rugimos
rugiste	rugisteis
rugió	rugieron

PRETÉRITO ANTERIOR

hube rugido	hubimos rugido
hubiste rugido	hubisteis rugido
hubo rugido	hubieron rugido

FUTURO

rugiré	rugiremos
rugirás	rugiréis
rugirá	rugirán

FUTURO PERFECTO

habré rugido	habremos rugido
habrás rugido	habréis rugido
habrá rugido	habrán rugido

CONDICIONAL

SIMPLE

rugiría	rugiríamos
rugirías	rugiríais
rugiría	rugirían

COMPUESTO

habría rugido	habríamos rugido
habrías rugido	habríais rugido
habría rugido	habrían rugido

SUBJUNTIVO

PRESENTE

ruja	rujamos
rujas	rujáis
ruja	rujan

PRETÉRITO

haya rugido	hayamos rugido
hayas rugido	hayáis rugido
haya rugido	hayan rugido

IMPERFECTO

rugiera	rugiéramos
rugieras	rugierais
rugiera	rugieran
OR	
rugiese	rugiésemos
rugieses	rugieseis
rugiese	rugiesen

PLUSCUAMPERFECTO

hubiera rugido	hubiéramos rugido
hubieras rugido	hubierais rugido
hubiera rugido	hubieran rugido
OR	
hubiese rugido	hubiésemos rugido
hubieses rugido	hubieseis rugido
hubiese rugido	hubiesen rugido

IMPERATIVO

—	rujamos
ruge; no rujas	rugid; no rujáis
ruja	rujan

FORMAS NO PERSONALES

GERUNDIO
rugiendo

PARTICIPIO
rugido

RELATED WORDS

el rugido   roar

EXAMPLES OF VERB USAGE

El león rugió con furia.   The lion roared furiously.

Cuando duerme, parece que está rugiendo.   When he sleeps it sounds as if he were roaring.

saber

to know, to find out, to taste

yo | nosotros/as
tú | vosotros/as
él/ella/Ud. | ellos/ellas/Uds.

INDICATIVO

PRESENTE		**PRETÉRITO PERFECTO**	
sé	sabemos	he sabido	hemos sabido
sabes	sabéis	has sabido	habéis sabido
sabe	saben	ha sabido	han sabido

IMPERFECTO		**PLUSCUAMPERFECTO**	
sabía	sabíamos	había sabido	habíamos sabido
sabías	sabíais	habías sabido	habíais sabido
sabía	sabían	había sabido	habían sabido

PRETÉRITO		**PRETÉRITO ANTERIOR**	
supe	supimos	hube sabido	hubimos sabido
supiste	supisteis	hubiste sabido	hubisteis sabido
supo	supieron	hubo sabido	hubieron sabido

FUTURO		**FUTURO PERFECTO**	
sabré	sabremos	habré sabido	habremos sabido
sabrás	sabréis	habrás sabido	habréis sabido
sabrá	sabrán	habrá sabido	habrán sabido

CONDICIONAL

SIMPLE		**COMPUESTO**	
sabría	sabríamos	habría sabido	habríamos sabido
sabrías	sabríais	habrías sabido	habríais sabido
sabría	sabrían	habría sabido	habrían sabido

SUBJUNTIVO

PRESENTE		**PRETÉRITO**	
sepa	sepamos	haya sabido	hayamos sabido
sepas	sepáis	hayas sabido	hayáis sabido
sepa	sepan	haya sabido	hayan sabido

IMPERFECTO		**PLUSCUAMPERFECTO**	
supiera	supiéramos	hubiera sabido	hubiéramos sabido
supieras	supierais	hubieras sabido	hubierais sabido
supiera	supieran	hubiera sabido	hubieran sabido
OR		OR	
supiese	supiésemos	hubiese sabido	hubiésemos sabido
supieses	supieseis	hubieses sabido	hubieseis sabido
supiese	supiesen	hubiese sabido	hubiesen sabido

IMPERATIVO

—	sepamos
sabe; no sepas	sabed; no sepáis
sepa	sepan

FORMAS NO PERSONALES

GERUNDIO	**PARTICIPIO**
sabiendo	sabido

RELATED WORDS

sabio/a	wise	la sabiduría	wisdom
saber de	to know about, to be aware of		

EXAMPLES OF VERB USAGE

Ya lo sé.	I know.
Sabía que teníamos que ir.	I knew we had to go.
No lo supo hasta que lo llamaron.	He didn't know until they called him.
¿Sabes hacer eso?	Do you know how to do that?

salir
to go out, to leave, to exit, to appear

yo		nosotros/as
tú		vosotros/as
él/ella/Ud.		ellos/ellas/Uds.

INDICATIVO

PRESENTE

salgo	salimos
sales	salís
sale	salen

PRETÉRITO PERFECTO

he salido	hemos salido
has salido	habéis salido
ha salido	han salido

IMPERFECTO

salía	salíamos
salías	salíais
salía	salían

PLUSCUAMPERFECTO

había salido	habíamos salido
habías salido	habíais salido
había salido	habían salido

PRETÉRITO

salí	salimos
saliste	salisteis
salió	salieron

PRETÉRITO ANTERIOR

hube salido	hubimos salido
hubiste salido	hubisteis salido
hubo salido	hubieron salido

FUTURO

saldré	saldremos
saldrás	saldréis
saldrá	saldrán

FUTURO PERFECTO

habré salido	habremos salido
habrás salido	habréis salido
habrá salido	habrán salido

CONDICIONAL

SIMPLE

saldría	saldríamos
saldrías	saldríais
saldría	saldrían

COMPUESTO

habría salido	habríamos salido
habrías salido	habríais salido
habría salido	habrían salido

SUBJUNTIVO

PRESENTE

salga	salgamos
salgas	salgáis
salga	salgan

PRETÉRITO

haya salido	hayamos salido
hayas salido	hayáis salido
haya salido	hayan salido

IMPERFECTO

saliera	saliéramos
salieras	salierais
saliera	salieran
OR	
saliese	saliésemos
salieses	salieseis
saliese	saliesen

PLUSCUAMPERFECTO

hubiera salido	hubiéramos salido
hubieras salido	hubierais salido
hubiera salido	hubieran salido
OR	
hubiese salido	hubiésemos salido
hubieses salido	hubieseis salido
hubiese salido	hubiesen salido

IMPERATIVO

—	salgamos
sal; no salgas	salid; no salgáis
salga	salgan

FORMAS NO PERSONALES

GERUNDIO	**PARTICIPIO**
saliendo	salido

RELATED WORDS

la salida	exit	*salir en la televisión*	to appear on TV
Están saliendo.	They're dating.	*salir de paseo*	to go for a walk

EXAMPLES OF VERB USAGE

No salieron de allí hasta las tres.	They didn't leave there until three.
No creo que salgamos esta noche.	I don't think we're going out tonight.
Salgan por aquí.	Exit here.
¿Has salido con ellos alguna vez?	Have you ever gone out with them?

Verb Charts

VERB CHART

217

yo | nosotros/as
tú | vosotros/as
él/ella/Ud. | ellos/ellas/Uds.

saltar
to jump, to leap

INDICATIVO

PRESENTE
salto	saltamos
saltas	saltáis
salta	saltan

PRETÉRITO PERFECTO
he saltado	hemos saltado
has saltado	habéis saltado
ha saltado	han saltado

IMPERFECTO
saltaba	saltábamos
saltabas	saltabais
saltaba	saltaban

PLUSCUAMPERFECTO
había saltado	habíamos saltado
habías saltado	habíais saltado
había saltado	habían saltado

PRETÉRITO
salté	saltamos
saltaste	saltasteis
saltó	saltaron

PRETÉRITO ANTERIOR
hube saltado	hubimos saltado
hubiste saltado	hubisteis saltado
hubo saltado	hubieron saltado

FUTURO
saltaré	saltaremos
saltarás	saltaréis
saltará	saltarán

FUTURO PERFECTO
habré saltado	habremos saltado
habrás saltado	habréis saltado
habrá saltado	habrán saltado

CONDICIONAL

SIMPLE
saltaría	saltaríamos
saltarías	saltaríais
saltaría	saltarían

COMPUESTO
habría saltado	habríamos saltado
habrías saltado	habríais saltado
habría saltado	habrían saltado

SUBJUNTIVO

PRESENTE
salte	saltemos
saltes	saltéis
salte	salten

PRETÉRITO
haya saltado	hayamos saltado
hayas saltado	hayáis saltado
haya saltado	hayan saltado

IMPERFECTO
saltara	saltáramos
saltaras	saltarais
saltara	saltaran
OR	
saltase	saltásemos
saltases	saltaseis
saltase	saltasen

PLUSCUAMPERFECTO
hubiera saltado	hubiéramos saltado
hubieras saltado	hubierais saltado
hubiera saltado	hubieran saltado
OR	
hubiese saltado	hubiésemos saltado
hubieses saltado	hubieseis saltado
hubiese saltado	hubiesen saltado

IMPERATIVO
—	saltemos
salta; no saltes	saltad; no saltéis
salte	salten

FORMAS NO PERSONALES

GERUNDIO	PARTICIPIO
saltando	saltado

RELATED WORDS
un salto	jump
saltarse	to skip

un salto mortal	somersault
saltar por los aires	to explode

EXAMPLES OF VERB USAGE

El caballo saltó la valla.	The horse jumped over the fence.
No creo que saltara tan alto.	I don't think she jumped so high.
Los niños saltaron a la cuerda.	The kids jumped rope.
Saltará de gozo cuando la vea.	He will jump with joy when he sees her.

saludar
to greet, to salute

yo	nosotros/as
tú	vosotros/as
él/ella/Ud.	ellos/ellas/Uds.

INDICATIVO

PRESENTE
saludo / saludamos
saludas / saludáis
saluda / saludan

PRETÉRITO PERFECTO
he saludado / hemos saludado
has saludado / habéis saludado
ha saludado / han saludado

IMPERFECTO
saludaba / saludábamos
saludabas / saludabais
saludaba / saludaban

PLUSCUAMPERFECTO
había saludado / habíamos saludado
habías saludado / habíais saludado
había saludado / habían saludado

PRETÉRITO
saludé / saludamos
saludaste / saludasteis
saludó / saludaron

PRETÉRITO ANTERIOR
hube saludado / hubimos saludado
hubiste saludado / hubisteis saludado
hubo saludado / hubieron saludado

FUTURO
saludaré / saludaremos
saludarás / saludaréis
saludará / saludarán

FUTURO PERFECTO
habré saludado / habremos saludado
habrás saludado / habréis saludado
habrá saludado / habrán saludado

CONDICIONAL

SIMPLE
saludaría / saludaríamos
saludarías / saludaríais
saludaría / saludarían

COMPUESTO
habría saludado / habríamos saludado
habrías saludado / habríais saludado
habría saludado / habrían saludado

SUBJUNTIVO

PRESENTE
salude / saludemos
saludes / saludéis
salude / saluden

PRETÉRITO
haya saludado / hayamos saludado
hayas saludado / hayáis saludado
haya saludado / hayan saludado

IMPERFECTO
saludara / saludáramos
saludaras / saludarais
saludara / saludaran
OR
saludase / saludásemos
saludases / saludaseis
saludase / saludasen

PLUSCUAMPERFECTO
hubiera saludado / hubiéramos saludado
hubieras saludado / hubierais saludado
hubiera saludado / hubieran saludado
OR
hubiese saludado / hubiésemos saludado
hubieses saludado / hubieseis saludado
hubiese saludado / hubiesen saludado

IMPERATIVO

— / saludemos
saluda; no saludes / saludad; no saludéis
salude / saluden

FORMAS NO PERSONALES

GERUNDIO
saludando

PARTICIPIO
saludado

RELATED WORDS

un saludo — greeting
saludarse — to greet each other, to say hello
la salud — health
saludable — healthy

EXAMPLES OF VERB USAGE

Me saludó con una palmadita en la espalda. — He greeted me with a pat on the back.

No se saludan desde hace años. — They haven't greeted each other in years.

Salúdala cuando la veas. — Say hello to her when you see her.

Oye, ¡que no me has saludado! — Hey, you haven't greeted me!

secarse
to dry oneself

yo	nosotros/as
tú	vosotros/as
él/ella/Ud.	ellos/ellas/Uds.

INDICATIVO

PRESENTE
me seco   nos secamos
te secas   os secáis
se seca   se secan

PRETÉRITO PERFECTO
me he secado   nos hemos secado
te has secado   os habéis secado
se ha secado   se han secado

IMPERFECTO
me secaba   nos secábamos
te secabas   os secabais
se secaba   se secaban

PLUSCUAMPERFECTO
me había secado   nos habíamos secado
te habías secado   os habíais secado
se había secado   se habían secado

PRETÉRITO
me sequé   nos secamos
te secaste   os secasteis
se secó   se secaron

PRETÉRITO ANTERIOR
me hube secado   nos hubimos secado
te hubiste secado   os hubisteis secado
se hubo secado   se hubieron secado

FUTURO
me secaré   nos secaremos
te secarás   os secaréis
se secará   se secarán

FUTURO PERFECTO
me habré secado   nos habremos secado
te habrás secado   os habréis secado
se habrá secado   se habrán secado

CONDICIONAL

SIMPLE
me secaría   nos secaríamos
te secarías   os secaríais
se secaría   se secarían

COMPUESTO
me habría secado   nos habríamos secado
te habrías secado   os habríais secado
se habría secado   se habrían secado

SUBJUNTIVO

PRESENTE
me seque   nos sequemos
te seques   os sequéis
se seque   se sequen

PRETÉRITO
me haya secado   nos hayamos secado
te hayas secado   os hayáis secado
se haya secado   se hayan secado

IMPERFECTO
me secara   nos secáramos
te secaras   os secarais
se secara   se secaran
OR
me secase   nos secásemos
te secases   os secaseis
se secase   se secasen

PLUSCUAMPERFECTO
me hubiera secado   nos hubiéramos secado
te hubieras secado   os hubierais secado
se hubiera secado   se hubieran secado
OR
me hubiese secado   nos hubiésemos secado
te hubieses secado   os hubieseis secado
se hubiese secado   se hubiesen secado

IMPERATIVO

—   sequémonos
sécate; no te seques   secaos; no os sequéis
séquese   séquense

FORMAS NO PERSONALES

GERUNDIO
secándose

PARTICIPIO
secado

RELATED WORDS

seco/a	dry	*la secadora*	dryer
la sequía	drought	*secar*	to dry

EXAMPLES OF VERB USAGE

Se secó el pelo antes de vestirse.	She dried her hair before getting dressed.
¿Te has secado ya?	Are you dried off yet?
Los niños se secaron al salir del agua.	The kids dried themselves off when they got out of the water.
Espera, que me seco el pelo en un momento.	Wait for me; I'll dry my hair in a minute.

seguir
to follow, to continue

yo	nosotros/as
tú	vosotros/as
él/ella/Ud.	ellos/ellas/Uds.

INDICATIVO

PRESENTE

sigo	seguimos
sigues	seguís
sigue	siguen

PRETÉRITO PERFECTO

he seguido	hemos seguido
has seguido	habéis seguido
ha seguido	han seguido

IMPERFECTO

seguía	seguíamos
seguías	seguíais
seguía	seguían

PLUSCUAMPERFECTO

había seguido	habíamos seguido
habías seguido	habíais seguido
había seguido	habían seguido

PRETÉRITO

seguí	seguimos
seguiste	seguisteis
siguió	siguieron

PRETÉRITO ANTERIOR

hube seguido	hubimos seguido
hubiste seguido	hubisteis seguido
hubo seguido	hubieron seguido

FUTURO

seguiré	seguiremos
seguirás	seguiréis
seguirá	seguirán

FUTURO PERFECTO

habré seguido	habremos seguido
habrás seguido	habréis seguido
habrá seguido	habrán seguido

CONDICIONAL

SIMPLE

seguiría	seguiríamos
seguirías	seguiríais
seguiría	seguirían

COMPUESTO

habría seguido	habríamos seguido
habrías seguido	habríais seguido
habría seguido	habrían seguido

SUBJUNTIVO

PRESENTE

siga	sigamos
sigas	sigáis
siga	sigan

PRETÉRITO

haya seguido	hayamos seguido
hayas seguido	hayáis seguido
haya seguido	hayan seguido

IMPERFECTO

siguiera	siguiéramos
siguieras	siguierais
siguiera	siguieran
OR	
siguiese	siguiésemos
siguieses	siguieseis
siguiese	siguiesen

PLUSCUAMPERFECTO

hubiera seguido	hubiéramos seguido
hubieras seguido	hubierais seguido
hubiera seguido	hubieran seguido
OR	
hubiese seguido	hubiésemos seguido
hubieses seguido	hubieseis seguido
hubiese seguido	hubiesen seguido

IMPERATIVO

—	sigamos
sigue; no sigas	seguid; no sigáis
siga	sigan

FORMAS NO PERSONALES

GERUNDIO	**PARTICIPIO**
siguiendo	seguido

RELATED WORDS

siguiente	following	*según*	according to
en seguida	at once		

EXAMPLES OF VERB USAGE

¡Cuidado! Nos está siguiendo alguien.	Be careful! Somebody is following us.
El animal siguió oliendo las huellas.	The animal went on smelling the footprints.
Sigue haciéndolo así.	Keep doing it like that.
La policía siguió al ladrón.	The police followed the thief.

Verb Charts

VERB CHART
221

yo | nosotros/as
tú | vosotros/as
él/ella/Ud. | ellos/ellas/Uds.

sentarse
to sit down

INDICATIVO

PRESENTE

me siento | nos sentamos
te sientas | os sentáis
se sienta | se sientan

IMPERFECTO

me sentaba | nos sentábamos
te sentabas | os sentabais
se sentaba | se sentaban

PRETÉRITO

me senté | nos sentamos
te sentaste | os sentasteis
se sentó | se sentaron

FUTURO

me sentaré | nos sentaremos
te sentarás | os sentaréis
se sentará | se sentarán

PRETÉRITO PERFECTO

me he sentado | nos hemos sentado
te has sentado | os habéis sentado
se ha sentado | se han sentado

PLUSCUAMPERFECTO

me había sentado | nos habíamos sentado
te habías sentado | os habíais sentado
se había sentado | se habían sentado

PRETÉRITO ANTERIOR

me hube sentado | nos hubimos sentado
te hubiste sentado | os hubisteis sentado
se hubo sentado | se hubieron sentado

FUTURO PERFECTO

me habré sentado | nos habremos sentado
te habrás sentado | os habréis sentado
se habrá sentado | se habrán sentado

CONDICIONAL

SIMPLE

me sentaría | nos sentaríamos
te sentarías | os sentaríais
se sentaría | se sentarían

COMPUESTO

me habría sentado | nos habríamos sentado
te habrías sentado | os habríais sentado
se habría sentado | se habrían sentado

SUBJUNTIVO

PRESENTE

me siente | nos sentemos
te sientes | os sentéis
se siente | se sienten

IMPERFECTO

me sentara | nos sentáramos
te sentaras | os sentarais
se sentara | se sentaran
OR
me sentase | nos sentásemos
te sentases | os sentaseis
se sentase | se sentasen

PRETÉRITO

me haya sentado | nos hayamos sentado
te hayas sentado | os hayáis sentado
se haya sentado | se hayan sentado

PLUSCUAMPERFECTO

me hubiera sentado | nos hubiéramos sentado
te hubieras sentado | os hubierais sentado
se hubiera sentado | se hubieran sentado
OR
me hubiese sentado | nos hubiésemos sentado
te hubieses sentado | os hubieseis sentado
se hubiese sentado | se hubiesen sentado

IMPERATIVO

— | sentémonos
siéntate; | sentaos; no os sentéis
  no te sientes
siéntese | siéntense

FORMAS NO PERSONALES

GERUNDIO | **PARTICIPIO**
sentándose | sentado

RELATED WORDS

un asiento | seat
sentado/a | seated

sentarle a uno mal | to not sit well with sb

EXAMPLES OF VERB USAGE

Se sentaron en la última fila. | They sat in the last row.
Te has sentado demasiado lejos del escenario. | You have sat too far from the stage.
Niños, siéntense y coman. | Kids, sit down and eat.
Nunca me sentaría en esa silla. | I would never sit in that chair.

sentirse
to feel (well, ill)

yo	nosotros/as
tú	vosotros/as
él/ella/Ud.	ellos/ellas/Uds.

INDICATIVO

PRESENTE

me siento	nos sentimos
te sientes	os sentís
se siente	se sienten

IMPERFECTO

me sentía	nos sentíamos
te sentías	os sentíais
se sentía	se sentían

PRETÉRITO

me sentí	nos sentimos
te sentiste	os sentisteis
se sintió	se sintieron

FUTURO

me sentiré	nos sentiremos
te sentirás	os sentiréis
se sentirá	se sentirán

PRETÉRITO PERFECTO

me he sentido	nos hemos sentido
te has sentido	os habéis sentido
se ha sentido	se han sentido

PLUSCUAMPERFECTO

me había sentido	nos habíamos sentido
te habías sentido	os habíais sentido
se había sentido	se habían sentido

PRETÉRITO ANTERIOR

me hube sentido	nos hubimos sentido
te hubiste sentido	os hubisteis sentido
se hubo sentido	se hubieron sentido

FUTURO PERFECTO

me habré sentido	nos habremos sentido
te habrás sentido	os habréis sentido
se habrá sentido	se habrán sentido

CONDICIONAL

SIMPLE

me sentiría	nos sentiríamos
te sentirías	os sentiríais
se sentiría	se sentirían

COMPUESTO

me habría sentido	nos habríamos sentido
te habrías sentido	os habríais sentido
se habría sentido	se habrían sentido

SUBJUNTIVO

PRESENTE

me sienta	nos sintamos
te sientas	os sintáis
se sienta	se sientan

IMPERFECTO

me sintiera	nos sintiéramos
te sintieras	os sintierais
se sintiera	se sintieran
OR	
me sintiese	nos sintiésemos
te sintieses	os sintieseis
se sintiese	se sintiesen

PRETÉRITO

me haya sentido	nos hayamos sentido
te hayas sentido	os hayáis sentido
se haya sentido	se hayan sentido

PLUSCUAMPERFECTO

me hubiera sentido	nos hubiéramos sentido
te hubieras sentido	os hubierais sentido
se hubiera sentido	se hubieran sentido
OR	
me hubiese sentido	nos hubiésemos sentido
te hubieses sentido	os hubieseis sentido
se hubiese sentido	se hubiesen sentido

IMPERATIVO

—	sintámonos
siéntete;	sentíos;
no te sientas	no os sintáis
siéntase	siéntanse

FORMAS NO PERSONALES

GERUNDIO	**PARTICIPIO**
sintiéndose	sentido

RELATED WORDS

un sentimiento	feeling	*sentir*	to be sorry
los cinco sentidos	the five senses	*Lo siento.*	I'm sorry.

EXAMPLES OF VERB USAGE

No me siento bien.	I don't feel well.
Nunca me he sentido mejor en mi vida.	I've never felt better in my life.
Me sentí muy cansada después del tratamiento.	I felt very tired after the treatment.
Se sentirá mejor cuando tome su medicina.	You will feel better once you've taken your medicine.

Verb Charts

ser
to be

yo | nosotros/as
tú | vosotros/as
él/ella/Ud. | ellos/ellas/Uds.

INDICATIVO

PRESENTE

soy	somos
eres	sois
es	son

IMPERFECTO

era	éramos
eras	erais
era	eran

PRETÉRITO

fui	fuimos
fuiste	fuisteis
fue	fueron

FUTURO

seré	seremos
serás	seréis
será	serán

PRETÉRITO PERFECTO

he sido	hemos sido
has sido	habéis sido
ha sido	han sido

PLUSCUAMPERFECTO

había sido	habíamos sido
habías sido	habíais sido
había sido	habían sido

PRETÉRITO ANTERIOR

hube sido	hubimos sido
hubiste sido	hubisteis sido
hubo sido	hubieron sido

FUTURO PERFECTO

habré sido	habremos sido
habrás sido	habréis sido
habrá sido	habrán sido

CONDICIONAL

SIMPLE

sería	seríamos
serías	seríais
sería	serían

COMPUESTO

habría sido	habríamos sido
habrías sido	habríais sido
habría sido	habrían sido

SUBJUNTIVO

PRESENTE

sea	seamos
seas	seáis
sea	sean

IMPERFECTO

fuera	fuéramos
fueras	fuerais
fuera	fueran
OR	
fuese	fuésemos
fueses	fueseis
fuese	fuesen

PRETÉRITO

haya sido	hayamos sido
hayas sido	hayáis sido
haya sido	hayan sido

PLUSCUAMPERFECTO

hubiera sido	hubiéramos sido
hubieras sido	hubierais sido
hubiera sido	hubieran sido
OR	
hubiese sido	hubiésemos sido
hubieses sido	hubieseis sido
hubiese sido	hubiesen sido

IMPERATIVO

—	seamos
sé; no seas	sed; no seáis
sea	sean

FORMAS NO PERSONALES

GERUNDIO | **PARTICIPIO**
siendo | sido

RELATED WORDS

el ser	being	*Ser o no ser.*	To be or not to be.
el ser humano	human being	*es decir*	that is to say

EXAMPLES OF VERB USAGE

¿Quién es?	Who is it?
Eran las tres de la tarde.	It was three in the afternoon.
Es médico.	He's a doctor.
Ha sido una visita estupenda.	It's been a great visit.

servir

to serve, to help, to be used for

INDICATIVO

		yo	nosotros/as
		tú	vosotros/as
		él/ella/Ud.	ellos/ellas/Uds.

PRESENTE

sirvo	servimos
sirves	servís
sirve	sirven

PRETÉRITO PERFECTO

he servido	hemos servido
has servido	habéis servido
ha servido	han servido

IMPERFECTO

servía	servíamos
servías	servíais
servía	servían

PLUSCUAMPERFECTO

había servido	habíamos servido
habías servido	habíais servido
había servido	habían servido

PRETÉRITO

serví	servimos
serviste	servisteis
sirvió	sirvieron

PRETÉRITO ANTERIOR

hube servido	hubimos servido
hubiste servido	hubisteis servido
hubo servido	hubieron servido

FUTURO

serviré	serviremos
servirás	serviréis
servirá	servirán

FUTURO PERFECTO

habré servido	habremos servido
habrás servido	habréis servido
habrá servido	habrán servido

CONDICIONAL

SIMPLE

serviría	serviríamos
servirías	serviríais
serviría	servirían

COMPUESTO

habría servido	habríamos servido
habrías servido	habríais servido
habría servido	habrían servido

SUBJUNTIVO

PRESENTE

sirva	sirvamos
sirvas	sirváis
sirva	sirvan

PRETÉRITO

haya servido	hayamos servido
hayas servido	hayáis servido
haya servido	hayan servido

IMPERFECTO

sirviera	sirviéramos
sirvieras	sirvierais
sirviera	sirvieran
OR	
sirviese	sirviésemos
sirvieses	sirvieseis
sirviese	sirviesen

PLUSCUAMPERFECTO

hubiera servido	hubiéramos servido
hubieras servido	hubierais servido
hubiera servido	hubieran servido
OR	
hubiese servido	hubiésemos servido
hubieses servido	hubieseis servido
hubiese servido	hubiesen servido

IMPERATIVO

—	sirvamos
sirve; no sirvas	servid; no sirváis
sirva	sirvan

FORMAS NO PERSONALES

GERUNDIO
sirviendo

PARTICIPIO
servido

RELATED WORDS

una servilleta	napkin	*el servicio*	service
el servidor	Internet service provider/server		

EXAMPLES OF VERB USAGE

Esa máquina sirve para contar.	That machine is used to count.
¿En qué puedo servirle?	How can I help you?
En esa casa, los criados servían la cena a las diez.	In that house, the servants served dinner at ten.
Ya han servido la mesa.	The table has been served.

Verb Charts

soler*

to be in the habit of, to be accustomed to

yo	nosotros/as
tú	vosotros/as
él/ella/Ud.	ellos/ellas/Uds.

INDICATIVO

PRESENTE

suelo	solemos
sueles	soléis
suele	suelen

PRETÉRITO PERFECTO

he solido	hemos solido
has solido	habéis solido
ha solido	han solido

CONDICIONAL

IMPERFECTO

solía	solíamos
solías	solíais
solía	solían

SUBJUNTIVO

PRESENTE

suela	solamos
suelas	soláis
suela	suelan

IMPERATIVO

—

FORMAS NO PERSONALES

GERUNDIO	**PARTICIPIO**
soliendo	solido

RELATED WORDS

la solera   a long history; tradition

EXAMPLES OF VERB USAGE

Suele pasar por aquí.	He usually comes through here.
Solíamos ir todos los años.	We used to go every year.
Suelo desayunar a las siete.	I usually have breakfast at seven.

* *Soler* is always followed by an infinitive.

sonar
to sound, to ring

VERB CHART
226
yo	nosotros/as
tú	vosotros/as
él/ella/Ud.	ellos/ellas/Uds.

INDICATIVO

PRESENTE

sueno	sonamos
suenas	sonáis
suena	suenan

PRETÉRITO PERFECTO

he sonado	hemos sonado
has sonado	habéis sonado
ha sonado	han sonado

IMPERFECTO

sonaba	sonábamos
sonabas	sonabais
sonaba	sonaban

PLUSCUAMPERFECTO

había sonado	habíamos sonado
habías sonado	habíais sonado
había sonado	habían sonado

PRETÉRITO

soné	sonamos
sonaste	sonasteis
sonó	sonaron

PRETÉRITO ANTERIOR

hube sonado	hubimos sonado
hubiste sonado	hubisteis sonado
hubo sonado	hubieron sonado

FUTURO

sonaré	sonaremos
sonarás	sonaréis
sonará	sonarán

FUTURO PERFECTO

habré sonado	habremos sonado
habrás sonado	habréis sonado
habrá sonado	habrán sonado

CONDICIONAL

SIMPLE

sonaría	sonaríamos
sonarías	sonaríais
sonaría	sonarían

COMPUESTO

habría sonado	habríamos sonado
habrías sonado	habríais sonado
habría sonado	habrían sonado

SUBJUNTIVO

PRESENTE

suene	sonemos
suenes	sonéis
suene	suenen

PRETÉRITO

haya sonado	hayamos sonado
hayas sonado	hayáis sonado
haya sonado	hayan sonado

IMPERFECTO

sonara	sonáramos
sonaras	sonarais
sonara	sonaran
OR	
sonase	sonásemos
sonases	sonaseis
sonase	sonasen

PLUSCUAMPERFECTO

hubiera sonado	hubiéramos sonado
hubieras sonado	hubierais sonado
hubiera sonado	hubieran sonado
OR	
hubiese sonado	hubiésemos sonado
hubieses sonado	hubieseis sonado
hubiese sonado	hubiesen sonado

IMPERATIVO

—	sonemos
suena; no suenes	sonad; no sonéis
suene	suenen

FORMAS NO PERSONALES

GERUNDIO
sonando

PARTICIPIO
sonado

RELATED WORDS

el son	sound, strains (of music)
sonante	sounding
sonar a	to seem like
sonarse la nariz	to blow one's nose

EXAMPLES OF VERB USAGE

El teléfono sonó dos veces.	The phone rang twice.
Las campanas suenan como si fueran ángeles.	The bells sound as if they were angels.
¿Qué ha sonado?	What was that noise?
Quiero que suene más alto.	I want it to ring louder.

sonreír
to smile

yo | nosotros/as
tú | vosotros/as
él/ella/Ud. | ellos/ellas/Uds.

INDICATIVO

PRESENTE
sonrío sonreímos
sonríes sonreís
sonríe sonríen

PRETÉRITO PERFECTO
he sonreído hemos sonreído
has sonreído habéis sonreído
ha sonreído han sonreído

IMPERFECTO
sonreía sonreíamos
sonreías sonreíais
sonreía sonreían

PLUSCUAMPERFECTO
había sonreído habíamos sonreído
habías sonreído habíais sonreído
había sonreído habían sonreído

PRETÉRITO
sonreí sonreímos
sonreíste sonreísteis
sonrió sonrieron

PRETÉRITO ANTERIOR
hube sonreído hubimos sonreído
hubiste sonreído hubisteis sonreído
hubo sonreído hubieron sonreído

FUTURO
sonreiré sonreiremos
sonreirás sonreiréis
sonreirá sonreirán

FUTURO PERFECTO
habré sonreído habremos sonreído
habrás sonreído habréis sonreído
habrá sonreído habrán sonreído

CONDICIONAL

SIMPLE
sonreiría sonreiríamos
sonreirías sonreiríais
sonreiría sonreirían

COMPUESTO
habría sonreído habríamos sonreído
habrías sonreído habríais sonreído
habría sonreído habrían sonreído

SUBJUNTIVO

PRESENTE
sonría sonriamos
sonrías sonriáis
sonría sonrían

PRETÉRITO
haya sonreído hayamos sonreído
hayas sonreído hayáis sonreído
haya sonreído hayan sonreído

IMPERFECTO
sonriera sonriéramos
sonrieras sonrierais
sonriera sonrieran
OR
sonriese sonriésemos
sonrieses sonrieseis
sonriese sonriesen

PLUSCUAMPERFECTO
hubiera sonreído hubiéramos sonreído
hubieras sonreído hubierais sonreído
hubiera sonreído hubieran sonreído
OR
hubiese sonreído hubiésemos sonreído
hubieses sonreído hubieseis sonreído
hubiese sonreído hubiesen sonreído

IMPERATIVO

— sonriamos
sonríe; no sonrías sonreíd; no sonriáis
sonría sonrían

FORMAS NO PERSONALES

GERUNDIO **PARTICIPIO**
sonriendo sonreído

RELATED WORDS

la sonrisa smile *sonriente* smiling

EXAMPLES OF VERB USAGE

Me sonrió al mirarme. He smiled at me when he saw me.
Siempre sonríe cuando piensa en ella. He always smiles when he thinks of her.
¿Y no sonreíste cuando te lo contaron? And you didn't smile when they told you?
Los payasos nos hacen sonreír. Clowns make us smile.

soñar
to dream, to dream about

yo	nosotros/as
tú	vosotros/as
él/ella/Ud.	ellos/ellas/Uds.

INDICATIVO

PRESENTE

sueño	soñamos
sueñas	soñáis
sueña	sueñan

PRETÉRITO PERFECTO

he soñado	hemos soñado
has soñado	habéis soñado
ha soñado	han soñado

IMPERFECTO

soñaba	soñábamos
soñabas	soñabais
soñaba	soñaban

PLUSCUAMPERFECTO

había soñado	habíamos soñado
habías soñado	habíais soñado
había soñado	habían soñado

PRETÉRITO

soñé	soñamos
soñaste	soñasteis
soñó	soñaron

PRETÉRITO ANTERIOR

hube soñado	hubimos soñado
hubiste soñado	hubisteis soñado
hubo soñado	hubieron soñado

FUTURO

soñaré	soñaremos
soñarás	soñaréis
soñará	soñarán

FUTURO PERFECTO

habré soñado	habremos soñado
habrás soñado	habréis soñado
habrá soñado	habrán soñado

CONDICIONAL

SIMPLE

soñaría	soñaríamos
soñarías	soñaríais
soñaría	soñarían

COMPUESTO

habría soñado	habríamos soñado
habrías soñado	habríais soñado
habría soñado	habrían soñado

SUBJUNTIVO

PRESENTE

sueñe	soñemos
sueñes	soñéis
sueñe	sueñen

PRETÉRITO

haya soñado	hayamos soñado
hayas soñado	hayáis soñado
haya soñado	hayan soñado

IMPERFECTO

soñara	soñáramos
soñaras	soñarais
soñara	soñaran
OR	
soñase	soñásemos
soñases	soñaseis
soñase	soñasen

PLUSCUAMPERFECTO

hubiera soñado	hubiéramos soñado
hubieras soñado	hubierais soñado
hubiera soñado	hubieran soñado
OR	
hubiese soñado	hubiésemos soñado
hubieses soñado	hubieseis soñado
hubiese soñado	hubiesen soñado

IMPERATIVO

—	soñemos
sueña; no sueñes	soñad; no soñéis
sueñe	sueñen

FORMAS NO PERSONALES

GERUNDIO	**PARTICIPIO**
soñando	soñado

RELATED WORDS

el sueño	dream	*soñador/a*	dreamer
tener sueño	to be sleepy	*soñar despierto*	to daydream

EXAMPLES OF VERB USAGE

Anoche soñé con mi antigua casa.	Last night I dreamed of my old home.
¿Nunca has soñado que volabas?	Have you ever dreamed that you were flying?
¿Soñaste algo anoche?	Did you dream anything last night?
Siempre había soñado con tener un palacio.	She had always dreamed of having a palace.

Verb Charts

sorprender
to surprise, to astonish

yo	nosotros/as
tú	vosotros/as
él/ella/Ud.	ellos/ellas/Uds.

INDICATIVO

PRESENTE

sorprendo	sorprendemos
sorprendes	sorprendéis
sorprende	sorprenden

IMPERFECTO

sorprendía	sorprendíamos
sorprendías	sorprendíais
sorprendía	sorprendían

PRETÉRITO

sorprendí	sorprendimos
sorprendiste	sorprendisteis
sorprendió	sorprendieron

FUTURO

sorprenderé	sorprenderemos
sorprenderás	sorprenderéis
sorprenderá	sorprenderán

PRETÉRITO PERFECTO

he sorprendido	hemos sorprendido
has sorprendido	habéis sorprendido
ha sorprendido	han sorprendido

PLUSCUAMPERFECTO

había sorprendido	habíamos sorprendido
habías sorprendido	habíais sorprendido
había sorprendido	habían sorprendido

PRETÉRITO ANTERIOR

hube sorprendido	hubimos sorprendido
hubiste sorprendido	hubisteis sorprendido
hubo sorprendido	hubieron sorprendido

FUTURO PERFECTO

habré sorprendido	habremos sorprendido
habrás sorprendido	habréis sorprendido
habrá sorprendido	habrán sorprendido

CONDICIONAL

SIMPLE

sorprendería	sorprenderíamos
sorprenderías	sorprenderíais
sorprendería	sorprenderían

COMPUESTO

habría sorprendido	habríamos sorprendido
habrías sorprendido	habríais sorprendido
habría sorprendido	habrían sorprendido

SUBJUNTIVO

PRESENTE

sorprenda	sorprendamos
sorprendas	sorprendáis
sorprenda	sorprendan

IMPERFECTO

sorprendiera	sorprendiéramos
sorprendieras	sorprendierais
sorprendiera	sorprendieran
OR	OR
sorprendiese	sorprendiésemos
sorprendieses	sorprendieseis
sorprendiese	sorprendiesen

PRETÉRITO

haya sorprendido	hayamos sorprendido
hayas sorprendido	hayáis sorprendido
haya sorprendido	hayan sorprendido

PLUSCUAMPERFECTO

hubiera sorprendido	hubiéramos sorprendido
hubieras sorprendido	hubierais sorprendido
hubiera sorprendido	hubieran sorprendido
OR	
hubiese sorprendido	hubiésemos sorprendido
hubieses sorprendido	hubieseis sorprendido
hubiese sorprendido	hubiesen sorprendido

IMPERATIVO

—	sorprendamos
sorprende;	sorprended;
no sorprendas	no sorprendáis
sorprenda	sorprendan

FORMAS NO PERSONALES

GERUNDIO
sorprendiendo

PARTICIPIO
sorprendido

RELATED WORDS

la sorpresa	surprise	*sorprendente*	surprising
sorprenderse	to be surprised	*tomar por sorpresa*	to take by surprise

EXAMPLES OF VERB USAGE

Me sorprendió el verla allí.	It surprised me to see her there.
La sorprenderemos con una fiesta.	We will surprise her with a party.
¿No te ha sorprendido?	It hasn't surprised you?
No nos habría sorprendido.	We wouldn't have been surprised.

subir

to go up, to come up, to climb

VERB CHART

230

yo	nosotros/as
tú	vosotros/as
él/ella/Ud.	ellos/ellas/Uds.

INDICATIVO

PRESENTE

subo	subimos
subes	subís
sube	suben

IMPERFECTO

subía	subíamos
subías	subíais
subía	subían

PRETÉRITO

subí	subimos
subiste	subisteis
subió	subieron

FUTURO

subiré	subiremos
subirás	subiréis
subirá	subirán

PRETÉRITO PERFECTO

he subido	hemos subido
has subido	habéis subido
ha subido	han subido

PLUSCUAMPERFECTO

había subido	habíamos subido
habías subido	habíais subido
había subido	habían subido

PRETÉRITO ANTERIOR

hube subido	hubimos subido
hubiste subido	hubisteis subido
hubo subido	hubieron subido

FUTURO PERFECTO

habré subido	habremos subido
habrás subido	habréis subido
habrá subido	habrán subido

CONDICIONAL

SIMPLE

subiría	subiríamos
subirías	subiríais
subiría	subirían

COMPUESTO

habría subido	habríamos subido
habrías subido	habríais subido
habría subido	habrían subido

SUBJUNTIVO

PRESENTE

suba	subamos
subas	subáis
suba	suban

IMPERFECTO

subiera	subiéramos
subieras	subierais
subiera	subieran
OR	
subiese	subiésemos
subieses	subieseis
subiese	subiesen

PRETÉRITO

haya subido	hayamos subido
hayas subido	hayáis subido
haya subido	hayan subido

PLUSCUAMPERFECTO

hubiera subido	hubiéramos subido
hubieras subido	hubierais subido
hubiera subido	hubieran subido
OR	
hubiese subido	hubiésemos subido
hubieses subido	hubieseis subido
hubiese subido	hubiesen subido

IMPERATIVO

—	subamos
sube; no subas	subid; no subáis
suba	suban

FORMAS NO PERSONALES

GERUNDIO	**PARTICIPIO**
subiendo	subido

RELATED WORDS

la subida	climb
subir a	to get on (train, car, bus, etc.)

súbito/a	sudden

EXAMPLES OF VERB USAGE

Subió la inflación este mes.	Inflation went up this month.
Subamos en el ascensor.	Let's go up in the elevator.
Nunca he subido esa montaña.	I've never climbed that mountain.
No creo que suban más los precios.	I don't think prices will go up anymore.

Verb Charts

VERB CHART

231

yo | nosotros/as
tú | vosotros/as
él/ella/Ud. | ellos/ellas/Uds.

surgir
to come forth, to appear unexpectedly, to rise

INDICATIVO

PRESENTE

surjo	surgimos
surges	surgís
surge	surgen

PRETÉRITO PERFECTO

he surgido	hemos surgido
has surgido	habéis surgido
ha surgido	han surgido

IMPERFECTO

surgía	surgíamos
surgías	surgíais
surgía	surgían

PLUSCUAMPERFECTO

había surgido	habíamos surgido
habías surgido	habíais surgido
había surgido	habían surgido

PRETÉRITO

surgí	surgimos
surgiste	surgisteis
surgió	surgieron

PRETÉRITO ANTERIOR

hube surgido	hubimos surgido
hubiste surgido	hubisteis surgido
hubo surgido	hubieron surgido

FUTURO

surgiré	surgiremos
surgirás	surgiréis
surgirá	surgirán

FUTURO PERFECTO

habré surgido	habremos surgido
habrás surgido	habréis surgido
habrá surgido	habrán surgido

CONDICIONAL

SIMPLE

surgiría	surgiríamos
surgirías	surgiríais
surgiría	surgirían

COMPUESTO

habría surgido	habríamos surgido
habrías surgido	habríais surgido
habría surgido	habrían surgido

SUBJUNTIVO

PRESENTE

surja	surjamos
surjas	surjáis
surja	surjan

PRETÉRITO

haya surgido	hayamos surgido
hayas surgido	hayáis surgido
haya surgido	hayan surgido

IMPERFECTO

surgiera	surgiéramos
surgieras	surgierais
surgiera	surgieran
OR	
surgiese	surgiésemos
surgieses	surgieseis
surgiese	surgiesen

PLUSCUAMPERFECTO

hubiera surgido	hubiéramos surgido
hubieras surgido	hubierais surgido
hubiera surgido	hubieran surgido
OR	
hubiese surgido	hubiésemos surgido
hubieses surgido	hubieseis surgido
hubiese surgido	hubiesen surgido

IMPERATIVO

—	surjamos
surge; no surjas	surgid; no surjáis
surja	surjan

FORMAS NO PERSONALES

GERUNDIO
surgiendo

PARTICIPIO
surgido

RELATED WORDS

insurgente	rebel; springing, spurting, rising	*urgente*	urgent
		un surgimiento	emergence

EXAMPLES OF VERB USAGE

Un grupo de hombres surgió de repente.	A group of men appeared unexpectedly.
El agua surgía de entre las piedras.	Water was rising up from between the stones.
Han surgido unos problemas de última hora.	Some last minute problems have come up unexpectedly.
¿Qué surge de todo esto?	What arises from all of this?

tener
to have

VERB CHART
232

yo	nosotros/as
tú	vosotros/as
él/ella/Ud.	ellos/ellas/Uds.

INDICATIVO

PRESENTE
tengo	tenemos
tienes	tenéis
tiene	tienen

PRETÉRITO PERFECTO
he tenido	hemos tenido
has tenido	habéis tenido
ha tenido	han tenido

IMPERFECTO
tenía	teníamos
tenías	teníais
tenía	tenían

PLUSCUAMPERFECTO
había tenido	habíamos tenido
habías tenido	habíais tenido
había tenido	habían tenido

PRETÉRITO
tuve	tuvimos
tuviste	tuvisteis
tuvo	tuvieron

PRETÉRITO ANTERIOR
hube tenido	hubimos tenido
hubiste tenido	hubisteis tenido
hubo tenido	hubieron tenido

FUTURO
tendré	tendremos
tendrás	tendréis
tendrá	tendrán

FUTURO PERFECTO
habré tenido	habremos tenido
habrás tenido	habréis tenido
habrá tenido	habrán tenido

CONDICIONAL

SIMPLE
tendría	tendríamos
tendrías	tendríais
tendría	tendrían

COMPUESTO
habría tenido	habríamos tenido
habrías tenido	habríais tenido
habría tenido	habrían tenido

SUBJUNTIVO

PRESENTE
tenga	tengamos
tengas	tengáis
tenga	tengan

PRETÉRITO
haya tenido	hayamos tenido
hayas tenido	hayáis tenido
haya tenido	hayan tenido

IMPERFECTO
tuviera	tuviéramos
tuvieras	tuvierais
tuviera	tuvieran
OR	
tuviese	tuviésemos
tuvieses	tuvieseis
tuviese	tuviesen

PLUSCUAMPERFECTO
hubiera tenido	hubiéramos tenido
hubieras tenido	hubierais tenido
hubiera tenido	hubieran tenido
OR	
hubiese tenido	hubiésemos tenido
hubieses tenido	hubieseis tenido
hubiese tenido	hubiesen tenido

IMPERATIVO

—	tengamos
ten; no tengas	tened; no tengáis
tenga	tengan

FORMAS NO PERSONALES

GERUNDIO	PARTICIPIO
teniendo	tenido

RELATED WORDS

tener hambre/sed/ calor/frío	to be hungry/thirsty/ hot/cold	*tener ganas de . . . (comer)*	to feel like . . . (eating)
tener – años	to be – old	*tener que*	to have to

EXAMPLES OF VERB USAGE

Tiene veinte años.	He is twenty.
No tenemos nada a nuestro nombre.	We don't have anything in our name.
No tuvieron suerte.	They didn't have any luck.
Habríamos tenido mucho más si hubiéramos ahorrado.	We would have had much more if we had saved.

terminar
to finish, to end

INDICATIVO

yo	nosotros/as
tú	vosotros/as
él/ella/Ud.	ellos/ellas/Uds.

PRESENTE
termino   terminamos
terminas   termináis
termina   terminan

PRETÉRITO PERFECTO
he terminado   hemos terminado
has terminado   habéis terminado
ha terminado   han terminado

IMPERFECTO
terminaba   terminábamos
terminabas   terminabais
terminaba   terminaban

PLUSCUAMPERFECTO
había terminado   habíamos terminado
habías terminado   habíais terminado
había terminado   habían terminado

PRETÉRITO
terminé   terminamos
terminaste   terminasteis
terminó   terminaron

PRETÉRITO ANTERIOR
hube terminado   hubimos terminado
hubiste terminado   hubisteis terminado
hubo terminado   hubieron terminado

FUTURO
terminaré   terminaremos
terminarás   terminaréis
terminará   terminarán

FUTURO PERFECTO
habré terminado   habremos terminado
habrás terminado   habréis terminado
habrá terminado   habrán terminado

CONDICIONAL

SIMPLE
terminaría   terminaríamos
terminarías   terminaríais
terminaría   terminarían

COMPUESTO
habría terminado   habríamos terminado
habrías terminado   habríais terminado
habría terminado   habrían terminado

SUBJUNTIVO

PRESENTE
termine   terminemos
termines   terminéis
termine   terminen

PRETÉRITO
haya terminado   hayamos terminado
hayas terminado   hayáis terminado
haya terminado   hayan terminado

IMPERFECTO
terminara   termináramos
terminaras   terminarais
terminara   terminaran
OR
terminase   terminásemos
terminases   terminaseis
terminase   terminasen

PLUSCUAMPERFECTO
hubiera terminado   hubiéramos terminado
hubieras terminado   hubierais terminado
hubiera terminado   hubieran terminado
OR
hubiese terminado   hubiésemos terminado
hubieses terminado   hubieseis terminado
hubiese terminado   hubiesen terminado

IMPERATIVO

—   terminemos
termina;   terminad;
 no termines   no terminéis
termine   terminen

FORMAS NO PERSONALES

GERUNDIO   **PARTICIPIO**
terminando   terminado

RELATED WORDS

el término   end, conclusion, term   *la terminación*   ending, termination
terminarse   to come to an end

EXAMPLES OF VERB USAGE

La clase termina a las tres.   Class ends at three.
La obra terminó antes de lo previsto.   The play finished sooner than anticipated.
¿Has terminado ya?   Have you finished yet?
Terminaremos en seguida.   We'll finish right away.

tocar

to play (music or musical instruments), to touch

yo	nosotros/as
tú	vosotros/as
él/ella/Ud.	ellos/ellas/Uds.

INDICATIVO

PRESENTE

toco	tocamos
tocas	tocáis
toca	tocan

PRETÉRITO PERFECTO

he tocado	hemos tocado
has tocado	habéis tocado
ha tocado	han tocado

IMPERFECTO

tocaba	tocábamos
tocabas	tocabais
tocaba	tocaban

PLUSCUAMPERFECTO

había tocado	habíamos tocado
habías tocado	habíais tocado
había tocado	habían tocado

PRETÉRITO

toqué	tocamos
tocaste	tocasteis
tocó	tocaron

PRETÉRITO ANTERIOR

hube tocado	hubimos tocado
hubiste tocado	hubisteis tocado
hubo tocado	hubieron tocado

FUTURO

tocaré	tocaremos
tocarás	tocaréis
tocará	tocarán

FUTURO PERFECTO

habré tocado	habremos tocado
habrás tocado	habréis tocado
habrá tocado	habrán tocado

CONDICIONAL

SIMPLE

tocaría	tocaríamos
tocarías	tocaríais
tocaría	tocarían

COMPUESTO

habría tocado	habríamos tocado
habrías tocado	habríais tocado
habría tocado	habrían tocado

SUBJUNTIVO

PRESENTE

toque	toquemos
toques	toquéis
toque	toquen

PRETÉRITO

haya tocado	hayamos tocado
hayas tocado	hayáis tocado
haya tocado	hayan tocado

IMPERFECTO

tocara	tocáramos
tocaras	tocarais
tocara	tocaran
OR	
tocase	tocásemos
tocases	tocaseis
tocase	tocasen

PLUSCUAMPERFECTO

hubiera tocado	hubiéramos tocado
hubieras tocado	hubierais tocado
hubiera tocado	hubieran tocado
OR	
hubiese tocado	hubiésemos tocado
hubieses tocado	hubieseis tocado
hubiese tocado	hubiesen tocado

IMPERATIVO

—	toquemos
toca; no toques	tocad; no toquéis
toque	toquen

FORMAS NO PERSONALES

GERUNDIO	**PARTICIPIO**
tocando	tocado

RELATED WORDS

tocante	touching	*un tocador*	dresser
tocar a la puerta	to knock the door	*el tocadiscos*	record player

EXAMPLES OF VERB USAGE

Juan toca el piano como un profesional.	Juan plays the piano like a professional.
Tocó la guitarra y empezó a cantar.	She played the guitar and started to sing.
¿Quién tocará hoy?	Who is playing (music) today?
Le tocó la cara al bebé con cariño.	She affectionately touched the baby's face.

Verb Charts

tomar
to take, to have (something to eat or drink)

INDICATIVO

yo   nosotros/as
tú   vosotros/as
él/ella/Ud.   ellos/ellas/Uds.

PRESENTE
tomo	tomamos
tomas	tomáis
toma	toman

PRETÉRITO PERFECTO
he tomado	hemos tomado
has tomado	habéis tomado
ha tomado	han tomado

IMPERFECTO
tomaba	tomábamos
tomabas	tomabais
tomaba	tomaban

PLUSCUAMPERFECTO
había tomado	habíamos tomado
habías tomado	habíais tomado
había tomado	habían tomado

PRETÉRITO
tomé	tomamos
tomaste	tomasteis
tomó	tomaron

PRETÉRITO ANTERIOR
hube tomado	hubimos tomado
hubiste tomado	hubisteis tomado
hubo tomado	hubieron tomado

FUTURO
tomaré	tomaremos
tomarás	tomaréis
tomará	tomarán

FUTURO PERFECTO
habré tomado	habremos tomado
habrás tomado	habréis tomado
habrá tomado	habrán tomado

CONDICIONAL

SIMPLE
tomaría	tomaríamos
tomarías	tomaríais
tomaría	tomarían

COMPUESTO
habría tomado	habríamos tomado
habrías tomado	habríais tomado
habría tomado	habrían tomado

SUBJUNTIVO

PRESENTE
tome	tomemos
tomes	toméis
tome	tomen

PRETÉRITO
haya tomado	hayamos tomado
hayas tomado	hayáis tomado
haya tomado	hayan tomado

IMPERFECTO
tomara	tomáramos
tomaras	tomarais
tomara	tomaran
OR	
tomase	tomásemos
tomases	tomaseis
tomase	tomasen

PLUSCUAMPERFECTO
hubiera tomado	hubiéramos tomado
hubieras tomado	hubierais tomado
hubiera tomado	hubieran tomado
OR	
hubiese tomado	hubiésemos tomado
hubieses tomado	hubieseis tomado
hubiese tomado	hubiesen tomado

IMPERATIVO
—	tomemos
toma; no tomes	tomad; no toméis
tome	tomen

FORMAS NO PERSONALES

GERUNDIO	PARTICIPIO
tomando	tomado

RELATED WORDS

tomar parte en	to take part in
tomar en cuenta	to take into account
tomar el sol	to sunbathe

EXAMPLES OF VERB USAGE

Tomamos unas cervezas.	We had a few beers.
Tomamos los libros y nos fuimos.	We took the books and left.
¿Tomarán un aperitivo con la cena?	Will you have an appetizer with your dinner?
Ya hemos tomado demasiadas copas.	We've already had too many drinks.

torcer
to twist, to turn, to warp, to sprain

yo	nosotros/as
tú	vosotros/as
él/ella/Ud.	ellos/ellas/Uds.

INDICATIVO

PRESENTE

tuerzo	torcemos
tuerces	torcéis
tuerce	tuercen

PRETÉRITO PERFECTO

he torcido	hemos torcido
has torcido	habéis torcido
ha torcido	han torcido

IMPERFECTO

torcía	torcíamos
torcías	torcíais
torcía	torcían

PLUSCUAMPERFECTO

había torcido	habíamos torcido
habías torcido	habíais torcido
había torcido	habían torcido

PRETÉRITO

torcí	torcimos
torciste	torcisteis
torció	torcieron

PRETÉRITO ANTERIOR

hube torcido	hubimos torcido
hubiste torcido	hubisteis torcido
hubo torcido	hubieron torcido

FUTURO

torceré	torceremos
torcerás	torceréis
torcerá	torcerán

FUTURO PERFECTO

habré torcido	habremos torcido
habrás torcido	habréis torcido
habrá torcido	habrán torcido

CONDICIONAL

SIMPLE

torcería	torceríamos
torcerías	torceríais
torcería	torcerían

COMPUESTO

habría torcido	habríamos torcido
habrías torcido	habríais torcido
habría torcido	habrían torcido

SUBJUNTIVO

PRESENTE

tuerza	torzamos
tuerzas	torzáis
tuerza	tuerzan

PRETÉRITO

haya torcido	hayamos torcido
hayas torcido	hayáis torcido
haya torcido	hayan torcido

IMPERFECTO

torciera	torciéramos
torcieras	torcierais
torciera	torcieran
OR	
torciese	torciésemos
torcieses	torcieseis
torciese	torciesen

PLUSCUAMPERFECTO

hubiera torcido	hubiéramos torcido
hubieras torcido	hubierais torcido
hubiera torcido	hubieran torcido
OR	
hubiese torcido	hubiésemos torcido
hubieses torcido	hubieseis torcido
hubiese torcido	hubiesen torcido

IMPERATIVO

—	torzamos
tuerce; no tuerzas	torced; no torzáis
tuerza	tuerzan

FORMAS NO PERSONALES

GERUNDIO
torciendo

PARTICIPIO
torcido

RELATED WORDS

torcedura	sprain	*torcerse*	to break

EXAMPLES OF VERB USAGE

Tuerza a la derecha al llegar a esa calle. — Turn to the right when you get to that street.

No torcieron la antena. — They didn't bend the antenna.

Se torció el tobillo. — He sprained his ankle.

Verb Charts

trabajar
to work

yo	nosotros/as
tú	vosotros/as
él/ella/Ud.	ellos/ellas/Uds.

INDICATIVO

PRESENTE
trabajo	trabajamos
trabajas	trabajáis
trabaja	trabajan

PRETÉRITO PERFECTO
he trabajado	hemos trabajado
has trabajado	habéis trabajado
ha trabajado	han trabajado

IMPERFECTO
trabajaba	trabajábamos
trabajabas	trabajabais
trabajaba	trabajaban

PLUSCUAMPERFECTO
había trabajado	habíamos trabajado
habías trabajado	habíais trabajado
había trabajado	habían trabajado

PRETÉRITO
trabajé	trabajamos
trabajaste	trabajasteis
trabajó	trabajaron

PRETÉRITO ANTERIOR
hube trabajado	hubimos trabajado
hubiste trabajado	hubisteis trabajado
hubo trabajado	hubieron trabajado

FUTURO
trabajaré	trabajaremos
trabajarás	trabajaréis
trabajará	trabajarán

FUTURO PERFECTO
habré trabajado	habremos trabajado
habrás trabajado	habréis trabajado
habrá trabajado	habrán trabajado

CONDICIONAL

SIMPLE
trabajaría	trabajaríamos
trabajarías	trabajaríais
trabajaría	trabajarían

COMPUESTO
habría trabajado	habríamos trabajado
habrías trabajado	habríais trabajado
habría trabajado	habrían trabajado

SUBJUNTIVO

PRESENTE
trabaje	trabajemos
trabajes	trabajéis
trabaje	trabajen

PRETÉRITO
haya trabajado	hayamos trabajado
hayas trabajado	hayáis trabajado
haya trabajado	hayan trabajado

IMPERFECTO
trabajara	trabajáramos
trabajaras	trabajarais
trabajara	trabajaran
OR	
trabajase	trabajásemos
trabajases	trabajaseis
trabajase	trabajasen

PLUSCUAMPERFECTO
hubiera trabajado	hubiéramos trabajado
hubieras trabajado	hubierais trabajado
hubiera trabajado	hubieran trabajado
OR	
hubiese trabajado	hubiésemos trabajado
hubieses trabajado	hubieseis trabajado
hubiese trabajado	hubiesen trabajado

IMPERATIVO
—	trabajemos
trabaja; no trabajes	trabajad; no trabajéis
trabaje	trabajen

FORMAS NO PERSONALES

GERUNDIO
trabajando

PARTICIPIO
trabajado

RELATED WORDS

el trabajo	work, job
trabajar a tiempo parcial	to work part time
trabajador/a	hardworking; worker

EXAMPLES OF VERB USAGE

Ya hemos trabajado bastante hoy. — We've already worked enough today.

Trabajaron hasta el anochecer. — They worked until dusk.

¿Trabajarás este domingo? — Will you work this Sunday?

No trabajo por las mañanas. — I don't work in the morning.

traducir
to translate

yo	nosotros/as
tú	vosotros/as
él/ella/Ud.	ellos/ellas/Uds.

INDICATIVO

PRESENTE
traduzco   tradujimos
traduces   traducís
traduce   traducen

PRETÉRITO PERFECTO
he traducido   hemos traducido
has traducido   habéis traducido
ha traducido   han traducido

IMPERFECTO
traducía   traducíamos
traducías   traducíais
traducía   traducían

PLUSCUAMPERFECTO
había traducido   habíamos traducido
habías traducido habíais traducido
había traducido   habían traducido

PRETÉRITO
traduje   tradujimos
tradujiste   tradujisteis
tradujo   tradujeron

PRETÉRITO ANTERIOR
hube traducido   hubimos traducido
hubiste traducido hubisteis traducido
hubo traducido   hubieron traducido

FUTURO
traduciré   traduciremos
traducirás   traduciréis
traducirá   traducirán

FUTURO PERFECTO
habré traducido   habremos traducido
habrás traducido habréis traducido
habrá traducido   habrán traducido

CONDICIONAL

SIMPLE
traduciría   traduciríamos
traducirías   traduciríais
traduciría   traducirían

COMPUESTO
habría traducido habríamos traducido
habrías traducido habríais traducido
habría traducido habrían traducido

SUBJUNTIVO

PRESENTE
traduzca   traduzcamos
traduzcas   traduzcáis
traduzca   traduzcan

PRETÉRITO
haya traducido   hayamos traducido
hayas traducido   hayáis traducido
haya traducido   hayan traducido

IMPERFECTO
tradujera   tradujéramos
tradujeras   tradujerais
tradujera   tradujeran
OR
tradujese   tradujésemos
tradujeses   tradujeseis
tradujese   tradujesen

PLUSCUAMPERFECTO
hubiera traducido   hubiéramos traducido
hubieras traducido hubierais traducido
hubiera traducido   hubieran traducido
OR
hubiese traducido   hubiésemos traducido
hubieses traducido hubieseis traducido
hubiese traducido   hubiesen traducido

IMPERATIVO

—   traduzcamos
traduce;   traducid;
  no traduzcas   no traduzcáis
traduzca   traduzcan

FORMAS NO PERSONALES

GERUNDIO   **PARTICIPIO**
traduciendo   traducido

RELATED WORDS

la traducción   translation   *un/a traductor/a*   translator

EXAMPLES OF VERB USAGE

Tradujeron el documento inmediatamente.   They immediately translated the document.

Tradúcelo del inglés al español.   Translate it from English to Spanish.

Queremos que lo traduzcan también al francés.   We also want you to translate it to French.

Traducirías mejor si tuvieras un buen diccionario.   You would translate better if you had a good dictionary.

VERB CHART
239

yo | nosotros/as
tú | vosotros/as
él/ella/Ud. | ellos/ellas/Uds.

traer
to bring

INDICATIVO

PRESENTE
traigo	traemos
traes	traéis
trae	traen

PRETÉRITO PERFECTO
he traído	hemos traído
has traído	habéis traído
ha traído	han traído

IMPERFECTO
traía	traíamos
traías	traíais
traía	traían

PLUSCUAMPERFECTO
había traído	habíamos traído
habías traído	habíais traído
había traído	habían traído

PRETÉRITO
traje	trajimos
trajiste	trajisteis
trajo	trajeron

PRETÉRITO ANTERIOR
hube traído	hubimos traído
hubiste traído	hubisteis traído
hubo traído	hubieron traído

FUTURO
traeré	traeremos
traerás	traeréis
traerá	traerán

FUTURO PERFECTO
habré traído	habremos traído
habrás traído	habréis traído
habrá traído	habrán traído

CONDICIONAL

SIMPLE
traería	traeríamos
traerías	traeríais
traería	traerían

COMPUESTO
habría traído	habríamos traído
habrías traído	habríais traído
habría traído	habrían traído

SUBJUNTIVO

PRESENTE
traiga	traigamos
traigas	traigáis
traiga	traigan

PRETÉRITO
haya traído	hayamos traído
hayas traído	hayáis traído
haya traído	hayan traído

IMPERFECTO
trajera	trajéramos
trajeras	trajerais
trajera	trajeran
OR	
trajese	trajésemos
trajeses	trajeseis
trajese	trajesen

PLUSCUAMPERFECTO
hubiera traído	hubiéramos traído
hubieras traído	hubierais traído
hubiera traído	hubieran traído
OR	
hubiese traído	hubiésemos traído
hubieses traído	hubieseis traído
hubiese traído	hubiesen traído

IMPERATIVO
—	traigamos
trae; no traigas	traed; no traigáis
traiga	traigan

FORMAS NO PERSONALES

GERUNDIO	PARTICIPIO
trayendo	traído

RELATED WORDS
traer de cabeza	to drive crazy (Sp)
traer y llevar	to spread rumors
traerse algo entre manos	to be up to sth

EXAMPLES OF VERB USAGE

Nos trajeron un vino excelente.	They brought us an excellent wine.
Nosotros traeremos la comida.	We will bring the food.
¿Has traído lo que te pedí?	Did you bring what I asked you to?
Han traído las herramientas necesarias.	They've brought the necessary tools.

tratar

to treat, to try

INDICATIVO

yo	nosotros/as
tú	vosotros/as
él/ella/Ud.	ellos/ellas/Uds.

PRESENTE

trato	tratamos
tratas	tratáis
trata	tratan

PRETÉRITO PERFECTO

he tratado	hemos tratado
has tratado	habéis tratado
ha tratado	han tratado

IMPERFECTO

trataba	tratábamos
tratabas	tratabais
trataba	trataban

PLUSCUAMPERFECTO

había tratado	habíamos tratado
habías tratado	habíais tratado
había tratado	habían tratado

PRETÉRITO

traté	tratamos
trataste	tratasteis
trató	trataron

PRETÉRITO ANTERIOR

hube tratado	hubimos tratado
hubiste tratado	hubisteis tratado
hubo tratado	hubieron tratado

FUTURO

trataré	trataremos
tratarás	trataréis
tratará	tratarán

FUTURO PERFECTO

habré tratado	habremos tratado
habrás tratado	habréis tratado
habrá tratado	habrán tratado

CONDICIONAL

SIMPLE

trataría	trataríamos
tratarías	trataríais
trataría	tratarían

COMPUESTO

habría tratado	habríamos tratado
habrías tratado	habríais tratado
habría tratado	habrían tratado

SUBJUNTIVO

PRESENTE

trate	tratemos
trates	tratéis
trate	traten

PRETÉRITO

haya tratado	hayamos tratado
hayas tratado	hayáis tratado
haya tratado	hayan tratado

IMPERFECTO

tratara	tratáramos
trataras	tratarais
tratara	trataran
OR	
tratase	tratásemos
tratases	trataseis
tratase	tratasen

PLUSCUAMPERFECTO

hubiera tratado	hubiéramos tratado
hubieras tratado	hubierais tratado
hubiera tratado	hubieran tratado
OR	
hubiese tratado	hubiésemos tratado
hubieses tratado	hubieseis tratado
hubiese tratado	hubiesen tratado

IMPERATIVO

—	tratemos
trata; no trates	tratad; no tratéis
trate	traten

FORMAS NO PERSONALES

GERUNDIO	**PARTICIPIO**
tratando	tratado

RELATED WORDS

el tratamiento	treatment	*tratarse con*	to have to do with
un tratado	treaty	*el trato*	treatment, agreement

EXAMPLES OF VERB USAGE

Me trata como si fuera una niña.	He treats me as if I were a girl.
¿Por qué no tratas de hacerlo?	Why don't you try doing it?
La trató con mucho cuidado.	He dealt with her carefully.
¿Has tratado de buscarlo en otro lugar?	Have you tried looking for it somewhere else?

utilizar
to utilize, to use

yo | nosotros/as
tú | vosotros/as
él/ella/Ud. | ellos/ellas/Uds.

INDICATIVO

PRESENTE

utilizo	utilizamos
utilizas	utilizáis
utiliza	utilizan

PRETÉRITO PERFECTO

he utilizado	hemos utilizado
has utilizado	habéis utilizado
ha utilizado	han utilizado

IMPERFECTO

utilizaba	utilizábamos
utilizabas	utilizabais
utilizaba	utilizaban

PLUSCUAMPERFECTO

había utilizado	habíamos utilizado
habías utilizado	habíais utilizado
había utilizado	habían utilizado

PRETÉRITO

utilicé	utilizamos
utilizaste	utilizasteis
utilizó	utilizaron

PRETÉRITO ANTERIOR

hube utilizado	hubimos utilizado
hubiste utilizado	hubisteis utilizado
hubo utilizado	hubieron utilizado

FUTURO

utilizaré	utilizaremos
utilizarás	utilizaréis
utilizará	utilizarán

FUTURO PERFECTO

habré utilizado	habremos utilizado
habrás utilizado	habréis utilizado
habrá utilizado	habrán utilizado

CONDICIONAL

SIMPLE

utilizaría	utilizaríamos
utilizarías	utilizaríais
utilizaría	utilizarían

COMPUESTO

habría utilizado	habríamos utilizado
habrías utilizado	habríais utilizado
habría utilizado	habrían utilizado

SUBJUNTIVO

PRESENTE

utilice	utilicemos
utilices	utilicéis
utilice	utilicen

PRETÉRITO

haya utilizado	hayamos utilizado
hayas utilizado	hayáis utilizado
haya utilizado	hayan utilizado

IMPERFECTO

utilizara	utilizáramos
utilizaras	utilizarais
utilizara	utilizaran
OR	
utilizase	utilizásemos
utilizases	utilizaseis
utilizase	utilizasen

PLUSCUAMPERFECTO

hubiera utilizado	hubiéramos utilizado
hubieras utilizado	hubierais utilizado
hubiera utilizado	hubieran utilizado
OR	
hubiese utilizado	hubiésemos utilizado
hubieses utilizado	hubieseis utilizado
hubiese utilizado	hubiesen utilizado

IMPERATIVO

—	utilicemos
utiliza; no utilices	utilizad; no utilicéis
utilice	utilicen

FORMAS NO PERSONALES

GERUNDIO	**PARTICIPIO**
utilizando	utilizado

RELATED WORDS

un utensilio	tool, utensil	*útil*	useful
la utilidad pública	public utility		

EXAMPLES OF VERB USAGE

Ellos me utilizan.	They're using me.
Tienes que utilizarlo de otra manera.	You have to use it in a different way.
Creo que no lo has utilizado bien.	I think you haven't used it correctly.
¿Por qué no utilizas otra compañía?	Why don't you utilize another company?

vender
to sell

yo	nosotros/as
tú	vosotros/as
él/ella/Ud.	ellos/ellas/Uds.

INDICATIVO

PRESENTE

vendo	vendemos
vendes	vendéis
vende	venden

PRETÉRITO PERFECTO

he vendido	hemos vendido
has vendido	habéis vendido
ha vendido	han vendido

IMPERFECTO

vendía	vendíamos
vendías	vendíais
vendía	vendían

PLUSCUAMPERFECTO

había vendido	habíamos vendido
habías vendido	habíais vendido
había vendido	habían vendido

PRETÉRITO

vendí	vendimos
vendiste	vendisteis
vendió	vendieron

PRETÉRITO ANTERIOR

hube vendido	hubimos vendido
hubiste vendido	hubisteis vendido
hubo vendido	hubieron vendido

FUTURO

venderé	venderemos
venderás	venderéis
venderá	venderán

FUTURO PERFECTO

habré vendido	habremos vendido
habrás vendido	habréis vendido
habrá vendido	habrán vendido

CONDICIONAL

SIMPLE

vendería	venderíamos
venderías	venderíais
vendería	venderían

COMPUESTO

habría vendido	habríamos vendido
habrías vendido	habríais vendido
habría vendido	habrían vendido

SUBJUNTIVO

PRESENTE

venda	vendamos
vendas	vendáis
venda	vendan

PRETÉRITO

haya vendido	hayamos vendido
hayas vendido	hayáis vendido
haya vendido	hayan vendido

IMPERFECTO

vendiera	vendiéramos
vendieras	vendierais
vendiera	vendieran
OR	
vendiese	vendiésemos
vendieses	vendieseis
vendiese	vendiesen

PLUSCUAMPERFECTO

hubiera vendido	hubiéramos vendido
hubieras vendido	hubierais vendido
hubiera vendido	hubieran vendido
OR	
hubiese vendido	hubiésemos vendido
hubieses vendido	hubieseis vendido
hubiese vendido	hubiesen vendido

IMPERATIVO

—	vendamos
vende; no vendas	vended; no vendáis
venda	vendan

FORMAS NO PERSONALES

GERUNDIO	PARTICIPIO
vendiendo	vendido

RELATED WORDS

un/a vendedor/a	seller, salesperson	*se vende*	for sale
la venta	the sale		

EXAMPLES OF VERB USAGE

Nos vendieron todo por sólo diez euros.	They sold everything to us for only ten euros.
¿Qué venden en esa tienda?	What's sold in that store?
Lo venderemos muy barato.	We'll sell it very cheap.
Me han vendido un televisor horrible.	They've sold me a horrible TV set.

venir
to come

yo | nosotros/as
tú | vosotros/as
él/ella/Ud. | ellos/ellas/Uds.

INDICATIVO

PRESENTE

vengo	venimos
vienes	venís
viene	vienen

PRETÉRITO PERFECTO

he venido	hemos venido
has venido	habéis venido
ha venido	han venido

IMPERFECTO

venía	veníamos
venías	veníais
venía	venían

PLUSCUAMPERFECTO

había venido	habíamos venido
habías venido	habíais venido
había venido	habían venido

PRETÉRITO

vine	vinimos
viniste	vinisteis
vino	vinieron

PRETÉRITO ANTERIOR

hube venido	hubimos venido
hubiste venido	hubisteis venido
hubo venido	hubieron venido

FUTURO

vendré	vendremos
vendrás	vendréis
vendrá	vendrán

FUTURO PERFECTO

habré venido	habremos venido
habrás venido	habréis venido
habrá venido	habrán venido

CONDICIONAL

SIMPLE

vendría	vendríamos
vendrías	vendríais
vendría	vendrían

COMPUESTO

habría venido	habríamos venido
habrías venido	habríais venido
habría venido	habrían venido

SUBJUNTIVO

PRESENTE

venga	vengamos
vengas	vengáis
venga	vengan

PRETÉRITO

haya venido	hayamos venido
hayas venido	hayáis venido
haya venido	hayan venido

IMPERFECTO

viniera	viniéramos
vinieras	vinierais
viniera	vinieran
OR	
viniese	viniésemos
vinieses	vinieseis
viniese	viniesen

PLUSCUAMPERFECTO

hubiera venido	hubiéramos venido
hubieras venido	hubierais venido
hubiera venido	hubieran venido
OR	
hubiese venido	hubiésemos venido
hubieses venido	hubieseis venido
hubiese venido	hubiesen venido

IMPERATIVO

—	vengamos
ven; no vengas	venid; no vengáis
venga	vengan

FORMAS NO PERSONALES

GERUNDIO	**PARTICIPIO**
viniendo	venido

RELATED WORDS

la venida	arrival
el porvenir	future

la semana que viene	next week

EXAMPLES OF VERB USAGE

¡Ven acá!	Come over here!
No vienen hasta esta noche.	They won't come until tonight.
Vendremos en cuanto podamos.	We'll come as soon as we can.
Los invitados no han venido todavía.	The guests haven't come yet.

ver
to see

VERB CHART
244

yo	nosotros/as
tú	vosotros/as
él/ella/Ud.	ellos/ellas/Uds.

INDICATIVO

PRESENTE

veo	vemos
ves	veis
ve	ven

PRETÉRITO PERFECTO

he visto	hemos visto
has visto	habéis visto
ha visto	han visto

IMPERFECTO

veía	veíamos
veías	veíais
veía	veían

PLUSCUAMPERFECTO

había visto	habíamos visto
habías visto	habíais visto
había visto	habían visto

PRETÉRITO

vi	vimos
viste	visteis
vio	vieron

PRETÉRITO ANTERIOR

hube visto	hubimos visto
hubiste visto	hubisteis visto
hubo visto	hubieron visto

FUTURO

veré	veremos
verás	veréis
verá	verán

FUTURO PERFECTO

habré visto	habremos visto
habrás visto	habréis visto
habrá visto	habrán visto

CONDICIONAL

SIMPLE

vería	veríamos
verías	veríais
vería	verían

COMPUESTO

habría visto	habríamos visto
habrías visto	habríais visto
habría visto	habrían visto

SUBJUNTIVO

PRESENTE

vea	veamos
veas	veáis
vea	vean

PRETÉRITO

haya visto	hayamos visto
hayas visto	hayáis visto
haya visto	hayan visto

IMPERFECTO

viera	viéramos
vieras	vierais
viera	vieran
OR	
viese	viésemos
vieses	vieseis
viese	viesen

PLUSCUAMPERFECTO

hubiera visto	hubiéramos visto
hubieras visto	hubierais visto
hubiera visto	hubieran visto
OR	
hubiese visto	hubiésemos visto
hubieses visto	hubieseis visto
hubiese visto	hubiesen visto

IMPERATIVO

—	veamos
ve; no veas	ved; no veáis
vea	vean

FORMAS NO PERSONALES

GERUNDIO	**PARTICIPIO**
viendo	visto

RELATED WORDS

la vista	view	*la entrevista*	interview
no tener nada que ver con	not to have anything to do with	*verse*	to see each other

EXAMPLES OF VERB USAGE

Vamos a ver que hacemos ahora.	Let's see what we do now.
Nos vieron y no nos saludaron.	They saw us and didn't say hello.
¿Viste lo que hizo?	Did you see what he did?
Nunca he visto París.	I've never seen Paris.

Verb Charts

VERB CHART
245

yo | nosotros/as
tú | vosotros/as
él/ella/Ud. | ellos/ellas/Uds.

vestirse
to get dressed

INDICATIVO

PRESENTE
me visto · nos vestimos
te vistes · os vestís
se viste · se visten

PRETÉRITO PERFECTO
me he vestido · nos hemos vestido
te has vestido · os habéis vestido
se ha vestido · se han vestido

IMPERFECTO
me vestía · nos vestíamos
te vestías · os vestíais
se vestía · se vestían

PLUSCUAMPERFECTO
me había vestido · nos habíamos vestido
te habías vestido · os habíais vestido
se había vestido · se habían vestido

PRETÉRITO
me vestí · nos vestimos
te vestiste · os vestisteis
se vistió · se vistieron

PRETÉRITO ANTERIOR
me hube vestido · nos hubimos vestido
te hubiste vestido · os hubisteis vestido
se hubo vestido · se hubieron vestido

FUTURO
me vestiré · nos vestiremos
te vestirás · os vestiréis
se vestirá · se vestirán

FUTURO PERFECTO
me habré vestido · nos habremos vestido
te habrás vestido · os habréis vestido
se habrá vestido · se habrán vestido

CONDICIONAL

SIMPLE
me vestiría · nos vestiríamos
te vestirías · os vestiríais
se vestiría · se vestirían

COMPUESTO
me habría vestido · nos habríamos vestido
te habrías vestido · os habríais vestido
se habría vestido · se habrían vestido

SUBJUNTIVO

PRESENTE
me vista · nos vistamos
te vistas · os vistáis
se vista · se vistan

PRETÉRITO
me haya vestido · nos hayamos vestido
te hayas vestido · os hayáis vestido
se haya vestido · se hayan vestido

IMPERFECTO
me vistiera · nos vistiéramos
te vistieras · os vistierais
se vistiera · se vistieran
OR
me vistiese · nos vistiésemos
te vistieses · os vistieseis
se vistiese · se vistiesen

PLUSCUAMPERFECTO
me hubiera vestido · nos hubiéramos vestido
te hubieras vestido · os hubierais vestido
se hubiera vestido · se hubieran vestido
OR
me hubiese vestido · nos hubiésemos vestido
te hubieses vestido · os hubieseis vestido
se hubiese vestido · se hubiesen vestido

IMPERATIVO

— · vistámonos
vístete; no te vistas · vestíos; no os vistáis
vístase · vístanse

FORMAS NO PERSONALES

GERUNDIO
vistiéndose

PARTICIPIO
vestido

RELATED WORDS

vestirse bien · to get dressed up
desvestirse · to undress

el vestido · dress
el vestuario · wardrobe

EXAMPLES OF VERB USAGE

Se vistieron en cuanto se levantaron. · They got dressed as soon as they got up.
Nos vestiremos de fiesta para su cumpleaños. · We will dress up for his birthday.
¿Te has vestido ya? · Are you dressed yet?
Vístanse rápido. · Get dressed quickly.

viajar
to travel

yo	nosotros/as
tú	vosotros/as
él/ella/Ud.	ellos/ellas/Uds.

INDICATIVO

PRESENTE

viajo	viajamos
viajas	viajáis
viaja	viajan

IMPERFECTO

viajaba	viajábamos
viajabas	viajabais
viajaba	viajaban

PRETÉRITO

viajé	viajamos
viajaste	viajasteis
viajó	viajaron

FUTURO

viajaré	viajaremos
viajarás	viajaréis
viajará	viajarán

PRETÉRITO PERFECTO

he viajado	hemos viajado
has viajado	habéis viajado
ha viajado	han viajado

PLUSCUAMPERFECTO

había viajado	habíamos viajado
habías viajado	habíais viajado
había viajado	habían viajado

PRETÉRITO ANTERIOR

hube viajado	hubimos viajado
hubiste viajado	hubisteis viajado
hubo viajado	hubieron viajado

FUTURO PERFECTO

habré viajado	habremos viajado
habrás viajado	habréis viajado
habrá viajado	habrán viajado

CONDICIONAL

SIMPLE

viajaría	viajaríamos
viajarías	viajaríais
viajaría	viajarían

COMPUESTO

habría viajado	habríamos viajado
habrías viajado	habríais viajado
habría viajado	habrían viajado

SUBJUNTIVO

PRESENTE

viaje	viajemos
viajes	viajéis
viaje	viajen

IMPERFECTO

viajara	viajáramos
viajaras	viajarais
viajara	viajaran
OR	
viajase	viajásemos
viajases	viajaseis
viajase	viajasen

PRETÉRITO

haya viajado	hayamos viajado
hayas viajado	hayáis viajado
haya viajado	hayan viajado

PLUSCUAMPERFECTO

hubiera viajado	hubiéramos viajado
hubieras viajado	hubierais viajado
hubiera viajado	hubieran viajado
OR	
hubiese viajado	hubiésemos viajado
hubieses viajado	hubieseis viajado
hubiese viajado	hubiesen viajado

IMPERATIVO

—	viajemos
viaja; no viajes	viajad; no viajéis
viaje	viajen

FORMAS NO PERSONALES

GERUNDIO
viajando

PARTICIPIO
viajado

RELATED WORDS

el viaje	trip	*un/a viajero/a*	traveler
agencia de viajes	travel agency	*el viaje de ida y vuelta*	round trip

EXAMPLES OF VERB USAGE

Viajaron hasta el pueblo en tren.	They traveled by train to the small town.
¿Cómo viajarás, en tren o en coche?	How will you travel, by train or by car?
Nunca hemos viajado a Europa.	We've never traveled to Europe.
Viajaría más si tuviera más dinero.	I would travel more if I had more money.

Verb Charts

VERB CHART
247

yo | nosotros/as
tú | vosotros/as
él/ella/Ud. | ellos/ellas/Uds.

visitar
to visit

INDICATIVO

PRESENTE

visito	visitamos
visitas	visitáis
visita	visitan

PRETÉRITO PERFECTO

he visitado	hemos visitado
has visitado	habéis visitado
ha visitado	han visitado

IMPERFECTO

visitaba	visitábamos
visitabas	visitabais
visitaba	visitaban

PLUSCUAMPERFECTO

había visitado	habíamos visitado
habías visitado	habíais visitado
había visitado	habían visitado

PRETÉRITO

visité	visitamos
visitaste	visitasteis
visitó	visitaron

PRETÉRITO ANTERIOR

hube visitado	hubimos visitado
hubiste visitado	hubisteis visitado
hubo visitado	hubieron visitado

FUTURO

visitaré	visitaremos
visitarás	visitaréis
visitará	visitarán

FUTURO PERFECTO

habré visitado	habremos visitado
habrás visitado	habréis visitado
habrá visitado	habrán visitado

CONDICIONAL

SIMPLE

visitaría	visitaríamos
visitarías	visitaríais
visitaría	visitarían

COMPUESTO

habría visitado	habríamos visitado
habrías visitado	habríais visitado
habría visitado	habrían visitado

SUBJUNTIVO

PRESENTE

visite	visitemos
visites	visitéis
visite	visiten

PRETÉRITO

haya visitado	hayamos visitado
hayas visitado	hayáis visitado
haya visitado	hayan visitado

IMPERFECTO

visitara	visitáramos
visitaras	visitarais
visitara	visitaran
OR	
visitase	visitásemos
visitases	visitaseis
visitase	visitasen

PLUSCUAMPERFECTO

hubiera visitado	hubiéramos visitado
hubieras visitado	hubierais visitado
hubiera visitado	hubieran visitado
OR	
hubiese visitado	hubiésemos visitado
hubieses visitado	hubieseis visitado
hubiese visitado	hubiesen visitado

IMPERATIVO

—	visitemos
visita; no visites	visitad; no visitéis
visite	visiten

FORMAS NO PERSONALES

GERUNDIO	PARTICIPIO
visitando	visitado

RELATED WORDS

la visita	visit	*visitarse*	to visit each other
hacer una visita	to pay a visit	*tener visita*	to have company

EXAMPLES OF VERB USAGE

Aún no ha visitado a sus padres.	She hasn't visited her parents yet.
¿Visitaste la ciudad que te dije?	Did you visit the town I told you about?
Te visitaremos cuando tengamos tiempo.	We'll visit you when we have time.
Visítame cuando vengas a España.	Visit me when you come to Spain.

vivir
to live

INDICATIVO

PRESENTE

vivo	vivimos
vives	vivís
vive	viven

PRETÉRITO PERFECTO

he vivido	hemos vivido
has vivido	habéis vivido
ha vivido	han vivido

yo	nosotros/as
tú	vosotros/as
él/ella/Ud.	ellos/ellas/Uds.

IMPERFECTO

vivía	vivíamos
vivías	vivíais
vivía	vivían

PLUSCUAMPERFECTO

había vivido	habíamos vivido
habías vivido	habíais vivido
había vivido	habían vivido

PRETÉRITO

viví	vivimos
viviste	vivisteis
vivió	vivieron

PRETÉRITO ANTERIOR

hube vivido	hubimos vivido
hubiste vivido	hubisteis vivido
hubo vivido	hubieron vivido

FUTURO

viviré	viviremos
vivirás	viviréis
vivirá	vivirán

FUTURO PERFECTO

habré vivido	habremos vivido
habrás vivido	habréis vivido
habrá vivido	habrán vivido

CONDICIONAL

SIMPLE

viviría	viviríamos
vivirías	viviríais
viviría	vivirían

COMPUESTO

habría vivido	habríamos vivido
habrías vivido	habríais vivido
habría vivido	habrían vivido

SUBJUNTIVO

PRESENTE

viva	vivamos
vivas	viváis
viva	vivan

PRETÉRITO

haya vivido	hayamos vivido
hayas vivido	hayáis vivido
haya vivido	hayan vivido

IMPERFECTO

viviera	viviéramos
vivieras	vivierais
viviera	vivieran
OR	
viviese	viviésemos
vivieses	vivieseis
viviese	viviesen

PLUSCUAMPERFECTO

hubiera vivido	hubiéramos vivido
hubieras vivido	hubierais vivido
hubiera vivido	hubieran vivido
OR	
hubiese vivido	hubiésemos vivido
hubieses vivido	hubieseis vivido
hubiese vivido	hubiesen vivido

IMPERATIVO

—	vivamos
vive; no vivas	vivid; no viváis
viva	vivan

FORMAS NO PERSONALES

GERUNDIO	**PARTICIPIO**
viviendo	vivido

RELATED WORDS

la vida	life	*revivir*	to revive
ganarse la vida	to earn one's living	*vivir del aire*	to live on thin air

EXAMPLES OF VERB USAGE

Vivimos en México.	We live in Mexico.
¿Dónde viven ustedes?	Where do you live?
Vivieron de sus padres una temporada.	They lived off of their parents for a while.
¿Has vivido alguna vez en el campo?	Have you ever lived in the country?

Verb Charts

volver
to return, to go back

yo	nosotros/as
tú	vosotros/as
él/ella/Ud.	ellos/ellas/Uds.

INDICATIVO

PRESENTE

vuelvo	volvemos
vuelves	volvéis
vuelve	vuelven

PRETÉRITO PERFECTO

he vuelto	hemos vuelto
has vuelto	habéis vuelto
ha vuelto	han vuelto

IMPERFECTO

volvía	volvíamos
volvías	volvíais
volvía	volvían

PLUSCUAMPERFECTO

había vuelto	habíamos vuelto
habías vuelto	habíais vuelto
había vuelto	habían vuelto

PRETÉRITO

volví	volvimos
volviste	volvisteis
volvió	volvieron

PRETÉRITO ANTERIOR

hube vuelto	hubimos vuelto
hubiste vuelto	hubisteis vuelto
hubo vuelto	hubieron vuelto

FUTURO

volveré	volveremos
volverás	volveréis
volverá	volverán

FUTURO PERFECTO

habré vuelto	habremos vuelto
habrás vuelto	habréis vuelto
habrá vuelto	habrán vuelto

CONDICIONAL

SIMPLE

volvería	volveríamos
volverías	volveríais
volvería	volverían

COMPUESTO

habría vuelto	habríamos vuelto
habrías vuelto	habríais vuelto
habría vuelto	habrían vuelto

SUBJUNTIVO

PRESENTE

vuelva	volvamos
vuelvas	volváis
vuelva	vuelvan

PRETÉRITO

haya vuelto	hayamos vuelto
hayas vuelto	hayáis vuelto
haya vuelto	hayan vuelto

IMPERFECTO

volviera	volviéramos
volvieras	volvierais
volviera	volvieran
OR	
volviese	volviésemos
volvieses	volvieseis
volviese	volviesen

PLUSCUAMPERFECTO

hubiera vuelto	hubiéramos vuelto
hubieras vuelto	hubierais vuelto
hubiera vuelto	hubieran vuelto
OR	
hubiese vuelto	hubiésemos vuelto
hubieses vuelto	hubieseis vuelto
hubiese vuelto	hubiesen vuelto

IMPERATIVO

—	volvamos
vuelve; no vuelvas	volved; no volváis
vuelva	vuelvan

FORMAS NO PERSONALES

GERUNDIO	**PARTICIPIO**
volviendo	vuelto

RELATED WORDS

una vuelta	turn, revolution	*dar una vuelta*	to take a walk
revolver	to shake up, to stir	*volver a*	to do sth again

EXAMPLES OF VERB USAGE

Volvieron a su ciudad natal.	They returned to their birthplace.
¿Has vuelto a verla?	Have you seen her again?
¿Volverías a ese lugar?	Would you go back there?
No han vuelto a sus casas todavía.	They haven't returned home yet.

zumbar

to buzz, to hum, to give a beating

yo	nosotros/as
tú	vosotros/as
él/ella/Ud.	ellos/ellas/Uds.

INDICATIVO

PRESENTE

zumbo	zumbamos
zumbas	zumbáis
zumba	zumban

PRETÉRITO PERFECTO

he zumbado	hemos zumbado
has zumbado	habéis zumbado
ha zumbado	han zumbado

IMPERFECTO

zumbaba	zumbábamos
zumbabas	zumbabais
zumbaba	zumbaban

PLUSCUAMPERFECTO

había zumbado	habíamos zumbado
habías zumbado	habíais zumbado
había zumbado	habían zumbado

PRETÉRITO

zumbé	zumbamos
zumbaste	zumbasteis
zumbó	zumbaron

PRETÉRITO ANTERIOR

hube zumbado	hubimos zumbado
hubiste zumbado	hubisteis zumbado
hubo zumbado	hubieron zumbado

FUTURO

zumbaré	zumbaremos
zumbarás	zumbaréis
zumbará	zumbarán

FUTURO PERFECTO

habré zumbado	habremos zumbado
habrás zumbado	habréis zumbado
habrá zumbado	habrán zumbado

CONDICIONAL

SIMPLE

zumbaría	zumbaríamos
zumbarías	zumbaríais
zumbaría	zumbarían

COMPUESTO

habría zumbado	habríamos zumbado
habrías zumbado	habríais zumbado
habría zumbado	habrían zumbado

SUBJUNTIVO

PRESENTE

zumbe	zumbemos
zumbes	zumbéis
zumbe	zumben

PRETÉRITO

haya zumbado	hayamos zumbado
hayas zumbado	hayáis zumbado
haya zumbado	hayan zumbado

IMPERFECTO

zumbara	zumbáramos
zumbaras	zumbarais
zumbara	zumbaran
OR	
zumbase	zumbásemos
zumbases	zumbaseis
zumbase	zumbasen

PLUSCUAMPERFECTO

hubiera zumbado	hubiéramos zumbado
hubieras zumbado	hubierais zumbado
hubiera zumbado	hubieran zumbado
OR	
hubiese zumbado	hubiésemos zumbado
hubieses zumbado	hubieseis zumbado
hubiese zumbado	hubiesen zumbado

IMPERATIVO

—	zumbemos
zumba; no zumbes	zumbad; no zumbéis
zumbe	zumben

FORMAS NO PERSONALES

GERUNDIO
zumbando

PARTICIPIO
zumbado

RELATED WORDS

el zumbido	hum, buzz
zumbarse de	to make fun of

EXAMPLES OF VERB USAGE

La bala pasó a su lado zumbándole.	The bullet whizzed by him.
Me zumban los oídos.	My ears are ringing.
Le zumbaron una buena paliza.	They gave him quite a beating.
Las abejas zumban ante las flores.	Bees buzz before the flowers.

Verb Charts

Part II
SPANISH VERBS IN ACTION

INTRODUCTION

The Spanish Verbs in Action section discusses in detail the formation and usage of the most important Spanish tenses and moods, and more than 75 essential Spanish verbs. Numerous examples and everyday dialogues show how tenses, moods, and specific verbs are used in conversations. You are also given the opportunity to check your progress and reinforce what you've learned with more than 80 excercises. Each practice section consists of three subsections: Section A introduces a particular tense or mood and the different forms of one or more model verbs, and demonstrates their use with natural examples. Section B reinforces and expands upon what you've learned and shows the verbs used in real-life dialogues. Section C contains two or more exercises, providing you with the opportunity to apply what you've learned. You can find the solutions to the exercises in section D, Answer Key. Go over the practice sections as many times as you need to review the newly acquired verbs and tenses, and then, try to use them in conversation as soon as you can for reinforcement. Now, let's begin.

SPEAKING ABOUT THE PRESENT

The Present Indicative of Regular -ar Verbs

A.

Let's start with the present tense. The *present indicative* is the verb tense that allows you to talk about actions in the present. It is equivalent to such English forms as "I speak," "I am eating," "I do work." An *infinitive* is the form of the verb you'll find in the dictionary. It is equivalent to English forms such as "to speak," "to read," and "to finish." All Spanish infinitives end in -ar, -er, or -ir.

In this unit you will be dealing with the first conjugation, or -ar verbs such as *hablar* "to speak." Drop the -ar from the infinitive and add the endings -o, -as, -a, -amos, -áis, -an to the verb stem. Let's start with the singular. Spanish uses the following singular subject pronouns: *yo* "I," *tú* "you," *él* "he," *ella* "she," and *usted* "you." Note that *tú* is the informal form of address. You use it with friends, family members, or with anyone you call by the first name. *Usted*, on the other hand, is the formal form of address, and you use it with anyone you do not call by the first name. Note that the English "it" does not have a corresponding pronoun in Spanish.

Here it is:

I speak	*yo hablo*
I speak Spanish.	*Yo hablo español.*
you speak	*tú hablas*
You speak English.	*Tú hablas inglés.*
he speaks	*él habla*
He speaks Spanish.	*Él habla español.*
she speaks	*ella habla*
She speaks French.	*Ella habla francés.*
you speak	*usted habla*
You speak French.	*Usted habla francés.*

Note that *usted* goes with the same verb form as *él* and *ella*, i.e., the third person singular form of the verb.

Now, let's practice conjugating verbs with plural subject pronouns. *Nosotros* (we) is masculine and *nosotras* (we) is feminine; *vosotros* and *vosotras* are the informal forms of address, that is, "you," in the masculine and feminine plural. The corresponding formal plural form is *ustedes*, used for both masculine and feminine. In Latin America, where *vosotros/vosotras* is not used, *ustedes* is both formal and informal form of address. Finally, there's *ellos* (they), masculine, and *ellas* (they), feminine. Now let's look at the forms of the verb *hablar* in the plural.

Verbs in Action

we speak	*nosotros hablamos*
We speak German.	*Nosotros hablamos alemán.*
we speak	*nosotras hablamos*
We speak Spanish.	*Nosotras hablamos español.*
you speak	*vosotros habláis*
You speak English.	*Vosotros habláis español.*
you speak	*vosotras habláis*
You speak French.	*Vosotras habláis francés.*
they speak	*ellos hablan*
They speak English.	*Ellos hablan inglés.*
they speak	*ellas hablan*
They speak Spanish.	*Ellas hablan español.*
you speak	*ustedes hablan*
You speak German.	*Ustedes hablan alemán.*

Note that subject pronouns are optional in Spanish. That's because it can be easily understood from the form of the verb who is doing the action. So, from now on, you will practice conjugating verbs without the pronouns.

All the sentences you have practiced so far were statements. Now let's turn to questions. You can form questions in two ways. First, by simply raising your voice at the end of the sentence as you do in English.

| You speak Spanish? | *¿Usted habla español?* |
| Juan speaks French? | *¿Juan habla francés?* |

You can also form questions by inverting the subject and the verb.

| Do you speak English? | *¿Habla usted inglés?* |
| Does Juan speak German? | *¿Habla Juan alemán?* |

To form negative statements you simply put *no* (not) before the verb.

| I do not speak French well. | *No hablo francés bien.* |
| María does not speak English. | *María no habla inglés.* |

B.

Now, get ready to use your new skills with some common *-ar* verbs used in everyday conversation. Here are the verbs you'll encounter:

| to speak | *hablar* |
| to study | *estudiar* |

Isabel and Pablo are school friends. They are talking with Pablo's English teacher, Mr. Camacho, in the hallway just before Isabel's class. Here is their conversation.

Isabel:	¡Hola, Pablo! ¿Estudias inglés?
Pablo:	Sí, y yo hablo siempre inglés.
Isabel:	¿Y tu hermana?
Pablo:	Ella estudia alemán.
Isabel:	Yo también estudio alemán. Y usted, señor Camacho, ¿habla muchos idiomas?
Camacho:	Sí, mi señora y yo hablamos español, francés, inglés y alemán.
Isabel:	Tengo clase. ¡Adiós!
Pablo y Camacho:	¡Adiós!

Now, let's go through the same dialogue step by step.

Hi, Pablo! Are you studying English?	¡Hola, Pablo! ¿Estudias inglés?
Yes, and I always speak English.	Sí, y yo hablo siempre inglés.
And your sister?	¿Y tu hermana?
She's studying German.	Ella estudia alemán.
I'm also studying German.	Yo también estudio alemán.
And you, Mr. Camacho, do you speak many languages?	Y usted, señor Camacho, ¿habla muchos idiomas?
Yes, my wife and I speak Spanish, French, English, and German.	Sí, mi señora y yo hablamos español, francés, inglés y alemán.
I have a class. Good-bye!	Tengo clase. ¡Adiós!
Good-bye!	¡Adiós!

C.

In this section, you'll be able to practice and test your progress with two or three different activities. Check your answers in the Answer Key at the end of the lesson.

1. Now, answer the questions, using *sí* or *no* as indicated. For example, if the question is *¿Estudias español?* (Are you studying Spanish?), you would answer: *Sí, estudio español* (Yes, I'm studying Spanish). Let's try a few questions that follow this *tú/yo* pattern.

   1. *¿Hablas español?* (sí)
   2. *¿Hablas inglés?* (sí)
   3. *¿Estudias alemán?* (no)
   4. *¿Escuchas siempre a la gente que habla español?* (sí)

2. Great! Now, let's try a few more examples. The questions below state their subjects. But, you don't have to state it in your answers. For example, if the question is *¿Vosotros estudiáis francés?* and the cue is *no*, then your answer will be *No, no estudiamos francés.*

   1. *¿Vosotros estudiáis francés?* (no)
   2. *¿Estudian ellos español?* (sí)

3. ¿Isabel habla inglés? (sí)

4. ¿Ellos hablan español muy bien? (no)

5. ¿Vosotros estudiáis muchos idiomas? (sí)

6. ¿Habla usted inglés? (sí)

D. Answer Key

1. 1. Sí, hablo español.

2. Sí, hablo inglés.

3. No, no estudio alemán.

4. Sí, escucho siempre a la gente que habla español.

2. 1. No, no estudiamos francés.

2. Sí, estudian español.

3. Sí, habla inglés.

4. No, no hablan español muy bien.

5. Sí, estudiamos muchos idiomas.

6. Sí, hablo inglés.

The Present Indicative of Regular -er Verbs

A.

Second-conjugation verbs end in -er, which, once again, you must drop before adding the present indicative endings. They are: -o, -es, -e, -emos, éis, -en. A useful verb to practice is comer "to eat."

I eat	*como*
I always eat at home.	*Como siempre en casa.*
you eat	*comes*
Juan, do you often eat at a restaurant?	*Juan, ¿comes a menudo en un restaurante?*
he eats	*come*
My sister never eats eggs.	*Mi hermana no come huevos nunca.*
you eat	*come*
Mr. Camacho, what are you eating?	*Señor Camacho, ¿qué come usted?*
we eat	*comemos*
We never eat soup.	*No comemos sopa nunca.*
you eat	*coméis*
Isabel, Pablo, you always eat early in the evening, right?	*Isabel, Pablo, coméis siempre temprano en la noche, ¿no?*
they eat	*comen*
My friends and Spaniards in general eat late.	*Mis amigos y los españoles en general comen tarde.*

you eat	*comen*
Mr. and Mrs. Camacho, at what time do you eat?	*Señores Camacho, ¿a qué hora comen, ustedes?*

B.

Now, it's time to use *-er* verbs to talk about eating. Let's learn the verbs we'll use first.

to eat	*comer*
to ought to, to have to	*deber*
to drink	*beber*

María and Juan are friends. They meet for dinner at a restaurant.

Juan:	*María, debes probar la sopa de este restaurante.*
Waiter:	*Es verdad. Usted debe probar nuestra sopa.*
María:	*Bueno. Pero mi familia y yo no comemos sopa. Nosotros siempre comemos huevos los domingos.*
Juan:	*Bueno.*
Waiter:	*¿Y para beber?*
María:	*Yo bebo siempre agua mineral en la cena.*
Juan:	*Yo también.*

Now, let's take a closer look at the same dialogue.

María, you have to try the soup they have in this restaurant.	*María, debes probar la sopa de este restaurante.*
It's true. You must try our soup.	*Es verdad. Usted debe probar nuestra sopa.*
OK. But my family and I never eat soup. We always eat eggs on Sundays.	*Bueno. Pero mi familia y yo no comemos sopa. Nosotros siempre comemos huevos los domingos*
OK.	*Bueno.*
And to drink?	*¿Y para beber?*
I always drink mineral water at dinner.	*Yo bebo siempre agua mineral en la cena.*
Me too.	*Yo también.*

Verbs in Action

C.

1. Ask questions about who is eating or drinking something, using the question word *¿quién?* (who). For example, *¿Quién come el rosbif?* You will be given a cue indicating who it is: let's say, *mi hermano.* Your answer in this case, will be then: *Mi hermano come el rosbif.* If the cue is *tú,* then you would answer: *Tú comes el rosbif.*

1. *¿Quién come rosbif? (tú)*
2. *¿Quién come rosbif? (nosotros)*

3. ¿Quién bebe agua mineral? (yo)

4. ¿Quién come huevos? (mi hermana)

5. ¿Quién bebe agua mineral? (mis amigos)

6. ¿Quién come sopa? (tú)

7. ¿Quién bebe agua mineral? (vosotros)

8. ¿Quién come en un restaurante? (usted)

9. ¿Quién bebe agua mineral en la cena? (ustedes)

10. ¿Quién come tarde por la noche? (los españoles)

2. **Now you need to answer to *¿Cuándo?* (when) people eat or drink something.**

1. ¿Cuándo come tu familia huevos? (los domingos)

2. ¿Cuándo comes sopa? (los lunes)

3. ¿Cuándo bebe tu hermano soda? (siempre)

4. ¿Cuándo beben Ustedes agua mineral? (en la cena)

5. ¿Cuándo comen los españoles? (tarde)

D. Answer Key

1. 1. *Tú comes rosbif.*

2. *Nosotros comemos rosbif.*

3. *Yo bebo agua mineral.*

4. *Mi hermana come huevos.*

5. *Mis amigos beben agua mineral.*

6. *Tú comes sopa.*

7. *Vosotros bebéis agua mineral.*

8. *Usted come en un restaurante.*

9. *Ustedes beben agua mineral.*

10. *Los españoles comen tarde por la noche.*

2. 1. *Mi familia come huevos los domingos.*

2. *Yo como sopa los lunes.*

3. *Mi hermano siempre bebe soda.*

4. *Ustedes beben agua mineral en la cena.*

5. *Los españoles comen tarde.*

The Present Indicative of Regular *-ir* Verbs

A.

Third-conjugation verbs end in *-ir*. You must drop the *-ir* ending before adding the present indicative endings: *-o, -es, -e, -imos, -ís, -en*. A good verb to practice is *vivir* (to live).

I live	*vivo*
I live in the U.S.	*Vivo en los Estados Unidos.*
you live	*vives*
Where do you live?	*¿Dónde vives tú?*

he/she/it lives	*vive*
My brother lives in Chile.	*Mi hermano vive en Chile.*
you live	*vive*
Where are you living now?	*¿Dónde vive usted ahora?*
we live	*vivimos*
We live in Spain.	*Vivimos en España.*
you live	*vivís*
Do the two of you live in Chile?	*¿Vivís, vosotros dos, en Chile?*
they live	*viven*
His parents live in Venezuela.	*Sus padres viven en Venezuela.*
you live	*viven*
Do you live in Mexico?	*¿Viven ustedes en México?*

B.

Now, let's talk about where we live and work. Let's learn some necessary *-ir* verbs first.

to write	*escribir*
to attend	*asistir (a)*

Pablo and María are sister and brother. They are on a plane going to Madrid seated next to Mr. Ortega, another traveler.

María: Señor Ortega, ¿dónde vive usted?
Ortega: Vivo en los Estados Unidos. Y ustedes, ¿dónde viven?
Pablo: Vivimos en Argentina.
María: Asistimos a la universidad de Buenos Aires.
Ortega: ¿Qué hace usted?
María: Escribo mi tesis.
Pablo: Mi hermana escribe frecuentemente cuando viaja.
Ortega: Yo, al contrario, no escribo nunca.

Now, take a closer look at the dialogue.

Mr. Ortega, where do you live?	*Señor Ortega, ¿dónde vive usted?*
I live in the U.S. And you, where do you live?	*Vivo en los Estados Unidos. Y ustedes, ¿dónde viven?*
We live in Argentina.	*Vivimos en Argentina.*
We attend the University of Buenos Aires.	*Asistimos a la universidad de Buenos Aires.*
What are you doing?	*¿Qué hace usted?*
I'm writing my dissertation.	*Escribo mi tesis.*

| My sister often writes when she travels. | *Mi hermana escribe frecuentemente cuando viaja.* |
| I, on the other hand, never write. | *Yo, al contrario, no escribo nunca.* |

C.

1. Answer each question as indicated. For example, if the question is *¿Dónde vive María?* and the cue is *en México*, then your answer will be *María vive en México*.

   1. *¿Quién escribe a sus parientes? (nosotros)*
   2. *¿Dónde vives tú? (en los Estados Unidos)*
   3. *¿Quién escribe frecuentemente? (mi hermano)*
   4. *¿Dónde viven los parientes de Juan? (en México)*
   5. *¿Quién vive en España? (tú)*

2. Here are more similar questions for you to answer.

   1. *¿Quién escribe frecuentemente? (mis parientes)*
   2. *¿Dónde vivís vosotros? (en Venezuela)*
   3. *¿Dónde viven tus parientes ahora? (en Chile)*
   4. *¿Quién asiste a la universidad de Madrid? (mis amigos)*
   5. *¿Quién asiste a la universidad de Buenos Aires? (yo)*

D. Answer Key

1. 1. *Nosotros escribimos a nuestros parientes.*
   2. *Yo vivo en los Estados Unidos.*
   3. *Mi hermano escribe frecuentemente.*
   4. *Los parientes de Juan viven en México.*
   5. *Tú vives en España.*

2. 1. *Mis parientes escriben frecuentemente.*
   2. *Nosotros vivimos en Venezuela.*
   3. *Mis parientes viven en Chile ahora.*
   4. *Mis amigos asisten a la universidad de Madrid.*
   5. *Yo asisto a la universidad de Buenos Aires.*

The Present Indicative of *ser* and *estar*

A.

Now that we've dealt with regular verbs in the present indicative successfully, let's turn to irregular verbs. We'll start with *ser* "to be."

I am	*soy*
I'm a doctor.	*Yo soy médico.*
you are	*eres*
Miguel, why are you such a sad person?	*Miguel, ¿por qué eres una persona tan triste?*

| she is | es |
| Miguel is very tall. | *Miguel es muy alto.* |

| you are | es |
| Are you Argentinian? | *¿Es usted argentino?* |

| we are | *somos* |
| We are Spanish. | *Somos españoles.* |

| you are | *sois* |
| Are you okay? | *¿Sois buenos?* |

| they are | *son* |
| Isabel and Miguel are very nice | *Isabel y Miguel son muy simpáticos.* |

| you are | *son* |
| Are you Mexican? | *¿Son ustedes mexicanos?* |

Estar, which also means "to be," is an irregular verb as well.

| I am | *estoy* |
| I'm very worried. | *Estoy muy preocupado.* |

| you are | *estás* |
| How are you, Carmen? | *¿Cómo estás, Carmen?* |

| he is | *está* |
| José is in his car. | *José está en su coche.* |

| you are | *está* |
| How are you, Mr. González? | *¿Cómo está, señor González?* |

| we are | *estamos* |
| We are not worried. | *No estamos preocupados.* |

| you are | *estáis* |
| How are you? | *¿Cómo estáis?* |

| they are | *están* |
| My parents are in their house at this moment. | *Mis padres están en su casa en este momento.* |

| you are | *están* |
| How are you? | *¿Cómo están ustedes?* |

B.

Ser is used to refer to some inherent quality such as nationality, profession, physical features, character traits, and the like. *Estar*, on the other hand, allows you to express a transient state or condition – such as being tired or awake – health, location and more. In the following conversation the difference between *ser* and *estar* will become clear.

Nico: *Isabel, ¿cómo estás?*
Isabel: *Así, así. Estoy cansada hoy. ¿Y tú?*

Nico:	Muy bien, gracias. ¿De qué nacionalidad eres?
Isabel:	Soy chilena.
Nico:	Isabel, ¿eres profesora?
Isabel:	Sí.
Nico:	¿Puedes describirme tu familia?
Isabel:	Mi hermana es muy alta.
Nico:	¿Cómo está?
Isabel:	Está enferma hoy.
Nico:	¿Y tu hermano?
Isabel:	Mi hermano es muy simpático. El está en casa en este momento.
Nico:	¿Cómo sois, en general?
Isabel:	Somos alegres.

And now the step by step review of the dialogue.

Isabel, how are you?	Isabel, ¿cómo estás?
So-so. I'm tired today. And how are you?	Más o menos. Estoy cansada hoy. ¿Y tú?
I'm fine, thanks. What nationality are you?	Muy bien, gracias.¿De qué nacionalidad eres?
I'm Chilean.	Soy chilena.
Isabel, are you a professor?	Isabel, ¿eres profesora?
Yes.	Sí.
Can you describe your family to me?	¿Puedes describirme tu familia?
My sister is very tall.	Mi hermana es muy alta.
How is she?	¿Cómo está?
She's sick today.	Está enferma hoy.
And your brother?	¿Y tu hermano?
My brother is very nice. He's at home at this moment.	Mi hermano es muy simpático. El está en casa en este momento.
How are you, generally?	¿Cómo sois, en general?
We're always happy.	Somos alegres.

C.

Let's test your mastery of the verbs *ser* and *estar*.

1. **Combine the following cues with the verb *ser*. For example, if the subject given to you is *nosotros* and the predicate is *chilenos*, then your answer would be: *Nosotros somos chilenos.***
   1. *nosotros/chilenos*
   2. *yo/médico*
   3. *tú/muy simpática*
   4. *usted/español*
   5. *mi hermano/muy alto*
   6. *nosotros/argentinos*

7. *vosotros/tristes*

8. *mis parientes/simpáticos*

2. Now, you will be given more cues. These are to be connected with the verb *estar*.

   1. *nosotros/cansados*
   2. *yo/bien hoy*
   3. *tú/cansada ahora*
   4. *usted/enfermo hoy*
   5. *mi hermana/preocupada en este momento*
   6. *nosotros/en casa en este momento*
   7. *vosotros/muy bien*
   8. *Mis amigos/cansados hoy*

3. As a final test, try your hand at deciding which verb, *ser* or *estar*, is required by the context.

   1. *mis amigos/enfermos hoy*
   2. *mis parientes/simpáticos*
   3. *yo/mexicano*
   4. *yo/cansado*
   5. *mi hermana/alta*
   6. *mi hermana/preocupada*

D. Answer Key

1. 1. *Nosotros somos chilenos.*
    2. *Yo soy médico.*
    3. *Tú eres muy simpática.*
    4. *Usted es español.*
    5. *Mi hermano es muy alto.*
    6. *Nosotros somos argentinos.*
    7. *Vosotros sois tristes.*
    8. *Mis parientes son simpáticos.*

2. 1. *Nosotros estamos cansados.*
    2. *Yo estoy bien hoy.*
    3. *Tú estás cansada ahora.*
    4. *Usted está enfermo hoy.*
    5. *Mi hermana está preocupada en este momento.*
    6. *Nosotros estamos en casa en este momento.*
    7. *Vosotros estáis muy bien.*
    8. *Mis amigos están cansados hoy.*

3. 1. *Mis amigos están enfermos hoy.*
    2. *Mis parientes son simpáticos.*
    3. *Yo soy mexicano.*
    4. *Yo estoy cansado.*
    5. *Mi hermana es alta.*
    6. *Mi hermana está preocupada.*

The Present Indicative of *tener*

A.

Another very useful irregular verb to learn is *tener* "to have."

I have	*tengo*
I don't have a car.	*No tengo coche.*
you have	*tienes*
Nico, do you have a computer?	*Nico, ¿tienes computadora?*
she has	*tiene*
María doesn't have an Internet connection.	*María no tiene conexión con el Internet.*
you have	*tiene*
Mrs. Ortega, do you have a computer?	*Señora Ortega, ¿tiene usted una computadora?*
we have	*tenemos*
We have a small car.	*Tenemos un coche pequeño.*
you have	*tenéis*
Nico, José, do you have a credit card?	*Nico, José, ¿tenéis una tarjeta de crédito?*
they have	*tienen*
They don't have a credit card	*No tienen tarjeta de crédito.*
you have	*tienen*
Mr. and Mrs. Ortega, do you have a car?	*Señores Ortega, ¿tienen ustedes coche?*

Although its basic English translation is "to have," Spanish uses *tener* to express "to be" in phrases such as "to be thirsty," *tener sed,* "to be hungry," *tener hambre,* "to be cold," *tener frío,* "to be warm," *tener calor,* and "to be x years old," *tener x años.* Take a look at the following examples.

I am thirsty.	*Tengo sed.*
Are you hungry, María?	*¿Tienes hambre, María?*
Are you hot, Mr. Ortega?	*¿Tiene usted calor, señor Ortega?*
Isabel is always cold.	*Isabel siempre tiene frío.*
Pablo is twenty years old.	*Pablo tiene veinte años.*

Tener belongs to a group of verbs that undergo a vowel change in their stem. When conjugated, these verbs change the *e* in their stem to *ie* in all but the *nosotros/nosotras* and *vosotros/vosotras* forms. A few illustrative examples for each verb will suffice.

to think	*pensar*
I think	*pienso*
you think	*piensas*

to begin	comenzar
you begin	comienzas
they begin	comienzan
to prefer	preferir
she prefers	prefiere
we prefer	preferimos
to want, to love	querer
I want to	quiero
she loves	quiere

As you probably noticed, *tener* differs from this pattern in its *yo* form. Compare the difference between "I have" *tengo* and "I think" *pienso*: *tengo - pienso*.

B.

Now, it's time to see how these verbs can be put to use. Mr. Ortega and Mrs. González are talking during a coffee break at their workplace.

Mrs. González:	*Señor Ortega, ¿cuántos años tiene usted?*
Ortega:	*Tengo cuarenta años.*
Mrs. González:	*¿A qué hora quiere trabajar, en general?*
Ortega:	*Quiero trabajar temprano.*
Mrs. González:	*¿Cuándo comienza a trabajar?*
Ortega:	*Comienzo a las siete.*
Mrs. González:	*¿Qué piensa hacer para el almuerzo?*
Ortega:	*Hoy prefiero ir a un restaurante bueno.*
Mrs. González:	*¿Por qué?*
Ortega:	*Tengo hambre.*
Mrs. González:	*Tiene una tarjeta de crédito, ¿verdad?*
Ortega:	*¡Sí, claro!*

Let's see the dialogue again in detail.

Mr. Ortega, how old are you?	*Señor Ortega, ¿cuántos años tiene usted?*
I'm forty years old.	*Tengo cuarenta años.*
At what time do you like to work, in general?	*¿A qué hora quiere trabajar, en general?*
I want to work early.	*Quiero trabajar temprano.*
When do you begin working?	*¿Cuándo comienza a trabajar?*
I begin at seven o'clock.	*Comienzo a las siete.*
What are you thinking of doing for lunch?	*¿Qué piensa hacer para el almuerzo?*
Today I prefer going to a good restaurant.	*Hoy prefiero ir a un restaurante bueno.*
Why?	*¿Por qué?*
I'm hungry.	*Tengo hambre.*

You have a credit card, right?	*Tiene una tarjeta de crédito, ¿verdad?*
Yes, of course!	*¡Sí, claro!*

C.

Now, it's your turn to ask questions.

1. If your cue is "Ask Juan if he is hungry," then your question will be: *Juan, ¿tienes hambre?*

   1. Ask Juan if he is hungry.

   2. Ask why Juan is hungry.

   3. Ask Isabel if she is cold.

   4. Ask Mr. Ortega if he has a credit card.

   5. Ask how old Isabel is.

2. Let's practice some more questions.

   1. Ask María if she wants to study.

   2. Ask if Juan prefers to work.

   3. Ask María what she thinks.

   4. Ask why Isabel doesn't have a car.

   5. Ask Juan and María if they have a computer.

D. Answer Key

1. 1. *Juan, ¿tienes hambre?*

   2. *¿Por qué tiene hambre Juan?*

   3. *Isabel, ¿tienes frío?*

   4. *Señor Ortega, ¿tiene usted una tarjeta de crédito?*

   5. *¿Cuántos años tiene Isabel?*

2. 1. *María, ¿quieres estudiar?*

   2. *¿Juan prefiere trabajar?*

   3. *María, ¿qué piensas?*

   4. *¿Por qué Isabel no tiene un coche?*

   5. *Juan, María, ¿tenéis una computadora?*

The Present Indicative of *venir*

A.

Are you ready to try using *venir* "to come," in the present indicative?

I come	*vengo*
I'm coming later.	*Vengo más tarde.*
you come	*vienes*
What time are you coming?	*¿A qué hora vienes?*
he comes	*viene*
Juan always comes early.	*Juan viene siempre temprano.*

you come	*viene*
When are you coming, Mrs. Camacho?	*¿Cuándo viene usted, señora Camacho?*
we come	*venimos*
We're coming at two in the afternoon.	*Venimos a las dos de la tarde.*
you come	*venís*
María, Pablo, what time are you coming?	*María, Pablo, ¿a qué hora venís?*
they come	*vienen*
They're coming at noon.	*Vienen al mediodía.*
you come	*vienen*
Mr. and Mrs. González, what time are you coming?	*Señores González, ¿a qué hora vienen ustedes?*

B.

María is calling up her friends and her teacher, Mr. Camacho, to ask them at what time they are coming to her party.

María:	*¡Hola, Isabel!*
Isabel:	*¡Hola, María!*
María:	*Isabel, ¿a qué hora vienes a la fiesta?*
Isabel:	*Yo vengo a la una.*
María:	*¿Y tu amiga?*
Isabel:	*Mi amiga viene a las dos y media.*
María:	*Juan, ¿a qué hora venís tú y tu hermana?*
Jorge:	*Venimos al mediodía.*
María:	*Señor Camacho, ¿viene usted a las siete y media?*
Camacho:	*No, vengo a las seis.*
María:	*¡Hasta la fiesta!*

Now, let's take a more detailed look at the dialogue.

Hello Isabel!	*¡Hola, Isabel!*
Hello María!	*¡Hola, María!*
Isabel, what time are you coming?	*Isabel, ¿a qué hora vienes a la fiesta?*
I'm coming at one.	*Yo vengo a la una.*
And your friend?	*¿Y tu amiga?*
My friend is coming at two thirty.	*Mi amiga viene a las dos y media.*
Jorge, what time are you and your sister coming?	*Jorge, ¿a qué hora venís tú y tu hermana?*
We're coming at noon.	*Venimos al mediodía.*
Mr. Camacho, are you coming at seven thirty?	*Señor Camacho, ¿viene usted a las siete y media?*

No, I'm coming at six.	No, vengo a las seis.
See you at the party!	¡Hasta la fiesta!

C.

1. If you are told that *Juan viene a las dos,* and given the cue *yo,* then your answer will be: *Yo también vengo a las dos.* Let's try.

   1. *Juan viene a las dos/yo*
   2. *Yo vengo al mediodía/mi hermana*
   3. *Tú vienes a las cuatro/yo*
   4. *Mi hermano viene a las siete y media/nosotros*
   5. *Yo vengo a la una/mis amigos*

2. Now, write the question *¿A qué hora . . .?* (At what time . . .?) based on the sentences below.

   1. *Mi hermana viene a las dos.*
   2. *Nosotros venimos a las tres de la tarde.*
   3. *Juan viene a las diez.*
   4. *Yo vengo a las cuatro.*
   5. *Usted viene al mediodía.*

D. Answer Key

1. 1. *Yo también vengo a las dos.*
   2. *Mi hermana también viene al mediodía.*
   3. *Yo también vengo a las cuatro.*
   4. *Nosotros también venimos a las siete y media.*
   5. *Mis amigos también vienen a la una.*

2. 1. *¿A qué hora viene tu hermana?*
   2. *¿A qué hora venís vosotros?*
   3. *¿A qué hora viene Juan?*
   4. *¿A qué hora vienes tú?*
   5. *¿A qué hora viene usted?*

The Present Indicative of *ir* (and the Future with *ir* + *a* + infinitive)

A.

Well, you've learned how to say that you are "coming" in the previous unit. It seems only logical to learn how to say that you are "going" as well. The Spanish verb is *ir* (to go).

I go	*voy*
I go to school.	*Voy a la escuela.*
you go	*vas*
Do you go to the beach often?	*¿Vas a la playa frecuentemente?*

he goes	va
My brother goes to the movies every Sunday.	Mi hermano va al cine cada domingo.
you go	va
Mr. Ortega, do you go to school every day?	Señor Ortega, ¿va usted a la escuela cada día?
we go	vamos
We never go to the movies.	No vamos nunca al cine.
you go	vais
María, Juan, where do you go to the movies?	María, Juan, ¿dónde vais al cine?
they go	van
How often do they go to the movies?	¿Cuántas veces van al cine?
you go	van
Mr. and Mrs. Camacho, do you ever go to the beach?	Señores Camacho, ¿ustedes van alguna vez a la playa?

The verb *ir* followed by *a* and an infinitive allows you to express a future action which renders the English expression "going to do something." Practice the following examples.

Tomorrow, I'm going to look for work.	Mañana voy a buscar trabajo.
Ana is going to leave for Mexico tomorrow.	Ana va a salir para México mañana.
They're going to visit Spain this summer.	Ellos van a visitar España este verano.

B.

Now, let's practice using this verb. María and her friend Juan are having coffee and chatting at a coffee shop.

María:	Juan, ¿adónde vas hoy?
Juan:	Voy a la universidad. ¿Y tú?
María:	Mi amiga y yo vamos al museo de arte. ¿Qué vas a hacer mañana?
Juan:	Mañana voy a visitar a mi amiga Gloria.
María:	Yo también voy, ¿está bien?
Juan:	¡Claro!

Now, let's see if you got it all.

| Juan, where are you going today? | Juan, ¿adónde vas hoy? |

I'm going to school. And you?	*Voy a la universidad. ¿Y tú?*
My friend and I are going to the art museum.	*Mi amiga y yo vamos al museo de arte.*
What are you going to do tomorrow?	*¿Qué vas a hacer mañana?*
Tomorrow I'm going to visit my friend Gloria.	*Mañana voy a visitar a mi amiga Gloria.*
I'll come too, if that's okay.	*Yo también voy, ¿está bien?*
Sure.	*¡Claro!*

C.

1. Make a full sentence using the correct form of the verb *ir*. For example, if the subject given to you is *yo* and the predicate *a la universidad hoy,* then your answer will be: *Yo voy a la universidad hoy.*

    1. *yo/a la universidad hoy*
    2. *mis amigos/a la playa mañana*
    3. *vosotros/al cine hoy*
    4. *nosotros/al mercado central*
    5. *mi hermano/a ver el museo de arte mañana*

2. Let's practice this some more.

    1. *yo/al museo de arte hoy*
    2. *tú/a visitar a tu amigo mañana*
    3. *usted/al cine hoy*
    4. *tu hermano/a visitar a su amigo mañana.*
    5. *yo/a nadar mañana.*

D. Answer Key

1. 1. *Yo voy a la universidad hoy.*
   2. *Mis amigos van a la playa mañana.*
   3. *Vosotros vais al cine hoy.*
   4. *Nosotros vamos al mercado central.*
   5. *Mi hermano va a ver el museo de arte mañana.*

2. 1. *Yo voy al museo de arte hoy.*
   2. *Tú vas a a visitar a tu amigo mañana.*
   3. *Usted va al cine hoy.*
   4. *Tu hermano va a visitar a su amigo mañana.*
   5. *Yo voy a nadar mañana.*

The Present Indicative of *dar, hacer, salir,* and *ver*

A.

Let's start with the present indicative of *dar* "to give." Note that its forms are very much like those of *ir.*

I give	*doy*
I never give my phone number to anybody.	*No doy nunca mi número de teléfono a nadie.*
you give	*das*
Juan, will you give me your phone number?	*Juan, ¿me das tu número de teléfono?*
she gives	*da*
Isabel never gives her address to anyone.	*Isabel no da nunca su dirección a nadie.*
you give	*da*
Mr. Camacho, will you give me your phone number, please?	*Señor Camacho, ¿me da su número de teléfono, por favor?*
we give	*damos*
We never give our names to strangers.	*No damos nunca nuestros nombres a gente extraña.*
you give	*dais*
Will you give me your names, please?	*¿Me dais vuestros nombres, por favor?*
they give	*dan*
What's playing at the movies (literally, What are they giving at the movies)?	*¿Qué dan en el cine?*
you give	*dan*
Mr. and Mrs. González, will you give me your address please?	*Señores González, ¿me dan su dirección, por favor?*

Now let's practice *hacer* "to do, to make" in the present indicative.

I do, I make	*hago*
I never make rice and beans.	*No hago arroz y frijoles nunca.*
you do, you make	*haces*
Juan, do you ever make rice and beans?	*Juan, ¿haces arroz y frijoles alguna vez?*

he does, he makes	*hace*
My brother never does anything well.	*Mi hermano nunca hace nada bien.*
you do, you make	*hace*
Mr. Ramírez, what are you doing?	*Señor Ramírez, ¿qué hace?*
we do, we make	*hacemos*
What are we doing today?	*¿Qué hacemos hoy?*
you do, you make	*hacéis*
Gloria, Juan, what are you doing today?	*Gloria, Juan, ¿qué hacéis hoy?*
they do, they make	*hacen*
They do nothing well.	*No hacen nada bien.*
you do, you make	*hacen*
Excuse me, what are you doing?	*Con permiso, ¿qué hacen ustedes?*

Let's turn to *salir* "to go out, to leave."

I go out each afternoon.	*Salgo cada tarde.*
Carmen, when are you leaving for Mexico?	*Carmen, ¿cuándo sales para México?*
Tomás always goes out with friends.	*Tomás sale siempre con amigos.*
Miss Ortega, when are you leaving for Uruguay?	*Señorita Ortega, ¿cuándo sale usted para Uruguay?*
When are we leaving for Spain?	*¿Cuándo salimos para España?*
Carmen, Isabel, are you going out with friends?	*Carmen, Isabel, ¿salís con amigos?*
They're leaving this afternoon.	*Salen esta tarde.*
Mr. and Mrs. Martínez, are you going out this afternoon?	*Señores Martínez, ¿salen ustedes esta tarde?*

Finally, let's practice the present indicative of *ver* "to see."

I see	*veo*
I never see my sister.	*No veo a mi hermana nunca.*
you see	*ves*
José, do you ever see María?	*José, ¿ves a María alguna vez?*

he sees	*ve*
Does Juan see his parents often?	*¿Ve Juan a sus padres frecuentemente?*
you see	*ve*
Mr. Camacho, do you see me?	*Señor Camacho, ¿me ve usted?*
we see	*vemos*
We never see our relatives.	*No vemos a nuestros parientes nunca.*
you see	*veis*
Do you ever see your relatives?	*¿Ves a vuestros parientes alguna vez?*
they see	*ven*
They see their friends often.	*Ven a sus amigos a menudo.*
you see	*ven*
Mr. and Mrs. Martínez, when do you see your friends?	*Señor y señora Martínez, ¿cuándo ven ustedes a sus amigos?*

The verb *leer* is conjugated in a similar way.

I read every night.	*Leo cada noche.*
We never read.	*No leemos nunca.*
María, do you ever read the newspaper?	*María, ¿lees el periódico alguna vez?*

B.

Juan and Carmen are gossiping on the phone about their friends, María and Pablo.

Juan:	*¿Sabes, Carmen, que María les da su número de teléfono indiscretamente a los extraños?*
Carmen:	*¡No es verdad! ¡María no hace eso!*
Juan:	*¡Te digo que lo hace! Y te digo que María sale para México el domingo sin decírtelo.*
Carmen:	*¡No es verdad! Ella viene conmigo.*
Juan:	*¿Pero sabes tú que María lee cosas prohibidas?*
Carmen:	*¡No! ¡Basta!*

Now, let's take a more detailed look.

Do you know, Carmen, that María gives her phone number foolishly to strangers?	*¿Sabes, Carmen, que María les da su número de teléfono indiscretamente a los extraños?*

Verbs in Action

No, that's not true! María doesn't do that.	*¡No es verdad! ¡María no hace eso!*
I'm telling you, she does! And I'm telling you that she is leaving town for Mexico on Sunday without telling you.	*¡Te digo que lo hace! Y te digo que María sale para México el domingo sin decírtelo.*
No, that's not true! She's leaving with me.	*¡No es verdad! Ella viene conmigo.*
No! But do you know that María is reading things she shouldn't read?	*¡No! ¿Y sabes tú que María lee cosas prohibidas?*
No! I've heard enough!	*¡No! ¡Basta!*

C.

1. If you are told that *María hace siempre arroz y frijoles,* "María always makes rice and beans," then you would respond with *Pero yo nunca hago arroz y frijoles* "And I never make rice and beans."

   1. *María les da siempre su número de teléfono a los extraños.*
   2. *Pablo hace siempre arroz y frijoles.*
   3. *Los amigos de María salen siempre para México.*
   4. *Mis amigos ven a Pablo siempre los domingos.*
   5. *Mi hermana sale siempre los domingos.*

2. Now answer these questions about yourself.

   1. *¿Haces arroz y frijoles alguna vez?*
   2. *¿Sales los domingos?*
   3. *¿Lees el periódico cada día?*
   4. *¿Ves a tus padres frecuentemente?*
   5. *¿Das siempre tu número de teléfono?*

D. Answer Key

1. 1. *Pero yo nunca les doy mi número de teléfono a los extraños.*
   2. *Pero yo nunca hago arroz y frijoles.*
   3. *Pero yo nunca salgo para México.*
   4. *Pero yo nunca veo a Pablo los domingos.*
   5. *Pero yo nunca salgo los domingos.*

2. 1. *Sí, hago arroz y frijoles alguna vez.*
   2. *Sí, salgo los domingos.*
   3. *Sí, leo el periódico cada día.*
   4. *Sí, veo a mis padres frecuentemente.*
   5. *No, no doy siempre mi número de teléfono.*

The Present Indicative of *decir* and *poder*

A.

Let's start with *decir* "to say, to tell."

I say, I tell	*digo*
I always tell the truth.	*Digo la verdad siempre.*
you say, you tell	*dices*
Jorge, do you always tell the truth?	*Jorge, ¿dices la verdad siempre?*
she says, she tells	*dice*
María always tells the truth.	*María dice la verdad siempre.*
you say, you tell	*dice*
Mr. Guzmán, what are you saying?	*Señor Guzmán, ¿qué dice usted?*
we say, we tell	*decimos*
We always say what we think.	*Decimos siempre lo que pensamos.*
you say, you tell	*decís*
Carmen, Juan, do you always tell the truth?	*Carmen y Juan, ¿decís la verdad siempre?*
they say, they tell	*dicen*
They never tell the truth.	*No dicen la verdad nunca.*
you say, you tell	*dicen*
Mr. and Mrs. Ortega, what are you saying?	*Señor y señora Ortega, ¿qué dicen ustedes?*

Decir is another example of a stem-changing verb. With *decir*, the *e* of the stem changes to *i*. Other common verbs that undergo this change are *pedir* "to ask for, to order," *seguir* "to follow," and *servir* "to serve."

I always ask for the price first.	*Pido siempre el precio primero.*
We always ask for the price first.	*Siempre pedimos el precio primero.*
Juan, why do you follow me every day?	*Juan, ¿por qué me sigues cada día?*
Why are they following us?	*¿Por qué nos siguen?*
Jorge always serves dinner at home.	*Jorge sirve la cena siempre en casa* .
Jorge, Carmen, do you serve dinner at home?	*Jorge, Carmen, ¿servís la cena en casa?*

Now, let's practice conjugating *poder* "to be able to."

I am able to, I can	*puedo*
I can go tomorrow.	*Puedo ir mañana.*
you are able to, you can	*puedes*
When can you go?	*¿Cuándo puedes ir?*
she is able to, she can	*puede*
My sister can't go.	*Mi hermana no puede ir.*
you are able to, you can	*puede*
Mrs. Camacho, when can you come?	*Señora Camacho, ¿cuándo puede venir?*
we are able to, we can	*podemos*
We can come before nine.	*Podemos venir antes de las nueve.*
you are able to, you can	*podéis*
Jorge, Gloria, can you come too?	*Jorge, Gloria, ¿podéis venir también?*
they are able to, they can	*pueden*
They can't go tonight.	*No pueden ir esta noche.*
you are able to, you can	*pueden*
Mr. and Mrs. Camacho, can you come too?	*Señores Camacho, ¿pueden venir también?*

Poder is yet another example of a stem-changing verb. Here the *o* changes to *ue*. Other common verbs that undergo this change are *almorzar* "to have lunch," *dormir* "to sleep," *recordar* "to remember," and *volver* "to return."

I have lunch at two on the dot every day.	*Yo almuerzo a las dos en punto cada día.*
Mr. and Mrs. Camacho, at what time do you have lunch?	*Señores Camacho, ¿a qué hora almuerzan ustedes?*
you sleep	*duermes*
Juan, are you still sleeping?	*Juan, ¿duermes todavía?*
Mr. Guzmán, how many hours do you usually sleep?	*Señor Guzmán, ¿cuántas horas duerme usted generalmente?*
Juan, Isabel, are you still sleeping?	*Juan, Isabel, ¿dormís todavía?*
Miguel never remembers anything.	*Miguel nunca recuerda nada.*
We return to Spain every summer.	*Volvemos a España cada verano.*
My friends also return to Spain every summer.	*Mis amigos vuelven también a España cada verano.*

B.

Here you have María and Pablo discussing their recreational plans over dinner.

María: *Pablo, ¿puedes venir al cine esta noche?*
Pablo: *Sí, puedo salir esta noche. Yo te sigo a cualquier parte. Oye, ¿almuerzas conmigo mañana?*
María: *Sí, pero, ¿recuerdas que yo duermo siempre hasta tarde?*
Pablo: *Sí, claro, está bien. Podemos almorzar más tarde.*
María: *¡Muy bien, entonces!*

Now, let's take a more detailed look.

Pablo, can you come to the movies tonight?	*Pablo, ¿puedes venir al cine esta noche?*
Yes, I can go out tonight. I'll follow you anywhere. Hey, will you have lunch with me tomorrow?	*Sí, puedo salir esta noche. Yo te sigo a cualquier parte. Oye, ¿almuerzas conmigo mañana?*
Yes, but do you remember that I always sleep late?	*Sí, pero, ¿recuerdas que yo duermo siempre hasta tarde?*
Yes, of course, that's fine. We can have lunch later.	*Sí, claro, está bien. Podemos almorzar más tarde.*
Very well, then!	*¡Muy bien, entonces!*

C.

1. **Answer the questions, using *sí* or *no* as indicated.**
   1. *¿Puede ir María al cine esta noche? (no)*
   2. *¿Puede salir Juan esta noche? (sí)*
   3. *¿Nos siguen María y Blanca al cine esta noche? (sí)*
   4. *¿Pedís vosotros un sitio en la platea esta noche? (no)*
   5. *¿Almuerza María con Pablo hoy? (no)*

2. **Now, answer these questions about yourself.**
   1. *¿Puedes salir esta noche?*
   2. *¿Almuerzas tarde?*
   3. *¿Recuerdas que todos duermen hasta tarde?*
   4. *¿Vuelves a casa tarde los domingos?*
   5. *¿Dices siempre la verdad?*

D. Answer Key

1. 1. *No, María no puede ir al cine esta noche.*
   2. *Sí, Juan puede salir esta noche.*
   3. *Sí, María y Blanca nos siguen al cine esta noche.*
   4. *No, nosotros no pedimos un sitio en la platea esta noche.*
   5. *No, María no almuerza con Pablo hoy.*

2. 1. *Sí, puedo salir esta noche.*

2. *Sí, yo almuerzo tarde.*

3. *Sí, recuerdo que todos duermen hasta tarde.*

4. *Sí, vuelvo a casa tarde los domingos.*

5. *Sí, digo siempre la verdad.*

The Present Indicative of *saber* and *conocer*

A.

Translated into English as "to know." Let's start with *saber*.

I know	*sé*
I don't know how to play tennis.	*No sé jugar al tenis.*
you know	*sabes*
Juan, do you know how to play soccer?	*Juan, ¿sabes jugar al fútbol?*
she knows	*sabe*
Does Isabel know how to speak German?	*¿Sabe Isabel hablar alemán?*
you know	*sabe*
Do you know where Mrs. Pérez is?	*¿Sabe usted dónde está la señora Pérez?*
we know	*sabemos*
We know how to dance.	*Sabemos bailar.*
you know	*sabéis*
Jorge, Carmen, do you know my phone number?	*Jorge, Carmen, ¿sabéis mi número de teléfono?*
they know	*saben*
Everyone knows the truth.	*Todos saben la verdad.*
you know	*saben*
Do you know the address?	*¿Saben ustedes la dirección?*

As you can see, *saber* is used when you want to express that you or other people know a certain fact, or that you or other people know how to do something. *Conocer*, on the other hand, means knowing someone or being familiar with something.

I know	*conozco*
I don't know Mrs. Hernández.	*No conozco a la señora Hernández.*

you know	conoces
Jorge, don't you know me?	Jorge, ¿no me conoces?
he knows	conoce
Juan knows Madrid very well.	Juan conoce Madrid muy bien.
you know	conoce
Mr. Pérez, do you know Mrs. Gutiérrez?	Señor Pérez, ¿conoce usted a la señora Gutiérrez?
we know	conocemos
We don't know Madrid.	Nosotros no conocemos Madrid.
you know	conocéis
Miguel, María, do you know Carlos?	Miguel, María, ¿conocéis a Carlos?
they know	conocen
They don't know you.	No te conocen.
you know	conocen
Mr. and Mrs. Pérez, do you know the north of Spain?	Señores Pérez, ¿conocen ustedes el norte de España?

Incidentally, the conjugation of other verbs ending in *-cer* or *-cir* preceded by a vowel is similar to *conocer* in the present tense. The most common ones are *aparecer* "to appear," *conducir* "to drive, to lead," *crecer* "to grow," *ofrecer* "to offer," and *parecer* "to seem."

The sun always appears in the summer.	El sol aparece siempre en verano.
I drive a Japanese car.	Conduzco un coche japonés.
I'm still growing.	Crezco todavía.
I offer you my friendship.	Te ofrezco mi amistad.
Carlos seems happy.	Carlos parece alegre.

B.

Carlos and María Pérez are husband and wife. They have two children, Pablo and Isabel. Pablo is twenty and Isabel is twenty-five.

Carlos:	María, ¿sabes tú que Isabel sabe jugar al tenis?
María:	Sí. Ella juega siempre con Jorge. ¿Conoces a Jorge?
Carlos:	Sí, es un buen hombre. Parece siempre alegre.
María:	Es verdad.
Carlos:	¿Salimos esta noche?
María:	¿Adónde?
Carlos:	Conozco un buen restaurante que ofrece buen servicio.
María:	Bueno. ¡Vamos!

Now, let's take a more detailed look.

María, did you know that Isabel knows how to play tennis?	*María, ¿sabes tú que Isabel sabe jugar al tenis?*
Yes. She always plays with Jorge. Do you know Jorge?	*Sí. Ella juega siempre con Jorge. ¿Conoces a Jorge?*
Yes, he's a nice man. He always seems happy.	*Sí, es un buen hombre. Parece siempre alegre.*
It's true.	*Es verdad.*
Shall we go out this evening?	*¿Salimos esta noche?*
Where?	*¿Adónde?*
I know a nice restaurant that offers good service.	*Conozco un buen restaurante que ofrece buen servicio.*
Good, let's go!	*Bueno. ¡Vamos!*

C.

1. Answer the questions using *sí* or *no* as indicated.

1. *¿Sabes hablar español? (sí)*
2. *¿Sabes jugar al tenis? (no)*
3. *¿Conoces un buen restaurante? (sí)*
4. *¿Conoce tu hermana Madrid? (sí)*
5. *¿Saben tus parientes hablar inglés? (no)*

2. Now, let's see if you can distinguish between *saber* and *conocer*. Ask your friend Isabel the following things.

1. Ask her if she knows Madrid well.
2. Ask her if she knows how to dance.
3. Ask her if she knows your phone number.
4. Ask her if she knows Pablo.
5. Ask her if she knows Spain well.

D. Answer Key

1.
1. *Sí, sé hablar español.*
2. *No, no sé jugar al tenis.*
3. *Sí, conozco un buen restaurante.*
4. *Sí, mi hermana conoce Madrid.*
5. *No, mis parientes no saben hablar inglés.*

2.
1. *¿Conoces Madrid bien?*
2. *¿Sabes bailar?*
3. *¿Sabes mi número de teléfono?*
4. *¿Conoces a Pablo?*
5. *¿Conoces España bien?*

The Present Indicative of *gustar*, *importar*, *quedar*, *doler*, and Impersonal Constructions with *se*

A.

The verbs *gustar* "to like, to be pleasing to," *importar* "to matter," *quedar* "to remain, to be left," and *doler* "to hurt, to feel pain" are so-called "impersonal" verbs. You will be conjugating these verbs mainly in the third person (singular and plural). Let's start with *gustar*, which literally means "to be pleasing to."

I like José.	*Me gusta José.*
Carmen, do you like eggs?	*Carmen, ¿te gustan los huevos?*
María likes vegetables.	*A María le gustan las verduras.*
We don't like chicken.	*No nos gusta el pollo.*
They like to go out.	*Les gusta salir.*

Now let's practice using *importar*, *quedar* and *doler*. Note that *doler* is a stem-changing verb: its stem changes from *o* to *ue*.

It doesn't matter.	*No importa.*
What does it matter?	*¿Qué importa?*
I have no money left.	*No me queda más dinero.*
My head hurts	*Me duele la cabeza.*
My teeth hurt.	*Me duelen los dientes.*

Se plus a verb in the third person singular or plural refers to people in general or stresses the action rather than the actor*.

One eats well here, right?	*Se come bien aquí, ¿no?*
They serve tacos here.	*Se sirven tacos aquí.*
They speak Spanish here.	*Se habla español aquí.*
They speak many languages here.	*Se hablan muchos idiomas aquí.*

Hacer can be an impersonal verb. Expressions describing the weather always use *hacer* in the third person. All other verbs expressing the weather are impersonal as well.

It is cold.	*Hace frío.*
It is hot/warm.	*Hace calor.*
It's windy.	*Hace viento.*
It's sunny.	*Hace sol.*
It's raining.	*Llueve.*
It's snowing.	*Nieva.*

---

* See section F in the Guide to Tense Formation section for further explanation of impersonal *se* and passive *se* constructions.

B.

In this dialogue we'll follow Gloria as she's planning a party.

Gloria:	*Jorge, quiero hacer una fiesta. ¿Qué te gusta beber?*
Jorge:	*Me gusta beber vino, pero prefiero el agua mineral en las fiestas.*
Gloria:	*Y a tus amigos, ¿qué les gusta?*
Jorge:	*Les gusta el vino, pero prefieren la cerveza en las fiestas.*
Gloria:	*¿Te gusta el pollo?*
Jorge:	*No.*
Gloria:	*No importa. Pero te gustan los bocadillos, ¿no?*
Jorge:	*Sí. Me gustan mucho.*
Gloria:	*¡Bueno!*

Now, let's take a more detailed look.

Jorge, I want to have a party. What do you like to drink?	*Jorge, quiero hacer una fiesta. ¿Qué te gusta beber?*
I like wine, but I prefer mineral water at parties.	*Me gusta beber vino, pero prefiero el agua mineral en las fiestas.*
And your friends, what do they like?	*Y a tus amigos, ¿qué les gusta?*
They like wine, but they prefer beer at parties.	*Les gusta el vino, pero prefieren la cerveza en las fiestas.*
Do you like chicken?	*¿Te gusta el pollo?*
No.	*No.*
It doesn't matter. But you like sandwiches, don't you?	*No importa. Pero te gustan los bocadillos, ¿no?*
Yes. I like them a lot.	*Sí. Me gustan mucho.*
Good.	*¡Bueno!*

C.

1. Time to check your skills.

1. Say that you like wine.
2. Say that you like sandwiches.
3. Say that your head hurts.
4. Say that it doesn't matter.
5. Say that you have no money left.

2. Can you predict the weather as well as a weather forecaster on TV?

1. Say that it's sunny today.
2. Say that it's going to rain tonight.
3. Say that it's going to be cold tomorrow.
4. Say that it's going to snow next week.
5. Say that it's windy.

D. Answer Key

1. 1. *Me gusta el vino.*
2. *Me gustan los bocadillos.*
3. *Me duele la cabeza.*
4. *No importa.*
5. *No me queda más dinero.*

2. 1. *Hace sol hoy.*
2. *Va a llover esta noche.*
3. *Va a hacer frío mañana.*
4. *Va a nevar la próxima semana.*
5. *Hace viento.*

The Present Indicative of *recoger*, *distinguir*, *poner*, and *oír*

A.

Before moving on to other things, let's learn four more irregular verbs. You will start with *recoger* "to pick up." *Recoger* has an irregular spelling feature, which serves to preserve pronunciation. Before *o*, the *g* changes to *j*.

I pick up	*recojo*
I always pick up my sister in school.	*Yo recojo siempre a mi hermana en la escuela.*
they pick up	*recogen*
They also pick up their sister.	*Ellos también siempre recogen a su hermana.*

Another useful irregular verb to practice in the present indicative is *distinguir* "to distinguish." Like *recoger*, it is irregular only in its spelling. Before *o*, the *gu* turns to *g*. Here are a few examples.

I distinguish	*distingo*
I distinguish clearly between English and Spanish.	*Distingo claramente entre el inglés y el español.*
you distinguish	*distingues*
Carmen, do you distinguish clearly between those languages?	*Carmen, ¿distingues tú claramente entre esos idiomas?*

Now, try your hand at conjugating *poner* "to put, to place."

I put	*pongo*
I always put salt in my soup.	*Pongo siempre sal en la sopa.*

you put	pones
María, do you also put salt in your soup?	María, ¿pones tú también sal en la sopa?

she puts	pone
Luis always puts salt on his meat.	Luis pone siempre sal en la carne.

you put	pone
Mrs. Gutiérrez, what do you put on your meat?	Señora Gutiérrez, ¿qué pone usted en la carne?

we put	ponemos
We never put anything on our meat.	Nunca ponemos nada en la carne.

you put	ponéis
Pablo, Isabel, what do you usually put in your coffee?	Pablo, Isabel, ¿qué ponéis generalmente en el café?

they put	ponen
They always put sugar in their coffee.	Siempre ponen azúcar en el café.

you put	ponen
Mr. and Mrs. Ortega, do you put sugar in your coffee?	Señores Ortega, ¿ponen ustedes azúcar en el café?

Finally, let's practice conjugating *oír* "to hear" in the present indicative.

I hear	oigo
I hear you.	Te oigo.

you hear	oyes
María, do you hear that sound?	María, ¿oyes ese ruido?

he hears	oye
She doesn't hear anything.	No oye nada.

you hear	oye
Mr. Ortega, do you hear well?	Señor Ortega, ¿oye usted bien?

we hear	oímos
We also don't hear anything.	Nosotros tampoco oímos nada.

you hear	oís
María, Pablo, do you hear me?	María, Pablo, ¿me oís?

they hear | oyen
They also don't hear you. | No te oyen tampoco.

you hear | oyen
Mr. and Mrs. Camacho, | Señores Camacho, ¿qué oyen
  what do you hear? | ustedes?

B.

Carlos Ortega and María González are business associates. They are having a business lunch at a restaurant.

Carlos: *Camarero, ¿me oye usted?*
Camarero: *Sí, lo oigo.*
Carlos: *Un bistec, por favor.*
María: *Para mí, también. Carlos, ¿tú pones pimienta en el bistec?*
Carlos: *No, no pongo nada sobre el bistec.*
María: *¿Distingues entre el vino español y el vino americano?*
Carlos: *Sí, y ahora voy a beber un vino americano.*
María: *¡Bien! ¡Camarero! Dos vasos de vino americano, por favor.*

Let's take a closer look.

Waiter, do you hear me? | *Camarero, ¿me oye usted?*
Yes, I hear you. | *Sí, lo oigo.*
A steak, please. | *Un bistec, por favor.*
For me too, please. | *Para mí también, por favor.*
Carlos, do you put pepper on your steak? | *Carlos, ¿tú pones pimienta en el bistec?*
No, I put nothing on my steak. | *No, no pongo nada sobre el bistec.*
Can you tell the difference between Spanish and American wine? | *¿Distingues entre el vino español y el vino americano?*
Yes, and now I'm going to drink an American wine. | *Sí, y ahora voy a beber un vino americano.*
Good! Waiter! Two glasses of American wine, please. | *¡Bien! ¡Camarero! Dos vasos de vino americano, por favor.*

C.

1. If you are told that *Juan pone pimienta en el bistec,* "Juan puts pepper on his steak," and given the cue *yo,* then your answer will be: *Yo también pongo pimienta en el bistec,* "I, too, put pepper on my steak."

   1. *Juan pone pimienta en el bistec (yo)*
   2. *Yo no pongo nunca sal en la sopa (tú)*
   3. *El camarero no me oye (vosotros)*

4. *El señor Ortega no distingue entre el vino español y el vino americano (sus amigos)*
5. *Nosotros ponemos siempre azúcar en el café (yo)*

2. Now, say that these people do the opposite.
1. *Mi madre nunca me oye. (Mis padres)*
2. *Siempre recojo a mi hermana en la escuela. (Mi padre)*
3. *Tú nunca pones azúcar en el café. (Yo)*
4. *Mis amigos no distinguen la comida china de la japonesa. (Tú)*
5. *Yo no distingo bien el acento francés del acento inglés. (Mi hermana)*

D. Answer Key
1. 1. *Yo también pongo pimienta en el bistec.*
   2. *Tú tampoco pones nunca sal en la sopa.*
   3. *Vosotros tampoco me oís.*
   4. *Sus amigos tampoco distinguen entre el vino español y el vino americano.*
   5. *Yo también siempre pongo azúcar en el café.*

2. 1. *Mis padres siempre me oyen.*
   2. *Mi padre nunca recoje a mi hermana en la escuela.*
   3. *Yo siempre pongo azúcar en el café.*
   4. *Tú distingues la comida china de la japonesa.*
   5. *Mi hermana distingue bien el acento francés del acento inglés.*

The Present Indicative of Reflexive Verbs

A.

Reflexive verbs allow you to express an action that is "reflected" back to the subject, as in, for example, "I wash myself," "he enjoys himself," and so on. A reflexive verb is conjugated regularly, but adds the following reflexive pronoun before the verb: *me* "myself," *te* "yourself," *se* "himself, herself, itself," and *se* again for the formal form of "yourself," *nos* "ourselves," *os* "yourselves," *se* "themselves," and *se* again for the formal form of "yourselves."

Let's practice conjugating *lavarse* "to wash oneself" in the present indicative.

I wash myself	*yo me lavo*
you wash yourself	*tú te lavas*
he washes himself, herself, itself	*él, ella se lava*
you wash yourself	*usted se lava*
we wash ourselves	*nosotros, nosotras nos lavamos*
you wash yourselves	*vosotros, vosotras os laváis*
they wash themselves	*ellos, ellas se lavan*
you wash yourselves	*ustedes se lavan*

A subgroup of reflexive express reciprocal actions, as in *nos queremos*, "we love each other." Compare:

They talk to themselves.	*Se hablan (a ellos mismos).*
They talk to each other.	*Se hablan (unos a otros).*

Many Spanish verbs are reflexive, while their English translations are not: for example, *ponerse* "to put on," and *vestirse* "to get dressed."

I put on a hat when it's cold.	*Me pongo una gorra cuando hace frío.*
She always puts on a sweater at night.	*Ella se pone siempre un suéter por la noche.*
We always get dressed before breakfast.	*Nos vestimos siempre antes del desayuno.*
Pablo, Jorge, do you get dressed before breakfast?	*Pablo, Jorge, ¿os vestís antes del desayuno?*

Note that many verbs can turn into reflexive verbs if you add *-se* to the infinitive. So, in this way *lavar* "to wash" becomes *lavarse* "to wash oneself," *ir* "to go" becomes *irse* "to go away." A few examples will help you remember these verbs.

I always wash the dishes.	*Lavo siempre los platos.*
I wash myself twice a day.	*Me lavo dos veces al día.*
They're going to Spain on Monday.	*El lunes van a España.*
They always go away in the summer.	*Se van siempre en verano.*

B.

Now take a look at Mrs. del Río's conversation with her adolescent son.

Mrs. del Río:	*Juan, ¿cuántas veces te lavas al día?*
Nico:	*Me lavo dos veces al día.*
Mrs. del Río:	*¿Por qué te vistes siempre de esa manera tan rara?*
Nico:	*Porque me gusta.*
Mrs. del Río:	*Tu hermana, en cambio, se pone siempre ropa elegante.*
Nico:	*Sí, es verdad. Pero a mí no me gusta la ropa elegante.*
Mrs. del Río:	*¿Adónde vas ahora?*
Nico:	*Me voy con mis amigos a la calle.*
Mrs. del Río:	*¡Ah! ¡Los jóvenes!*

And here you have it with the English translation.

Juan, how many times do you wash yourself per day?	*Juan, ¿cuántas veces te lavas al día?*
I wash myself twice a day.	*Me lavo dos veces al día.*

Why do you always dress so strangely?	¿Por qué te vistes siempre de esa manera tan rara?
Because I like it.	Porque me gusta.
Your sister, instead, always puts on elegant clothes.	Tu hermana, en cambio, se pone siempre ropa elegante.
Yes, it's true. But I don't like elegant clothes.	Sí, es verdad. Pero a mí no me gusta la ropa elegante.
Where are you going now?	¿Adónde vas ahora?
I'm going away with my friends.	Me voy con mis amigos a la calle.
Ahh! Young people!	¡Ah! ¡Los jóvenes!

C.

1. Ask the following questions.

1. Ask Juan how many times he washes per day.
2. Ask Isabel why she always dresses strangely?
3. Ask Isabel and Carmen what they're putting on.
4. Ask María and Pablo if they get dressed before breakfast.
5. Ask your brother why he always puts on elegant clothes.

2. Now say the following things.

1. Say that you always wash yourself twice a day.
2. Say that your sister always puts on a sweater.
3. Say that you and your brother always wash the dishes.
4. Say that your brother and sister always dress weirdly.
5. Say that your friends always go away in summer.

D. Answer Key

1.
1. *Juan, ¿cuántas veces te lavas al día?*
2. *Isabel, ¿por qué te vistes siempre de manera tan rara?*
3. *Isabel, Carmen, ¿qué os ponéis?*
4. *María, Pablo, ¿os vestís antes del desayuno?*
5. *¿Por qué te pones siempre ropa elegante?*

2.
1. *Me lavo dos veces al día.*
2. *Mi hermana se pone siempre un suéter.*
3. *Mi hermano y yo siempre lavamos los platos.*
4. *Mi hermano y mi hermana se visten siempre de manera muy rara.*
5. *Mis amigos se van siempre en el verano.*

The Present Indicative of *caerse*, *traer*, *construir*, and *reírse*

A.

Let's start with *caerse* "to fall (down)." We will conjugate it together with the verb *ayudar* "to help."

I fall	me caigo
If I fall, will you help me?	Si me caigo, ¿me ayudas?
you fall	te caes
If you fall, Jorge, I'll help you.	Si te caes Jorge, yo te ayudo.
he falls	se cae
If he falls, we'll help him.	Si él se cae, nosotros lo ayudamos.
you fall	se cae
If you fall, Mr. Ortega, I'll help you.	Si usted se cae, señor Ortega, yo lo ayudo.
we fall	nos caemos
If we fall, who'll help us?	Si nos caemos, ¿quién nos ayuda?
you fall	os caéis
If you fall, María and Pablo, who'll help you?	Si os caéis Pablo y María, ¿quién os ayuda?
they fall	se caen
If they fall, we'll help them.	Si ellos se caen, nosotros los ayudamos.
you fall	se caen
If you fall, Mr. and Mrs. Ortega, who'll help you?	Si ustedes se caen, señores Ortega, ¿quién los ayuda?

Now, let's conjugate *traer* "to bring," in the present indicative.

I bring	traigo
you bring	traes
she brings	trae
you bring	trae
we bring	traemos
you bring	traéis
they bring	traen
you bring	traen

Now, let's turn our attention to the present indicative of *construir* "to build." An important thing to note about this verb, and others like it, is that you must add a *y* to the stem before *e* and *o* in the present indicative.

I build	construyo
you build	construyes
he builds	construye
you build	construye
we build	construimos
you build	construís
they build	construyen
you build	construyen

Finally, let's practice conjugating *reírse* "to laugh."

I laugh	*me río*
you laugh	*te ríes*
she laughs	*se ríe*
you laugh	*se ríe*
we laugh	*nos reímos*
you laugh	*os reís*
they laugh	*se ríen*
you laugh	*se ríen*

B.

Meet Isabel and Pablo, who are sister and brother. Here they are chatting over dinner one evening.

Isabel: *Sí, es verdad. Yo me río siempre de los chistes de Miguel.*
Pablo: *Oye, Isabel, ¿sabes que Miguel construye una casa nueva?*
Isabel: *Sí, lo sé, en México. A propósito, Pablo, tenemos que ir a su fiesta esta noche.*
Pablo: *Ya lo sé. ¿Qué traes tú?*
Isabel: *Yo traigo el vino.*
Pablo: *Y yo traigo los bocadillos.*

Let's look at the dialogue again with a translation:

Yes, it's true. I always laugh at Miguel's jokes.	*Sí, es verdad. Yo me río siempre de los chistes de Miguel.*
Hey, Isabel, did you know that Miguel is building a new house?	*Oye, Isabel, ¿ sabes que Miguel construye una casa nueva?*
Yes, I know, in Mexico. By the way, Pablo, we have to go to his party tonight.	*Sí, lo sé, en México. A propósito, Pablo, tenemos que ir a su fiesta esta noche.*
Yes, I know. What are you bringing?	*Ya lo sé. ¿Qué traes tú?*
I'm bringing the wine.	*Yo traigo el vino.*
And I'm bringing the sandwiches.	*Y yo traigo los bocadillos.*

C.

1. Form complete sentences by choosing a verb in its appropriate form. For example, if you are given *Isabel* and *siempre de los chistes de Miguel,* then your answer will be: *Isabel se ríe siempre de los chistes de Miguel,* "Isabel always laughs at Miguel's jokes."

  1. *Isabel/siempre de los chistes de Miguel*
  2. *Pablo e Isabel/siempre de sus chistes*

3. *Miguel/una casa nueva*
4. *Isabel/el vino*
5. *Pablo/los bocadillos*

2. Now say that you do the following things.

1. *¿Quién construye una casa nueva?*
2. *¿Quién tiene que ir a una fiesta esta noche?*
3. *¿Quién trae el vino?*
4. *¿Quién trae los bocadillos?*
5. *¿Quién se ríe siempre de los chistes de Miguel?*

D. Answer Key

1. 1. *Isabel se ríe siempre de los chistes de Miguel.*
2. *Pablo e Isabel se ríen siempre de sus chistes.*
3. *Miguel construye una casa nueva.*
4. *Isabel trae el vino.*
5. *Pablo trae los bocadillos.*

2. 1. *Yo construyo una casa nueva.*
2. *Yo tengo que ir a una fiesta esta noche.*
3. *Yo traigo el vino.*
4. *Yo traigo los bocadillos.*
5. *Yo me río siempre de los chistes de Miguel.*

The Present Progressive

A.

The present progressive expresses an ongoing action and renders such English forms as "I am eating," and "she is studying." The present progressive in Spanish is made up of the present indicative of *estar* and the *present participle* of the main verb. You already know how to conjugate *estar* in the present. As for the present participle, drop the infinitive ending and add *-ando* to an *-ar* verb stem, and *-iendo* to both *-er* and *-ir* verb stems. Let's practice conjugating *trabajar* "to work," *comer* "to eat," and *escribir* "to write" in the present progressive.

I am working	*estoy trabajando.*
I am working at this moment.	*Estoy trabajando en este momento.*
you are writing	*estás escribiendo*
Are you writing a letter?	*¿Estás escribiendo una carta?*
she is eating	*está comiendo*
Isabel is eating at this moment.	*Isabel está comiendo en este momento.*
you are working	*está trabajando*
Mr. Camacho, are you working in Spain?	*Señor Camacho, ¿está trabajando usted en España?*

we are eating	estamos comiendo
We are eating sandwiches.	Estamos comiendo los bocadillos.
you are writing	estáis escribiendo
Pablo, María, you're writing, aren't you?	Pablo, María, estáis escribiendo, ¿verdad?
they are working	están trabajando
They're working at this moment.	Están trabajando en este momento.
you are eating	están comiendo
Mr. and Mrs. Ortiz, you're eating with my parents, aren't you?	Señores Ortiz, ustedes están comiendo con mis padres, ¿verdad?

B.

Before practicing the present progressive in context, you'll need to learn two more verbs.

| to look for | buscar |
| to discuss | discutir |

Here is the conversation Miguel and his friends are having at his party.

Miguel:	Pablo,¿qué estás buscando?
Pablo:	Estoy buscando el queso, Miguel.
Miguel:	Y tú, María, ¿estás buscando el vino?
María:	Sí, Carmen y yo estamos buscando el vino.
Miguel:	Pablo, ¿qué hacen Juan y Jorge?
Pablo:	Están discutiendo de política.
Miguel:	Y tú y tu hermana, ¿qué hacéis?
Pablo:	Estamos bebiendo el café. Es menos peligroso que la política.

Now let's take a closer look:

Pablo, what are you looking for?	Pablo, ¿qué estás buscando?
I'm looking for the cheese, Miguel.	Estoy buscando el queso, Miguel.
And you, María, are you looking for the wine?	Y tú, María, ¿estás buscando el vino?
Yes, Carmen and I are looking for the wine.	Sí, Carmen y yo estamos buscando el vino.
Pablo, what are Juan and Jorge doing?	Pablo, ¿qué hacen Juan y Jorge?
They're discussing politics.	Están discutiendo de política.
And you and your sister, what are you doing?	Y tú y tu hermana, ¿qué hacéis?

| We're drinking coffee. That's less dangerous than politics. | *Estamos bebiendo café. Es menos peligroso que la política.* |

C.

1. Create complete sentences using the cues. You will be given cues such as *buscar el queso* and *yo.* You are supposed to complete the sentence using the present progressive: *Yo estoy buscando el queso,* "I'm looking for the cheese."

1. *buscar el queso/yo*
2. *comer todos los bocadillos/Juan*
3. *discutir de política/mi hermana y yo*
4. *beber café/los amigos de mi hermana*
5. *buscar el vino/Pablo*

2. And now answer these questions about Miguel's party.

1. *¿Quién está buscando el queso?*
2. *¿Quién está buscando el vino?*
3. *¿Quién está discutiendo de política?*
4. *¿Quién está bebiendo café?*
5. *¿Quién está dando una fiesta?*

D. Answer Key

1.
1. *Yo estoy buscando el queso.*
2. *Juan está comiendo todos los bocadillos.*
3. *Mi hermana y yo estamos discutiendo de política.*
4. *Los amigos de mi hermana están bebiendo café.*
5. *Pablo está buscando el vino.*

2.
1. *Pablo está buscando el queso.*
2. *Carmen y María están buscando el vino.*
3. *Juan y Jorge están discutiendo de política.*
4. *Pablo y su hermana están bebiendo café.*
5. *Miguel está dando una fiesta.*

Verbs in Action

COMMANDS AND REQUESTS

The Imperative of Regular Verbs

A.

To make formal requests, add -e to -ar verb stems and -a to both -er and -ir stems for the singular *usted* form. For example: ¡*Hable!* (Speak!) Add -en to -ar verb stems and -an to both -er and -ir stems to get the plural *ustedes* form. For example: ¡*Hablen!* (Speak!) Let's practice this conjugation pattern with *hablar* "to speak," *comer* "to eat," and *escribir* "to write." You will practice the singular form first, followed by its plural.

Mr. Ortiz, please speak slowly.	*Señor Ortiz, por favor, hable lentamente.*
Mr. and Mrs. Ortiz, please speak slowly.	*Señores Ortiz, por favor, hablen lentamente.*
Mrs. Monterrey, please eat this.	*Señora Monterrey, coma esto, por favor.*
Mr. Ortega, Mrs. Monterrey, please eat this.	*Señor Ortega, señora Monterrey, coman esto, por favor.*
Mr. Ortega, write to your friends, please.	*Señor Ortega, escriba a sus amigos, por favor.*
Mr. Ortega, Mrs. Monterrey, write to your friends, please.	*Señor Ortega, señora Monterrey, escriban a sus amigos, por favor.*

Form the negative commands in the usual manner, by simply adding *no* to the affirmative.

Mr. Ortiz, don't speak.	*Señor Ortiz, no hable.*
Mr. and Mrs. Ortiz, don't speak.	*Señores Ortiz, no hablen.*

Forming the *tú* imperative is easy. For almost all verbs, simply use the *usted* form of the present indicative.

Juan, speak slowly.	*Juan, habla lentamente.*
María, eat this.	*María, come esto.*
Isabel, write to your parents.	*Isabel, escribe a tus padres.*

For the negative of the *tú* imperative, use *no* before the verb and add -s to its corresponding *usted* imperative form.

Pablo, don't speak to me.	*Pablo, no me hables.*
María, don't always eat ice cream.	*María, no comas helado siempre.*

| Juan, don't write to me in English. | *Juan, no me escribas en inglés.* |

To form the plural *vosotros/vosotras* form of the imperative, remove the *-r* of the infinitive and add *-d*.

Pablo, María, speak to Miguel	*Pablo, María, hablad a Miguel.*
Pablo, María, eat the meat.	*Pablo, María, comed la carne.*
Pablo, María, write to Miguel in English.	*Pablo, Juan, escribid a Miguel en inglés.*

The negative of the *vosotros/vosotras* imperative is formed by removing the infinitive suffix of the verb and adding *-éis* to *-ar* verb stems and *-áis* to both *-er* and *-ir* verb stems. Add *no* before the verb.

Pablo, María, don't speak to me.	*Pablo, María, no me habléis.*
Pablo, María, don't always eat ice cream.	*Pablo, María, no comáis helado siempre.*
Pablo, María, don't write to me in English.	*Pablo, María, no me escribáis en inglés.*

Finally, the "let's" or *nosotros/nosotras* form of the imperative is formed by adding *-emos* to *-ar* verb stems and *-amos* to both *-er* and *-ir* verb stems.

Let's always speak in Spanish.	*Hablemos en español siempre.*
Let's not always eat ice cream.	*No comamos siempre el helado.*
Let's write to María.	*Escribamos a María.*

B.

Before looking at the dialogue, you will need to know a few more verbs.

to call	*llamar*
to take	*tomar*
to open	*abrir*

Here you have the use of the formal imperative. Mr. Camacho calls a doctor to visit his sick wife.

Doctor:	*Señora Camacho, abra la boca.*
Mr. Camacho:	*¿Qué tiene, doctor?*
Doctor:	*Un resfriado. Tome estas pastillas.*
Mrs. Camacho:	*¡Gracias, doctor!*
Doctor:	*Señor Camacho, tome la temperatura de su esposa mañana.*
Mr. Camacho:	*¿Y luego?*
Doctor:	*Llamen mañana si la señora Camacho tiene fiebre.*

Now let's take a closer look at the dialogue.

Mrs. Camacho, open your mouth.	*Señora Camacho, abra la boca.*
What does she have, doctor?	*¿Qué tiene, doctor?*
A cold. Take these pills.	*Un resfriado. Tome estas pastillas.*
Thank you, doctor!	*¡Gracias, doctor!*
Mr. Camacho, take your wife's temperature tomorrow.	*Señor Camacho, tome la temperatura de su esposa mañana.*
And then?	*¿Y luego?*
Call tomorrow if Mrs. Camacho has a fever.	*Llamen mañana si la señora Camacho tiene fiebre.*

C.

1. You will be asked to tell Mr. Camacho to do several things. For example: *Diga al Señor Camacho/abrir la boca.* Your answer would be: *Señor Camacho, abra la boca,* "Mr. Camacho, open your mouth!"

   1. *Diga al señor Ortega/llamar un doctor.*
   2. *Diga a la señora Ortega y al señor Ortega/llamar un doctor.*
   3. *Diga a la señora Camacho/tomar una aspirina.*
   4. *Diga al señor Camacho/abrir la boca.*
   5. *Diga a los señores Ortega, abrir la boca.*

2. Now, you can give the orders. Tell the following people to do the suggested activities using the informal form of the imperative.

   1. Tell Juan to speak slowly.
   2. Tell María to speak in English.
   3. Tell María not to always eat ice cream.
   4. Tell Juan not to write in English.
   5. Tell Pablo and María to eat the meat.

D. Answer Key

1.
   1. *Señor Ortega, llame a un doctor.*
   2. *Señores Ortega, llamen a un doctor.*
   3. *Señora Camacho, tome una aspirina.*
   4. *Señor Camacho, abra la boca.*
   5. *Señores Ortega, abran la boca.*

2.
   1. *Juan, habla lentamente.*
   2. *María, habla en inglés.*
   3. *María, no comas siempre helado.*
   4. *Juan, no escribas en inglés.*
   5. *Pablo, María, comed la carne.*

The Imperative of Irregular Verbs

A.

All those verbs that change their stem in the present indicative undergo the same stem change in the imperative. To form the formal imperative, drop the *-o* from the present tense *yo* form, for example *digo*, and add the normal imperative endings, for example *diga*. Practice the following verbs: *comenzar* "to begin," *decir* "to say, to tell," *conducir* "to drive," and *dormir* "to sleep." *Comenzar* undergoes an additional spelling change; *z* becomes *c* before *e*. Here you have each singular form first followed by its corresponding plural.

Mr. Ortega, please begin.	*Señor Ortega, comience, por favor.*
Mr. Ortega, Mrs. Gutiérrez, please begin.	*Señor Ortega, señora Gutiérrez, comiencen, por favor.*
Mr. Camacho, please tell the truth.	*Señor Camacho, diga la verdad, por favor.*
Mr. Ortega, Mrs. Gutiérrez, please tell the truth.	*Señor Ortega, señora Gutiérrez, digan la verdad, por favor.*
Miss Sánchez, please drive carefully.	*Señorita Sánchez, conduzca con cuidado, por favor.*
Miss Sánchez, Mr. Ortiz, please drive carefully.	*Señorita Sánchez, señor Ortiz, conduzcan con cuidado, por favor.*
Mr. Camacho, don't sleep now.	*Señor Camacho, no duerma ahora.*
Mr. Camacho, Mrs. Ortega, don't sleep now.	*Señor Camacho, señora Ortega, no duerman ahora.*

Only a handful of verbs do not match this pattern. These are *dar* "to give," *estar* "to be," *ir* "to go," *saber* "to know," and *ser* "to be."

Mr. Camacho, please give your phone number to Mr. Ortiz.	*Señor Camacho, déle su número de teléfono al señor Ortiz, por favor.*
Mr. Camacho, Mrs. Ortega, please give Mr. Ortiz your phone numbers.	*Señor Camacho, señora Ortega, denle al señor Ortiz sus números de teléfono, por favor.*
Mr. Alomar, don't be nervous.	*Señor Alomar, no esté nervioso.*
Mr. Alomar, Mrs. Camacho, don't be nervous.	*Señor Alomar, señora Camacho, no estén nerviosos.*

Verbs in Action

Miss Ortiz, go to the store.	*Señorita Ortiz, vaya a la tienda.*
Miss Ortiz, Mr. Camacho, go to the store.	*Señorita Ortiz, señor Camacho, vayan a la tienda.*
Miss Ortega, know that you are welcome.	*Señorita Ortega, sepa que usted es bienvenida.*
Mr. Ortega, Mrs.Camacho, know that you are welcome.	*Señor Ortega, señora Camacho, sepan que ustedes son bienvenidos.*
Mr. Camacho, be kind.	*Señor Camacho, sea amable.*
Mr. Camacho, Mrs. Camacho, be kind.	*Señor Camacho, señora Camacho, sean amables.*

Only a few verbs do not follow the patterns described in the previous unit at all. These verbs are *decir* "to say, to tell," *ir* "to go," *ser* "to be," *hacer* "to do, to make," *salir* "to go out, to leave," *poner* "to put," *tener* "to have," and *venir* "to come." They are irregular in the affirmative imperative only. Here are their forms, singular and plural.

tell (singular)	*di*
tell (singular)	*decid*
go (singular)	*ve*
go (plural)	*id*
be (singular)	*sé*
be (plural)	*sed*
do, make (singular)	*haz*
do, make (plural)	*haced*
leave (singular)	*sal*
leave (plural)	*salid*
put (singular)	*pon*
put (plural)	*poned*
have (singular)	*ten*
have (plural)	*tened*
come (singular)	*ven*
come (plural)	*venid*

B.

Isabel and Carlos tell María and Pablo, their younger siblings, what to do, and what not do.

Isabel:	*María, di la verdad.*
Carlos:	*Pablo, no digas mentiras.*
Isabel:	*María, ve allí.*
Carlos:	*Pablo, no hagas eso.*
Isabel:	*Pablo, María, haced esto en vez de eso. Pablo, ven aquí y ten esto. Sé paciente.*

Now let's take a closer look.

María, tell the truth.	*María, di la verdad.*
Pablo, don't tell lies.	*Pablo, no digas mentiras.*
María, go there.	*María, ve allí.*
Pablo, don't do that.	*Pablo, no hagas eso.*
Pablo, María, do this instead of that.	*Pablo, María, haced esto en vez de eso.*
Pablo, come here and take this.	*Pablo, ven aquí y ten esto.*
Be patient.	*Sé paciente.*

C.

1. Now, as in the previous unit, you will be asked in Spanish to tell someone to do something: *Diga al señor Camacho/Diga a la señora Camacho . . .* Use formal commands.
   1. *Diga a la señora Monterrey/decir la verdad*
   2. *Diga a la señorita Sánchez y al señor Camacho/decir la verdad*
   3. *Diga al señor Ortiz/ir allí*
   4. *Diga a la señora Ortega/no estar nerviosa*
   5. *Diga a la señora Romero/dar su dirección a su secretaria*

2. Now, you give orders to María and Pablo. In this case, use informal commands.
   1. *Diga a María/decir la verdad.*
   2. *Diga a Pablo y María/no ir allí.*
   3. *Diga a Pablo/ser paciente.*
   4. *Diga a Pablo/no hacer eso.*
   5. *Diga a María/salir esta noche.*

D. Answer Key

1. 1. *Señora Monterrey, diga la verdad.*
   2. *Señorita Sánchez, señor Camacho, digan la verdad.*
   3. *Señor Ortiz, vaya allí.*
   4. *Señora Ortega, no esté nerviosa.*
   5. *Señora Romero, dé su dirección a mi secretaria.*

2. 1. *María, di la verdad.*
   2. *Pablo, María, no vayáis allí.*
   3. *Pablo, sé paciente.*
   4. *Pablo, no hagas eso.*
   5. *María, sal esta noche.*

The Imperative of Reflexive Verbs

A.

The formal imperative of reflexive verbs is formed quite regularly, with the addition of the reflexive pronouns. The pronouns are attached to the end of the verb in affirmative commands, but placed before the verb in negative commands. A few phrases using *sentarse* "to sit down," *ponerse* "to put on," and *vestirse* "to dress oneself," will exemplify the rule.

Mr. Camacho, please sit here.	*Señor Camacho, siéntese aquí, por favor.*
Mrs. Monterrey, please don't sit here.	*Señora Monterrey, no se siente aquí, por favor.*
Miss Sánchez, Mr. Ortega, put on a sweater.	*Señorita Sánchez, señor Ortega, pónganse un suéter.*
Miss Sánchez, Mr. Ortega, don't put on a sweater. It's warm.	*Señorita Sánchez, señor Ortega, no se pongan un suéter. Hace calor.*
Mr. Camacho, please get dressed.	*Señor Camacho, vístase, por favor.*
Mr. Camacho, don't get dressed yet.	*Señor Camacho, no se vista todavía.*

The informal imperative of reflexive verbs is formed regularly, but adds reflexive pronouns. These are attached to the end of the verb in affirmative commands, but placed before the verb in negative commands. Note that the final *-d* of *vosotros/vosotras* affirmative forms is dropped, as is the final *-s* of the *nosotros/nosotras* forms.

Juan, sit down here.	*Juan, siéntate aquí.*
María, don't sit down here.	*María, no te sientes aquí.*
Juan, María, sit down here.	*Juan, María, sentaos aquí.*
Juan, María, don't sit down here.	*Juan, María, no os sentéis aquí.*
Let's sit down.	*Sentémonos.*
Pablo, get dressed.	*Pablo, vístete.*
María, don't get dressed yet.	*María, no te vistas todavía.*
Pablo, María, get dressed.	*Pablo, María vestíos.*
Pablo, María, don't get dressed yet.	*Pablo, María, no os vistáis todavía.*
Let's get dressed.	*Vistámonos.*

B.

You will be using the verb *acostarse* "to lie down," which is a stem-changing verb like *dormir*. You will also be using *indicar* "to indicate, to show." Now, read what Doctor Ortiz tells his patients to do.

Doctor Ortiz:	*Señor Ortega, acuéstese aquí.*
Ortega:	*Sí, doctor.*
Doctor Ortiz:	*Señor Ortega, vístase ahora.*
Ortega:	*Sí, doctor.*
Doctor Ortiz:	*Señora Camacho, no se siente aquí.*
Camacho:	*No, doctor.*
Doctor Ortiz:	*Señor Romero no se vista todavía.*
Romero:	*No, doctor.*
Doctor Ortiz:	*Señorita Sánchez, indíqueme dónde le duele.*
Sánchez:	*Aquí, doctor.*

Now let's take a closer look.

Mr. Ortega, lie down here.	*Señor Ortega, acuéstese aquí.*
Yes, doctor.	*Sí, doctor.*
Mr. Ortega, get dressed now.	*Señor Ortega, vístase ahora.*
Yes, doctor.	*Sí, doctor.*
Mrs. Camacho, don't sit down here.	*Señora Camacho, no se siente aquí.*
No, doctor.	*No, doctor.*
Mr. Romero, don't get dressed yet.	*Señor Romero no se vista todavía.*
No, doctor.	*No, doctor.*
Miss Sánchez, show me where it hurts.	*Señorita Sánchez, indíqueme dónde le duele.*
Here, doctor.	*Aquí, doctor.*

C.

1. Now, you take the part of the doctor and make the following commands.
   1. *Diga al señor Ortega/no acostarse aquí*
   2. *Diga al señor Ortega/no vestirse ahora*
   3. *Diga a la señora Camacho/sentarse aquí*
   4. *Diga al señor Camacho/vestirse*
   5. *Diga a la señorita Sánchez/indicar a usted donde le duele*

2. And now, tell Pablo and María what to do.
   1. *Diga a Pablo/lavarse*
   2. *Diga a María/no sentarse*
   3. *Diga a Pablo y María/lavarse*

4. *Diga a Pablo/divertirse esta noche*
5. *Diga a Pablo/no lavarse ahora*

D. Answer Key

1. 1. *Señor Ortega, no se acueste aquí.*
2. *Señor Ortega, no se vista ahora.*
3. *Señora Camacho, siéntese aquí.*
4. *Señor Camacho, vístase.*
5. *Señorita Sánchez, indíqueme donde le duele.*

2. 1. *Pablo, lávate.*
2. *María, no te sientes.*
3. *Pablo, María, lavaos.*
4. *Pablo, diviértete esta noche.*
5. *Pablo, no te laves ahora.*

SPEAKING ABOUT THE PAST

The Preterite of Regular -ar Verbs

A.

The *preterite* is equivalent to the English simple past: "I spoke, I ate, I wrote." In this unit you will learn how to conjugate the preterite of regular -ar verbs. Drop the infinitive suffix and add the endings -é, -aste, -ó, -amos, -asteis, and -aron to the verb stem. Let's practice with *hablar* "to speak."

I spoke	*hablé*
I spoke to Carmen yesterday.	*Hablé con Carmen ayer.*
you spoke	*hablaste*
María, did you speak to her last week?	*María, ¿hablaste con ella la semana pasada?*
he spoke	*habló*
Isabel didn't speak to me yesterday.	*Isabel no me habló ayer.*
you spoke	*habló*
Mr. Ortega, did you speak to your wife this morning?	*Señor Ortega, ¿habló usted con su esposa esta mañana?*
we spoke	*hablamos*
We spoke to Julio last night.	*Hablamos con Julio anoche.*
you spoke	*hablasteis*
Carmen, Jorge, did you speak to Julio too last night?	*Carmen, Jorge, ¿hablasteis también con Julio anoche?*
they spoke	*hablaron*
One year ago they spoke to Julio.	*Hace un año que hablaron con Julio.*
you spoke	*hablaron*
Mr. and Mrs. Ortega, did you speak to the doctor last night?	*Señores Ortega, ¿hablaron ustedes al doctor anoche?*

B.

Read about Carmen and Jorge talking about shopping. The verb you will need to know is *comprar* "to buy."

Carmen:	*¡Hola, Jorge!*
Jorge:	*¡Hola! ¿Compraste algo ayer?*
Carmen:	*Sí.*

Verbs in Action

Jorge:	Carmen, ¿qué compraste ayer?
Carmen:	Yo compré una bolsa.
Jorge:	Y tu hermano, ¿qué compró?
Carmen:	Compró un disco.
Jorge:	¿Y tu hermana?
Carmen:	Ella y yo compramos tarjetas postales.
Jorge:	Hoy en día la gente compra mucho.
Carmen	Estoy totalmente de acuerdo.

Now let's take a more detailed look at the dialogue.

Hello, Jorge.	¡Hola, Jorge!
Hello. Did you buy anything yesterday?	¡Hola! ¿Compraste algo ayer?
Yes, I did.	Sí.
Carmen, what did you buy yesterday?	Carmen, ¿qué compraste ayer?
I bought a purse.	Yo compré una bolsa.
And your brother, what did he buy?	Y tu hermano, ¿qué compró?
He bought a record.	Compró un disco.
And your sister?	¿Y tu hermana?
She and I bought postcards.	Ella y yo compramos tarjetas postales.
Nowadays people are buying too much.	Hoy en día la gente compra mucho.
I completely agree.	Estoy totalmente de acuerdo.

C.

1. You will be given a statement about the present, such as, for example, *Mi hermana compra un disco hoy.* You will then be given a cue, say, *yo.* Your task is to say that the indicated person bought the exact same thing last week: *Yo compré un disco la semana pasada,* "I bought a record last week."

   1. *Mi hermana compra una bolsa hoy/mi amiga*
   2. *Mi amigo compra un disco hoy/tú*
   3. *Mi primo compra tarjetas postales hoy/yo*
   4. *Mis padres compran un coche hoy/mis amigos*
   5. *Mi hermano compra un coche hoy/nosotros*

2. Now answer these questions about things you did (or didn't) do yesterday.

   1. *¿Compraste ayer una bolsa?*
   2. *¿Hablaste ayer con alguna persona mexicana?*
   3. *¿Tomaste una aspirina?*
   4. *¿Estudiaste español?*
   5. *¿Escuchaste la radio?*

D. Answer Key

1. 1. *Mi amiga compró una bolsa la semana pasada.*
2. *Tú compraste un disco la semana pasada.*
3. *Yo compré tarjetas postales la semana pasada.*
4. *Mis amigos compraron un coche la semana pasada.*
5. *Nosotros compramos un coche la semana pasada.*

2. 1. *Sí, (No) compré una bolsa.*
2. *Sí, (No) hablé ayer con una persona mexicana.*
3. *Sí, (No) tomé una aspirina.*
4. *Sí, (No) estudié español.*
5. *Sí, (No) escuché la radio.*

The Preterite of Regular *-er* and *-ir* Verbs

A.

To form the preterite of both second- and third-conjugation verbs, all you have to do is to drop the infinitive suffix before adding the following endings: *í, -iste, ió, -imos, -isteis,* and *-ieron.* Let's practice conjugating *comer* "to eat," and *escribir* "to write."

I ate	*comí*
I ate the whole cake yesterday.	*Comí toda la torta ayer.*
you wrote	*escribiste*
María, did you write the postcard?	*María, ¿escribiste la tarjeta postal?*
he ate	*comió*
Juan ate all the chocolate this morning.	*Juan comió todo el chocolate esta mañana.*
you wrote	*escribió*
Mrs. Romero, did you eat all the fruit?	*Señora Romero, ¿comió usted toda la fruta?*
Mr. Ortiz, did you write to her yesterday?	*Señor Ortiz, ¿le escribió usted ayer?*
we ate	*comimos*
We ate a lot last night.	*Comimos mucho anoche.*
you wrote	*escribisteis*
María, Pablo, did you write to your friends yesterday?	*María, Pablo, ¿les escribisteis a vuestros amigos ayer?*
they ate	*comieron*
They ate at seven o'clock.	*Comieron a las siete.*

| you wrote | escribieron |
| Mr. and Mrs. Jackson, did you write to your relatives in the U.S.? | Señores Jackson, ¿les escribieron a sus parientes en los Estados Unidos? |

B.

Here you have the Ortega family talking about the events at the airport before they were boarding the plane to go on vacation. You need to know two new verbs: *perder* "to lose," and *salir* "to leave."

Mrs. Ortega:	Juan, ¿qué perdiste en el aeropuerto?
Mr. Ortega:	Perdí mis maletas.
Pablo:	¿Por qué el avión salió tarde?
Mr. Ortega	No sé por qué salimos tarde.
Mrs. Ortega:	Pablo, Carmen, salisteis tarde también el año pasado, ¿no?
Carmen:	Sí, es verdad.
Pablo:	Y además nuestros amigos perdieron sus billetes el año pasado.

Now let's look at the dialogue again with the translation.

Juan, what did you lose at the airport?	Juan, ¿qué perdiste en el aeropuerto?
I lost my luggage.	Perdí mis maletas.
Why did the plane leave late?	¿Por qué el avión salió tarde?
I don't know why we left late.	No sé por qué salimos tarde.
Pablo, Carmen, you left late last year as well, didn't you?	Pablo, Carmen, salisteis tarde también el año pasado, ¿no?
Yes, it's true.	Sí, es verdad.
And besides that, our friends lost their tickets last year.	Y además nuestros amigos perdieron sus billetes el año pasado.

C.

1. Now, answer the following questions as indicated.
   1. ¿Quién perdió su bolsa?/tú
   2. ¿Qué salió tarde?/el avión
   3. ¿Quién salió tarde el año pasado?/vosotros
   4. ¿Quién perdió sus billetes?/mis padres
   5. ¿Quién escribió una tarjeta postal?/yo

2. And now answer these questions about things you did (or didn't do) last year.
   1. ¿Perdiste una bolsa el año pasado?
   2. ¿Escribiste un libro el año pasado?
   3. ¿Saliste para México?

4. ¿Bebiste tequila?

5. ¿Comiste muchos tacos?

D. Answer Key

1. 1. *Tú perdiste tu bolsa.*

2. *El avión salió tarde.*

3. *Vosotros salisteis tarde el año pasado.*

4. *Mis padres perdieron sus billetes.*

5. *Yo escribí una tarjeta postal.*

2. 1. *Sí, (No) perdí una bolsa el año pasado.*

2. *Sí, (No) escribí un libro el año pasado.*

3. *Sí, (No) salí para México.*

4. *Sí, (No) bebí tequila.*

5. *Sí, (No) comí muchos tacos.*

The Preterite of *ser* and *ir*

A.

Now that you've dealt with regular verbs in the preterite, the time has come, once again, to try your hand at irregular verbs. Let's start with *ser* "to be" and *ir* "to go." They have identical preterite forms.

I went	*fui*
I went to the movies yesterday.	*Fui al cine ayer.*
you went	*fuiste*
María, did you go to the movies yesterday?	*María, ¿fuiste al cine ayer?*
she was	*fue*
María was polite yesterday.	*María fue amable ayer.*
she went	*fue*
María went to the store this morning.	*María fue a la tienda esta mañana.*
you went	*fue*
Mr. Camacho, did you go downtown last week?	*Señor Camacho, ¿fue usted al centro la semana pasada?*
we were	*fuimos*
We were excellent yesterday.	*Fuimos excelentes ayer.*
you went	*fuisteis*
Jorge, Sandra, where did you go yesterday?	*Jorge, Sandra, ¿dónde fuisteis ayer?*

| they went | *fueron* |
| They went to the movies. | *Fueron al cine.* |

| you went | *fueron* |
| Ladies, did you go downtown yesterday? | *Señoras, ¿fueron al centro ayer?* |

B.

Now, read about Juan and María talking about what they did yesterday.

Juan:	*¿Adónde fuiste?*
María:	*Yo fui a una fiesta.*
Juan:	*¿Dónde fue la fiesta?*
María:	*Fue en casa de una amiga. Y tú, ¿adónde fuiste?*
Juan:	*Mi hermano y yo fuimos a una tienda de discos. Y tus amigos, ¿adónde fueron?*
María:	*Fueron a casa.*

Now let's take a closer look.

Where did you go?	*¿Adónde fuiste?*
I went to a party.	*Yo fui a una fiesta.*
Where was the party?	*¿Dónde fue la fiesta?*
It was at a friend's house.	*Fue en casa de una amiga.*
And you, where did you go?	*Y tú, ¿adónde fuiste?*
My brother and I went to a record store.	*Mi hermano y yo fuimos a una tienda de discos.*
And your friends, where did they go?	*Y tus amigos, ¿adónde fueron?*
They went home.	*Fueron a casa.*

C.

1. Now, answer the following questions as indicated.

1. *¿Quién fue al centro?/tú*
2. *¿Quién fue a una fiesta?/yo*
3. *¿Quién fue con su madre?/tú*
4. *¿Quién fue al cine?/mi hermana*
5. *¿Quién fue a una tienda de discos?/mi hermano y yo*

2. And now, answer these questions about yourself.

1. *¿Fuiste a una fiesta ayer?*
2. *¿Fuiste al cine la semana pasada?*
3. *¿Fuiste amable con tus amigos anoche?*
4. *¿Fuiste a México el verano pasado?*
5. *¿Fuiste al centro con tu madre ayer?*

D. Answer Key

1. 1. *Tú fuiste al centro.*
   2. *Yo fui a una fiesta.*

3. *Tú fuiste con tu madre.*
4. *Mi hermana fue al cine.*
5. *Mi hermano y yo fuimos a una tienda de discos.*

2. 1. *Sí, (No) fui a una fiesta ayer.*
   2. *Sí, (No) fui al cine la semana pasada.*
   3. *Sí, (No) fui amable con mis amigos anoche.*
   4. *Sí, (No) fui a México el verano pasado.*
   5. *Sí, (No) fui al centro con mi madre ayer.*

The Preterite of *estar* and *tener*

A.

First, focus on the preterite forms of *estar* "to be."

I was	*estuve*
I was very worried yesterday.	*Estuve muy preocupado ayer.*
you were	*estuviste*
Were you worried too, Carmen?	*¿Estuviste preocupada también, Carmen?*
he was	*estuvo*
José wasn't tired.	*José no estuvo cansado.*
you were	*estuvo*
Were you pleased, Mr. González?	*¿Estuvo contento, señor González?*
we were	*estuvimos*
We also were pleased.	*Estuvimos contentos también.*
you were	*estuvisteis*
Carmen, Clara, were you ready yesterday?	*Carmen, Clara, ¿estuvisteis listas ayer?*
they were	*estuvieron*
My parents were tired yesterday.	*Mis padres estuvieron cansados ayer.*
you were	*estuvieron*
Gentlemen, were you ready yesterday?	*Señores, ¿estuvieron ustedes listos ayer?*

The preterite of *tener* "to have" has forms that are identical to those of *estar* "to be."

I had a party at my house last night.	*Tuve una fiesta en mi casa anoche.*
Pablo, did you also have a party last night?	*Pablo, ¿tuviste también una fiesta anoche?*

He had an accident yesterday.	Tuvo un accidente ayer.
Mrs. Ramírez, did you have a cold yesterday?	Señora Ramírez, ¿tuvo usted un resfriado ayer?
We had a lot of luck yesterday.	Tuvimos mucha suerte ayer.
Clara, Carmen, did you have a party last night?	Clara, Carmen, ¿tuvisteis una fiesta anoche?
They had an accident last week.	Tuvieron un accidente la semana pasada.
Mr. and Mrs. Camacho, did you have a cold yesterday?	Señores Camacho, ¿tuvieron ustedes un resfriado ayer?

There are a few other verbs conjugated in the same way.

he made	hizo
we were able to, we could	pudimos
you put	pusiste
she wanted	quiso
I knew	supe
they came	vinieron

B.

Read about María and Juan discussing the hectic week they had.

María:	¡Estuve tan cansada ayer!
Juan:	¿Por qué?
María:	Por desgracia, estuve ocupada todo el día. Oye, ¿y tu amiga Clara, cómo está?
Juan:	Estuvo enojada conmigo toda la semana pasada.
María:	¿Por qué estuvisteis enojados?
Juan:	Porque tuvimos una pelea sobre la cena. No quiso ir a un restaurante francés.
María:	¿Y no pudiste ser un poco más flexible? Juan, eres un caso.

Now let's take a closer look.

I was so tired yersterday!	¡Estuve tan cansada ayer!
Why?	¿Por qué?
Unfortuntely, I was busy all day.	Por desgracia, estuve ocupada todo el día.
Hey, how's your friend Clara?	Oye, y tu amiga Clara, ¿cómo está?
She was mad at me the whole week.	Estuvo enojada conmigo toda la semana pasada.

Why were you mad at each other?	*¿Por qué estuvisteis enojados?*
Because we had an argument over dinner plans.	*Porque tuvimos una pelea sobre la cena.*
She didn't want to go to a French restaurant.	*No quiso ir a un restaurante francés.*
And you couldn't be a little bit flexible?	*¿Y no pudiste ser un poco más flexible?*
Juan, you are just too much.	*Juan, eres un caso.*

C.

1. Make the following statements or ask questions in Spanish.

1. Say that you were tired yesterday.
2. Ask María if she was busy yesterday.
3. Say that your brother was angry all last week.
4. Say that you and your brother were tired all last week.
5. Ask Carmen and Isabel why they were angry all last week.

2. Now, answer the questions according to the cues.

1. *¿Quién tuvo buena suerte?/yo*
2. *¿Quién lo hizo?/Juan*
3. *¿Quién no pudo ser un poco más flexible?/nosotros*
4. *¿Quién quiso cenar en un restaurante francés?/mis padres*
5. *¿Quién vino de España?/mis primos*

D. Answer Key

1.
1. *Yo estuve cansado/a ayer.*
2. *María, ¿estuviste ocupada ayer?*
3. *Mi hermano estuvo enojado toda la semana pasada.*
4. *Mi hermano y yo estuvimos cansados toda la semana pasada.*
5. *Carmen, Isabel, ¿por qué estuvisteis enojadas toda la semana pasada?*

2.
1. *Yo tuve buena suerte.*
2. *Juan lo hizo.*
3. *Nosotros no pudimos ser un poco más flexibles.*
4. *Mis padres quisieron cenar en un restaurante francés.*
5. *Mis primos vinieron de España.*

The Preterite of Irregular Verbs—Part I

A.

There are a number of verbs that undergo spelling changes in the preterite. Verbs ending in *-car*, *-gar*, and *-zar* change in the *yo* form to retain the same sound as in the infinitive: c changes to qu, g changes to gu, and z changes to c. All other persons are formed regularly. Here are three model verbs.

to look for	*buscar*
I looked for you yesterday.	*Te busqué ayer.*
to arrive	*llegar*
I arrived last night.	*Llegué anoche.*
to begin	*comenzar*
I began to work yesterday.	*Comencé a trabajar ayer.*

Certain second- and third-conjugation verbs with a vowel before the infinitive ending change in the third person singular and plural forms: the *i* between the two vowels becomes a *y*. Here are three model verbs.

to believe	*creer*
He didn't believe you.	*No te creyó.*
to read	*leer*
She read all day yesterday.	*Leyó todo el día ayer.*
to hear	*oír*
He didn't hear anything.	*No oyó nada.*

Stem changing -*ir* verbs change the vowel in the preterite in the third person singular and plural as well: *o* becomes *u* and *e* becomes *i*. Let's take, for example, *dormir* "to sleep" and *pedir* "to ask for."

I slept	*dormí*
I slept all day yesterday.	*Yo dormí todo el día ayer.*
she slept	*ella durmió*
She slept all day as well.	*Ella durmió todo el día también.*
I asked for	*pedí*
I asked for it yesterday.	*Yo lo pedí ayer.*
they asked for	*pidieron*
They asked for it too.	*Ellos lo pidieron también.*

B.

Now, read about Mr. and Mrs. Ortega reminiscing about their trip to Mexico.

Mrs. Ortega:	*¡Qué buenas vacaciones!*
Mr. Ortega:	*¡De verdad! Aunque la verdad es que yo llegué el sábado y tú, el domingo.*
Mrs. Ortega:	*Yo comencé a nadar inmediatamente.*
Mr.Ortega:	*Sí, pero luego dormiste todo el jueves.*
Mrs. Ortega:	*De todas formas, fueron unas vacaciones fantásticas.*

Let's look at the translation.

What a great vacation!	*¡Qué buenas vacaciones!*
It sure was! Although the truth is that I arrived on Saturday and you on Sunday.	*¡De verdad! Aunque la verdad es que yo llegué el sábado y tú, el domingo.*
I began to swim immediately.	*Yo comencé a nadar inmediatamente.*
Yes, but then you slept all day Thursday.	*Sí, pero luego dormiste todo el jueves.*
In any case, it was a fantastic vacation!	*De todas formas, fueron unas vacaciones fantásticas.*

C.

1. Put sentences together using the cues. For example, if you are given the cues *yo/llegar/lunes*, then you would say: *Yo llegué el lunes* "I arrived Monday."

   1. *yo/llegar/lunes*
   2. *mi hija/llegar/sábado*
   3. *yo/buscar/un mapa de la ciudad*
   4. *mi hijo/leer/siempre*
   5. *yo/comenzar/a nadar inmediatamente*

2. Now answer these questions.

   1. *¿Cuándo comenzaste a estudiar español?*
   2. *¿Cómo fueron las vacaciones de los señores Ortega?*
   3. *¿Tus amigos pidieron tequila en el restaurante anoche?*
   4. *¿Durmió tu padre mucho anoche?*
   5. *¿Leyeron tus padres el periódico ayer?*

D. Answer Key

1. 1. *Yo llegué el lunes.*
   2. *Mi hija llegó el sábado.*
   3. *Yo busqué un mapa de la ciudad.*
   4. *Mi hijo leyó siempre.*
   5. *Yo comencé a nadar inmediatamente.*

2. 1. *Comencé a estudiar español el mes pasado.*
   2. *Las vacaciones de los señores Ortega fueron fantásticas.*
   3. *(No) Sí, mis amigos (no) pidieron tequila en el restaurante anoche.*
   4. *(No) Sí, mi padre (no) durmió mucho anoche.*
   5. *(No) Sí, mis padres (no) leyeron el periódico ayer.*

Verbs in Action

The Preterite of Irregular Verbs—Part II

A.

The verbs *decir* "to say, to tell," *traer* "to bring," *dar* "to give," and *ver* "to see" also have irregular preterite forms. Let's practice them. Note that any verb ending in *-cir*, such as *conducir* "to drive," is conjugated like *decir*.

I said	*dije*
you said	*dijiste*
he said	*dijo*
you said	*dijo*
we said	*dijimos*
you said	*dijisteis*
they said	*dijeron*
you said	*dijeron*
I brought	*traje*
you brought	*trajiste*
he brought	*trajo*
you brought	*trajo*
we brought	*trajimos*
you brought	*trajisteis*
they brought	*trajeron*
you brought	*trajeron*
I gave	*di*
you gave	*diste*
he gave	*dio*
you gave	*dio*
we gave	*dimos*
you gave	*disteis*
they gave	*dieron*
you gave	*dieron*
I saw	*vi*
you saw	*viste*
he saw	*vio*
you saw	*vio*
we saw	*vimos*
you saw	*visteis*
they saw	*vieron*
you saw	*vieron*

B.

Remember the vacation that Mr. and Mrs. Ortega took in the previous unit?

Mr. Ortega:	El lunes nuestra hija dijo que hacía frío.
Mrs. Ortega:	Y el martes nuestros amigos trajeron pasteles al hotel.
Mr. Ortega	Y el miércoles yo le di el mapa de la ciudad a Juan.
Mrs. Ortega	Y el jueves yo vi a un viejo amigo.
Mr. Ortega	Y el viernes nuestra hija vio a una vieja amiga.
Mrs. Ortega:	¡Fueron realmente unas vacaciones fantásticas!

And here's the dialogue again with the translation.

On Monday our daughter said that it was cold.	El lunes nuestra hija dijo que hacía frío.
And on Tuesday our friends brought pastries to the hotel.	Y el martes nuestros amigos trajeron pasteles al hotel.
And on Wednesday I gave the map of the city to Juan.	Y el miércoles yo le di el mapa de la ciudad a Juan.
And on Thursday I saw an old friend.	Y el jueves yo vi a un viejo amigo.
And on Friday our daughter saw an old friend.	Y el viernes nuestra hija vio a una vieja amiga.
It really was a fantastic vacation!	¡Fueron realmente unas vacaciones fantásticas!

C.

1. How much of the Ortega vacation do you recall? Answer the questions, this time without any cues!

1. ¿Qué dijo su hija el lunes?
2. ¿Qué hicieron sus amigos el martes?
3. ¿Qué le dio el señor Ortega a Juan el miércoles?
4. ¿Quién vio la señora Ortega el jueves?
5. ¿A quién vio su hija el viernes?

2. And now answer these questions about things you did (or didn't do) yesterday.

1. ¿Les dijiste "Hola" a tus amigos?
2. ¿Viste a tus padres?
3. ¿Le diste un pastel a tu hermana?
4. ¿Le trajiste un mapa a tu hermano?
5. ¿Viste a un viejo amigo?

D. Answer Key

1.
1. El lunes su hija dijo que hacía frío.
2. El martes sus amigos trajeron pasteles al hotel.
3. El miércoles el señor Ortega le dio el mapa de la ciudad a Juan.
4. El jueves la señora Ortega vio a un viejo amigo.
5. El viernes su hija vio a una vieja amiga.

2. 1. *(No) Sí, (no) les dije "Hola" a mis amigos.*
2. *(No) Sí, (no) vi a mis padres.*
3. *(No) Sí, (no) le di un pastel a mi hermana.*
4. *(No) Sí, (no) le traje un mapa a mi hermano.*
5. *(No) Sí, (no) vi a un viejo amigo.*

The Preterite of Reflexive Verbs

A.

The preterite of reflexive verbs requires that you add reflexive pronouns. A few examples based on the verbs *lavarse* "to wash oneself," *ponerse* "to put on," and *dormirse* "to fall asleep," will be sufficient.

I washed myself this morning.	*Me lavé esta mañana.*
Carmen, when did you fall asleep last night?	*Carmen, ¿cuándo te dormiste anoche?*
She didn't put on a sweater yesterday.	*Ella no se puso un suéter ayer.*
We washed ourselves twice a day on vacation.	*Nos lavamos dos veces al día durante las vacaciones.*
Carmen, María, what did you put on yesterday?	*Carmen, María, ¿qué os pusisteis ayer?*

B.

Now, let's listen in as Isabel and Pablo talk about their weekend over lunch. You'll need to know two new verbs: *levantarse* "to get up," and *afeitarse* "to shave."

Isabel:	*El sábado todos nosotros nos dormimos tarde.*
Pablo:	*Y nosotros también.*
Isabel:	*El domingo yo me levanté tarde.*
Pablo:	*Yo no me afeité en todo el día.*
Isabel:	*Y yo no me lavé.*
Pablo:	*Mis padres se levantaron a las siete.*
Isabel:	*Pues mis padres también se levantaron tarde.*
Pablo:	*¿Por qué?*
Isabel:	*Porque mis padres también se durmieron tarde el sábado.*

Let's take a closer look.

On Saturday we all fell asleep late.	*El sábado todos nosotros nos dormimos tarde.*
So did we.	*Y nosotros también*
On Sunday I got up late.	*El domingo yo me levanté tarde.*
I didn't shave all day.	*Yo no me afeité en todo el día.*
And I didn't wash myself.	*Y yo no me lavé.*

<table>
<tr><td>My parents got up at seven.</td><td>Mis padres se levantaron a las siete.</td></tr>
<tr><td>In our case, my parents got up late too.</td><td>Pues mis padres también se levantaron tarde.</td></tr>
<tr><td>Why?</td><td>¿Por qué?</td></tr>
<tr><td>Because my parents fell asleep late on Saturday, too.</td><td>Porque mis padres también se durmieron tarde el sábado.</td></tr>
</table>

C.

1. Now, let's see how much of this dialogue you remember. Answer the questions, without any cues.
   1. *¿Quién se durmió tarde el sábado?*
   2. *¿Quién se levantó tarde el domingo?*
   3. *¿Quién no se afeitó?*
   4. *¿Quién no se lavó?*
   5. *¿A qué hora se levantaron los padres de Pablo?*

2. And now make the following statements in Spanish.
   1. Say that María put on a sweater yesterday.
   2. Say that you got up late on Sunday.
   3. Say that your father fell asleep late last night.
   4. Say that your friends didn't shave last week.
   5. Say that you washed yourself late yeserday.

D. Answer Key

1. 1. *Isabel y Pablo se durmieron tarde el sábado.*
   2. *Isabel se levantó tarde el domingo.*
   3. *Pablo no se afeitó*
   4. *Isabel no se lavó.*
   5. *Los padres de Pablo se levantaron a las siete.*

2. 1. *María se puso un suéter ayer.*
   2. *Me levanté tarde el domingo.*
   3. *Mi padre se durmió tarde anoche.*
   4. *Mis amigos no se afeitaron la semana pasada.*
   5. *Me lavé tarde ayer.*

Regular Past Participles

A.

The *past participle* is used primarily to form compound tenses, such as the *present perfect*, which corresponds to such English forms as "I have spoken," "you have eaten," and so on. The past participles of regular verbs in Spanish are formed in the following way: add *-ado* to the stem of *-ar* verbs and *-ido* to the stem of both *-er* and *-ir* verbs.

to work	*trabajar*
worked	*trabajado*
to speak	*hablar*
spoken	*hablado*
to learn	*aprender*
learned	*aprendido*
to eat	*comer*
eaten	*comido*
to sleep	*dormir*
slept	*dormido*
to permit	*permitir*
permitted	*permitido*

The present perfect is formed with the present tense of *haber* as an auxiliary, and the past participle of the main verb. First, let's work on the present indicative of *haber* which, like *tener*, also means "to have." But this verb is used only as an auxiliary verb in compound tenses.

I have	*he*
you have	*has*
he has	*ha*
you have	*ha*
we have	*hemos*
you have	*habéis*
they have	*han*
you have	*han*

Now, here are a few examples of the present perfect for you to practice.

I have already spoken to her.	*Ya le he hablado.*
María, have you already eaten?	*María, ¿has comido?*
Juan hasn't slept all day.	*Juan no ha dormido en todo el día.*
Miss Sánchez, have you slept already?	*Señorita Sánchez, ¿ya ha dormido usted?*
We have already spoken to him.	*Ya le hemos hablado.*
Have you eaten already?	*¿Ya habéis comido?*
They haven't slept all day.	*Ellos no han dormido en todo el día.*
Mr. and Mrs. Ortega, how many hours have you slept?	*Señores Ortega, ¿cuántas horas han dormido ustedes?*

B.

Isabel and Pablo have just run into each other on the street.

Isabel:	Pablo, ¿has comido ya?
Pablo:	Sí, ya he comido.
Isabel:	¿Adónde vas?
Pablo:	Quiero comprar una chaqueta.
Isabel:	¿No la has comprado todavía?
Pablo:	No. Y tú, ¿qué haces?
Isabel:	Tengo que estudiar.
Pablo:	¿No has estudiado todavía? Pero si tu examen es mañana.
Isabel:	¡Ay, ya lo sé y aun no he estudiado nada!

Let's go through the dialogue again step by step.

Pablo, have you already eaten?	Pablo, ¿has comido ya?
Yes, I have eaten.	Sí, ya he comido.
Where are you going?	¿Adónde vas?
I want to buy a jacket.	Quiero comprar una chaqueta.
Haven't you already bought it?	¿No la has comprado todavía?
No. And you, what are you up to?	No. Y tú, ¿qué haces?
I have to study.	Yo tengo que estudiar.
Haven't you already studied?	¿No has estudiado todavía?
But, your exam is tomorrow.	Pero si tu examen es mañana.
I know! And I still haven't studied anything!	¡Ay, ya lo sé y aun no he estudiado nada!

C.

1. Answer the following questions by pointing out that the person has already done the action under consideration.
   1. ¿Tú estás comiendo?
   2. ¿Está durmiendo María?
   3. ¿Están trabajando tus amigos?
   4. ¿Estáis estudiando vosotros?
   5. ¿Está comiendo tu hermano?

2. Now say if you have done any of these things today:
   1. ¿Has estudiado español hoy?
   2. ¿Has trabajado hoy?
   3. ¿Has comido hoy?
   4. ¿Has dormido hoy?
   5. ¿Has bebido tequila hoy?

D. Answer Key

1. 1. *Ya he comido*
2. *Ya ha dormido.*
3. *Ya han trabajado.*
4. *Ya hemos estudiado.*
5. *Ya ha comido.*

2. 1. *Sí, ya he estudiado español hoy./No, no he estudiado español todavía.*
2. *Sí, ya he trabajado hoy./No, no he trabajado todavía.*
3. *Sí, ya he comido hoy./No, no he comido todavía.*
4. *Sí, ya he dormido hoy./No, no he dormido todavía.*
5. *Sí, ya he bebido tequila hoy./No, no he bebido tequila todavía.*

Irregular Past Participles

A.

Several *-er* and *-ir* verbs with a vowel before their infinitive suffix use an accent mark on the *í* of their past participles. Here are some common ones for you to know.

to fall/fallen	*caer/caído*
to read/read	*leer/leído*
to believe/believed	*creer/creído*
to bring/brought	*traer/traído*
to laugh/laughed	*reír/reído*
to smile/smiled	*sonreír/sonreído*

Some common verbs have irregular past participles.

to open/opened	*abrir/abierto*
to say, to tell/said, told	*decir/dicho*
to describe/described	*describir/descrito*
to write/written	*escribir/escrito*
to do, to make/done, made	*hacer/hecho*
to die/died	*morir/muerto*
to put/put	*poner/puesto*
to break/broken	*romper/roto*
to see/seen	*ver/visto*
to return/returned	*volver/vuelto*

B.

Now, let's eavesdrop on a conversation between María and Juan. As usual, Juan is curious to know what has been going on in María's life.

Juan:	¿Qué has hecho esta mañana?
María:	He leído un libro.
Juan:	Y tus padres, ¿qué han hecho?
María:	Mis padres no han hecho nada.
Juan:	Y luego, ¿qué más has hecho?
María:	Mi hermano y yo hemos roto un jarrón.
Juan:	¿Y luego?
María:	También he escrito un mensaje electrónico.
Juan:	¿Y luego?
María:	¡Basta, Juan!

Now let's look at the dialogue again.

What did you do this morning?	¿Qué has hecho esta mañana?
I read a book.	He leído un libro.
And your parents, what did they do?	Y tus padres, ¿qué han hecho?
My parents didn't do anything.	Mis padres no han hecho nada.
And then, what else did you do?	Y luego, ¿qué más has hecho?
My brother and I broke a vase.	Mi hermano y yo hemos roto un jarrón.
And then?	¿Y luego?
I also wrote an e-mail message.	También he escrito un mensaje electrónico.
And then?	¿Y luego?
That's enough, Juan!	¡Basta, Juan!

The use of the present perfect in Spanish usually parallels the use of the same tense in English. However, in Spanish (and especially in Spain), the present perfect is sometimes used where English would use the simple past tense (or the preterite) instead.

C.
1. Now, you will be given two cues. Combine them to a full sentence using the appropriate verb in the present perfect.
   1. *yo/libro*
   2. *mi hermano y yo/un jarrón*
   3. *mis padres/nada*
   4. *mi hermana/nada*
   5. *yo/un mensaje electrónico también*

2. Answer the following questions by pointing out that the person has already done the action under consideration. Use the present perfect.

1. ¿Están durmiendo tus amigos?
2. ¿Está leyendo tu hermano?
3. ¿Estás escribiendo?
4. ¿Estáis volviendo vosotros?
5. ¿Estás diciendo "Hola"?

D. Answer Key

1. 1. Yo he leído un libro.
   2. Mi hermano y yo hemos roto un jarrón.
   3. Mis padres no han hecho nada.
   4. Mi hermana no ha hecho nada.
   5. Yo he escrito un mensaje electrónico también.

2. 1. Ya han dormido.
   2. Ya ha leído.
   3. Ya he escrito.
   4. Ya hemos vuelto.
   5. Ya he dicho "Hola."

The Imperfect of -ar Verbs

A.

The *imperfect* tense allows you to talk about actions, conditions, and events that used to occur repeatedly or habitually in the past. For example, with the preterite you can express an action such as "I ate all the cake," *Yo comí toda la torta*. This is a completed action, the cake is gone. However, if you want to say that you used to eat a lot of cake, that is if you are speaking about a habitual action in the past, then you would need to use the imperfect, *Yo comía la torta*. You will learn the difference between the imperfect and the preterite gradually as you practice the verbs in the next five units.

Let's start with the -ar verbs. As usual, first drop the infinitive suffix and then add the following endings: *-aba, -abas, -aba, -ábamos, -abais, -aban*. Let's practice using the verbs *hablar* "to speak," *jugar* "to play," and *trabajar* "to work," in an alternate fashion.

I used to speak	hablaba
I used to speak Spanish very well when I was young.	Hablaba español muy bien cuando era joven.
you used to play	jugabas
Juan, didn't you used to play soccer?	Juan, ¿no jugabas al fútbol?

she used to speak	*hablaba*
María used to speak French when she was young.	*María hablaba el francés cuando era joven.*
you used to work	*trabajaba*
Mrs. Ortega, didn't you used to work in Spain?	*Señora Ortega, ¿no trabajaba usted en España?*
we used to play	*jugábamos*
We used to play tennis when we were young.	*Jugábamos al tenis cuando éramos jóvenes.*
you used to work	*trabajabais*
Carmen, María, where did you used to work last year?	*Carmen, María, ¿dónde trabajabais el año pasado?*
they used to play	*jugaban*
They used to play tennis when they were young.	*Jugaban al tenis cuando eran jóvenes.*
you used to speak	*hablaban*
Mr. Ortega, Mrs. Ortega, didn't you used to speak French when you were young?	*Señores Ortega, ¿no hablaban español cuando eran jóvenes?*

B.

Now, read about Mr. and Mrs. Ortega telling Juan what they and others used to do when they were younger.

Juan:	*¿Qué hacía Usted, señor Ortega, cuando era joven?*
Mr. Ortega:	*Jugaba mucho al fútbol.*
Mrs. Ortega:	*Tu hermano también jugaba mucho al fútbol, ¿verdad?*
Mr. Ortega:	*No, mi hermano jugaba al baloncesto. ¿Y tú? ¿Cómo pasabas el tiempo cuando eras joven?*
Mrs. Ortega:	*Mi hermana y yo comprábamos muchas revistas.*
Mr. Ortega:	*Y compraban muchos libros también, ¿no?*
Mrs. Ortega:	*Sí, todos en mi familia comprábamos muchos libros.*
Mr. Ortega:	*¡Y muchas estanterías!*

Now let's take a closer look.

What did you used to do, Mr. Ortega, when you were young?	*¿Qué hacía Usted, señor Ortega, cuando era joven?*
I used to play soccer a lot.	*Jugaba mucho al fútbol.*
Didn't your brother used to play soccer a lot too?	*Tu hermano también jugaba mucho al fútbol, ¿verdad?*

No, my brother used to play basketball.	*No, mi hermano jugaba al baloncesto.*
And you? How did you used to spend your time when you were young?	*¿Y tú? ¿Cómo pasabas el tiempo cuando eras joven?*
My sister and I used to buy many magazines.	*Mi hermana y yo comprábamos muchas revistas.*
And you also used to buy lots of books, right?	*Y compraban muchos libros también, ¿no?*
Yes, everyone in my family used to buy a lot of books.	*Sí, todos en mi familia comprábamos muchos libros.*
And a lot of bookshelves!	*¡Y muchas estanterías!*

C.

1. Use the cues to form a sentence using the imperfect.

1. *mi hermano/jugar al fútbol*
2. *Mi hermana y yo/comprar muchas revistas*
3. *mis padres/trabajar el sábado*
4. *Carmen e Isabel/comprar muchos libros*

2. Now, make the following statements using the imperfect.

1. Say that you used to buy a lot of magazines.
2. Say that your sister used to work.
3. Say that your brother used to play tennis.
4. Say that you friend used to speak Spanish very well.

D. Answer Key

1.
1. *Mi hermano jugaba al fútbol.*
2. *Mi hermana y yo comprábamos muchas revistas.*
3. *Mis padres trabajaban el sábado.*
4. *Carmen e Isabel compraban muchos libros.*

2.
1. *Yo compraba muchas revistas.*
2. *Mi hermana trabajaba.*
3. *Mi hermano jugaba al tenis.*
4. *Mi amiga hablaba español muy bien.*

The Imperfect of *-er* and *-ir* Verbs

A.

To form the imperfect of both second- and third-conjugation verbs, drop the infinitive suffix and add these endings: *-ía, -ías, -ía, -íamos, -íais,* and *-ían.* Let's practice conjugating *comer* "to eat," and *vivir* "to live."

I used to eat	*comía*
I used to eat a lot of meat.	*Yo comía mucha carne.*

you used to live	*vivías*
Isabel, didn't you used to live in Spain?	*Isabel, ¿no vivías en España?*
she used to live	*vivía*
María used to live in England.	*María vivía en Inglaterra.*
you used to eat	*comía*
Mr. Camacho, didn't you used to eat a lot of meat?	*Señor Camacho, ¿no comía usted mucha carne?*
we used to live	*vivíamos*
We used to live near the sea.	*Vivíamos cerca del mar.*
you used to eat	*comíais*
Juan, María, didn't you used to eat a lot of chocolate?	*Juan, María, ¿no comíais mucho chocolate?*
they used to live	*vivían*
They used to live in France.	*Vivían en Francia.*
you used to live	*vivían*
Mrs. Camacho, Mr. Camacho, didn't you used to live in Mexico?	*Señora Camacho, señor Camacho, ¿no vivían ustedes en México?*

B.

Mrs. Ortega is telling her daughter a scary story.

Mrs. Ortega:	*El cielo estaba muy oscuro y hacía mucho frío.*
Elena:	*¿Tenías miedo?*
Mrs. Ortega:	*Sí. Caminaba cerca de mi casa pero todo me parecía extraño.*
Elena:	*¿Estabas sola?*
Mrs. Ortega:	*Sí, y de verdad quería llegar a casa. De repente , oí...*
Elena:	*¡Ya basta! ¡No quiero oír más!*

Now let's take a closer look.

The sky was very dark. It was cold.	*El cielo estaba muy oscuro y hacía mucho frío.*
Were you scared?	*¿Tenías miedo?*
Yes. I was walking near my house, but everything seemed strange to me.	*Sí. Caminaba cerca de mi casa pero todo me parecía extraño.*
Were you alone?	*¿Estabas sola?*

Yes, and I really wanted	*Sí, y de verdad quería llegar a casa.*
to arrive at home.	*De repente , oí . . .*
Suddenly, I heard—	
Enough! I don't want to	*¡Ya basta! ¡No quiero oír más!*
hear any more!	

C.

1. Now, answer the following questions.

1. *¿Qué hacía tu hermano?/aprender francés*
2. *¿Qué hacías tú?/dormir mucho*
3. *¿Qué hacían Pablo y Juan?/beber leche*
4. *¿Dónde vivían tus amigos?/vivir en México*
5. *¿Qué hacíais vosotros?/salir cada sábado*

2. Now use of the preterite or the imperfect as appropriate to make the following statements.

1. Say that your friends used to eat a lot of meat.
2. Say that your friends ate a lot of meat yesterday.
3. Say that you and your brother used to study French.
4. Say that your friends studied French last week.
5. Say that you used to drink a lot of coffee.
6. Say that you drank a glass of wine yesterday.

D. Answer Key

1.
1. *Mi hermano aprendía francés.*
2. *Yo dormía mucho.*
3. *Pablo y Juan bebían leche.*
4. *Mis amigos vivían en México.*
5. *Nosotros salíamos cada sábado.*

2.
1. *Mis amigos comían mucha carne.*
2. *Mis amigos comieron mucha carne ayer.*
3. *Mi hermano y yo estudiábamos francés.*
4. *Mis amigos estudiaron francés la semana pasada.*
5. *Yo bebía mucho café.*
6. *Ayer yo bebí un vaso de vino.*

The Imperfect of *ser*

A.

Now that you know how to conjugate regular verbs in the imperfect, we can start tackling irregular verbs. And it won't be all that difficult, because there are only three irregular verbs in the imperfect: *ser* "to be," *ver* "to see," and *ir* "to go." Let's start with *ser*.

| When I was a child, I used | *Cuando era niño, jugaba mucho al* |
| to play soccer a lot. | *fútbol.* |

Juan, when you were a child, did you play soccer a lot too?	Juan cuando eras niño, ¿jugabas mucho al fútbol también?
Everything was different than what it is now.	Todo era diferente de como es ahora.
Mrs. Gutiérrez, what was your childhood like?	Señora Gutiérrez, ¿cómo era su juventud?
As children, we were very happy.	De niños, éramos muy alegres.
Juan, María, where did you live when you were children?	Juan, María, ¿dónde vivíais cuando erais niños?
Those were different times.	Aquellos eran otros tiempos.
Mrs. Camacho, Mr. Camacho, where did you live when you were children?	Señores Camacho, ¿dónde vivían cuando eran niños?

B.

Now, read about Mr. and Mrs. Ruiz talking about their childhood.

Mrs. Ruiz: *Juan, cuando tú eras niño, ¿qué hacías?*
Mr. Ruiz: *Cuando era niño, yo jugaba al fútbol.*
Mrs. Ruiz: *Y tú y tu hermano cuando erais niños, ¿qué hacíais?*
Mr. Ruiz: *Cuando éramos niños, jugábamos al fútbol.*
Mrs. Ruiz   *Cuando tus amigos eran niños, ¿qué hacían?*
Mr. Ruiz: *Cuando eran niños, ellos también jugaban al fútbol.*

Let's look at the translation of the dialogue.

Juan, when you were a child, what did you used to do?	Juan, cuando tú eras niño, ¿qué hacías?
When I was a child I used to play soccer.	Cuando era niño, yo jugaba al fútbol.
And you and your brother, when you were children, what did you used to do?	Y tú y tu hermano cuando erais niños, ¿qué hacíais?
When we were children, we used to play soccer.	Cuando éramos niños, jugábamos al fútbol.
When your friends were children, what did they used to do?	Cuando tus amigos eran niños, ¿qué hacían?
When they were children, they too used to watch television.	Cuando eran niños, ellos también jugaban al fútbol.

C.

1. Ask questions or make statements as indicated below.

1. Say that when María was a child, she used to play basketball.
2. Say that when they were children, they used to play soccer.
3. Ask Mrs. and Mr. Camacho where they used to live when they were children.
5. Say that as children, we were happy.
6. Ask Mrs. Gutiérrez what her childhood was like.

2. Now, answer these questions about yourself.

1. ¿Jugabas al fútbol cuando eras niño/a?
2. ¿Jugabas al fútbol americano cuando eras niño/a?
3. ¿Tus amigos vivían cerca de tu casa cuando erais niños?
4. ¿Tus padres trabajaban cuando eran jóvenes?
5. ¿Estudiabas español cuando estabas en la escuela primaria?

D. Answer Key

1.
1. Cuando María era niña, jugaba al baloncesto.
2. Cuando eran niños, jugaban al fútbol.
3. Señores Camacho, ¿dónde vivían cuando eran niños?
4. De niños, éramos muy alegres.
5. Señora Gutiérrez, ¿comó era su juventud?

2.
1. Sí, (No) jugaba al fútbol cuando era niño/a.
2. Sí, (No) jugaba al fútbol americano cuando era niño/a.
3. Sí, (No) mis amigos vivían cerca de mi casa cuando eramos niños.
4. Sí, (No) mis padres trabajaban cuando eran jóvenes.
5. Sí, (No) estudiaba español cuando estaba en la escuela primaria.

The Imperfect of *ver*

A.

Let's now move on to the next verb and conjugate *ver* "to see" in the imperfect. Focus on its forms.

I used to see	veía
you used to see	veías
he used to see	veía
you used to see	veía
we used to see	veíamos
you used to see	veíais
they used to see	veían
you used to see	veían

B.

Mr. and Mrs. Ruiz remember their frequent trips to the country many years ago. Now that they are back after many years, they notice that the world seems to have changed!

Mrs. Ruiz:	*¿No veías animales silvestres aquí?*
Mr. Ruiz:	*Sí, yo veía muchos animales silvestres por aquí.*
Mrs. Ruiz:	*¿Y tu amigo Juan?*
Mr. Ruiz:	*Dice que veía muchas flores.*
Mrs. Ruiz	*Sí, lo recuerdo bien.*
Mr. Ruiz:	*Y mi hermana y yo veíamos muchas plantas por aquí.*
Mrs. Ruiz:	*Es verdad. Y mis padres veían muchos pájaros.*
Mr. Ruiz:	*¡Vivimos en un mundo que está diferente!*

Now let's take a closer look.

Didn't you used to see wild animals here?	*¿No veías animales silvestres aquí?*
Yes, I used to see many wild animals around here.	*Sí, yo veía muchos animales silvestres por aquí.*
And your friend Juan?	*¿Y tu amigo Juan?*
He says that he used to see many flowers.	*Dice que veía muchas flores.*
Yes, I remember it well.	*Sí, lo recuerdo bien.*
And my sister and I used to see many plants around here.	*Y mi hermana y yo veíamos muchas plantas por aquí.*
It's true. And my parents used to see many birds.	*Es verdad. Y mis padres veían muchos pájaros.*
We're living in a different world!	*¡Vivimos en un mundo que está diferente!*

C.

1. Make full sentences using the cues and the imperfect of *ver.*
   1. *yo/muchas plantas aquí*
   2. *María/también animales silvestres*
   3. *mi hermana/muchas flores*
   4. *Carmen e Isabel/muchas plantas también*
   5. *mis padres/muchos pájaros*

2. Now, say the following things.
   1. Say that you used to see all your friends when you were a kid.
   2. Say that your friends used to see many movies.
   3. Say that your parents used to see their relatives when they were young.

4. Say that we used to see the animals at the zoo.
5. Say that I used to see you in the afternoons.

D. Answer Key

1.
1. *Yo veía muchas plantas aquí.*
2. *María también veía animales silvestres.*
3. *Mi hermana veía muchas flores.*
4. *Carmen e Isabel veían muchas plantas también.*
5. *Mis padres veían muchos pájaros.*

2.
1. *Yo veía a todos mis amigos cuando éramos niños.*
2. *Mis amigos veían muchas películas.*
3. *Mis padres veían a sus parientes cuando eran jóvenes.*
4. *Nosotros veíamos a los animales en el zoo.*
5. *Yo te veía por las tardes.*

The Imperfect of *ir*

A.

Now, let's turn to *ir* "to go" in the imperfect.

I used to go	*iba*
you used to go	*ibas*
he used to go	*iba*
you used to go	*iba*
we used to go	*íbamos*
you used to go	*ibais*
they used to go	*iban*
you used to go	*iban*

B.

Mr. and Mrs. Ruiz just can't stop reminiscing about days gone by. Let's look at their reflections on the vacations they used to take.

Mrs. Ruiz:	*Yo iba con frecuencia a Argentina.*
Mr. Ruiz:	*¿No ibas a Chile?*
Mrs. Ruiz:	*No. Recuerdo que tenía unos amigos que iban a Grecia.*
Mr. Ruiz:	*Y mi hermano y yo íbamos a Francia.*
Mrs. Ruiz	*¿No ibais a Italia también?*
Mr. Ruiz:	*Mis padres sí iban a Italia, pero nosotros no.*

Now let's look at the dialogue again with the translation.

I used to go often to Argentina.	*Yo iba con frecuencia a Argentina.*
María, didn't you used to go to Chile?	*¿No ibas a Chile?*

No. I remember that I had some friends that used to go to Greece.	*No. Recuerdo que tenía unos amigos que iban a Grecia.*
And my brother and I used to go to France.	*Y mi hermano y yo íbamos a Francia.*
Didn't you used to go to Italy too?	*¿No ibais a Italia también?*
My parents used to go to Italy, but we didn't.	*Mis padres sí iban a Italia, pero nosotros no.*

C.

1. **Make full sentences using the cues and the imperfect of *ir*.**

   1. *yo/a España*
   2. *María/a Chile*
   3. *mi hermano y yo/a Francia*
   4. *Pablo y Juan/a Francia también*
   5. *vosotros/a los Estados Unidos*

2. **Now let's review the imperfect. Your task is to answer the questions using the appropriate form of the verb.**

   1. *¿Qué hacía tu hermano?/jugar al fútbol*
   2. *¿Qué hacías tú?/ver los animales en el zoo*
   3. *¿Qué hacía tu hermano?/comer muchos pasteles*
   4. *¿Qué hacías tú?/ir a Argentina con frecuencia*
   5. *¿Qué hacíais vosotros?/ver a nuestros parientes*

D. Answer Key

1. 1. *Yo iba a España.*
   2. *María iba a Chile.*
   3. *Mi hermano y yo íbamos a Francia.*
   4. *Pablo y Juan iban a Francia también.*
   5. *Vosotros ibais a los Estados Unidos.*

2. 1. *Mi hermano jugaba al fútbol.*
   2. *Yo veía los animales en el zoo.*
   3. *Mi hermano comía muchos pasteles.*
   4. *Yo iba a Argentina con frecuencia.*
   5. *Nosotros veíamos a nuestros parientes.*

The Imperfect of Reflexive Verbs

A.

The imperfect of reflexive verbs requires, of course, the addition of reflexive pronouns. A few examples with the verbs *lavarse* "to wash oneself," *ponerse* "to put on," and *dormirse* "to fall asleep" will help you remember their conjugations.

I used to wash myself	*me lavaba*
you used to put on	*te ponías*
he used to fall asleep	*se dormía*
you used to fall asleep	*se dormía*
we used to wash ourselves	*nos lavábamos*
you used to put on	*os poníais*
they used to fall asleep	*se dormían*
you used to fall asleep	*se dormían*

B.

The Ruiz family saga continues! This time they're talking about daily routines in the good old days.

Mrs. Ruiz:	*Yo me lavaba dos veces al día.*
Mr. Ruiz:	*¿Y no te levantabas tarde?*
Mrs. Ruiz:	*No. Y recuerdo que mi hermano se afeitaba una vez a la semana.*
Mr. Ruiz:	*Y yo recuerdo que mi hermana y yo nos dormíamos tarde.*
Mrs. Ruiz	*Mis padres se dormían tarde también.*
Mr. Ruiz:	*¡Aquellos eran otros tiempos!*

Let's take a closer look.

I used to wash myself twice a day.	*Yo me lavaba dos veces al día.*
And didn't you used to get up late?	*¿Y no te levantabas tarde?*
No. And I remember that my brother used to shave once a week.	*No. Y recuerdo que mi hermano se afeitaba una vez a la semana.*
And I remember that my sister and I used to fall asleep late.	*Y yo recuerdo que mi hermana y yo nos dormíamos tarde.*
My parents used to fall asleep late as well.	*Mis padres se dormían tarde también.*
Those were different times!	*¡Aquellos eran otros tiempos!*

C.

1. **Make complete sentences according to the cues using the imperfect.**
   1. *yo/afeitarse/cada mañana*
   2. *María/levantarse/tarde*
   3. *mi hermana y yo/dormirse tarde*
   4. *vosotros/divertirse/mucho*
   5. *nosotros/divertirse/mucho/también*

2. **And now answer these questions according to the cues.**
   1. *¿A qué hora se levantaban sus padres?/a las ocho*
   2. *¿Qué se ponía su hermano para dormir?/un pijama*
   3. *¿Cuándo os afeitabais vosotros?/a las nueve*
   4. *¿Dónde se iban de vacaciones los Ramirez?/a Francia*
   5. *¿Quién no se hablaba algunas veces?/mis padres*

D. Answer Key

1. 1. *Yo me afeitaba cada mañana.*
   2. *María se levantaba tarde.*
   3. *Mi hermana y yo nos dormíamos tarde.*
   4. *Vosotros os divertíais mucho.*
   5. *Nosotros nos divertíamos mucho también.*

2. 1. *Mis padres se levantaban a las ocho.*
   2. *Mi hermano se ponía un pijama para dormir.*
   3. *Nosotros nos afeitábamos a las nueve.*
   4. *Los Ramírez se iban de vacaciones a Francia.*
   5. *Mis padres no se hablaban algunas veces.*

The Pluperfect

A.

The Spanish *pluperfect* is similar to the English *past perfect*. It allows you to express such actions as "I had eaten already," "They had gone already," and so on. It is formed with the imperfect of *haber* and the past participle. A few examples based on the verbs *trabajar* "to work," *comer* "to eat," and *vivir* "to live" will suffice.

I had worked	*había trabajado*
you had eaten	*habías comido*
she had lived	*había vivido*
you had lived	*había vivido*
we had worked	*habíamos trabajado*
you had eaten	*habíais comido*
they had lived	*habían vivido*
you had lived	*habían vivido*

B.

It's time to bring the Ruiz family saga to an end. In this last dialogue, you will read about what Mr. and Mrs. Ruiz and other family members had always wanted to do, but never did.

| Mrs. Ruiz: | *Yo había querido siempre conducir un Mercedes.* |
| Mr. Ruiz: | *¿Pero no habías querido siempre conducir un Ferrari?* |

Mrs. Ruiz:	Pues sí, los dos. Y recuerdo que mi hermana había querido siempre trabajar en los Estados Unidos.
Mr. Ruiz:	Mi hermano y yo habíamos querido siempre ir a Rusia. Y mis padres habían querido siempre vivir en China.
Mrs. Ruiz:	Pero nunca hicimos ninguna de esas cosas.
Mr. Ruiz:	¡No, pero somos felices!

Now let's take a closer look.

I had always wanted to drive a Mercedes.	Yo había querido siempre conducir un Mercedes.
But, hadn't you always wanted to drive a Ferrari?	¿Pero no habías querido siempre conducir un Ferrari?
Yes, both of them. And I remember that my sister had always wanted to work in the U.S.	Pues sí, los dos. Y recuerdo que mi hermana había querido siempre trabajar en los Estados Unidos.
My brother and I had always wanted to go to Russia.	Mi hermano y yo habíamos querido siempre ir a Rusia.
And my parents had always wanted to live in China.	Y mis padres habían querido siempre vivir en China.
But we never did any of these things.	Pero nunca hicimos ninguna de esas cosas.
No, but we are happy!	¡No, pero somos felices!

C.

1. **Use the cues below to form sentences with the pluperfect of the verb *querer*.**
   1. *yo/conducir un Mercedes*
   2. *mi hermana/trabajar en España*
   3. *mi hermano y yo/ir a Rusia*
   4. *Pablo y Juan/ir a México*
   5. *vosotros/vivir en China también*

2. **Now, make the following statements.**
   1. Say that you had lived in China.
   2. Say that we had been good friends.
   3. Say that your parents hadn't gone to Greece.
   4. Say that I had worked in the afternoons.
   5. Say that your friends had shaved in the mornings.

D. Answer Key
1. 1. *Yo había querido conducir un Mercedes.*
   2. *Mi hermana había querido trabajar en España.*

3. *Mi hermano y yo habíamos querido ir a Rusia.*
4. *Pablo y Juan habían querido ir a México.*
5. *Vosotros habíais querido vivir en China también.*

2. 1. *Yo había vivido en China.*
2. *Nosotros habíamos sido buenos amigos.*
3. *Mis padres no habían ido a Grecia.*
4. *Tú habías trabajado por las tardes.*
5. *Mis amigos se habían afeitado por las mañanas.*

SPEAKING ABOUT THE FUTURE

The Future of Regular Verbs

A.

As in English, the *future* tense in Spanish allows you to express future plans and to speculate about present and future situations. The future of regular verbs is formed simply by adding the endings *-é, -ás, -á, -emos, -éis,* and *-án* to the entire infinitive itself. A few examples with *viajar* "to travel," *comer* "to eat," and *vivir* "to live," will suffice.

I will travel	*viajaré*
you will eat	*comerás*
she will live	*vivirá*
you will live	*vivirá*
we will travel	*viajaremos*
you will eat	*comeréis*
they will live	*vivirán*
you will live	*vivirán*

Sometimes you might also need to express future actions such as "I will have eaten," "they will have done something," and so on. The tense that allows you to do this is called the *future perfect*. It is formed with the future of *haber* and the past participle of the main verb.

I will have worked	*habré trabajado*
you will have eaten	*habrás comido*
she will have lived	*habrá vivido*
you will have lived	*habrá vivido*
we will have worked	*habremos trabajado*
you will have eaten	*habréis comido*
they will have lived	*habrán vivido*
you will have lived	*habrán vivido*

B.

Listen to the González family plan their upcoming trip to the United States.

Father:	*Yo compraré recuerdos en los Estados Unidos.*
Mother:	*María, y tú, ¿qué comprarás?*
Brother:	*Seguro que comprará algo de alta tecnología.*
Sister:	*Pues sí. Compraré una cámara digital.*
Father:	*¿Y te llevarás tu computadora portátil?*
Sister:	*¡Claro! Y mi teléfono celular, y mi escáner, y mi fax . . .*

Now let's look at the dialogue again.

I will buy souvenirs	*Yo compraré recuerdos en los Estados Unidos.*
María, what will you buy?	*María, ¿y tú, qué comprarás?*
I bet she'll buy something hi-tech.	*Seguro que comprará algo de alta tecnología.*
Well, yes. I'll buy a digital camera.	*Pues sí. Compraré una cámara digital.*
And will you take your laptop?	*¿Y te llevarás tu computadora portátil?*
Of course! And my cell phone, my scanner, my fax machine . . .	*¡Claro! Y mi teléfono celular, y mi escáner, y mi fax . . .*

C.

1. Answer the following questions using the cues.

1. *¿Qué comprarás tú?/libros*
2. *¿Qué comprará tu hermana?/discos*
3. *¿Dónde coméis tú y tu hermano?/en un restaurante americano típico*
4. *¿Adónde viajarán tus padres?/a todas partes*
5. *¿Dónde vivirás tú?/en España*

2. What will you have done by the time you are ninety?

1. Say that you will have had many children.
2. Say that you will have bought a house.
3. Say that you will have gone to China.
4. Say that your family will have traveled in Spain.
5. Say that your children will have had children.

D. Answer Key

1.
1. *Yo compraré libros.*
2. *Mi hermana comprará discos.*
3. *Mi hermano y yo comeremos en un restaurante americano típico.*
4. *Mis padres viajarán a todas partes.*
5. *Yo viviré en España.*

2.
1. Habré tenido muchos hijos.
2. Habré comprado una casa.
3. Habré ido a China.
4. Mi familia habrá viajado por España.
5. Mis hijos habrán tenido hijos.

Verbs in Action

THE CONDITIONAL

The Conditional of Regular Verbs

A.

As in English, the *conditional* tense in Spanish allows you to express hypothetical plans and to speculate about present and future situations. In general it corresponds to such English expressions as "I would travel," "they would like to do something." The conditional of regular verbs is formed by adding the endings *-ía, -ías, -ía, -íamos, -íais,* and *-ían* to the infinitive. Practice the following examples with the verbs *viajar* "to travel," *comer* "to eat," and *vivir* "to live."

I would travel	*viajaría*
you would eat	*comerías*
he would live	*viviría*
you would live	*viviría*
we would travel	*viajaríamos*
you would eat	*comeríais*
they would travel	*viajarían*
you would eat	*comerían*

The *perfect conditional* allows you to express circumstances such as "I would have eaten," "they would have done something," and so on. It is formed with the conditional of *haber* and the past participle of the main verb.

I would have worked	*habría trabajado*
you would have eaten	*habrías comido*
she would have lived	*habría vivido*
you would have lived	*habría vivido*
we would have worked	*habríamos trabajado*
you would have eaten	*habríais comido*
they would have lived	*habrían vivido*
you would have lived	*habrían vivido*

B.

Here we have another family planning an imaginary trip. This time, they talk about what they would like do, but won't be able to do. You'll see two new verbs, *pasarse* "to spend time," and *quedarse,* "to stay."

Father:	*Yo viajaría a Grecia y visitaría Atenas.*
Mother:	*María, ¿y tú dónde viajarías?*
Brother:	*Mi hermana se pasaría el día comprando cosas, no importa dónde.*
Sister:	*Y mi hermano sólo se quedaría en el hotel y vería televisión.*
Father:	*María, Juan, ¿no os gustaría viajar a Grecia conmigo?*
Sister:	*Pues la verdad es que sí. ¿Y tú, mamá?*
Mother:	*Yo iría con vosotros, claro.*

Now let's take a closer look.

I would travel to Greece and I would visit Athens.	*Yo viajaría a Grecia y visitaría Atenas.*
María, and you, where would you travel to?	*María, ¿y tú dónde viajarías?*
My sister would spend her day buying things, it doesn't matter where.	*Mi hermana se pasaría el día comprando cosas, no importa dónde.*
And my brother would only stay in the hotel and would watch TV.	*Y mi hermano sólo se quedaría en el hotel y vería televisión.*
María, Juan, wouldn't you like to travel to Greece with me?	*María, Juan, ¿no os gustaría viajar a Grecia conmigo?*
The truth is, I would love to. What about you, mom?	*Pues la verdad es que sí. ¿Y tú, mamá?*
I would go with you, of course!	*Yo iría con vosotros, claro.*

C.

1. Answer the following questions according to the cues.

1. *¿Dónde comeríais tú y tu hermano?/en restaurantes costosos*
2. *¿Dónde comerían Carmen e Isabel?/en restaurantes típicos*
3. *¿Adónde viajarían tus padres?/a otros países*
4. *¿Qué compraríais vosotros?/revistas*
5. *¿Dónde vivirías tú?/en Canada*

2. What would you have done if you had won the lottery?

1. Say that you would have bought the Empire State.
2. Say that you would have gone to China.
3. Say that your family would have been very happy.
4. Say that your best friend would have travelled to China with you.
5. Say that you would have never worked again.

D. Answer Key

1.
1. *Mi hermano y yo comeríamos en restaurantes costosos.*
2. *Carmen e Isabel comerían en restaurantes típicos.*
3. *Mis padres viajarían a otros países.*
4. *Nosotros compraríamos revistas.*
5. *Yo viviría en Canada.*

2.
1. *Habría comprado el Empire State.*
2. *Habría ido a China.*
3. *Mi familia habría estado muy feliz.*

4. *Mi mejor amigo/a habría viajado conmigo a China.*
5. *Nunca habría trabajado más.*

The Future and Conditional of Irregular Verbs

A.

There are only a handful of irregular verbs in the future and conditional. Add the future and conditional endings to the irregular stems of the following verbs: *decir* "to say, to tell," *hacer* "to do, to make," *poder* "to be able to," *querer* "to want, to love," *saber* "to know," *salir* "to go out, to leave," *tener* "to have," *poner* "to put," and *venir* "to come."

I will say	*diré*
I would say	*diría*
I will do, I will make	*haré*
I would do, I would make	*haría*
I will be able to	*podré*
I would be able to	*podría*
I will want	*querré*
I would want	*querría*
I will know	*sabré*
I would know	*sabría*
I will leave	*saldré*
I would leave	*saldría*
I will have	*tendré*
I would have	*tendría*
I will put	*pondré*
I would put	*pondría*
I will come	*vendré*
I would come	*vendría*

B.

Remember the González family? Let's listen as they finish making plans for their upcoming trip to the U.S.

Father:	*Yo haré muchas cosas.*
Mother:	*¿Qué querrías hacer?*
Brother:	*No sé. Mi hermana sabrá lo que hacer.*
Sister:	*Sí, pero mi hermano y yo no haríamos muchas cosas.*
Father:	*¿Por qué no haríais muchas cosas?*
Sister:	*Porque no tendremos dinero. ¿Y vuestros amigos?*
Mother:	*Nuestros amigos probablemente no vendrán.*
Sister:	*¡Qué lástima!*

Now let's take a closer look.

I will do many things.	*Yo haré muchas cosas.*
Juan, what would you like to do?	*¿Qué querrías hacer?*
I don't know. My sister will know what to do.	*No sé. Mi hermana sabrá lo que hacer.*
Yes, but my brother and I wouldn't do a lot of things.	*Sí, pero mi hermano y yo no haríamos muchas cosas.*
Why wouldn't you do a lot of things?	*¿Por qué no haríais muchas cosas?*
Because we won't have money. And your friends?	*Porque no tendremos dinero. ¿Y vuestros amigos?*
Our friends probably won't come.	*Nuestros amigos probablemente no vendrán.*
What a shame!	*¡Qué lástima!*

C.
1. Answer the following questions.
1. *¿Qué sabrá tu hermana?/lo que hacer*
2. *¿Qué haríais tú y tu hermano?/muchas cosas también*
3. *¿Qué dirán tus amigos?/"Hola"*
4. *¿Qué querrían hacer?/comprar muchas cosas*
5. *¿Cuándo vendríais vosotros?/la semana próxima*

2. Now answer these questions about yourself.
1. *¿Cuándo vendrás?/mañana*
2. *¿Qué harás?/muchas cosas*
3. *¿Qué dirás?/la verdad*
4. *¿Dónde iras?/a España*
5. *¿Cuándo saldrás?/por la tarde*

D. Answer Key
1.
1. *Mi hermana sabrá lo que hacer.*
2. *Mi hermano y yo haríamos muchas cosas también.*
3. *Mis amigos dirán "Hola."*
4. *Querrían comprar muchas cosas.*
5. *Nosotros vendríamos la semana próxima.*

2.
1. *Vendré mañana.*
2. *Haré muchas cosas.*
3. *Diré la verdad.*
4. *Iré a España.*
5. *Saldré por la tarde.*

THE SUBJUNCTIVE

The Present Subjunctive of Regular -ar Verbs

A.

Verbs have both *tense* (past, present, future) and *mood*. The latter refers to how we view actions and events. The indicative mood "indicates" facts, the subjunctive allows you to express wishes, desires, preferences, doubts, and anything else that is "non-factual." The present tense of the subjunctive will be sufficient to meet most of your communicative needs. In English the subjunctive is rarely used, although it can be seen in sentences such as "I suggest that he go too." Let's practice conjugating the present subjunctive of regular -ar verbs, using *hablar* "to speak" as the model verb. Drop the infinitive suffix and add the following endings to the verb stem: *-e, -es, -e, -emos, -éis,* and *-en*. Reflexive verbs are also formed in this way.

I speak	*hable*
They hope that I speak Spanish.	*Esperan que yo hable español.*
you speak	*hables*
I doubt that you speak French.	*Dudo que tú hables francés.*
she speaks	*hable*
I'm afraid that he doesn't speak English.	*Temo que él no hable inglés.*
you speak	*hable*
I don't think that you speak Spanish very well.	*No creo que usted hable español muy bien.*
we speak	*hablemos*
Do you prefer that we speak Spanish?	*¿Prefiere usted que nosostros hablemos español?*
you speak	*habléis*
I prefer that you speak English.	*Prefiero que vosotros habléis inglés.*
they speak	*hablen*
I doubt that they speak Spanish.	*Dudo que hablen español.*
you speak	*hablen*
I prefer that you speak Spanish.	*Prefiero que ustedes hablen español.*

B.

The Smith family has drawn up a list of things they believe are necessary for their trip to Spain. They have been studying Spanish. So, as often as possible they are practicing their new linguistic skills. To understand their conversation, you will need to know a new verb: *enseñar* "to teach."

Father:	*Es necesario que yo hable español mejor.*
Mother:	*Jennifer, es importante que tú estudies español.*
Brother:	*Sí, y es lógico que mi hermana compre un diccionario español.*
Sister:	*Y es importante que nosotros nos escuchemos unos a otros.*
Brother:	*Sí, y es necesario que vosotros nos enseñéis a hablar bien.*
Sister:	*Sí, y es importante que mis amigos nos ayuden.*

Now let's take another look at the dialogue.

It's necessary that I speak Spanish better.	*Es necesario que yo hable español mejor.*
Jennifer, it's important that you study Spanish.	*Jennifer, es importante que tú estudies español.*
Yes, and it's logical that my sister buy a Spanish dictionary.	*Sí, y es lógico que mi hermana compre un diccionario español.*
And it's important that we all listen to each other.	*Y es importante que nosotros nos escuchemos unos a otros.*
Yes, and it's necessary that you teach us how to speak well.	*Sí, y es necesario que vosotros nos enseñéis a hablar bien.*
Yes, and it's important that my friends help us.	*Sí, y es importante que mis amigos nos ayuden.*

C.

1. Make the following statements.

1. Say that it's necessary that your parents buy many things.
2. Say that it's necessary that you speak Spanish better.
3. Say that it's important that Jennifer also study Spanish.
4. Say that it's logical that your brother buy a Spanish dictionary.
5. Say that it's important that you all listen to each other.

2. Now answer these questions.

1. *¿Qué es necesario?/tú hablar español bien*
2. *¿Qué es importante?/Isabel hablar español conmigo*
3. *¿Qué es lógico?/mi hermano afeitarse todas las mañanas*
4. *¿Qué es importante?/mis padres estudiar español*
5. *¿Qué es lógico?/vosotros comprar discos.*

D. Answer Key

1. 1. *Es necesario que mis padres compren muchas cosas.*
   2. *Es necesario que yo hable español mejor.*
   3. *Es importante que Jennifer estudie español también.*
   4. *Es lógico que mi hermano compre un diccionario español.*
   5. *Es importante que nosotros nos escuchemos unos a otros.*

2. 1. *Es necesario que hables español bien.*
   2. *Es importante que Isabel hable español conmigo.*
   3. *Es lógico que mi hermano se afeite todas las mañanas.*
   4. *Es importante que mis padres estudien español.*
   5. *Es lógico que vosotros compréis discos.*

The Present Subjunctive of Regular -*er* and -*ir* Verbs

A.

In this unit you will practice using the present subjunctive of regular -*er* and -*ir* verbs. To form the present subjunctive, drop the infinitive suffix and add the following endings to the verb stem: -*a*, -*as*, -*a*, -*amos*, -*áis*, and -*an*. This is also how the present subjunctive of -*er* and -*ir* reflexive verbs is formed. Let's practice conjugating with the model verbs *comer* "to eat" and *escribir* "to write."

I eat	*coma*
My parents doubt that I eat vegetables.	*Mis padres dudan que yo coma las verduras.*
you write	*escribas*
I hope that you write often to your relatives.	*Espero que tú escribas frecuentemente a tus parientes.*
she writes	*escriba*
I'm happy that she always writes to me.	*Me alegro de que ella me escriba siempre.*
you eat	*coma*
It's necessary that you eat vegetables.	*Es necesario que usted coma las verduras.*
we eat	*comamos*
They don't think that we always eat vegetables.	*No creen que nosotros siempre comamos las verduras.*
you write	*escribáis*
I'm happy that you always write to me.	*Me alegro de que vosotros me escribáis siempre.*
they eat	*coman*
I doubt that they eat vegetables.	*Dudo que coman las verduras.*

| you write | escriban |
| I'm happy that you always write to me. | Me alegro de que ustedes me · escriban siempre. |

B.

The Smith family continues to discuss their trip.

Brother:	¿Qué dudan tus amigas?
Sister:	Dudan que yo aprenda español bien.
Brother:	Y yo lo dudo también.
Sister:	Espero, claro, que mi hermano no coma sólo paella en España.
Brother:	Pero es posible que tú y tu amigo bebáis demasiado vino.
Father:	Espero que no.

Now let's take a closer look.

What do your friends doubt?	¿Qué dudan tus amigas?
They doubt that I am learning Spanish well.	Dudan que yo aprenda español bien.
And I doubt it as well.	Y yo lo dudo también.
I certainly do hope that my brother does not only eat paella in Spain.	Espero, claro, que mi hermano no coma sólo paella en España.
However, I think that it is possible that you and your friend may drink too much wine.	Pero creo que es posible que tú y tu amigo bebáis demasiado vino.
I hope not.	Espero que no.

C.

1. Answer the following questions.

1. ¿Qué dudan tus amigos?/tú aprender español
2. ¿Qué dudan tus padres?/yo aprender español
3. ¿Qué duda tu hermano?/Jennifer aprender español bien
4. ¿Qué esperas tú?/mi hermano comer verduras
5. ¿Qué dudas tú?/Jennifer y Bill escribir español bien

2. Now, make the following statements.

1. Say that you hope that we eat well in Spain.
2. Say that it is logical that we wash ourselves everyday.
3. Say that you doubt that your friends write letters to you.
4. Say that it is necessary that you write many sentences in Spanish to learn it.
5. Say that your parents don't think that you drink wine.

D. Answer Key

1. 1. Mis amigos dudan que tú aprendas español.
   2. Mis padres dudan que yo aprenda español bien.

3. *Mi hermano duda que Jennifer aprenda español bien.*
4. *Espero que mi hermano coma verduras.*
5. *Dudo que Jennifer y Bill escriban español bién.*

2. 1. *Espero que comamos bien en España.*
2. *Es lógico que nos lavemos todos los días.*
3. *Dudo que mis amigos me escriban cartas.*
4. *Es necesario que escriba muchas frases en español para aprenderlo.*
5. *Mis padres no piensan que yo beba vino.*

The Present Subjunctive of Common Irregular Verbs

A.

It is not necessary to devote much time to learning irregular present subjunctives. All those verbs that undergo stem changes in the present indicative undergo the same changes in the present subjunctive. Moreover, the verbs that are irregular in the present indicative are also irregular in the present subjunctive. Just the endings change. Thus, for instance, the present indicative of *tener* is *tengo* in the first person singular indicative, but *tenga* in the first person singular of the present subjunctive. Here are a few more examples: *pongo* and *ponga*, *pienso* and *piensa*, *duermo* and *duerma*, and so on.

You will, however, have to learn the present subjunctive forms of *dar* "to give," *estar* "to be," *haber* "to have," *ir* "to go," *saber* "to know," and *ser* "to be."

I give	*dé*
I am	*esté*
you give	*des*
you are	*estés*
she gives	*dé*
she is	*esté*
you give	*dé*
you are	*esté*
we give	*demos*
we are	*estemos*
you give	*deis*
you are	*estéis*
they give	*den*
they are	*estén*
you give	*den*
you are	*estén*

Haber and *ir* are conjugated in the same way.

I have	haya
I go	vaya
you have	hayas
you go	vayas
she has	haya
she goes	vaya
you have	haya
you go	vaya
we have	hayamos
we go	vayamos
you have	hayáis
you go	vayáis
they have	hayan
they go	vayan
you have	hayan
you go	vayan

Finally, let's practice conjugating *saber* and *ser* in the present subjunctive.

I know	sepa
I am	sea
you know	sepas
you are	seas
she knows	sepa
she is	sea
you know	sepa
you are	sea
we know	sepamos
we are	seamos
you know	sepáis
you are	seáis
they know	sepan
they are	sean
you know	sepan
you are	sean

The present perfect of the subjunctive allows you to say things such as "that I have eaten," "that you have done that," etc. It is used instead of the present subjunctive to refer to past events or situations. It is form with the verb *haber* in the subjunctive plus the past participle of the main verb.

The doctor doubts that I have had pneumonia.	*El doctor duda que yo haya tenido pulmonía.*

Verbs in Action

I am sorry that you have been sick.	*Siento que tú hayas estado enfermo.*
I don't believe that my brother has been here.	*No creo que mi hermano haya estado aquí.*
You don't think we've gone to the market.	*No piensas que nosotros hayamos ido al mercado.*
I don't believe that you have done that.	*Yo no creo que vosotros hayáis hecho eso.*
My brother doubts that my parents have bought a computer.	*Mi hermano duda que mis padres hayan comprado una computadora.*

B.

Now, you have another chance to be part of the Smith siblings' conversation. They seem to be excited, but a little nervous as they pack for their holiday.

Sister: *Es bueno que yo sepa hablar un poco de español. Creo que tú estás nervioso.*

Brother: *Tenemos suerte que seamos una familia alegre. Es natural que todos estén nerviosos antes de un viaje.*

Sister: *No te preocupes. Todo irá bien.*

Now let's take a closer look.

It's good that I know how to speak Spanish a little.	*Es bueno que yo sepa hablar un poco de español.*
I think that you are nervous.	*Creo que tú estás nervioso.*
We're lucky that we are a happy family.	*Tenemos suerte que seamos una familia alegre.*
It's natural that everyone is nervous before a trip.	*Es natural que todos estén nerviosos antes de un viaje.*
Don't worry. Everything will be fine.	*No te preocupes. Todo irá bien.*

C.
1. Make the following statements.
1. Say that you doubt that your friends know French.
2. Say that it's good that you know how to speak Spanish.
3. Say that it's better that they go with Juan.
4. Say that it's good that we are a happy family.
5. Say that it's natural that your brother and sister are nervous.

2. Answer the questions using the cues.
1. *¿Qué es necesario?/mi hermano darme dinero*
2. *¿Qué es importante?/Jennifer y Bill ir a España*

3. ¿Qué es bueno?/yo saber francés
4. ¿Qué es mejor?/tú ir con tu amiga
5. ¿Qué es natural?/mi hermano y mi hermana venir a mi casa

D. Answer Key

1.
1. *Dudo que mis amigos sepan francés.*
2. *Es bueno que yo sepa hablar español.*
3. *Es mejor que vayan con Juan.*
4. *Es bueno que seamos una familia alegre.*
5. *Es natural que mi hermano y mi hermana estén nerviosos.*

2.
1. *Es necesario que mi hermano me dé dinero.*
2. *Es importante que Jennifer y Bill vayan a España.*
3. *Es bueno que yo sepa francés.*
4. *Es mejor que tú vayas con tu amiga.*
5. *Es natural que mi hermano y mi hermana vengan a mi casa.*

The Imperfect Subjunctive

A.

When the main clause that triggers the use of the subjunctive is in the past tense (preterite, imperfect or pluperfect), the verb form of the subjunctive has to be in the imperfect. The imperfect subjunctive is formed by taking the third person plural of the preterite minus the *-ron* ending and adding the imperfect subjunctive endings, *-ra, -ras, -ra, -ramos, -rais, -ran*. Here are its forms.

I spoke	*hablara*
They hoped that I spoke Spanish.	*Esperaban que yo hablara español.*
you spoke	*hablaras*
I doubted that you spoke French.	*Dudaba que tú hablaras francés.*
she spoke	*hablara*
I was afraid that he didn't speak English.	*Temía que él no hablara inglés.*
you spoke	*hablara*
I didn't think that you spoke Spanish very well.	*No creía que usted hablara español muy bien.*
we spoke	*habláramos*
Did you prefer that we speak Spanish?	*¿Prefería usted que nosotros habláramos español?*
you spoke	*hablarais*
I prefered that you spoke English.	*Prefería que vosotros hablarais inglés.*

they spoke	hablaran
I doubted that they spoke Spanish.	Dudaba que hablaran español.
you spoke	hablaran
I prefered that you spoke Spanish.	Prefería que ustedes hablaran español.

This formation pattern applies to all verbs, regular and irregular. If the preterite is irregular, then the imperfect subjunctive is based on that. Here you have some verbs with irregular preterite in the imperfect subjunctive.

They wished that I brought the food.	Deseaban que yo trajera la comida.
They doubted that you told the truth.	Dudaba que dijeras la verdad.
They preferred that you made the reservations.	Preferían que usted hiciera las reservaciones.
They hoped that we went to Mexico.	Esperaban que fuéramos a México.
She wished that we had more patience.	Deseaba que tuvierais más paciencia.
They hoped that we would come at three in the afternoon.	Esperaban que viniéramos a las tres de la tarde.

B.

Now, you have your last chance to eavesdrop on what the Smith siblings are saying. They are back from their holiday and are talking about how they felt.

Sister:	Fue bueno que yo supiera hablar un poco de español.
Brother:	Sí, y también estuvo bien que fuéramos una familia optimista. ¡No creía que nadie pudiera tener tantos problemas!
Sister:	De verdad. Al final todo salió bien, pero fue increíble que no estuvieran listas nuestras reservaciones.
Brother:	Sí, y fue muy extraño que no nos dieran las maletas al salir del avión.
Sister:	¡Vaya confusión!

Now let's take a closer look.

| It was a good thing that I knew how to speak a bit of Spanish. | Fue bueno que yo supiera hablar un poco de español. |
| Yes, and it was also good that we were an optimistic family. | Sí, y también estuvo bien que fuéramos una familia optimista. |

I didn't think that anyone could have so many problems!	¡No creía que nadie pudiera tener tantos problemas!
That's right. In the end everything went OK, but it was incredible that they didn't have our reservations ready.	De verdad. Al final todo salió bien, pero fue increíble que no estuvieran listas nuestras reservaciones.
Yes, and it was very strange that they didn't give us our suitcases when we got out of the plane.	Sí, y fue muy extraño que no nos dieran las maletas al salir del avión.
What confusion!	¡Vaya confusión!

C.

1. Make the following statements.

1. Say that you doubted that your friends spoke French.
2. Say that it was good that you spoke Spanish.
3. Say that it was better that they went with Juan.
4. Say that it was good that we were an optimistic family.
5. Say that it was very strange that they didn't have the reservations.

2. Answer the questions using the cues. The verbs in the questions are in the imperfect. Therefore, in your answer, you should be using the imperfect subjunctive.

1. ¿Qué era necesario?/mi hermano darme dinero
2. ¿Qué era importante?/Jennifer y Bill ir a España
3. ¿Qué era bueno?/yo saber francés
4. ¿Qué era mejor?/tú ir con tu amiga
5. ¿Qué era natural?/mi hermano y mi hermana venir a mi casa

D. Answer Key

1.
1. Dudaba que mis amigos hablaran francés.
2. Fue bueno que yo hablara español.
3. Era mejor que fueran con Juan.
4. Estuvo bien que fuéramos una familia optimista.
5. Fue muy extraño que no tuvieran las reservaciones.

2.
1. Era necesario que mi hermano me diera dinero.
2. Era importante que Jennifer y Bill fueran a España.
3. Era bueno que yo supiera francés.
4. Era mejor que tú fueras con tu amiga.
5. Era natural que mi hermano y mi hermana vinieran a mi casa.

Verbs in Action

A

APPENDICES

USES OF *SER* AND *ESTAR*

Although the verbs *ser* and *estar* both mean "to be," they each have a different set of uses and cannot be substituted for one another. Remember these guidelines:

In general, *ser* is used to indicate permanent characteristics of an entity, possession, time, and date. For example:

1. Nationality or origin:	*Soy española.*	I am a Spaniard.
2. Profession:	*Soy profesora.*	I am a professor.
3. Physical traits:	*No soy alta.*	I am not tall.
4. Basic personality traits:	*Soy simpática.*	I am nice.
5. Possession:	*El libro es mío.*	The book is mine.
6. Time and date:	*Hoy es lunes.*	Today is Monday.
	Son las tres.	It's three o'clock.

Estar is used to indicate temporary states and conditions, and location:

1. Physical condition:	*No estoy enferma.*	I am not sick.
2. Feelings and emotions:	*Estoy contenta.*	I am happy.
3. Location:	*El libro está ahí.*	The book is there.

Here is a list of adjectives that modify their meaning according to which verb they are used with:

ser		estar	
ser aburrido/a	to be boring	*estar aburrido/a*	to be bored
ser atento/a	to be courteous	*estar atento/a*	to be attentive
ser bueno/a	to be good	*estar bueno/a*	to be tasty
ser cansado/a	to be tiresome	*estar cansado/a*	to be tired
ser católico/a	to be catholic	*no estar católico/a*	to be unwell
ser decidido/a	to be resolute	*estar decidido/a*	to be decided
ser consciente	to be aware	*estar consciente*	to be conscious (not asleep or knocked out)
ser despierto/a	to be sharp/alert	*estar despierto/a*	to be awake
ser un enfermo/a	to be an invalid	*estar enfermo/a*	to be ill
ser interesado/a	to be self-seeking	*estar interesado/a*	to be interested
ser listo/a	to be clever	*estar listo/a*	to be ready
ser (un) loco/a	to be scatterbrained	*estar loco/a*	to be mad
ser negro/a	to be black	*estar negro/a*	to be very irritated
ser orgulloso/a	to be proud (pejorative)	*estar orgulloso/a*	to be proud (of something/someone)
ser rico/a	to be rich	*estar rico/a*	to be delicious
ser torpe	to be slow-witted	*estar torpe*	to be clumsy
ser verde	to be green/smutty	*estar verde*	to be unripe
ser violento/a	to be violent/embarrassing	*estar violento/a*	to be embarrassed
ser vivo/a	to be sharp/alert	*estar vivo/a*	to be alive
(ser un vivo/a)	(to be unscrupulous)		

SUMMARY OF THE SUBJUNCTIVE

A.
Here are the verbs that require subjunctive when they are followed by *que*:

aconsejar	to advise
alegrarse (de)	to be happy about something
creer	to believe
(only in the affirmative)	
dejar	to leave
desear	to wish
dudar	to doubt
esperar	to hope for
exigir	to demand
gustar	to like
hacer	to do
impedir	to prevent
insistir (en)	to insist on
mandar	to order
negar	to deny
pedir	to ask for
pensar	to think
(only in the affirmative)	
permitir	to allow
preferir	to prefer
prohibir	to forbid
querer	to want
recomendar	to recommend
rogar	to beg
sentir	to feel
sugerir	to suggest
suplicar	to beg
temer	to fear
tener miedo (de)	to be afraid of

B.
The subjunctive is used after most impersonal expressions if the impersonal expression is followed by a dependant clause with *que*:

> *Es* + adjective + *que* + subjunctive tense.

For example: *Es importante que ustedes vengan.*
　　　　　　It's important that you come.

Note that if there is no dependent clause, the infinitive is used:
　　　　　Es importante ir.
　　　　　It's important to go.

Common impersonal expressions that require the subjunctive in the dependent clause are the following.

Es posible que . . .	It's possible that . . .
Es imposible que . . .	It's impossible that . . .
Es probable que . . .	It's probable that . . .
Es importante que . . .	It's important that . . .
Es necesario que . . .	It's necessary that . . .
Es menester que . . .	It's necessary that . . .
Es preciso que . . .	It's mandatory that . . .
Es urgente que . . .	It's urgent that . . .
Es natural que . . .	It's natural that . . .
Es justo que . . .	It's fair that . . .
Es interesante que . . .	It's interesting that . . .
Es mejor que . . .	It's better that . . .
Es (una) lástima que . . .	It's a pity that . . .
Conviene que . . .	It's suitable that . . .
Importa que . . .	It's important that . . .
Parece mentira que . . .	It's hard to believe that . . .

C.
The subjunctive is always used after these conjunctions:

para que	in order that, so that
a fin de que	in order that, so that
con tal (de) que	provided that
en caso (de) que	in case, in the event that
a menos que	unless
sin que	without
antes (de) que	before

VERBS THAT CHANGE MEANING
IN THE REFLEXIVE FORM

cambiar	to change	*cambiarse de*	to change clothes/house
desenvolver	to unwrap	*desenvolverse*	to get ahead/to be good at something
despedir	to see someone off/to fire	*despedirse de*	to take one's leave/to say goodbye
empeñar	to pawn/pledge	*empeñarse en*	to insist on doing something
gastar	to spend	*gastarse*	to wear out
ir	to go	*irse*	to go away/to leave
llevar	to take/to wear	*llevarse*	to take with one/to steal
meter	to put in	*meterse*	to get in/to interfere
mudar	to change, transform; to shed	*mudarse*	to move house/to change one's clothes
negar	to deny	*negarse a*	to refuse to do something
oponer	to contrast two views	*oponerse*	to oppose
perder	to lose	*perderse*	to get lost
preguntar	to ask	*preguntarse*	to wonder
presentar	to introduce people	*presentarse*	to appear unexpectedly
tirar	to throw/to pull	*tirarse*	to jump

PERSONAL *A*

A.

Spanish requires an *a* before a direct object that refers to a definite person or persons.

No conozco a María.	I don't know María.
Llevaron a su hija a la escuela.	They took their daughter to school.
No veo a Juan.	I don't see Juan.
La policía busca a un ladrón.	The police are looking for a thief.

But if the object is not a definite person, the personal *a* is not used.

Busco un médico.	I am looking for a doctor.
El hospital busca enfermeras.	The hospital is looking for nurses.

When referring to persons, the personal *a* is also used with:

interrogatives:	*quién, quiénes, cuál, cuáles*
relatives:	*quien, quienes, el cual, el que,* etc.
indefinites:	*alguien, alguno, varios,* etc.
negatives:	*nadie, ninguno,* etc.
demostratives:	*éste, ése,* etc.

¿A quién has visto en la fiesta?	Whom did you see at the party?
No conocemos a nadie aquí.	We don't know anyone here.
¿Esperas a alguien?	Are you waiting for someone?

B.

The personal *a* is generally used before a direct object when it refers to an intelligent animal (such as one's pet) or personified things.

Llamó a su gato.	He called his cat.
No temían a la muerte.	They were not afraid of death.

C.

The personal *a* is not used after the verb *tener:*

Tienen dos hermanos.	They have two siblings.
No tenemos perro.	We don't have a dog.

IDIOMATIC EXPRESSIONS
WITH SOME COMMON VERBS

andar

andar de boca en boca	to be the subject of gossip
andar de cabeza	to burn the candle at both ends

apearse

apearse del burro	to admit fault
apearse del carro	to give up on an idea

apretar

apretarle las clavijas a alguien	to be hard on someone
apretarse el cinturón	to tighten one's belt

arrimar

arrimar (alguien) el ascua a su sardina	to do something in one's own interest
arrimar el hombro	to lend a hand

atar

atar cabos	to put two and two together
atar corto a alguien	to keep a tight rein on someone

bailar

bailarle el agua a alguien	to flatter someone
Otro/a que tal baila.	They are two of a kind.
Que me quiten lo bailado.	Nothing can take away the good times I've had./Carpe Diem.

bajar

bajarle los humos a alguien	to take someone down a peg
bajarse del burro	to admit fault
bajarse del carro	to give up on an idea

buscar

buscarle a alguien las cosquillas	to rub someone the wrong way
buscarse la vida	to try to make a living; to manage on one's own.

cerrar

cerrar con broche de oro	to end with a grand finale
cerrarse en banda	to stick to one's guns, refusing to say anything more

clavar

clavar (a alguien)   to stick it to someone (overcharge)
clavarse/tener clavada una   to pierce one's heart
  cosa en el alma

coger

coger a alguien por banda   to bug someone to get his/her attention

comer

comerle el coco (a alguien)   to convince someone using pressure,
                                        brainwash
comerse el coco/el tarro   to worry a lot about something

cortar

cortarle las alas (a alguien)   to clip someone's wings
cortarse la coleta   to abandon one's profession or activity

cruzar

cruzar el charco = pasar   to go to America, crossing the Atlantic
  el charco
cruzarle la cara (a alguien) =   to smash someone's face
  romperle la cara (a alguien) =
  partirle la boca (a alguien)

cubrir

cubrir el expediente   to do as little work as possible
cubrir las apariencias =   to show a happy face
  guardar las apariencias

chupar

chupar del bote   to take advantage of
estar (algo) (como) para   to be finger-licking good
  chuparse los dedos

dar

dar el golpe   to shock by the way one dresses or acts
dar la cara = plantarle cara   to face up to a dangerous situation
  a algo
dar largas   to give excuses, to postpone, or stop doing
                                        something
para dar y tomar   more than enough
darse bombo   to presume, to act important

dejar

dejar bien sentado   to make everything clear
dejar caer   to say something indirectly
no dejar títere con cabeza   to give destructive criticism of everything
                                        and everyone presented
dejarse caer   to drop in

echar

echar en cara	to throw in someone's face (reproach)
echar en falta = echar de menos	to miss someone
echar en saco roto	to go in one ear and out the other
echar humo	to burn with anger; to fume
echar la casa por la ventana = *tirar la casa por la ventana*	to spend all one's money (usually on a party)
echarse un farol = tirarse *un farol*	to show off by telling a story

encogerse

encogerse de hombros	to shrug one's shoulders
encogérsele a (alguien) el *corazón*	to make someone's heart sink

encontrar

encontrar (alguien) la horma *de su zapato*	to find (someone to be) the perfect thing
encontrar (alguien) su media *naranja*	to find Mr. or Miss Right

estar

estar a las duras y a las *maduras*	to take the good with the bad
estar a sus anchas	to be comfortable
estar al loro	to be all ears (very attentive)
estar cerrado a cal y canto	to be totally closed
estar como Pedro por su casa	to behave as if in one's own home
estar de mala leche	to be in a bad mood
estar en Babia	to be daydreaming
estar en un callejón sin salida	to be in a blind alley
estar la cosa que arde	to be coming to a head

haber

no hay/había un alma	there is/was not a living soul there
no hay/había por donde coger *(algo o a alguien)*	there is/was no way around it (a difficult or risky situation)

hablar

hablar en cristiano	to speak clearly
hablar por los codos	to talk too much

hacer

hacer boca	to whet one's appetite
hacer bulto	to take up space (without having quality or importance)
hacer (alguien) su agosto	to feather one's nest; make hay while the sun shines

ir

ir a por todas	to go for it all
ir al grano	to get to the point
ir con el cuento a alguien	to tell something with bad intentions
irse al otro barrio	to kick the bucket
irse de la lengua	to let the cat out of the bag

jugar

jugar con dos barajas	to play both sides against the middle
jugárselo todo a una carta = *jugarse el todo por el todo*	to risk everything on the turn of a card

llevar

llevar (a alguien) al huerto	to lead someone down the primrose path
llevar la contraria (a alguien)	to oppose someone
llevar (a alguien) por la calle de *la amargura*	to give someone a bad time

meter

meter baza	to butt in
meter (a alguien) en cintura	to make someone behave himself
meter la pata	to put one's foot in one's mouth
meter una bola/bolas	tell lies
meterse en camisa de once varas	to poke one's nose in other people's business

pasar

pasar las de Caín	to go through problems (like Cain)
pasar por alto	to pass over, ignore
pasárselo bomba/pipa	to have a blast (youthful expression)

poner

poner a caldo	to give someone a dressing down
ponerse ciego = ponerse las botas	to gorge oneself on food

quedar

quedar un cabo suelto	to be at loose ends
quedarse con la copla	to have an idea in mind and repeat it over and over
quedarse corto	to not have said or done everything one should have
quedarse de brazos cruzados	to sit with arms crossed (doing nothing)
quedarse frito	to fall asleep
quedarse tan ancho	to take a broad view

sacar

sacar (a alguien) de sus casillas	to make someone very angry
sacarle (a alguien) los colores	to shame someone; to make someone blush

salir

salir bordado (algo)	to be very well done

ser

ser ciento y la madre	to be packed in like sardines
ser cuatro gatos	to be almost no one there
ser el colmo = ser la repera	to be way too much
ser un agarrado/a	to be stingy, close-fisted

tener

tener agallas	to have courage (guts)
tener enchufe (alguien)	to have the right contacts to get something
tener mala leche	to be in a bad mood (as a general disposition)
no tener desperdicio (algo a alguien)	to be very good (with nothing bad)

traer

traer cola	to have consequences
traer sin cuidado (algo a alguien)	not to be concerned

tragar

tragar(se) un sapo	to put up with a distasteful situation
tragarse una/la bola	to allow oneself to be deceived; to believe a lie

venir

venir como agua de mayo (a alguien o algo)	to be as welcome as the rains in May
no venir a cuento (algo) = no venir al caso	to have nothing to do with what is being discussed

REGIONAL DIFFERENCES
IN THE USE OF VERBS

There are some differences in how verbs are used in Spanish spoken in Spain and Spanish spoken in Latin America. First, here are the differences that exist in the subject pronouns that the verbs are used with (the differences are marked in bold):

	SPAIN	LATIN AMERICA
SINGULAR	*yo*	*yo*
	tú	*tú/**vos***
	él/ella/usted	*él/ella/usted*
PLURAL	*nosotros/-as*	*nosotros/-as*
	vosotros/-as	***ustedes***
	ellos/ellas/ustedes	*ellos/ellas/ustedes*

The pronoun *ustedes* is used instead of *vosotros* for *you* (plural) throughout Spanish America.

The pronouns *vos* and *tú* are used in specific countries and areas of Spanish America. *Vos* is the most common form of informal address in Argentina, Uruguay, Paraguay, Central America, and the Mexican state of Chiapas. There is vacillation between the use of *tú* and *vos* in Panama, Colombia, Venezuela, Ecuador, Chile, and the southern regions of Peru and Bolivia.

Here are the tenses for which the verb form is modified in the case of *vos*.

1. Present Indicative

tú cantas	*vos cantás*
tú tienes	*vos tenés*
tú vienes	*vos venís*

2. Preterite

tú cantaste	*vos cantaste(s)*
tú tuviste	*vos tuviste(s)*
tú viniste	*vos viniste(s)*

3. Imperative

canta	*cantá*
ten	*tené*
ven	*vení*

4. Present Subjunctive

tú cantes	*vos cantés*
tú tengas	*vos tengás*
tú vengas	*vos vengás*

5. The Verb *ser*

| *tú eres* | *vos sos* |

Note that in Uruguay the verb forms corresponding to *vos* are often used with the pronoun *tú*:

Tú tenés . . .
Tú cantás . . .

The reflexive pronoun and the direct/indirect object pronoun corresponding to *vos* is *te*, the form that is identical to the forms of *tú* (that is, *te*). The form *vos* is used, however, when the pronoun follows a preposition:

¿Tú te marchas ya?	*¿Vos te marchás ya?*
Voy contigo.	*Voy con vos.*

Other characteristics of Spanish-American conjugation are:

More prevalent use of the preterite than the present perfect:

comí	instead of	*he comido*
llegué	instead of	*he llegado*

Preference for the *-ra* ending for the imperfect subjunctive, almost totally eliminating the use of the *-se* ending:

comiera	instead of	*comiese*
llegara	instead of	*llegase*

Use of the imperfect subjunctive with *-ra* ending to express the same meaning as the past perfect in the indicative:

cantara	for	*había cantado*
llegara	for	*había llegado*

Frequent use of the following forms:

ir + a + infinitive	instead of	future
voy a cantar	instead of	*cantaré*
voy a llegar	instead of	*llegaré*

estar + present participle	instead of	present
estoy cantando	instead of	*canto*
estoy llegando	instead of	*llego*

Abundant use of the reflexive form of the verb:

enfermarse, tardarse, desayunarse, etc.

SEQUENCE OF TENSES

There are no rigidly fixed rules of tense agreement between main and subordinate clauses, but the following are the most usual combinations:

1. **Main clause in present indicative, subordinate clause in:**

   a. Present subjunctive:
   Me gusta que hable.
   I'm glad that she's talking.
   Quiero que bailes.
   I want you to dance.

   b. Perfect subjunctive:
   Me gusta que hayas hablado.
   I'm glad that you've spoken.

   c. Imperfect subjunctive:
   Es imposible que lo dijera.
   It's impossible that he said it.

2. **Main clause in future, subordinate clause in present subjunctive:**
   Será imposible que vayamos mañana.
   It will be impossible for us to go tomorrow.

3. **Main clause in conditional or perfect conditional, subordinate clause in imperfect subjunctive:**
   No me gustaría que lo compraras.
   I wouldn't like for you to buy it.
   No me habría gustado que lo compraras.
   I wouldn't have liked for you to buy it.

4. **Main clause in present perfect, subordinate clause in:**

   a. Present subjunctive
   Le he dicho que se siente.
   I've told you to sit down.

   b. Perfect subjunctive
   Ha sido un milagro que no te hayan reconocido.
   It's been a miracle that they didn't recognize you.

   c. Imperfect subjunctive
   No ha sido posible que fuéramos.
   It hasn't been possible for us to go.

5. **Main clause in imperfect, preterite or pluperfect, subordinate clause in:**

   a. Imperfect subjunctive
   No era posible que fuéramos.
   It wasn't possible for us to go.

No *fue posible que fuéramos*.
It wasn't possible for us to go.
No *había sido posible que fuéramos*.
It hadn't been possible for us to go.

b. Pluperfect subjunctive

Me sorprendía que hubiera protestado.
It surprised me that he had protested.
Me sorprendió que hubiera protestado.
It surprised me that he had protested.
Me había sorprendido que hubiera protestado.
I had been surprised that he had protested.

6. Main clause in imperative, subordinate clause in present perfect:

Díganles que se den prisa.
Tell them to hurry.

DEFINITIONS OF
COMMON GRAMMAR TERMS

active voice—*voz activa*: a verb form in which the actor or agent is expressed as the grammatical subject; e.g., The girl ate the orange – *La chica comió la naranja*.

adjective—*adjetivo*: a word that describes a noun; e.g., pretty – *bonita*.

adverb—*adverbio*: a word that describes a verb, an adjective, or another adverb; e.g. quickly – *rápidamente*.

agreement—*concordancia*: the modification of words so that they match the words they describe or relate to; e.g., The boy is tall – *El niño es alto*; The boys are tall – *Los niños son altos*.

auxiliary verb—*verbo auxiliar*: a helping verb used with another verb to express some facet of tense or mood; e.g., He can do it – *Él puede hacerlo*.

copular verb—the verb "to be" – *ser* and *estar*.

compound—*compuesto*: verb forms composed of two parts, an auxiliary and a main verb; e.g., We have gone there – *Nosotros hemos ido allí*.

conditional—*potencial simple*: the mood used for hypothetical statements and questions, depending on a possible condition or circumstance; e.g., I would eat if . . . – *Comería si . . .*

conjugation—*conjugación*: the formation of verbs with their endings (e.g., the present tense forms of a verb vs. the infinitive); e.g., I eat, you eat, he/she eats . . . – *yo como, tú comes, él/ella/usted come . . .*

conjunction—*conjunción*: a word that connects other words and phrases; e.g. and – *y*.

definite article—*artículo definido*: a word linked to a noun indicating it is specific; e.g., the – *el* (masculine singular).

demonstrative—*demostrativo*: a word that indicates or highlights something referred to; e.g., in this book – *este libro*, this – *este* is a demonstrative adjective.

diphthong—*diptongo*: a sequence of two vowels that glide together and count as a single sound; e.g., *agua*.

direct object—*objeto directo*: the person or thing that receives the action of a verb; e.g., I bought *a book* – Compré *un libro*.

ending—*desinencia*: the suffix added to the stem that indicates subject, tense, mood, etc.; e.g., *compr*o (I buy); *compr*as (you buy).

gender—*género*: grammatical categories for nouns and adjectives, loosely related to physical gender and/or word ending. Spanish has two genders, masculine and feminine; e.g., *el chico* (m.), *la chica* (f).

impersonal verb—*verbo impersonal*: a verb in which the person, place, or thing affected is construed as the indirect object rather than the subject; e.g., To like – *gustar*: I like chicken – *Me gusta el pollo* (literally, The chicken is pleasing to me).

indefinite article—*artículo indefinido*: a word linked to a noun indicating that it is nonspecific; e.g., a/an – *un* (masculine singular).

indicative—*indicativo*: the mood used for factual or objective statements and questions; e.g., I play soccer. – *Juego al fútbol*.

indirect object—*objeto indirecto*: the person or thing that is the secondary recipient of the action of a verb, often introduced by a preposition; e.g., I buy a book *for María*. – Le *compro un libro* a María.

infinitive—*infinitivo*: the basic form of a verb found in the dictionary which does not specify the subject (person or number), tense, or mood; e.g., to speak – *hablar*.

intransitive verb—*verbo intransitivo*: a verb that does not take a direct object; e.g., to live – *vivir*.

mood—*modo*: a reflection of the speaker's attitude toward what is expressed by the verb. The major moods in Spanish are indicative, subjunctive, and imperative; e.g., I asked that you clean up. – *Te pedí que limpiaras.*

noun—*sustantivo*: a word referring to a person, place, or thing; e.g., house – *casa.*

number—*número*: the distinction between singular and plural; e.g., the boy – *el chico*; the boys – *los chicos.*

participle—*participio*: form of a verb that does not change for person, often used with auxiliary verbs to form compound verb tenses; e.g. present and past participles: eating/eaten – *comiendo/comido.*

passive voice—*voz pasiva*: a verb form in which the recipient of the action (an object) is expressed as the grammatical subject; e.g., The orange was eaten by the girl – *La naranja fue comida por la chica.*

person—*persona*: the grammatical category that distinguishes between the speaker (first person), the person spoken to (second person), and the people and things spoken about (third person). Often applies to pronouns and verbs; e.g., I – *yo,* you – *tú,* she – *ella.*

possessive—*posesivo*: a pronominal form that indicates ownership; e.g., my – *mi* is a possessive pronoun.

predicate—*predicado*: the part of the sentence containing the verb and expressing the action or state of the subject. Juan *bought a house.* – *Juan* compró una casa.

preposition—*preposición*: a word (often as part of a phrase) that expresses spatial, temporal, or other relationships between persons or things; e.g., on – *en.*

preterite—*pretérito*: the past tense used for completed actions or states; useful for narration of events; e.g., We ate. – *Comimos.*

progressive—*progresivo*: verb form used for actions that are ongoing or continuous. I am eating – *Estoy comiendo* (present progressive).

pronoun—*pronombre*: a word taking the place of a noun; e.g., personal and demonstrative pronouns: I bought *those.* – *Compré* esos.

reflexive verb—*verbo reflexivo*: a verb whose action reflects back to the subject; e.g., to wash oneself – *lavarse.*

simple—*simple*: one-word verb forms conjugated by adding endings to a stem; e.g., you eat – *comes.*

stem or **root**—*raíz* the part of the infinitive that does not change during the conjugation of regular verbs, formed by dropping *-ar, -er,* or *-ir*; e.g., *habl-* in *hablar.*

subject—*sujeto*: the person, place, or thing performing the action of the verb or being in the state described by it; e.g., *Juan* went there – Juan *fue allí.*

subjunctive—*subjuntivo*: the mood used for nonfactual or subjective statements or questions; e.g., If I were a richman . . . – *Si yo fuera rico . . .*

tense—*tiempo*: the time of an action or state, i.e., past, present, future; e.g., I go – *voy* (present); I went – *fui* (past); I will go – *iré* (future).

transitive verb—*verbo transitivo*: a verb that takes a direct object: e.g., to send – *mandar.*

verb—*verbo*: a word expressing an action or state; e.g. (to) walk – *caminar.*

GRAMMAR SUMMARY

The Definite Article—*El artículo definido*

	SINGULAR	PLURAL
MASCULINE	*el*	*los*
FEMININE	*la*	*las*

The Indefinite Article—*El artículo indefinido*

	SINGULAR	PLURAL
MASCULINE	*un*	*unos*
FEMININE	*una*	*unas*

Gender—*Género*

All Spanish nouns are either masculine or feminine. Some words can be grouped by gender, but there are exceptions, and it is best to learn the word together with its article.

Masculine words: nouns that end in *-o, -r, -n* and *-l;* names of items in nature (e.g., mountains); days of the week and months; words of Greek origin ending in *-ma, -pa,* or *-ta,* verbs, adjectives, etc. used as nouns.

Feminine words: nouns that end in *-a, -dad, -tad, -tud, -ción, -sión, -ez, -umbre,* and *-ie;* names of cities and towns.

Plural Formation—*Formación del plural*

To form the plural for words ending in a vowel, add *-s.*

For words ending in a consonant or a stessed *í* or *ú*, add *-es.*

Nouns ending in *z* change to *c* in the plural; e.g., *niños felices*—happy children.

Adjectives and Agreement—*Adjetivos y concordancia*

All adjectives must agree in number and gender with the nouns they modify.

For use with plural nouns, add *-s* to the adjective, or *-es* if the adjective ends in a consonant.

When an adjective ends in *-o* (in its masculine form), its ending changes into *-a* when it modifies a feminine noun, e.g., *la mujer rica*—the rich woman. For most adjectives ending in a consonant (or a vowel other than *-o*) in the masculine form, the same form is used with all nouns regardless of the gender. However, for adjectives ending in *-dor, -ón,* or *-án,* and for adjectives of nationality that end in a consonant, again, add *-a* to make the feminine form. For example, *la mujer francesa*—the French woman.

Pronouns—*Pronombres*

SUBJECT PRONOUNS

I	*yo*
you (familiar)	*tú*
he	*él*
she	*ella*
you (formal)	*usted (Ud.)**
we	*nosotros, nosotras*
you (plural)	*vosotros, vosotras*
you (formal plural)	*ustedes (Uds.)*
they	*ellos, ellas*

Note: Subject pronouns are often omitted in Spanish since verbal endings show who or what the subject of the action or state expressed by the verb is.

Other pronouns, listed according to their corresponding subject pronoun, are:

	YO	TÚ	ÉL/ELLA/UD. NOSOTRAS	NOSOTROS/ VOSOTRAS	VOSOTROS/ UDS.	ELLOS/ ELLAS/
DIRECT OBJECT	*me*	*te*	*lo/la*	*nos*	*os*	*los/las*
INDIRECT OBJECT	*me*	*te*	*le*	*nos*	*os*	*les*
REFLEXIVE	*me*	*te*	*se*	*nos*	*os*	*se*
POSSESSIVE	*mi*	*tu*	*su*	*nuestro/a*	*vuestro/a*	*su*

Use the subject pronouns as objects of prepositions (e.g., *con ella* "with her"), except for *yo* and *tú*, when you should use *mí* and *ti* respectively. In sentences containing reflexive pronouns, an optional prepositional phrase (*a* + *mí/ti/sí/nosotros,-as/vosotros, -as/sí* + *mismo/a(s)*) may be used for emphasis (*mismo*=same). Note: *con-mí/ti/sí* becomes *conmigo/contigo/consigo*.

The possessive pronouns (or adjectives) listed above are used before the noun, as in *mi libro*—my book. The *nosotros/vosotros* forms agree in number and gender with the noun they modify, while the others agree in number only. Longer forms used after the noun for emphasis differ only in the *mi, tu,* and *su* forms; they are *mío, tuyo,* and *suyo.* They also show agreement in both gender and number, e.g., *Los libros míos están en la mesa*—My books are on the table. When these long forms are preceded by the appropriate definite article, they represent the noun and stand alone. For example, *Los libros míos están en la mesa, pero los tuyos están en tu cuarto*—My books are on the table, but yours are in your room.

---

* *Usted* and *ustedes* are grammatically third person pronouns, though in meaning, they are second person or addressee pronouns. Hence, use the third person form of the verb with these pronouns. In Latin America, *ustedes* is used for both informal and formal address, and *vosotros, vosotras* are not used at all.

Demonstrative Adjectives and Pronouns—*Adjetivos y pronombres demostrativos*

DEMONSTRATIVE ADJECTIVES

este, esta; estos, estas—this, these
ese, esa; esos, esas—that, those
aquel, aquella; aquellos, aquellas—that, those (farther removed)

To form the demonstrative pronouns (out of the adjectives), simply add an accent to the first *e* in the word, as in *No me gusta éste*—I don't like this one. There are also neuter pronouns used for general ideas or situations: *esto, eso, aquello.*

Adverbs—*Adverbios*

Form adverbs out of adjectives by adding *–mente* (which corresponds to –ly in English) to the feminine form of an adjective, as in *obviamente*—obviously.

Negation—*Negación*

Form negative sentences by adding *no* before the verb and any pronouns, as in *No lo tengo*—I don't have it.

Spanish has double negation, so many negative sentences have two or more negative words, e.g., *No tengo nada*—I don't have anything/literally, I have nothing. (*Nada*—nothing; *algo*—something/anything.)

Comparison—*Comparación*

Form comparative expressions using *más*—more and *menos*—less with adjectives and adverbs; e.g., *Juan es más grande que Pepe*—Juan is bigger than Pepe; *Juan corre más rápidamente que Pepe*—Juan runs faster than Pepe; *Juan es menos famoso*—Juan is less famous. Use *de* instead of *que* to mean "than" before numbers.

To make equal comparisons, use the expressions *tan . . . como* (before adjectives and adverbs) and *tanto . . . como* (before nouns, with which *tanto* must agree). For example, *Juan es tan grande como Pepe*—Juan is as big as Pepe; *Juan tiene tanto dinero como Pepe*—Juan has as much money as Pepe.

Form superlatives by using an article (a definite article for adjectives, *lo* for adverbs) with the comparative expressions; e.g., *Juan es el más grande*—Juan is the biggest; *Ella es la menos inteligente del grupo*—She is the least intelligent in the group; *Juan corre lo más rápidamente*—Juan runs the fastest.

The absolute superlative is formed by adding the ending—*ísimo/a* to the adjective: *hermosísimo*—very/most beautiful; *frecuentísimamente*—very/most frequently.

Irregular comparative words

ADJECTIVE	ADVERB	COMPARATIVE
bueno-good	*bien*-well	*mejor*-better
malo-bad	*mal*-badly	*peor*-worse
mucho-much	*mucho*-much	*más*-more
poco-little	*poco*-little	*menos*-less
grande-great, big	*más grande*-bigger	
pequeño-small	BUT *mayor*-older	
más pequeño-smaller	BUT *menor*-younger	

Relative Pronouns—*Pronombres relativos*

que	that, who, which
quien, quienes	who (*m*)
el/la cual, los/las cuales	who, which
el/la/los/las que	who, which, the one(s) that/who
lo que	what, which (*refers to an entire idea*)
cuyo, cuya, cuyos, cuyas	whose (*relative adjective*)

Contractions—*Contracciones*

de+ el = del

a + el = al

ENGLISH—SPANISH GLOSSARY
OF 2,000+ VERBS

In this glossary, you'll find more than 2,000 English verbs with their Spanish equivalents. The number following a Spanish entry points to the verb conjugation chart, where the verb itself or its model verb is fully conjugated. All Spanish verbs provided as translations are those listed in the List of 2,000+ Essential Spanish Verbs. You can go back to this list for additional information on the verb you're interested in.

A

English	Spanish	CHART NUMBER
abandon	**abandonar, deponer, desamparar***	1, 102, 1
abate	pacificarse	55
abdicate	abdicar	55
abduct	raptar	1
abolish	suprimir	44
absorb	absorber, embeber	50, 42
abuse	**abusar**	7
accelerate	acelerar	1
accentuate	acentuar	25
accept	aceptar, admitir, adoptar	1, 31, 1
acclaim	aclamar, vitorear	1
acclimatize	aclimatar, naturalizar	1, 4
accompany o.s.	acompañarse	18
accumulate	**acumular**	26
accuse	**acusar, culpar de**	27, 1
accustom	habituar	25
accustom to a new climate	naturalizar	4
act	obrar, **actuar**	1, 25
act with insolence	insolentarse	1
activate	**accionar, activar**	12, 24
adapt	**adaptarse**	28
add	agregar, sumar	64, 1
adjoin	lindar	1
adjust	graduar	25
admit	**admitir**, ingresar, recibir, **reconocer**	31, 1, 44, 208
admonish	amonestar, sermonear	1
adopt	adoptar	1

English	Spanish	CHART NUMBER
adorn	adornar, ornamentar, ornar	1
advise	**aconsejar**	19
advocate	preconizar	4
affect	afectar, impresionar	1
afflict	**afligir**	35
age	**envejecer**	122
agree	**estar** de acuerdo con, concertar	127, 14
aid	socorrer	42
air	orear	1
air out	ventear	1
allow	**permitir**, dejar, consentir, sufrir	194, 1, 32, 44
allow	permitirse	194
alter oneself	alterar, inmutar	1
alternate	turnarse	1
amaze	sorprender, abismar	229, 1
ambush	emboscar	55
amend	rectificar	55
amuse	recrear, entretenerse	1, 237
anger	enojar, indignar	1
animate	vivificar	55
annoy	enfadar, fastidiar, incordiar, cabrear, chinchar, mosquear	1
anoint	ungir	35
answer	**contestar**, responder	86, 42
apologize	disculparse	1
appall, against	horrorizar	1
appeal against	recurrir	6

---

* The numbers following the Spanish verbs are the numbers of the relevant verb conjugation charts, where either the verb itself (when in boldface) or a model verb is fully conjugated. When two or more Spanish verbs listed refer to the same chart, the chart number is given only once (see, for example, "admonish" on this page).

appear	**aparecer, parecer**, **salir**, **figurar** .... .41, 186, 216, 1	
appear in person	personarse 1	
appear unexpectedly	**surgir** 231	
applaud	aplaudir, palmotear 6, 1	
apply for	solicitar, aplicar 1, 55	
apply o.s.	aplicarse 55	
apply the breaks	frenar 1	
appreciate	**agradecer, valorizar** ..36, 4	
approach	**acercarse, encarar** 13, 1	
appropriate	apropiarse 1	
approve	aprobar, homologar ..85, 64	
argue	**discutir** 108	
arise	provenir 243	
armor-plate	blindar 1	
arouse	suscitar 1	
arrange	ordenar, concertar, disponer 1, 14, 197	
arrange to meet s.b.	**citarse con** 1	
arrive	**llegar** 162	
arrive at the scene	personarse 1	
ask	**preguntar** 202	
ask for	**pedir** 189	
ask for alms	**mendigar** 64	
ask o.s.	cuestionarse 1	
aspire	aspirar, pretender 1, 42	
assault	atacar, saltear 55, 1	
assess	**evaluar, calificar** 25, 55	
assign	asignar, destinar 1	
assist	socorrer, **asistir** 42, 44	
associate	asociar 1	
assume	suponer, **deducir**, sobrentender 197, 97, 98	
astonish	**sorprender**, maravillar 229, 1	
astound	pasmar, embobar 1	
atrophy	atrofiar 1	
attach	enganchar, sujetar, adjuntar 1	
attack	atacar, embestir, saltear 55, 189, 1	
attempt	**intentar** 149	
attend	**asistir** 44	

attract	**atraer** 239	
attribute	atribuir, imputar 83, 1	
auction	subastar 1	
audit	intervenir 243	
authorize	autorizar, facultar, acreditar 4, 1, 23	
avenge	vengar 64	
avoid	eludir, evitar 44, 1	
award (a prize)	galardonar 1	

B

babble	balbucear 1	
bake	hornear 1	
balance	balancear, saldar 1	
bandage	vendar 1	
baptize	bautizar 4	
bark	ladrar 1	
base	basar 1	
baste	hilvanar 1	
bat	batear 1	
bathe	**bañarse** 49	
battle	batallar 1	
bawl	gritar, barranquear 1	
be	**estar**, **ser**, **radicar** 127, 223, 55	
be able to	**poder** 196	
be about	versar 1	
be accustomed to	**soler** 225	
be acquainted with	**conocer** 81	
be boiling	bullir 140	
be born	**nacer** 175	
be camouflaged	camuflarse 1	
be cross-eyed	bizquear 1	
be damned	condenarse 1	
be dashed	frustrarse 1	
be dead set on	emperrarse 1	
be delirious	delirar 1	
be difficult to s.o.	costar 88	
be disrespectful to	desacatar 1	
be expressed	plasmarse 1	
be famous for	distinguirse 109	

be grateful	**agradecer**	36
be happy about	gozar	1
be heavy	pesar	1
be horrified	horrorizarse	1
be hungry	**tener** hambre, hambrear	232, 1
be ignorant of	ignorar	1
be important	importar	1
be inclined to	inclinarse, inclinar	1
be in danger	peligrar	1
be in need of sth	**necesitar**	177
be in the habit of	**soler**	225
be late	tardar, retrasar	1
be lazy	haraganear	1
be left	**quedar**	205
be located	ubicar, hallarse	55, 1
be mistaken	desacertar	1
be out of tune	desentonar	1
be pleasing to	**gustar**	141
be proud	ufanarse	1
be quiet	**callarse**	60
be ready to	disponerse	197
be reborn	renacer	3
be reformed	regenerarse	1
be right	**acertar**	14
be satisfied with	conformarse con, contentarse con	1
be shipwrecked	naufragar	64
be silly	bobear	1
be stubborn	empecinarse	1
be surrounded by	rodearse de	1
be suspicious of	recelar	1
be too tight	apretar	14
be up to	**depender**, traerse	101, 239
be urgent	urgir, instar	35, 1
be used for	**servir**	224
be used up	gastar	1
beach	varar	14

bear	resistir, parir	44
bear fruit	fructificar	55
beat	batir, latir, palpitar	44, 44, 1
beatify	beatificar	55
beautify	embellecer, hermosear	3, 1
become	**ponerse, tornarse, volverse**	198, 1, 249
become accentuated	acentuar	25
become discouraged	desanimar	1
become distorted	deformarse	1
become engaged	prometerse	42
become enraged	embravecerse	3
become familiar with	familiarizarse	4
become frozen	congelarse	1
become insolent	insolentarse	1
become interested in sth	**aficionarse**	34
become related	emparentarse	1
become stormy	emborrascarse	55
become weak	desfallecer	3
beg	implorar, mendigar, suplicar	1, 64, 55
begin	**comenzar,** empezar, iniciar	74, 74, 1
begin again	reanudar	1
believe	**creer**	90
bellow	bramar	1
belong	pertenecer	3
bend	doblar, tronchar	1
benefit	**beneficiarse**	51
bequeath	legar	64
berate	vituperar	1
bestow	dispensar	1
betray	traicionar	1
bevel	biselar	1
bewitch	embrujar, hechizar	1, 4
bill	facturar	1

bind	encuadernar, liar, ligar	...........1, 135, 64
bite	morder	112
blacken	tiznar	1
blame	culpar	1
blaspheme	blasfemar	1
bleach	blanquear	1
bleat	balar	1
bleed	desangrar, sangrar	1
blend	mezclar, tamizar	.......1, 4
blind	**cegar**	66
blink	parpadear, pestañear	1
block	bloquear, obstruir	.....1, 83
block up	tapiar	1
bloom	florecer	3
blow	soplar	1
blow a blizzard	ventisquear	1
blow a whistle	chiflar	1
bluff	fanfarronear	1
blunder	tropezar	74
blunt	embotar	1
blush	sonrojarse	1
boast	vanagloriarse, fardar	....1, 1
boil	hervir	32
bomb	bombardear	1
boost	potenciar	1
border	lindar, orlar	1
bore	**aburrir**	6
bother	fastidiar	1
bottle	embotellar	1
bounce	botar, brincar	........1, 55
bounce back or again	rebotar	1
box	boxear	1
brag	fanfarronear, fardar	....1, 1
braid	trenzar	4
branch	ramificarse	55
brand sb as sth	tildar	1
brand	marcar	55
brandish	blandir	44
bread	empanar	1
break off	tronchar	1

break	**romper,** fracturar, infringir, quebrantar, quebrar	....213, 1, 35, 1, 14
break up	**romper,** pelearse	....213, 1
breathe	respirar	1
bribe	sobornar	1
bridle	embridar	1
bring	**traer**	239
bring down	**derribar**	103
bring suit against	querellarse	1
broadcast	radiar	1
bruise	magullar	1
brush	**cepillarse**	67
bubble	burbujear	1
build	**construir,** edificar	....84, 55
burn	quemar	1
burst	reventar, explotar, pinchar	..........14, 1, 1
burst out laughing	carcajearse	1
bury	sepultar	1
butcher	mutilar	1
butt	topar	1
buy	**comprar**	77
buzz	**zumbar**	250

C

calculate	calcular	1
call	**llamar**	161
calm	calmar, sosegar	.......1, 66
calm down	tranquilizar	4
camp	acampar	1
can	envasar	1
can	**poder**	196
cancel	**cancelar**	1
capsize	zozobrar	1
captivate	cautivar	1
capture	captar	1
caress	**acariciar**	11
carry	**cargar,** llevar	......64, 163
carry out	cumplir, desempeñar, efectuar	.........6, 1, 25
cart	acarrear	1

		CHART NUMBER
dig a ditch	zanjar	1
dig under	socavar	1
diminish	disminuir, reducir, menoscabar	83, 97, 1
direct	dirigir, encaminar	35, 1
disable	imposibilitar, incapacitar, inhabilitar	1
disappear	**desaparecer**	104
disappoint	decepcionar, desilusionar	1
disapprove	desaprobar	85
discard	desechar	1
discharge	destituir, desacomodar	107, 1
discolor	decolorar	1
disconcert	desconcertar	14
disconnect	desconectar	1
discount	descontar	85
discourage	desalentar, desanimar	14, 1
discover	descubrir, hallar	5, 1
discredit	desacreditar, desantorizar	1, 4
discuss	**discutir**	108
disembark	desembarcar	55
disentail	desamortizar	4
disguise	disfrazar, camuflar	38, 1
dishearten	descorazonar	1
dishonor	deshonrar	1
disillusion	desencantar, desengañar	1
disinfect	desinfectar	1
disintegrate	disgregar	64
disjoint	desarticular	1
dislocate	desencajar, dislocar	1, 55
dislodge	desalojar	1
dismantle	desarmar	1
dismast	desarbolar	1
dismiss	despedir, **destituir**	189, 107
dismount	desmontar	1
disobey	desobedecer	3
dispatch	expedir	189
dispel	disipar	1
disperse	dispersar	1
displace	desplazar	4
display	ostentar	1
displease	desagradar, disgustar	1
dispose of	enajenar	1
dispute	disputar	1
disqualify	descalificar, inhabilitar	55, 1

		CHART NUMBER
dissect	disecar	55
disseminate	diseminar	1
dissuade	desaconsejar	1
distend	distender	98
distill	destilar	1
distinguish	**distinguir**	109
distort	distorsionar	1
distract	distraer, entretener	239, 237
distribute	**distribuir**	110
distrust	desconfiar	135
disturb	molestar, inquietar, incomodar, trastornar, perturbar	1
dive	bucear	1
divide	dividir	44
divide into pieces	trocear	1
divorce	divorciarse	1
do	**hacer**	144
donate	donar	1
dope	narcotizar	4
doubt	dudar	1
download	descargar	1
draw	dibujar, sonsacar	1, 27
dread	temer	42
dream	**soñar**	226
drench	calar	1
dress	vestir, aderezar	189, 4
dribble	gotear	1
dribble down	babosear	1
drift	**ir** a la deriva	151
drift away	distanciarse	1
drill	taladrar, barrenar	1
drink	**beber**	50
drink a toast	brindar	1
drip	gotear, chorrear	1
drive	**conducir**, manejar	79, 1
drive crazy	enloquecer	3
drive to despair	desesperar	1
drizzle	lloviznar	1
drop	**bajar**	48
drop by	pasarse	13
drop off	dejar	1
drug	drogar	64

drug with narcotics	narcotizar 4
dry	secar 219
dry in the air	orear 1
dry oneself	**secarse** 219
duplicate	duplicar 55
dust	desempolvar 1
dwell	residir 44
dwindle	mermar 1

E

earn	ganar, **cobrar** 1, 70
eat	**comer** 75
eclipse	eclipsar 1
edge	orlar 1
edit	editar, redactar 1
educate	educar 55
elaborate	elaborar 1
elapse	transcurrir 44
elbow	codear 1
electrify	electrificar 55
electrocute	electrocutar 1
eliminate	eliminar, elidir 1, 44
elucidate	elucidar 1
emanate	emanar 1
emancipate	emancipar 1
embark	embarcar 55
embarrass	azorar, **dar** vergüenza . .1, 92
embed	empotrar 1
embellish	embellecer 3
embezzle	desfalcar 55
embrace	**abrazar** 4
embroider	bordar 1
emerge	emerger 16
emigrate	emigrar 1
emit	emitir 44
emphasize	enfatizar, acentuar, destacar, recalcar 4, 25, 55, 55
employ	emplear 1
empty	vaciar 135
emulate	emular 1
emulsify	emulsionar 1
enable	habilitar 1
enclose	cercar, encerrar, incluir, adjuntar 55, 14, 83, 1
encore	bisar 1

encourage	fomentar 1
encrust	incrustar 1
end	**terminar** 233
endeavor	procurar 1
endorse	homologar, respaldar, visar 64, 1, 1
endure	perdurar, sobrellevar, sufrir 1, 1, 44
engage	contratar 1
engage the clutch	embragar 64
engrave	grabar 1
enjoy	disfrutar, gozar 1, 4
enlarge	ensanchar 1
enlighten	iluminar 1
enlist	reclutar 1
ennoble	enaltecer 3
enroll	inscribir, matricular . . .125, 1
entangle	enredar 1
enter	entrar, ingresar 1
enter violently	irrumpir 44
entertain	entretener 237
entitle	titular 1
entreat	implorar 1
entrust	confiar, encomendar 135, 14
enumerate	enumerar 1
envy	envidiar 1
equal	igualar 1
equalize	igualar 1
equip	equipar, habilitar 1
erase	**borrar** 53
erect	**erigir** 123
escape	**escapar** 1
establish	establecer, fundar, implantar 3, 1, 1
esteem	estimar 1
evacuate	evacuar 1
evaporate	evaporar 1
evict	desahuciar 1
evidence	patentizar 4
exaggerate	exagerar, inflar 1
examine	examinar, registrar 1
excavate	excavar, zapar 1
exceed	exceder, sobrar, sobrepasar 42, 1, 1

	CHART NUMBER			CHART NUMBER
excel	sobresalir, sobrepasar . .216, 1		feel by intuition	intuir 83
exchange	canjear, descambiar 1		feel pain	**doler** 112
excite	excitar, emocionar, inflamar 1		feel with the hand	manosear 1
excite to rebellion	sublevar 1		feign	simular 1
exclude	excluir 83		fence	vallar 1
excuse	disculpar 1		ferment	fermentar 1
execute	ejecutar, fusilar, realizar 1, 1, 4		fertilize	fertilizar, fecundar 4, 1
			fight	combatir, luchar, pelear 44, 1, 1
exist	existir 44			
exit	**salir** 216		file	limar, archivar 1, 1
expect	**esperar,** pretender 1, 42		fill	llenar 1
explain	explicar 1		fill a tooth	empastar 1
explode	explotar, tronar 1, 85		fill up	hartar, rellenar 1
explore	explorar 1		film	filmar 1
expound	exponer 197		filter	colar, filtrar 85, 1
express an opinion	opinar 1		find	**encontrar**, hallar 116, 1
			find out	**enterarse** 120
extend	extender, prolongar . . .98, 64		finger the keys	teclear 1
extinguish	**extinguir** 130			
extract	extraer 239		finish	**acabar, finalizar, terminar** 8, 136, 233
eye	ojear 1			
			fire	despedir, disparar 189, 1
F			fish	pescar 55
facilitate	facilitar 1		fit	**caber,** encajar 56, 1
factorize	factorizar 4		fix	fijar, trucar 1, 55
fail	fallar, fracasar, suspender 1, 1, 42		fix up	aderezar 4
			flash	fulgurar, relampaguear 1
fall	**caer** 57		flatter	halagar, lisonjear 64, 1
fall asleep	**dormirse** 114		flavor	saborear, sazonar 1
fall down	**caerse** 58		flee	**huir** 145
fall out	desavenirse 243		fling	lanzar 4
falsify	falsear 1		flirt	tontear 1
fan	abanicar 55		float	flotar 1
fantasize	fantasear 1		flood	inundar 1
farm	labrar 1		flourish	medrar 1
fascinate	fascinar 1		flow (into)	desembocar, fluir, manar 55, 83, 1
fast	ayunar 1			
fathom	sondear 1		flower	florecer 3
fatigue	fatigar 64		fluctuate	fluctuar 25
favor	**favorecer** 133		fly	volar 85
fear	temer 42		focus	enfocar 55
feast	festejar 1		focus on	centrarse 1
feed	nutrir 44		fold	doblar, plegar, replegar 1, 66, 66
feel	sentir, **sentirse** 222			
feel ashamed	**avergonzarse** 45			

follow	seguir, perseguir . .220, 195
foment	fomentar 1
fool	engañar 1
forbid	vedar 1
force	forzar, violentar 137, 1
force open	desatrancar 55
ford	vadear 1
forecast	vaticinar 1
forge	falsificar, forjar 55, 1
forget	olvidar 183
forgive	perdonar 1
fork	bifurcarse 55
form	formar 1
form an idea of	idear 1
format	formatear 1
formulate	formular 1
forswear	perjurar 1
fortify	fortalecer, fortificar 3, 55
found	fundar 1
fracture	fracturar 1
free	librar 1
freeze	congelar, helar 1, 14
frequent	frecuentar 1
fret	penar 1
frighten	sobresaltar, frustrar 1
fry	freír 138
fulfill	realizar 4
fumigate	fumigar 64
function	funcionar 1

G

gain	ganar 1
gallop	galopar 1
garnish	guarnecer 3
gather	recabar, recoger, recolectar 1, 207, 1
generalize	generalizar 4
germinate	germinar 1
gesticulate	gesticular 1
get	conseguir, obtener, sacar 82, 232, 55
get close to	intimar 1
get dark	anochecer 40
get dirty	ensuciarse 118
get dizzy	marearse 1
get dressed	vestirse 245

get hot	acalorarse 10
get hurt	lastimarse 155
get into	meterse 172
get it	enterarse 120
get married	casarse 65
get out of	zafarse 1
get rid of	desembarazarse 4
get sb drunk	emborrachar 1
get sth right	acertar 14
get the stiffness out	desentumecer 3
get tired	cansarse 1
get up early	madrugar 64
get up	levantarse 159
get used to sth	acostumbrarse 22
get worked up	acalorarse 10
give	dar 92
give a blow	zumbar 1
give a scholarship	becar 55
give back	restituir, retornar, regresar 211, 1, 1
give birth	parir 44
give expression to	plasmar 1
give in	transigir 35
give lodging	hospedar 1
give off smoke	humear 1
give refuge	refugiar 1
give testimony of	testimoniar 1
give up	desistir, renunciar 6, 1
give way	transigir 35
gleam	fulgurar 1
glimpse	vislumbrar 1
glorify	glorificar 55
glory	gloriarse, ufanarse . . .135, 1
gloss	glosar 1
glue	pegar 190
go	ir 151
go around	bordear, rodear 1
go away	irse 152
go back	volver, retornar 249, 1
go down	bajar 48

go on a spree	parrandear	1
go out of tune	desafinar	1
go out	**salir**	216
go over the limit	rebasar	1
go over	recorrer	42
go partying	rumbear	1
go through life	peregrinar	1
go to bed	**acostarse**	21
go to sleep	**dormirse**	114
go trough	traspasar	1
go up	**subir**	230
go with	**acompañar**	18
gobble down	zampar	1
gorge	hartar	1
gossip	chismear	1
govern	gobernar, regir	14, 115
grab	**coger**	72
grade	nivelar	1
graduate	egresar	1
graft	injertar	1
grant	otorgar	64
granulate	granular	1
grate	rallar	1
gratify	contentar, gratificar	1, 55
graze	pastar	1
grease	lubricar	55
greet	**saludar**	218
grind	moler, triturar	112, 1
grope	palpar	1
grow	cultivar	1
grow blind	**cegar**	66
grow dark	**anochecer**	40
grow old	**envejecer**	122
grow up	**crecer**	89
growl	**gruñir**	140
grumble	refunfuñar	1
grunt	**gruñir**	140
guarantee	**garantizar**	139
guard	guardar	1
guess	**adivinar,** tarruntar	30, 1
guide	guiar	135
gulp	tragar	64

H

haggle	regatear	1
hail	granizar	4
hammer	martillear	1
hand in	**entregar**	121
handle	manejar, manipular, manosear	1
handle roughly	zamarrear	1
hang	**colgar**	73
hang out on the streets	callejear	1
hang to dry	tender	98
hang up	**colgar** el teléfono	73
happen	**acaecer,** ocurrir, **pasar,** sobrevenir, suceder	9, 44, 188, 243, 42
harass	hostigar	64
harden	endurecer	3
harm	dañar, perjudicar	1, 55
harvest	recolectar, vendimiar	1
hasten	apresurarse	1
hate	**aborrecer,** odiar	3, 1
haul	jalar	1
have	**haber, tener, tomar**	142, 232, 235
have a bearing on sth	incidir	6
have a drawing	sortear	1
have a good time	**divertirse**	111
have an afternoon snack or refreshment	merendar	14
have an impact on	impactar	1
have breakfast	**desayunar**	105
have dinner	cenar	1
have fun	**divertirse**	111
have just (done sth)	acabar	8
have lunch	**almorzar**	38
have to	**deber**	93
head	encabezar	4
heal	sanar	1

inhale	inhalar	1
inherit	heredar	1
inhibit	inhibir	44
initiate	iniciar	1
inject	inyectar	1
injure	lesionar	1
injure the head	descalabrar	1
inlay	incrustar	1
innovate	innovar	1
inoculate	inocular	1
inquire	indagar	64
inscribe	inscribir	125
insert	insertar	1
insinuate	insinuar	25
insist	insistir	44
inspect	inspeccionar	1
inspire	inspirar	1
install	instalar	1
instigate	instigar	64
instill	imbuir, inculcar, infundir	83, 55, 44
institute	instituir	83
instruct	instruir	83
insult	insultar, injuriar, ultrajar	1
integrate	integrar	1
intend	**tener** la intención	232
intensify	intensificar, recrudecerse	55, 3
intercede	interceder	42
intercept	interceptar	1
interest	interesar	1
interfere	inmiscuirse, interferir	83, 32
interlace	entrecruzar	4
intern	internar	1
interpose	interponer	197
interpret	interpretar	1
interrogate	interrogar	64
interrupt	interrumpir	44
intervene	intervenir, mediar	243, 1
interview	entrevistar	1
intimidate	intimidar	1
intone	entonar	1
intoxicate	embriagar	64
intrigue	intrigar	64
introduce	introducir, presentar	97, 1

inundate	inundar	1
invade	invadir	6
invent	inventar	1
inventory	inventariar	135
invert	invertir, trastocar	32, 55
investigate	**investigar**	150
invigorate	vigorizar	4
invite	invitar, convidar, brindar	1
invoice	facturar	1
invoke	invocar	55
involve	implicar	55
iron	planchar	1
irradiate	radiar	1
irrigate	irrigar, regar	64, 66
irritate	irritar	1

J

jam	trabar	1
jar	trepidar	1
jeer	mofarse	1
jerk	jalonear, tironear	1
jinx	gafar	1
join	empalmar	1
join	ingresar, juntar, unir	1, 1, 44
joke	bromear	1
jostle	zarandear	1
journey	peregrinar	1
judge	**juzgar**	154
jump	**saltar,** brincar	217, 55
justify	justificar	55
juxtapose	yuxtaponer	197

K

keep	retener	232
keep a vigil over	**velar**	1
kick	patear	1
kick around	patalear	1
kidnap	raptar, secuestrar	1
kill	**matar**	167
kiss	**besar**	52
knit	tricotar, tejer	1, 42
knock	golpear	1
knock down	abatir, derrocar, tumbar	44, 55, 1

make more expensive	encarecer	3
make nervous	turbar	1
make round	redondear	1
make sanitary	sanear	1
make sth possible	posibilitar	1
make uneasy	inquietar	1
make uneven	desnivelar	1
make uniform	uniformar	1
make untidy	desordenar	1
make up	**constituir**	83
make useless	inutilizar	4
make viable	viabilizar	4
make volatile	volatilizar	4
man	tripular	1
manage	dirigir, gestionar, manejar	35, 1, 1
maneuver	maniobrar	1
manifest	manifestar	14
manipulate	manipular	1
manufacture	**fabricar**	131
marinate	marinar	1
mark	marcar	55
mark with a seal	timbrar	1
marry	**casarse**	65
massage	friccionar	1
match	emparejar	1
matriculate	matricular	1
matter	importar	1
mature	madurar	1
maul	magullar	1
mean	significar	55
measure	medir	189
meddle	inmiscuirse, **meterse**	83, 172
mediate	mediar	1
meditate	meditar	1
meet	**encontrar**	116
meet for the first time	**conocer**	81
melt	derretir, fundir	189, 44
mention	mencionar	1
mess around	tontear	1

mess up	desarreglar	1
milk	ordeñar	1
mill	moler	112
mine	minar	1
minister	oficiar	1
misappropriate	usurpar	1
misinterpret	malinterpretar	1
mislead	engañar	1
misrepresent	falsear	1
miss	fallar, **faltar**	1, 132
mist up	empañar	1
mistrust	sospechar	1
misuse	malversar	1
mitigate	mitigar	64
mix	mezclar	1
moan	gemir	189
mobilize	movilizar	4
mock	mofarse	1
model	modelar	1
moderate	moderar	1
modernize	modernizar	4
modify	modificar	55
modulate	modular	1
moisten	humedecer	3
mold	moldear	1
molt	mudar	1
monitor	monitorear	1
monopolize	monopolizar	4
moo	mugir	35
mop	trapear	1
mortgage	hipotecar	55
mortify	mortificar	55
mount	montar	1
move	mover, circular, menear, mudar, impresionar	112, 1, 1, 1, 1
move back and forth	transitar	1
mow	segar	66
muddle	embarullar	1
multiply	multiplicar	55
mumble	bisbisear	1
munch	mascullar	1
muse	meditar	1

must	**deber**	.93
mutilate	mutilar	.1

N

nag	importunar	.1
nail	clavar	.1
name	nombrar	.1
narrate	narrar	.1
naturalize	naturalizar	.4
navigate	navegar	.64
need	**necesitar,** precisar	.177, 1
neglect	desatender, descuidar	.98, 1
negotiate	negociar	.1
neutralize	neutralizar	.4
nibble	mordisquear	.1
nick	mellar	.1
nip	morder, pellizcar	.112, 55
nod	cabecear	.1
nominate	nominar	.1
normalize	regularizar	.4
notch	mellar	.1
note down	anotar	.1
note	notar, marcar	.1, 55
notice	**notar, percatarse**	.1, 1
notify	notificar	.55
nourish	nutrir	.44
nudge	codear	.1
number	numerar	.1
nullify	elidir	.44
nurse	**mamar**	.1

O

obey	**obedecer**	.179
object	objetar	.1
oblige	obligar	.64
obliterate	obliterar	.1
observe	observar	.1
obsess	obsesionar	.1
obstruct	obstruir	.83
obtain	obtener, **conseguir,** lograr	.232, 82, 1
obviate	obviar	.1
occasion	ocasionar	.1
occupy	ocupar	.1
occur	ocurrir	.44
offend	ofender	.42

offer	**ofrecer,** brindar	.180, 1
officiate	oficiar	.1
omit	omitir	.44
open	**abrir,** inaugurar	.5, 1
operate	operar	.1
oppose	oponer	.197
oppress	oprimir	.44
orchestrate	orquestar	.1
order	mandar, **pedir**	.1, 189
organize	**organizar**	.184
orientate	orientar	.1
originate	originar, proceder, provenir	.1, 42, 243
ornament	ornamentar	.1
oscillate	oscilar	.1
ostracize	marginar	.1
outline	perfilar	.1
outrage	ultrajar	.1
overburden	sobrecargar	.64
overdraw	sobregirar	.1
overflow	desbordar, rebosar	.1
overload	sobrecargar	.64
overlook	omitir	.44
overstock	abarrotar	.1
overthrow	**deponer, derribar**	.102, 103
overturn	trastornar	.1
owe	**deber**	.93
own	**poseer**	.199
oxidize	oxidar	.1

P

pacify	pacificar, serenar	.55, 1
pack	embalar, empacar	.1, 55
package	empaquetar	.1
page	paginar	.1
paint	pintar	.1
pair	emparejar	.1
palpitate	palpitar, latir	.1, 44
pamper	mimar	.1
pant	jadear	.1
parade	desfilar	.1
paralyze	paralizar	.4
pardon	indultar, perdonar	.1
pare	mondar	.1
parley	parlamentar	.1

parody	parodiar	1
participate	participar	1
pass	**pasar, transcurrir**	...188, 44
pass judgment on	sentenciar	1
paste	**pegar**	1
pasteurize	pasteurizar	4
pasture	pastar	1
patent	patentar	1
patrol	patrullar	1
patronize	patrocinar	1
pave	empedrar, pavimentar	..14, 1
pawn	empeñar	1
pay attention	acatar	1
pay homage	tributar	1
pay	**pagar**	185
pay out	desembolsar	1
pay tribute to	homenajear	1
pay taxes	tributar	1
pedal	pedalear	1
peel	mondar, pelar	1
penetrate	penetrar	1
people	poblar	85
perceive	percibir	44
perfect	perfeccionar	1
perforate	perforar	1
perform	**actuar**	25
perform in a bullfight	torear	1
perfume	perfumar	1
perish	perecer	3
perjure oneself	perjurar	1
permit	**permitir**	194
persevere	perseverar	1
persist	persistir	6
personalize	personalizar	4
perspire	sudar	1
persuade	persuadir	6
pertain	pertenecer	3
pervert	pervertir	32
pester	jorobar	1
petrify	petrificar	55
photocopy	fotocopiar	1
photograph	fotografiar	135
pick	**escoger**	124

to pickpocket	bolsear	1
pick up	**recoger**	207
pierce	perforar	1
pilfer	sisar	1
pillage	saquear	1
pilot	pilotar	1
pinch	pellizcar	55
pirate	piratear	1
piss off	encabronar	1
place	**poner**	197
place between	intercalar	1
plagiarize	plagiar	1
plan	planear	1
plant	plantar	1
plate with silver or gold	chapar	1
play a game or sport	**jugar**	153
play around	juguetear	1
play music or musical instrument	**tocar**	234
play the fool	payasear	1
play the piano	teclear	1
please	complacer, contentar	...3, 1
pleat	plegar	66
plot	conspirar, maquinar, tramar, urdir	......1, 1, 1, 6
plug	tapar	1
plug in	enchufar	1
plunder	saquear	1
plunge	sumergir	35
presume	presumir	44
pocket	embolsarse	1
point out	señalar	1
poison	intoxicar	55
polish	bruñir, embetunar	....140, 1
ponder	ponderar	1
popularize	popularizar	4
populate	poblar	85
pose	posar	1
possess	**poseer**	199
postpone	posponer	197
pound	machacar, martillear	...55, 1
pour	verter	98
practice	**practicar**	200

		CHART NUMBER
ratify	ratificar	55
ration	racionar	1
rationalize	racionalizar	4
reach	**alcanzar**	37
react	reaccionar	1
reactivate	reactivar	1
read	**leer**	158
readjust	reajustar	1
readmit	readmitir	6
reaffirm	reafirmar	1
reap	segar	66
reappear	reaparecer	3
reason	razonar	1
reassert	reafirmar	1
rebel	rebelarse	1
rebound	rebotar	1
rebuild	reconstruir, rehacer	83, 144
recall	rememorar	1
recapitulate	recapitular	1
receive	recibir, **acoger**	16, 44
recharge	recargar	64
recite	recitar	1
recline	reclinar	1
recognize	**reconocer**	208
recommend	recomendar	14
recompense	recompensar	1
reconcile	reconciliar	1
reconstruct	reconstruir	83
record	grabar	1
recount	relatar	1
recover	recobrar, recuperar	1
recruit	reclutar	1
rectify	rectificar	55
recuperate	recuperar	1
recycle	reciclar	1
redeem	redimir	44
reduce	reducir, empequeñecer, mermar, rebajar	97, 3, 1, 1
reek	heder	98
reel	tambalearse	1
reemploy	readmitir	6
refer	referir	32
refill	rellenar	1
refinance	refinanciar	1
refine	refinar	1

		CHART NUMBER
reflect	reflejar, reflexionar	1
reform	reformar	1
refresh	refrescar	55
refrigerate	refrigerar	1
refuse	denegar, negar	66
refute	rebatir	44
regain	recobrar, recuperar	1
regale	obsequiar	1
regenerate	regenerar	1
register	inscribir, listar, matricular	125, 1, 1
regulate	regular	1
rehabilitate	rehabilitar	1
reheat	recalentar	14
reign	reinar	1
reinforce	reforzar	38
reinstate	reincorporar	1
reiterate	reiterar	1
reject	rechazar, desestimar	4, 1
relate	narrar, relacionar	1
relax	relajar	1
release	relevar	1
relieve	relevar, **sentirse** aliviado	1, 222
remain	**permanecer, quedar,** sobrar	193, 204, 1
remark	observar	1
remedy	remediar	1
remember	**acordarse, recordar**	20, 209
remind	**recordar**	209
remit	remitir	44
remove	quitar	1
renew	refrescar	55
renovate	renovar	85
rent	alquilar, rentar	1
reopen	reabrir	5
reorganize	reorganizar, sanear	184, 1
repair	reparar	1
repeat	repetir	189
reply	**contestar**	86
report on	reportar, informar, reseñar	1, 1, 1
represent	representar	1
repress	reprimir	44
reprimand	reprender, zaherir	42, 32

		CHART NUMBER			CHART NUMBER
scent	husmear, olfatear, perfumar	1	settle	saldar, zanjar	1
scheme	maquinar	1	shade	sombrear	1
scoff	mofarse	1	shake	sacudir, temblar	44, 14
scold	regañar	1	shape	formar, forjar	1
scorch	chamuscar	55	share	**compartir**	76
score a basquet	encestar	1	shave	afeitar, rasurar	33, 1
			shave off	rapar	1
scorn	desdeñar, menospreciar	1	shave oneself	**afeitarse**	33
scrape	rascar, raspar	55, 1	shear	trasquilar	1
scratch	escarbar, rascar, rasguñar, rayar	1, 55, 1, 1	shelter	cobijar, guarecer	1, 3
			shine	**brillar,** relumbrar	54, 1
scratch out	tachar	1	shiver	tiritar	1
scrawl	garabatear	1	shock	**chocar**	69
scream	chillar	1	shoe a horse	herrar	14
screw in	enroscar	55	shoot around	tirotear	1
scribble	borrajear	1	shoot	disparar, fusilar	1
scrub	restregar	66	shop	**comprar**	77
scrutinize	registrar	1	should	**deber**	93
seal	precintar, sellar	1	shout	gritar	1
search	**buscar**	55	shove	empujar, pechar	1
search thoroughly	rebuscar	55	show	mostrar, **enseñar**	85, 117
season	saborear, sazonar	1	show signs of	**acusar**	27
seclude	recluir	83			
second	secundar	1	show up	**aparecer**	41
secrete	segregar	64	shower	duchar	1
section	seccionar	1	shriek	chillar	1
seduce	seducir	97	shrink	encoger	16
see	**ver**	244	shuffle	barajar	1
seem	**parecer**	186	sicken	enfermar	1
segregate	segregar	64	sift	tamizar	4
seize	**acometer,** embargar	17, 64	sign	firmar	1
select	seleccionar	1	signify	significar	55
sell	**vender**	242	silence	silenciar	1
sell at auction	subastar	1	silhouette	perfilar	1
			simplify	simplificar	55
send	enviar, remitir	135, 44	simulate	simular	1
sense	intuir	83	sin	pecar	55
sentence	sentenciar	1	sing	**cantar**	62
separate	despegar, separar	64, 1	sing softly	canturrear	1
serve	**servir**	224	sink	hundir, sumergir, sumir	44, 35, 44
set	colocar, **poner**	55, 197			
set aside	separar	1	sit down	**sentarse**	221
set fire to	incendiar	1	skate	patinar	1
set free	indultar	1	sketch	bosquejar	1
set out	plantear	1			

		CHART NUMBER			CHART NUMBER
sketch	trazar 4		sparkle	**brillar** 54
ski	esquiar 135		spatter	salpicar 55
skid	derrapar, patinar 1		speak	**hablar** 143
skim	descremar, desnatar 1		specify	especificar, precisar 55, 1
skip	brincar 55		speed up	acelerar 1
skirt	bordear 1		spell	deletrear 1
slacken	flojear 1		spend money	gastar 1
slant	sesgar 64		spend time	**pasar** 188
slap	cachetear 1		spend the summer	veranear 1
slave away	bregar 64		spend the winter	invernar . . . . .1 or 14
sleep	**dormir** 113		spill	derramar 1
slice	rebanar, tajar 1		spin	hilar 1
slide	deslizar, resbalar 4, 1		split	hender, rajar 98,1
sling mud	embarrar 1		spoil	mimar 1
slip	resbalar 1		sponsor	patrocinar 1
slow down	ralentizar 4		spot	manchar 1
smash	estrellar 1		spray	salpicar 55
smear	embadurnar, untar 1		spread	untar 1
smell	**oler** 182		spring	manar 1
smile	**sonreír** 228		sprinkle	lloviznar, rociar, salpicar 1, 135, 55
smoke	fumar, humear 1		sprout	brotar 1
smooth	suavizar 4		spur	impeler 42
smooth out wrinkles	desarrugar 64		spy	espiar 135
smudge	borronear, tiznar 1		squander	derrochar, malgastar 1
sniff	olfatear 1		squeeze	apretar 14
snoop	zascandilear 1		squint	bizquear 1
snort	bufar 1		stack up	hacinar 1
snow	**nevar** 178		stagger	tambalearse 1
soak	calar, empapar 1		stain	manchar 1
sob	sollozar 4		stammer	tartamudear 1
socialize	socializar 4		stamp	marcar, sellar, timbrar 55, 1, 1
soften	suavizar, **ablandar,** mitigar 4, 2, 64		stamp the foot	patear 1
soil	manchar 1		stand	**ponerse** de pie 198
solder	soldar 85		stand out	resaltar 1
solicit	solicitar 1		stand up	**levantarse, empinar** 159, 1
solidarize	solidarizar 4			
solidify	solidificarse 55		standardize	uniformar 1
solve	solucionar 1		stare	**mirar** fijamente 173
soothe	calmar 1		start	**comenzar** 74
sound out	tantear 1		startle	sobresaltar 1
sound	**sonar,** sondear 227, 1		starve	**pasar** hambre, hambrear 188, 1
sow	sembrar 14			
spank	azotar, vapulear 1			

stay	quedarse	204
stay awake all night	trasnochar	1
stay awake	velar	1
steal	hurtar, robar	1
steer	timonear	1
step on	pisar	1
sterilize	esterilizar	4
stick	pegar	190
stimulate	estimular, activar	. . . . .1, 24
stink	heder	98
stir	menear, remover, revolver	. . . . . . .1, 112, 249
stone	lapidar	1
stop	parar, cesar, dejar	1
store	almacenar	1
straighten	enderezar	4
strain	colar, forzar	. . . . . .85, 137
streak	vetear	1
strengthen	fortalecer, reforzar	. . . .3, 38
strike	golpear	1
strike out	cancelar	1
stroke	acariciar	11
stroll	deambular	1
struggle	luchar	1
strut	pavonearse	1
study	estudiar	128
stuff	llenar, embutir, henchir	. . . . .1, 44, 224
stultify	embrutecer	3
stumble	tropezar	74
stun	pasmar	1
stutter	balbucear, tartamudear	1
subject	someter, sujetar	. . . . .42, 1
submerge	sumergir	35
submit	someter	42
subordinate	subordinar	1
subscribe	suscribir	125
subsidize	subvencionar	1
subsist	subsistir	44
subtract	restar, sustraer	. . . . . .1, 239
suck	chupar	1
suckle	mamar	1
sue	demandar	1
suffer	sufrir	44

suffer a relapse	recaer	57
suffer from	padecer	3
suffice	bastar	1
suffocate	sofocar	55
suggest	sugerir	32
sum up	resumir	44
summarize	resumir	44
summon	emplazar	4
supervise	supervisar	1
supplant	suplantar	1
supplement	suplementar	1
supply	abastecer	3
support	secundar, soportar, mantener	. . . . .1, 1, 232
suppose	suponer	197
suppress	suprimir	44
surf the Web	navegar	1
surfeit	hastiar	135
surmise	presumir	44
surpass	superar	1
surprise	sorprender	229
surround	acorralar	1
survive	sobrevivir	44
suspect	sospechar, barruntar	1
suspend	suspender	42
sustain	sostener	232
swagger	pavonearse	1
swallow	tragar	64
swamp	empantanar	1
swarm	bullir	140
sway	oscilar, tambalearse	1
swear	jurar	1
sweat	sudar	1
sweep	barrer	42
sweeten	dulcificar, edulcorar	. . .55, 1
sweet-talk	camelar	1
swell	henchir	224
swim	nadar	176
swindle	embaucar	55
swing	oscilar	1
swipe	birlar	1
symbolize	simbolizar	4
syndicate	sindicalizar	55
synthesize	sintetizar	4

T

English	Spanish	Chart Number
traumatize	traumar	.1
travel	**viajar**	.246
tread on	zapatear	.1
tread upon	pisar	.1
treat	**tratar**	.240
treat badly	maltratar	.1
tremble	temblar	.14
trick	engañar, trampear	.1
trigger	**accionar, activar,** desencadenar	.12, 24, 1
trill	trinar	.1
trim	recortar, podar	.1
triple	triplicar	.55
triplicate	triplicar	.55
triumph	triunfar	.1
trot	trotar	.1
trouble	incomodar	.1
truncate	truncar	.55
trust	confiar	.135
trust sb	**fiarse**	.135
try	**intentar, probar, tratar,** procurar, **juzgar**	.149, 203, 240, 1, 154
tug	jalonear	.1
tune	sintonizar	.4
turn	**torcer**	.236
turn green	verdear	.1
turn pale	palidecer	.3
turn the pages of	hojear	.1
turn to sb or sth	recurrir	.6
twist	**torcer**	.236
typify	tipificar	.55

U

English	Spanish	Chart Number
unbalance	desequilibrar	.1
unblock	desatascar, desbloquear	.55, 1
unbutton	desabotonar	.1
uncork	destapar	.1
uncouple	desacoplar	.1
uncover	desabrigar	.64
underline	subrayar	.1
undermine	socavar	.1
understand	**comprender, entender,** enterarse	.78, 119, 120

English	Spanish	Chart Number
undertake	**acometer,** emprender	.17, 42
undo	deshacer	.144
undress	desnudar	.1
undulate	ondular	.1
unfasten	desabrochar	.1
unhook	desenganchar	.1
unify	unificar	.55
uninstall	desinstalar	.1
unite	unir, juntar	.44, 1
unload	descargar	.64
unpack	desempaquetar, desembalar	.1
unplug	desenchufar	.1
unravel	desenredar, desentrañar	.1
unroll	desenrollar	.1
unscrew	desatornillar, desenroscar	.1, 55
untie	desatar, desanudar, soltar	.1, 1, 85
unwrap	desenvolver	.249
upholster	tapizar	.4
uproot	desarraigar	.64
upset	**afligir**	.35
urbanize	urbanizar	.4
urge	urgir	.35
urinate	orinar	.1
use	usar	.1
usurp	usurpar	.1
utilize	**utilizar**	.241

V

English	Spanish	Chart Number
vaccinate	vacunar	.1
vacillate	vacilar	.1
validate	validar	.1
value	valorar, valorizar	.1, 4
vaporize	vaporizar	.4
varnish	barnizar	.4
vary	variar	.135
vegetate	vegetar	.1
venerate	venerar	.1
vent	desahogar	.64
ventilate	ventilar	.1
venture	osar	.1
verify	verificar, constatar	.55, 1

FLASH CARDS

In the flash cards, we've included the most frequently used irregular and regular verbs and covered all the major verb patterns. On the back of each flash card, you'll find all the present tense forms for a given verb, as well as the first person of the other frequently used tenses and moods: *pretérito, pretérito perfecto, subjuntivo presente* and *imperativo.* Cut out the flash cards and go through them occasionally at your own pace! This will help you master the essentials of the Spanish verb grammar!

acordarse	beber
caer	comenzar
comer	contar
dar	deber

To drink
Regular

PRESENTE
bebo	bebemos
bebes	bebéis
bebe	beben

PRETÉRITO
bebí

PRETÉRITO PERFECTO
he bebido

PRESENTE DE SUBJUNTIVO
beba

IMPERATIVO
bebe; no bebas

To remember
Irregular, stem-changing: o → ue

PRESENTE
me acuerdo	nos acordamos
te acuerdas	os acordáis
se acuerda	se acuerdan

PRETÉRITO
me acordé

PRETÉRITO PERFECTO
me he acordado

PRESENTE DE SUBJUNTIVO
me acuerde

IMPERATIVO
acuérdate;
no te acuerdes

To start, to begin
Irregular, stem-changing: e → ie;
spelling: z → c

PRESENTE
comienzo	comenzamos
comienzas	comenzáis
comienza	comienzan

PRETÉRITO
comencé

PRETÉRITO PERFECTO
he comenzado

PRESENTE DE SUBJUNTIVO
comience

IMPERATIVO
comienza;
non comiences

To fall
Irregular

PRESENTE
caigo	caemos
caes	caéis
cae	caen

PRETÉRITO
caí

PRETÉRITO PERFECTO
he caído

PRESENTE DE SUBJUNTIVO
caiga

IMPERATIVO
cae; no caigas

To count, to tell
Irregular, stem-changing: o → ue

PRESENTE
cuento	contamos
cuentas	contáis
cuenta	cuentan

PRETÉRITO
conté

PRETÉRITO PERFECTO
he contado

PRESENTE DE SUBJUNTIVO
cuente

IMPERATIVO
cuenta;
no cuentes

To eat
Regular

PRESENTE
como	comemos
comes	coméis
come	comen

PRETÉRITO
comí

PRETÉRITO PERFECTO
he comido

PRESENTE DE SUBJUNTIVO
coma

IMPERATIVO
come; no comas

To owe, to have to, must, should
Regular

PRESENTE
debo	debemos
debes	debéis
debe	deben

PRETÉRITO
debí

PRETÉRITO PERFECTO
he debido

PRESENTE DE SUBJUNTIVO
deba

IMPERATIVO
debe; ne debas

To give
Irregular

PRESENTE
doy	damos
das	dais
da	dan

PRETÉRITO
di

PRETÉRITO PERFECTO
he dado

PRESENTE DE SUBJUNTIVO
dé

IMPERATIVO
da; no des

decir	dormir
estar	haber
hablar	hacer
ir	jugar

To sleep
Irregular, stem-changing: o → ue/u

PRESENTE
duermo	dormimos
duermes	dormís
duerme	duermen

PRETÉRITO
dormí

PRETÉRITO PERFECTO
he dormido

PRESENTE DE SUBJUNTIVO
duerma

IMPERATIVO
duerme;
no duermas

To say, to tell
Irregular, stem-changing: e → i

PRESENTE
digo	decimos
dices	decís
dice	dicen

PRETÉRITO
dije

PRETÉRITO PERFECTO
he dicho

PRESENTE DE SUBJUNTIVO
diga

IMPERATIVO
di; no digas

To have, there is/there are
Irregular

PRESENTE
he	hemos
has	habéis
ha	han

PRETÉRITO
hube

PRETÉRITO PERFECTO
he habido

PRESENTE DE SUBJUNTIVO
haya

IMPERATIVO
he; no hayas

To be
Irregular

PRESENTE
estoy	estamos
estás	estáis
está	están

PRETÉRITO
estuve

PRETÉRITO PERFECTO
he estado

PRESENTE DE SUBJUNTIVO
esté

IMPERATIVO
está; no estés

To do, to make
Irregular

PRESENTE
hago	hacemos
haces	hacéis
hace	hacen

PRETÉRITO
hice

PRETÉRITO PERFECTO
he hecho

PRESENTE DE SUBJUNTIVO
haga

IMPERATIVO
haz; no hagas

To speak, to talk
Regular

PRESENTE
hablo	hablamos
hablas	habláis
habla	hablan

PRETÉRITO
hablé

PRETÉRITO PERFECTO
he hablado

PRESENTE DE SUBJUNTIVO
hable

IMPERATIVO
habla; no hables

To play (sports, games)
Irregular, stem-changing: u → ue,
spelling: g → gu

PRESENTE
juego	jugamos
juegas	jugáis
juega	juegan

PRETÉRITO
jugué

PRETÉRITO PERFECTO
he jugado

PRESENTE DE SUBJUNTIVO
juegue

IMPERATIVO
juega;
no juegues

To go
Irregular

PRESENTE
voy	vamos
vas	vais
va	van

PRETÉRITO
fui

PRETÉRITO PERFECTO
he ido

PRESENTE DE SUBJUNTIVO
vaya

IMPERATIVO
ve; no vayas

lavarse	**mover**
oír	**pagar**
pedir	**pensar**
perder	**poder**

To move things
Irregular, stem-changing: o → ue

PRESENTE
muevo	movemos
mueves	movéis
mueve	mueven

PRETÉRITO
moví

PRETÉRITO PERFECTO
me he movido

PRESENTE DE SUBJUNTIVO
mueva

IMPERATIVO
mueve;
no muevas

To wash oneself
Regular

PRESENTE
me lavo	nos lavamos
te lavas	os laváis
se lava	se lavan

PRETÉRITO
me lavé

PRETÉRITO PERFECTO
me he lavado

PRESENTE DE SUBJUNTIVO
me lave

IMPERATIVO
lávate;
no te laves

To pay
Regular, spelling: g → gu

PRESENTE
pago	pagamos
pagas	pagáis
paga	pagan

PRETÉRITO
pagué

PRETÉRITO PERFECTO
he pagado

PRESENTE DE SUBJUNTIVO
pague

IMPERATIVO
paga; no pagues

To hear
Irregular

PRESENTE
oigo	oímos
oyes	oís
oye	oyen

PRETÉRITO
oí

PRETÉRITO PERFECTO
he oído

PRESENTE DE SUBJUNTIVO
oiga

IMPERATIVO
oye; no oigas

To think, to intend
Irregular, stem-changing: e → ie

PRESENTE
pienso	pensamos
piensas	pensáis
piensa	pensan

PRETÉRITO
pensé

PRETÉRITO PERFECTO
he pensado

PRESENTE DE SUBJUNTIVO
piense

IMPERATIVO
piensa;
no pienses

To ask for, to order
Irregular, stem-changing: e → i

PRESENTE
pido	pedimos
pides	pedís
pide	piden

PRETÉRITO
pedí

PRETÉRITO PERFECTO
he pedido

PRESENTE DE SUBJUNTIVO
pida

IMPERATIVO
pide; no pidas

To be able to, can
Irregular, stem-changing: o → ue

PRESENTE
puedo	podemos
puedes	podéis
puede	pueden

PRETÉRITO
pude

PRETÉRITO PERFECTO
he podido

PRESENTE DE SUBJUNTIVO
pueda

IMPERATIVO
puede;
no puedas

To lose
Irregular, stem-changing: e → ie

PRESENTE
pierdo	perdemos
pierdes	perdéis
pierde	pierden

PRETÉRITO
perdí

PRETÉRITO PERFECTO
he perdido

PRESENTE DE SUBJUNTIVO
pierda

IMPERATIVO
pierde;
no pierdas

ponerse	**practicar**
querer	saber
salir	sentarse
ser	sonar

To practice
Regular, spelling: c → qu

PRESENTE
practico	practicamos
practicas	practicáis
practica	practican

	PRETÉRITO PERFECTO
PRETÉRITO	
practiqué	he practicado

PRESENTE DE SUBJUNTIVO	**IMPERATIVO**
practique	practica; no practiques

To put on clothing, to become
Irregular

PRESENTE
me pongo	nos ponemos
te pones	os ponéis
se pone	se ponen

	PRETÉRITO PERFECTO
PRETÉRITO	
me puse	me he puesto

PRESENTE DE SUBJUNTIVO	**IMPERATIVO**
me ponga	ponte; no te pongas

To know
Irregular

PRESENTE
sé	sabemos
sabes	sabéis
sabe	saben

	PRETÉRITO PERFECTO
PRETÉRITO	
supe	he sabido

PRESENTE DE SUBJUNTIVO	**IMPERATIVO**
sepa	sabe; no sepas

To wish, to want, to love
Irregular, stem-changing: e → ie

PRESENTE
quiero	queremos
quieres	queréis
quiere	quieren

	PRETÉRITO PERFECTO
PRETÉRITO	
quise	he querido

PRESENTE DE SUBJUNTIVO	**IMPERATIVO**
quiera	quiere; no quieras

To sit down
Irregular, stem-changing: e → ie

PRESENTE
me siento	nos sentamos
te sientas	os sentáis
se sienta	se sientan

	PRETÉRITO PERFECTO
PRETÉRITO	
me senté	me he sentado

PRESENTE DE SUBJUNTIVO	**IMPERATIVO**
me siente	siéntate; no te sientes

To go out, to leave, to exit
Irregular

PRESENTE
salgo	salimos
sales	salís
sale	salen

	PRETÉRITO PERFECTO
PRETÉRITO	
salí	he salido

PRESENTE DE SUBJUNTIVO	**IMPERATIVO**
salga	sal; no salgas

To sound, to ring
Irregular, stem-changing: o → ue

PRESENTE
sueno	sonamos
suenas	sonáis
suena	suenan

	PRETÉRITO PERFECTO
PRETÉRITO	
soné	he sonado

PRESENTE DE SUBJUNTIVO	**IMPERATIVO**
suene	suena; non suenes

To be
Irregular

PRESENTE
soy	somos
eres	sois
es	son

	PRETÉRITO PERFECTO
PRETÉRITO	
fui	he sido

PRESENTE DE SUBJUNTIVO	**IMPERATIVO**
sea	sé; no seas

sonreír	tener
traer	venir
ver	vestirse
vivir	volver

To have
Irregular

PRESENTE

tengo	tenemos
tienes	tenéis
tiene	tienen

PRETÉRITO
tuve

PRETÉRITO PERFECTO
he tenido

PRESENTE DE SUBJUNTIVO
tenga

IMPERATIVO
ten; no tengas

To smile
Irregular, stem-changing: e → i

PRESENTE

sonrío	sonreímos
sonríes	sonreís
sonríe	sonríen

PRETÉRITO
sonreí

PRETÉRITO PERFECTO
he sonreído

PRESENTE DE SUBJUNTIVO
sonría

IMPERATIVO
sonríe;
no sonrías

To come
Irregular

PRESENTE

vengo	venimos
vienes	venís
viene	vienen

PRETÉRITO
vine

PRETÉRITO PERFECTO
he venido

PRESENTE DE SUBJUNTIVO
venga

IMPERATIVO
ven; no vengas

To bring
Irregular

PRESENTE

traigo	traemos
traes	traéis
trae	traen

PRETÉRITO
traje

PRETÉRITO PERFECTO
he traído

PRESENTE DE SUBJUNTIVO
traiga

IMPERATIVO
trae; no traigas

To get dressed
Irregular, stem-changing: e → i

PRESENTE

me visto	nos vestimos
te vistes	os vestís
se viste	se visten

PRETÉRITO
me vestí

PRETÉRITO PERFECTO
me he vestido

PRESENTE DE SUBJUNTIVO
me vista

IMPERATIVO
vístete;
no te vistas

To see
Irregular

PRESENTE

veo	vemos
ves	veis
ve	ven

PRETÉRITO
vi

PRETÉRITO PERFECTO
he visto

PRESENTE DE SUBJUNTIVO
vea

IMPERATIVO
ve; no veas

To return, to go back
Irregular; stem-changing: o → ue

PRESENTE

vuelvo	volvemos
vuelves	volvéis
vuelve	vuelven

PRETÉRITO
volví

PRETÉRITO PERFECTO
he vuelto

PRESENTE DE SUBJUNTIVO
vuelva

IMPERATIVO
vuelve;
no vuelvas

To live
Regular

PRESENTE

vivo	vivimos
vives	vivis
vive	viven

PRETÉRITO
viví

PRETÉRITO PERFECTO
he vivido

PRESENTE DE SUBJUNTIVO
viva

IMPERATIVO
vive; no vivas

NOTES

NOTES

NOTES

NOTES

2,000+ Essential *Spanish Verbs* is the perfect supplement to any Living Language course including ...

ISBN: 1-4000-2031-X

ISBN: 0-609-81063-4

ISBN: 0-609-81130-4

ISBN: 0-609-60757-X

ISBN: 1-4000-2075-1

Available at your local bookseller or
for a complete list of Living Language titles,
please visit our Web site at www.livinglanguage.com